창세기 세미나

[오경 문맥에서의 다양한 논의들]

이 한 영

창세기 세미나

2022년 08월 20일 초 판 1쇄 인쇄
2022년 08월 25일 초 판 1쇄 발행

저 자 • 이 한 영
발행인 • 조 경 혜
발행처 • 도서출판 그리심
07030 서울시 동작구 사당로2길 72 인정 B동 (B01)

등록번호 • 제 7-258호(1998. 4. 23)
출 판 사 • 전화 523-7589 팩스 523-7590
전자우편 • grisimcho@hanmail.net
홈페이지 • grisim.net
• http://smartstore.naver.com/grisimgrisim

ISBN 978-89-5799-478-8 (93230)

사랑하는 딸
한나에게

Gen. 1:1 בְּרֵאשִׁית בָּרָא אֱלֹהִים אֵת הַשָּׁמַיִם וְאֵת
הָאָרֶץ
Gen. 1:2 וְהָאָרֶץ הָיְתָה תֹהוּ וָבֹהוּ וְחֹשֶׁךְ עַל־פְּנֵי
תְהוֹם וְרוּחַ אֱלֹהִים מְרַחֶפֶת עַל־פְּנֵי הַמָּיִם
Gen. 1:3 וַיֹּאמֶר אֱלֹהִים יְהִי אוֹר וַיְהִי־אוֹר
Gen. 1:4 וַיַּרְא אֱלֹהִים אֶת־הָאוֹר כִּי־טוֹב וַיַּבְדֵּל
אֱלֹהִים בֵּין הָאוֹר וּבֵין הַחֹשֶׁךְ
Gen. 1:5 וַיִּקְרָא אֱלֹהִים לָאוֹר יוֹם וְלַחֹשֶׁךְ קָרָא לָיְלָה
וַיְהִי־עֶרֶב וַיְהִי־בֹקֶר יוֹם אֶחָד פ
Gen. 1:6 וַיֹּאמֶר אֱלֹהִים יְהִי רָקִיעַ בְּתוֹךְ הַמָּיִם וִיהִי
מַבְדִּיל בֵּין מַיִם לָמָיִם
Gen. 1:7 וַיַּעַשׂ אֱלֹהִים אֶת־הָרָקִיעַ וַיַּבְדֵּל בֵּין הַמַּיִם
אֲשֶׁר מִתַּחַת לָרָקִיעַ וּבֵין הַמַּיִם אֲשֶׁר מֵעַל לָרָקִיעַ
וַיְהִי־כֵן
Gen. 1:8 וַיִּקְרָא אֱלֹהִים לָרָקִיעַ שָׁמָיִם וַיְהִי־עֶרֶב
וַיְהִי־בֹקֶר יוֹם שֵׁנִי פ

Contents

제3장 : 마소라(BHS) 창세기 본문 읽기 가이드

제4장: 창세기의 역사성과 텍스트성

제5장: 창세기 본문 세미나

머리말

목사의 아들로 태어나 평생 교회에서 자라난 나는 30여년 전 비몽사몽 간에 듣게 된 하나님의 소명을 따라 의사직을 뒤로하고 미국 펜실베니아 주에 위치한 복음주의적인 신학대학원에 입학했다. 그렇게 나의 신학입문은 그 어떠한 사전적 계획이나 합리적인 논리에 의한 결정이 아니었다. 하나님의 영원하신 섭리와 주권에 전인적으로 이끌리어 뜨거운 가슴만을 가지고 성경 텍스트를 공부하기 시작했다. 그러나 학문적인 시각으로 창세기를 피자마자 나는 곧 "혼돈과 공허함과 흑암"(창 1:2)을 경험하게 되었다. 얄팍하지만 대학시절부터 나름대로 종교서적들과 철학책들을 독학하며 나는 성경의 첫번째 책인 창세기에서 심오한 하나님의 말씀과 지적인 사유의 담론을 기대했었다.

그러한 예측은 완전히 빗나갔다. 우주만물이 단 칠일만에 창조되었다는 비과학적인 서술과 반복적으로 "낳고 죽었다"라는 지루한 계보문들, 그리고 믿음의 선조들은 하나 같이 모두 세속적이고 거짓되고 비윤리적인 사람들이었음을 기술하고 있는 전설의 고향과 같은 창세기 본문에 나는 그 누구에게도 나눌 수 없는 깊은 좌절과 혼란을 겪게 되었다. 나의 머리와 가슴 사이에 있는 거리를 도저히 좁힐 수 없었으며 그 간격이 너무나도 커 보이기만 했다. 이에 그것을 극복해 보려고 발버둥쳤으나 당시 초기에 내가 접할 수 있는 설명은 항상 이분법적인 것뿐이었다.

창세기 본문을 문자적으로 믿든지 아니면 역사비평학적으로 해체하는 것들이었다. 이후 30여년의 뼈를 깎는 신학연구의 세월이 흘렀다. 그동안 나는 "아직도 구약을 믿어요?"라는 질문을 수없이 들어왔다. 이제는 부족

하나마 "네, 믿어요!"라고 답한다. 창세기를 필때마다 나의 영혼을 사랑으로 감싸주시는, 우주만물을 창조하신 하나님의 따뜻한 음성이 들린다. 이는 하나님의 은혜가 아닐 수 없다.

본서는 이러한 아직도 진행형인 나의 신학 여정을 부분적이나마 혹시 과거의 나와 같이 혼란 속에 있을지도 모르는 신학생들과 조금이라도 나누고자 창세기와 관련된 다양한 이슈들을 세미나식으로 기술하였다. 주님께서 자비를 베푸시어 이 부족한 졸작인 『창세기 세미나』를 통해 현재 신학적 혼돈과 공허와 흑암 가운데 놓인 독자들에게 창조의 안식과 채움과 빛으로 충만케 하시기를 두 손 모아 기도한다.

이 한 영(아신대학교 구약학과 교수)

2022년 8월 4일,
미국 시애틀 집에서

Part 1
창세기 본문 접근

창세기 세미나
오경 문맥에서의 다양한 논의들

본 『창세기 세미나』는
일반 독자보다는
신학에 입문한 학생들을
염두에 두고
응용과학보다는
텍스트를 자료로 한
기초과학과 같은
담론으로 기술되었다.

1장: 창세기 본문 접근

본 『창세기 세미나』는 일반 독자보다는 신학에 입문한 학생들을 염두에 두고 응용과학보다는 텍스트를 자료로 한 기초과학과 같은 담론으로 기술되었다. 창세기 본문을 단일적인 해석학적 도구로 일괄 주석하거나 강해하기보다는 창세기 본문을 어떻게 읽고 함의할 수 있는가에 대한 다양한 접근들과 이슈들을 세미나 형태로 논한다. 따라서 구약신학의 개론적인 전문성이 없으면 다소 어렵고 지루한 책이 될 수도 있을 것이다. 그러나 일반독자라 할지라도 인내로 본서를 정독할수있다면 생소하고 미지한 창세기 텍스트의 세계로 입문해 새로운 현실을 경험하게 되리라 믿는다.

창세기(בְּרֵאשִׁית, γενεσος)는 기독교 정경인 오경(Pentateuch, πεντατευχος)의 첫번째 책이며 유대교 정경인 토라(תורה)의 첫번째 두루마리다. 창세기 본문의 문학형태는 오경본문의 총체적인 구조와 문맥 안에서 복합적으로 역사종교학적인 요소들에 의해 구성되었고 긴 세월동안 성서(βιβλος) 혹은 그 자체로서 하나의 독립적인 역사적 서술(historical narrative)로도 읽혀왔다. 이러한 창세기는 오경의 총괄적인 구조와 문맥안에서 구약본문으로 들어가는 서론과 포털(portal)의 기능을 가진다.[1] 또한 창세기는 구약의 압축된 요약서로서 오경을 넘어 구약본

1 본서는 Pentateuch(영문), πεντατευχος(헬라어), תורה(히브리어)를 한국어로 일반적인 명칭인 '오경'으로 표기한다. 히브리어 토라(תורה)와 헬라어 펜타테우코스(πεντατευχος) 명칭들이 가진 고유한 특징들에 대해서는 필자의 『역사와 서술에서의 오경메시지』(서울: 크리스챤 출판사, 2008) 서문을 참고하라.

문을 총체적으로 분석하고 이해하는데 있어 가장 중요한 신문학(神文學)적인 기반이며 역사적인 자료라고 지적할 수 있다. 나아가 신약을 포함한 성경의 정경적 구조를 통합적으로 구성하고, 텍스트의 다양한 내용을 상호간 엮어주는 '웹' 이기도 하다. 따라서 창세기와 관련된 논의는 오경과 분리될 수 없으며, 창세기 본문을 오경안에서 어떻게 접근하고, 읽고, 해석해야 하는가에 대한 이슈는 창세기에 국한되지 않는다. 이는 긍정적으로 성경의 나머지 모든 책들의 주해 및 분석 양상과 직결되고 부정적으로는 첫 단추를 잘못 낀 것 같은 연쇄적인 악순환의 문제를 유발시킬 수도 있다.

오경 안에서 창세기 본문의 연구는 성경전반을 통합적으로 해석하고 적절히 이해하는데 있어 가장 필연적인 기본작업이다. 이는 성경의 총괄적이며 또한 미시적인 해석에 있어 결정적인 요소가 된다. 그런데 만약 창세기 1장 본문을 현대 기호에 의한 문자적 혹은 자연과학적 준거로만 해석한다면 오경의 기적 기사들은 임의적으로 작성된 하나의 허구적 고대신화로밖에는 달리 읽힐 수가 없을 것이다. 그럼에도 불구하고, 의도적이든 무의식적이든, 다수의 일반독자들은 문자적으로 읽거나 창세기의 난해를 단순히 외면하고 본문의 세밀한 분석과 설명을 회피한다. 그 이유는 무엇일까? 복합적이겠지만, 그 주요 원인은 종교적인 맹신일 수도 있겠으나 그보다는 '7일 창조' 와 같은 창세기 내러티브의 원시성과 토라의 고유한 역사문학적 문맥을 배제하는 현대인들의 이분법적인 세계관으로 귀속될 수 있다. 현대독자는 창세기를 과학과 신앙, 자연과 초자연, 객관과 주관, 현세와 내세, 우발성과 보편성, 실제와 허구 등, 상호 존립할 수 없는 이분법적인 사실적 역사와 허구적 서술로 창세기 본문을 분립하고 해체한다. 이에 본 『창세기 세미나』는 리쾨르(Paul Ricoeur)가 제안한 지평의 융합(fusion of horizon)처럼[2] 오경 안에서 창세기 본문의 역사와 서술 간의 유기적인 관계를 문서가설, 양자역학, 수비학, 히브리 구문론, 텍스트언어학, 마소라 텍스트의 전승 등, 다양한 패러다임과 다학제간적인 접근으로 담화하고자 한다. 이는 특별히 신학에 막 입문한 학생들에게 창세기 본문을 어떻게 접근할지를 심중이 고려케 할 뿐만 아니라 융합적인 독서가 지향하는 독자 안에서의 의미 체화(體化), 즉 삶의 지평에서의 신학화를 고민케 할 것이다. 독자는 오경 안에서 창세기를 어떻게 읽을 것인가와 함께 본문의 해석과 의미가 독자의 삶에 어떠한 실존을 실현하는지 숙고하며 질문해야 한다. 창세기 본문의 역사적이며 신문학(神文學)적인 융합은 본문의 해석이 이성의 이해(verstehen) 영역에서 실제적인 삶의 전인적인 지평으로 확장됨을 의미하며 도덕적인 의식과 책임이 수반된 독자의 해석학적 태도와 밀접히 연계된다. 이를 텍스트의 전인적 읽기(wholistic reading of text)라고 말 할 수 있는데, 이러한 개념의 본문해석은 본문의 의미(textual meaning)가 이성의 인식론적 영역을 넘어 항상, 그것이 부정적이든 긍정적이든, 그 어떠한 실제적인 삶의 지평에서 반영되고 완성되기 때문이다. 즉 텍스트의 실존 혹은 의미의 체화(體化, incarnation)인 것이다.

그러나 창세기 본문을 다양한 시각과 방법으로 접근하는데 있어 이를 전인적으로 적절히 읽고 융합적으로 해석하여 그 의미를 이해하고 삶의 지평에서 반영하고 채화하기란 생각만큼 혹은 기대만큼 쉬운 일이 아니다. 특별히 오늘날과 같은 포스트모던 시대의 다원주의적인 정황에서 단독적으로 기독교 전통을 따라 창세기를 초월적인 하나님의 말씀계시로 받아들이고 인지하기란 무척 어려운 일이 아닐 수 없다. 이는 근대적인 이성적 논리와 과학적 변증과 충돌하는, 마치 끝없는 우주를 향한 모험

---

2 리꾀르는 가다머(Hans-Georg Gadamer)의 융합 개념을 역사와 서술의 융합을 설명하는데 적용하고 확장한다. 이에 대한 자세한 논의는 Francis J. Mootz III and George H. Taylor (eds.), *Gadamer and Ricoeur: Critical Horizon for Contemporary Hermeneutics* (New York: Bloomsbury Pub., 2011).

과도 같은 엄청난 도전일수 있다. 나아가 창세기 본문은 지금으로부터 수천년 전, 현시대를 살아가고 있는 독자들의 삶의 정황과 자연적 과학의 인식세계와는 너무나도 거리가 멀고 낯선 고대근동의 독특한 세계관, 신앙, 구문론, 사회정치문화적 요소 등의 복합적인 기호들과 문학적 도구들로 표기되고 구성되었다. 이러한 창세기 본문의 고유한 역사적이며 신문학적인 의미기호들을 오늘날의 언어와 정황에서 객관적으로 재연 혹은 재구성하기란 절대적일수 없으며 불가능에 가까운 모호한 바램이라고 말할 수 있다. 안타깝게도 요새는 다소 대중적이며 인기 있는 유명인들이 TV나 SNS를 통해 오경본문을 너무나도 확신 있게 문자적으로 설명하거나 반대로 폄하하고 해체하는 모습을 쉽게 접할 수 있다.

이에 본서는 독자들이 창세기 본문을 보다 더 심중이 균형 있게 접근하기를 바란다. 잘 살펴보면, 지난 긴 세월동안 많은 성경해석학적인 연구자료들이 축적되어 있다. 이를 총괄적으로 분석하고, 또한 본문을 이해하고 채화하고자 하는 해석자의 열린 마음과 겸손한 태도, 이성과 창의적인 상상 등의 전인적인 접근을 종합한다면, 절대적일수는 없을지라도 혹자는 창세기 본문의 적절하고 균형 있는 유기적이며 융합적인 의미를 삶의 지평에서 창출 하는데 성공할 수 있을 것이다. 이를 위해 독자는 반드시 본문의 역사, 문학, 언어, 과학, 철학, 신학과 같은 다학제간적이며 다차원적인 지평들을 면밀히 그리고 겸허이 연구하고 이에 요구되는 해석학적 전문성을 갖춰야 할 것이다.

물론 전문적인 성경신학과 해석학을 접하거나 공부하지 못한 다수의 그리스도인들에게도 창세기는 늘 하나님의 말씀으로 읽혀왔고 삶의 구속적인 변화와 은혜의 통로가 되어왔다. 이는 특별한 신적 섭리와 은혜가 아닐 수 없다. 그러나 역사를 뒤돌아보면 특별히 일부 기독교 지도자 및 비기독교 논객의 비전문적이며 탈문맥적인 주석으로 인해 창세기 본문은 편협한 이념적 해석으로 해체되기도 했다. 이는 개인 그리고 교회의 영역을 넘어 사회전반에 걸쳐 신학과 신앙의 혼란을 야기시켰던 것도 사실이다. 특별히 창세기 본문의 주관적이며 단순 철자법적인 독서는 인류의 기원과 창조연대, 젠더 갈등, 혹은 노예제도와 가부장제도와 같은 고대의 관습이나 문화적 우발성에 대한 불필요한 오해와 논란 그리고 불신의 원인이 되기도 했다. 그래서인지 최근에는 "아직도 구약을 믿어?"라는 질문을 쉽게 들을 수 있다. 본서는 이러한 역기능적인 문제들을 완화하고 본문의미의 고유성과 보편성, 정경성과 계시성을 보다 더 융합적으로 균형 있게 이해시키고 설명하려 한다. 이에 특별히 기독교공동체 내에서 지도자적 위치에 있는 독자들은 복음적이며 윤리적인 책임감을 가지고 성경본문의 전문적 읽기(legitimate reading)를 심중이 고려해야 할 것이다.[3] 이러한 이유들로 본서는 창세기를 개론적으로 소개하는데 있어 일차적으로는 전문성이 요구되는 신학생들과 목회자들을 염두에 두었다. 따라서 필요시에는 일반독자들에게는 낯선 마소라 히브리어 본문이 인용되었고,[4] 일반적인 신학주석과 함께 예외적으로 히브리 문법의 간략한 리뷰를 포함해 고대근동의 수비학이나 과학적인 이슈들을 선택적으로 논의에 포함시켰다. 또한 다소 반복적이고 난해할 수 있는 창세기 본문과 관련된 역사에서 서술까지의 비평학과 구약해석학의 일부 인식론적인 이슈들과 해석학적 도구들에 대해서도 상대적으로 길게 다루었다.

1. 창세기 본문의 속성

창세기 본문을 접근하는데 있어 전문적으로 또는 융합적으로 읽는다

3 '전문적 읽기' (legitimate reading) 혹은 '적절한 읽기' 란 저자와 본문과 독자의 공유된 정황을 복합적으로 고려해 연구하고 읽는 독서전략(reading strategy)을 의미한다. Cf. Han Y. Lee, *From History to Narrative*, SBL Vol. 64 (New York, NY: Peter Lang Pub., 2004), 11-18.

4 본서는 Bible Works와 Accordance 성경의 히브리어 텍스트를 인용했다.

는 것은 무엇을 의미하는 것일까? 이는 한마디로 고대에 기록된 본문을 현대 기호법에 의한 문자적 혹은 단일적으로 읽는 것을 거부하는 것이라고 명시할 수 있다. 혹자는 창세기에서 역사적 팩트만 간추려 읽으면 창세기의 본질과 본문의 의미를 객관적으로 재구성할 수 있다고도 주장한다. 그러나 근대적인 역사적 이해가 고대와 같다는 보장이 없고 과거를 재구성하는 일 또한 절대적일 수 없다. 창세기를 읽을 때 독자는 오늘날의 기호법으로 창세기 본문의 형성 과정이나 역사적 의미를 가설적으로 재구성하고, 본문의 고대적인 문학적 기호를 근대적 패러다임으로 함의하거나 고대본문을 현재의 정황으로 투영하는 오류를 범할 수 있다.

이에 창세기 본문을 적절히 접근하고 전문적으로 읽기 위해서는 여러 가지 고려해야 할 요소들 중 적어도 한 가지 중요한 사실을 선행적으로 의식하고 인식해야 한다고 생각한다. 그것은 오늘날 창세기 본문이 있기까지의 통시적인 과정에 앞서 공시적이며 총체적인 속성 즉 창세기 본문의 고유한 장르에 대한 적절한 이해라고 말 할 수 있다. 상대를 전인적으로 모르는 상태에서의 대화는 동문서답이나 불통으로 끝날 수 있다.

그렇다면 창세기는 과연 어떠한 책일까? 우리는 창세기와의 진정한 소통을 어떻게 실현할 수 있는 것일까? 먼저 창세기는 역사적으로 기독교정경의 첫번째 권서로서 불가분의 한 성문서(Holy Scripture)임을 부정할 수 없다. 이는 창세기 본문을 단일적으로 혹은 문자적으로 순수 과학이나 철학처럼, 혹은 순수 문학소설처럼 읽고 해석하는 것에 문제가 있음을 의미한다. 그럴 경우 독자는 총체적으로 성경을 성경으로, 창세기를 창세기로 읽는데 실패할 것이다. 창세기 본문의 성서적 본질과 고유한 고대문학의 기호법을 고려하지 못한 읽기는 장르에 있어 시문을 산문으로 혹은 그 반대로 읽는 것 같은 엇박자 읽기를 초래할 수 있다.

물론 성경본문의 다차원적인 지평들을 신앙적으로 과학적으로 혹은 주관적으로 이해할 해석학적 여지가 전혀 없는 것은 아니다. 그러나 전문적인 성경해석학의 기본은 기독교정경으로서의 성경을 성경이라는 고유한 장르 안에서 해석하고 이해하는 가장 상식적이고도 원리적인 독서 전략으로부터 출발해야 한다. 만화책에서 우리는 그 책이 형성된 역사적 과정, 그림과 글들의 내용과 그 안에 구성된 과학적 지평들을 분석해 볼 수 있을 것이다. 그러나 만화책이라는 총체적이며 본질적인 장르를 떠나 만화책 스토리에서 역사적 혹은 과학적 의미를 찾는다면 이는 해석학적 오류가 아닐 수 없다. 마찬가지로 우리는 창세기 본문을 당연히 성서적 장르로 또한 신학적 패러다임으로 이해할 필요가 있다. 그동안 지난 수천 년 동안 창세기 본문은 유대교의 경전인 동시 기독교의 고유한 정경으로 형성되었고 또한 읽혀왔다. 창세기는 성경을 여는 첫 번째 권서로서 "모든 성경은 하나님의 감동으로 된 것"(딤후 3:15-17)이라는 역사적인 기독교신앙고백의 계시적 본질을 명시적으로 혹은 암묵적으로 나머지 모든 성경책들과 공유한다.

이러한 역사적이며 신앙고백적인 명제는 일반학계의 염려와는 달리 창세기 본문을 연구하는데 있어 합리적인 논리나 학문성 혹은 과학적인 논의의 질을 절대 절하시키지 않는다. 이성과 신앙, 객관과 주관, 보편과 우발, 현재와 과거 등, 일부 기계적이며 단순 이분법적인 인식론의 분립과 대립은 편파적인 근대주의 공론에 기반한 환원적인 사상에 불과하다. 실제(reality)는, 그것이 플라톤의 실체(ιδεα)이든 불교의 무아(無我)이든, 현실에 대한 단일적이며 이분법적인 사색의 패러다임과 다윈의 진화론적 가설과 세계관을 훨씬 더 초월하는 모호하며 무형한 세계를 함축한다. 필자는 이를 실존의 미스터리라고 말하고 싶다.

전인적인 현실은 합리적이며 가시적인 영역을 넘어 실재와 이념, 기쁨과 슬픔, 삶과 죽음이라는 이원성 사이의 부조리와 역설로 혹은 그 이상을 넘는 신비적인 모호함에 현존한다.[5] 이에 성경은 일부 근대적인 기호나 측정법에 의한 이분법적 인식론과는 다른 고대근동의 고유한 서술법으로 당시의 역사적 현실과 신앙경험을 전인적으로 포용하고 묘사하고 있다. 따라서 창세기 본문을 해석할 때 근대적이거나 이분법적인 기호법을 단일적으로 적용하는 것은 적합성이나 타당성을 가질 수 없다. 그보다는 다학제간적이며 복합적인 연구와 전인적인 상상과 창의성(wholistic imagination and creation)이 동반된 다차원적이며 영적인 전인적 해석학이 요구된다.

창세기 본문을 적절히 접근하고 해석하는데 있어 고려해야할 또 한 가지 중요한 요소가 있다. 성경본문의 고유한 본질적 속성이 하나님의 말씀이라는 텍스트 내(inner text)의 진술이다. 이는 성경해석학에 있어 절대 등한시될 수 없는 명실공히 한 해석학적 요소다. 창세기는 그 본문 전반에 걸쳐 명시적으로 또는 암묵적으로 본 텍스트가 곧 하나님의 말씀계시(Word Revelation)임을 일관되게 표명하고 있다. 창세기 본문은 "하나님께서 말씀하시다"(וַיֹּאמֶר אֱלֹהִים), "야훼께서 말씀하시다"(וַיֹּאמֶר יְהוָה), "야훼 하나님께서 말씀하시다"(וַיֹּאמֶר יְהוָה אֱלֹהִים)라는 유사 문구를 165번 이상 반복적으로 언급하고 있다. 이는 창세기 본문의 본질이 신적 말씀계시(Divine Word Revelation)임을 밝히는 명백한 텍스트 내의 증언이다. 이러한 본문 내의 진술을 선제적으로 배제하거나 부정하려면 본문의 주장을 이분법적으로 축소하거나 혹은 허구로 폄하하고 해체할 때만 가능할 것이다. 따라서 성경을 성경으로 읽고 이해하는데 있어 독자의 근대적이며 전이해적인 선입견을 일방적으로 투영하는 것은 해석학적 오류의 일차적 작동요소가 될 수 있다. 일부 현대인들의 전제에는 합

5 Cf. R. Jacobson, *Metalanguage as a linguistic problem: The framework of language* (Michigan: Univ. of Michigan, 1980); M. Sternberg, *The Poetics of Biblical narrative: Ideological literature and the drama of reading* (Bloomington, Ind.: Indiana Univ. Press, 1985). Robert de Beaugrande and Wolfgang Dressler, *Introduction to Text Linguistics* (New York, NY: Longman, 1981).

리적 이성에 대한 맹신, 무신론적이며 환원적인 근대적 세계관, 사상적 독선과 시대적 강요에 종속된 인식, 혹은 폭력에 가까운 정치적 올바름(political correctness)이라는 사회적 압박이 작동하고 있을 수 있다. 따라서 전문적인 성경해석학은 전인적이며 적극적인 저항, "성령의 내적 증거"(기독교 강요 7:4)에 대한 열림, 그리고 인식론적인 지평의 확장을 필요로 한다. 만약 성경본문 내의 고유한 계시적 명시와 암시에 대한 사실과 열린 논의를 임의로 차단하고 선제적으로 제외한다면 독자는 창세기를 더 이상 창세기로 혹은 전문적으로 읽는데 성공할 수 없을 것이다.

2. 창세기 본문의 문학적 의미

유대기독교의 고유한 역사적 정황과 전통 안에서 하나님의 말씀인 창세기 본문을 전문적으로 읽는다는 것은 기본적으로 본문 밖에 있다고 여겨지는 그 어떠한 가설적인 삶의 정황(*Sitz im Leben*)을 통시적으로 재구성하는데 있지 않다. 그보다 일차적으로는 텍스의 세계(textual world)를 발굴하는데 있다. 이를 위한 작업으로 독자는 본문의 공시적인 최종 문학형태에서 텍스트 내의 어휘, 구조, 문맥, 구문론 등을 면밀히 분석하고 탐색해야 한다. 물론 본문의 의미는 본문의 역사적 정황과 해독자의 실존적 정황과 무관할 수 없다. 그러나 창세기 본문의 의미를 융합적으로 이해하는데 있어 가장 기본적인 일차적 접근은 텍스트의 고유한 문학적 기호를 통해서다. 현재 독자 앞에 살아있는 것은 시공간적인 사건 그 자체가 아닌 이미 문학적으로 구성되어 고정된 역사적 텍스트다. 따라서 본문을 적절히 해석할 수 있는 가장 첫번째 단계는 본문의 문학적 분석이며 이는 크게 상호 유기적인 두개의 해석학적 논지에 기반한다.

첫째, 창세기 본문의 가상적인 최종 저자 혹은 편집자가 의도한 공시적 의미는 텍스트 내(intext)에 함축되어 있으며 고대근동의 고유한 문학적 기호로 인코딩(encoding, 기호화) 되어있다. 즉 텍스트 의미의 일차적 인 원천은 본문 밖이 아닌 본문 내이다. 둘째, 텍스트에 인코딩 된 주요 내용과 의미는 본문의 고유한 구문론적이며 의미론적인 문맥으로부터 디코딩(decoding, 기의화) 될 수 있다. 텍스트 내의 단어들과 서술구성은 문맥 밖에서 그 의미를 자율적으로 함축하거나 함의할 수 없다. 각 단어와 문장은 일맥상통하는 본문의 구조와 문맥 안에서 상호간 계열적(paradigma) 혹은 통어적(syntagma) 관계를 갖으며 그 안에서 고유한 의미를 유발한다.[6] 이러한 상호 유기적인 두개의 논지에 기초한 텍스트언어학(text-linguistic) 해석은 기본적으로 (1) 본문의 어휘, 절, 단락, 구조, 수사, 담론의 플롯 등, 텍스트의 통전적인 분석과 (2) 상호 텍스트 내외의 고유한 문화-역사적이며 신학적인 정황 혹은 화용론적인 연구를 통해 종합적으로 수행될 수 있다. 이는 텍스트의 공시적인 형태에서의 구문론적 응집성(syntactical cohesion)과 의미론적 일관성(semantic coherence)을 분석하는 것이다. 즉 텍스트 구조와 문맥 내의 어휘, 절, 단락, 어형패턴, 상호 텍스트 간 창세기의 근접본문과 오경 각 권 그리고 성경전반을 연관해 본문의 면밀한 읽기(close reading)를 실행하는 작업이다. 이러한 창세기 본문의 계시적 본질, 본문의 구조와 문맥에서의 구문론적 응집 그리고 의미론적 일관성의 언어학적 분석을 통해 독자는 창세기를 창세기로 읽는 적절한 일차적 독서전략을 구사할 수 있다. 그러나 여기서 절대 그냥 지나쳐서는 안 되는 이 모든 해석학적 요소들과 관련된 또 하나의 중요한 해석학적 이슈가 있다. 그것은 현 독자의 세계(reader's world)와 창세기의 서술 세계(narrative

---

6 파라디그마(paradigma)는 한 단어의 의미가 계열 단어와의 관계(예를 들어 동물계열 단어들: 개, 고양이, 사자, 호랑이 등)에서 함의됨을 의미하며 신태그마(syntagma)란 한 단어의 의미가 다른 단어, 음소조직, 문구와의 통합적인 관계 혹은 구문과 문맥에서 함의됨을 의미한다. Daniel Chandler, *Semiotics: the basics* (Abingdon, OX: Routledge, 2017), 98-102.

world) 간에 현존하는 시공간적 간격과 본문의 역사적 세계에 대한 비평학적인 난제들이다.

3. 창세기 본문의 시공간적 간격

창세기 본문을 적절히 읽고 이해하는데 있어 독자는 창세기 본문이 오늘날 우리에게 주어진 하나님의 말씀이라는 사실과 함께 현시대를 살아가는 독자의 세계와는 상당한 시공간적 간격을 가진 고대의 역사적 자료임을 인식하고 고려해야 한다. 구약은 고대근동의 언어와 문학, 풍습과 종교, 사회문화정치적 정황과 고유한 고대히브리 기호법으로 구성되었다. 이는 당연히 본문이 구성된 당시의 언어학적 요소들과 역사문화적인 상황을 면밀히 살펴보아야 함을 의미한다. 물론 현재라는 시간 속에서 과거로 살아진 역사를 객관적으로 온전히 재구성(reconstruction)할 수는 없는 일이다. "태초에 하나님이 천지를 창조하셨다"(창 1:1)라는 진술을 역사적으로 재구성할 수는 없는 일이다. 여기에는 인식론적 불연속성이라는 해결될 수 없는 역사적 딜레마가 존재한다.

우리는 시공간적인 과거로 돌아갈 수 없으며, 고대인들이 기적이라고 인식했던 것이 현대적인 과학의 시각으로는 그저 불규칙적인 자연적 현상에 불과했던 것이었을 수도 있다. 특별히 고대인들의 전인적인 세계관은 자연과 종교를 이분화시킨 현대인들과는 분명 차별될 수밖에 없다. 그러나 역사에 있어 표층을 넘어 인류의 심층 인식, 즉 시공간을 초월해 일맥상통하는 인간의 보편적 본성과 인류의 축적된 경험 및 현존하는 역사적 기록들을 통해 우리는 과거와 현재의 인식론적인 간격을 좁히며 부분적으로나마 축약해 역사적인 연속성을 구성(construction)해 볼 수 있다. 시대적인 표현의 형태는 달라도 얼음을 차갑게 느끼고 불을 뜨겁게 느끼는 것은 과거나 현재나 인류가 지속적으로 공유해온 보편적 경험이며 인식의 본성일 것이다. 기적의 불규칙성과 유일성을 규칙적이고 보편적인 자연적 현상과 차별하는 인식 또한 크게 다르지 않다. 고대인들에게나 현대인들에게나 신의 현현(창 18:1-3), 벧엘과 브니엘에서의 야곱의 영적 경험(창 28:10-22; 32:13-32) 등 이는 분명히 초자연적인 것이며 기적이 아닐 수 없다. 창세기 본문에는 현대인들에게는 아주 낯설고 익숙하지 못한 독특한 표현의 문학양식과 상징, 반복되며 불연속적인 우발적 담론과 역사적 서술들이 적지 않은 분량으로 기술되어 있다.

또한 특정한 삶의 정황(*Sitz im Leben*)에서 사건 기록에 대한 진실성과 신뢰성 그리고 시대적 이데올로기에 대한 의문과 문제도 제기된다. 그럼에도 불구하고 그 난해한 서술 속에는 보편적인 인류의 심층구조가 연속적으로 공유되고 있다는 사실에 이를 극복하기 위한 해석학적 노력을 포기해서는 안 될 것이다. 구약에 계시된 창조주 하나님은, 만약 그것이 진실이라면, 오늘도 불변하신 동일한 하나님이실 것이다. 변한 것이 있다면, 그 동일하신 하나님을 경험하고 묘사하는 시대적인 세계관과 인식론과 언어일 것이다. 따라서 전문성을 추구하는 독자라면 고대근동의 언어, 문학, 종교, 철학, 사회, 정치, 경제, 문화, 세계관 그리고 특별히 히브리 기호론(Hebrew Semiotics)에 대한 분석적이며 또한 종합적인 정보와 지식을 깊이 연구하고 숙달해야 할 것이다.

고대근동의 고유한 과학적 이해, 사회문화, 정치적인 정황, 왕권, 노예제도, 가부장제도, 일부다처제, 수혼 제도, 할례, 제의, 종교적 절기와 문화적 전례, 계보양식, 상징, 독특한 문학기법, 서술구조, 수비학 등, 이 모두는 고대 히브리 세계의 한정된 역사적 우연성과 고유성을 함축한 것으로서 단일적인 현대적 역사비평이나 문학적 기호법의 기준으로 디코딩 되거나 축자적으로 혹은 액면 그대로 함의될 수 없다.[7]

---

7 역사와 문화의 보편성과 우연성에 대한 다 자세한 논의는 이한영, 『구약텍스트에서 윤리까지』(경기도: 양평, 2017)를 참고하라.

창세기 본문의 시공간적인 고유성은 역사-문화적인 그리고 종교문학적인 전문적 해석을 필요로 한다. 따라서 만약 지난 과거로부터 축적되어 온 역사기록(historiography)의 고유성과 복합성을 배제하고 창세기 본문을 오늘날 일부 한정된 근대주의와 탈근대주의의 역사관으로만 조명한다면 이는 역사적 환원주의를 초래하는 해석학적 오류를 범하게 될 것이다. 물론 반면으로 창세기 본문을 근대의 순수 문학의 기법으로만 접근하여 그 본문의 역사적 실제와 고유성을 측관 한다면 그 또한 역사주의적인 역사비평학만큼 성경본문을 서술적인 허구로 해체하게 될 것이다. 따라서 우리는 성경해석학에 있어서도 "좌로나 우로나 치우치지 말라"(신 5:32)는 하나님의 말씀을 심사숙고하며 창세기를 창세기로 읽을 수 있는 균형적인 접근을 모색해야 할 것이다.

4. 창세기 본문의 체화(體化)

창세기 본문의 면밀한 읽기에서 텍스트의 의미(textual meaning)[8] 분석과 해석에 관련된 모든 행위는 독자의 인격적인 가치와 주관성을 수반하고 반영하는 것으로서 상대적으로 중립성과 객관성에 기반한 일반 자연과학의 비인격적인 해석행위와는 본질적으로 동일시될 수 없다. 창세기 본문은 서술적(descriptive)인 동시 규범적(prescriptive)이다. 물론 과학에 주관적인 미학이 없는 것은 아니다. 누군가는 DNA의 나선 구조를 아름답다고 말 할 수 있다. 그러나 과학적 서술은 기본적으로 DNA는 4종류(ATCG)의 아미노산으로 구성되어 있으며, 혈액은 철분으로 인해 붉은

8 Mark Allan Powell은 이론적으로 텍스트의 의미(meaning)를 메시지-의미(meaning as message)와 효력-의미(meaning as effect)로 구분한다. 메시지-의미는 본문의 의미는 무엇인가를 물어보는 것으로서 본문을 통한 저자의 의미에 초점을 맞춘 것이고 효력-의미는 본문이 나에게 혹은 독자에게 무엇을 의미하는 가에 집중한 것이다. *What Do They Hear?* (Nashville: Abingdon Press, 2007), 65-70.

색을 띠고 헤모글로빈과 면역세포 등 여러 생물학적이며 화학적인 요소들로 구성되어 있다는 서술적이며 중립적인 담론에 기반한다. 그러나 창세기는 피에 대해 "네 아우의 피 소리가 땅에서부터 내게 호소한다"(창 4:10)는 윤리적이며 신학적인 규범적 가치와 의무를 명시한다. 따라서 창세기의 면밀한 읽기(close reading)는[9] 본문과 독자 간의 시공간적 혹은 역사적인 간격에도 불구하고 본문의 의미발화가 오늘날을 살아가는 독자의 적극적이며 의식적인, 즉 인격적이며 도덕적인 체화(體化)에서 완성되어야 함을 암시한다. 의미는 단순 이해가 아닌 삶의 지평에서 최종 실현된다. 독서는 독자가 언어의 작인으로 참여하는 언어행위(speech act)다.[10] 창세기 본문의 면밀한 읽기는 책임이 수반되는 독자의 윤리적이며 인격적인 해석행위로서 그 의미의 사실성과 진정성은 지적인 이해의 지평을 넘어 긍정적이든 부정적이든 궁극적으론 삶의 지평에서 구현되고 인증되어야 한다. 창세기 본문의 의미를 이해했다면 그것은 삶의 지평에서 구현되고 확증되어야 한다. 성서본문을 읽는데 있어 이러한 도덕적 책임감을 구상한 읽기를 삶의 해석학(life hermeneutics)이라 한다.[11] 성경

---

9 신문학비평에 있어 '면밀한 읽기' (close reading)란 텍스트내의 복합적인 문학적 요소들의 기능과 상호관계를 전문적으로 면밀히 분석하는 학문을 의미한다. 면밀한 읽기(close reading)라는 용어는 문학적 전문용어로서 수사학비평가인 I. A. Richards에 의해 공용되었다. Cf. C. K. Ogden and I. A. Richards, *Meaning of Meaning* (Orlando, Fl: Harcourt Brace Jovanovich, Pub., 1989); Tremper Longman III, *Foundations of Contemporary Interpretation* (Grand Rapids, Mich.: Zondervan, 1987), 26.

10 언어행위(Speech Acts)란 단순발화의 영역을 포함해 독서로부터 확장된 행위효과를 의미한다. 발화(locution), 의미수반발화(illocution), 효과수반발화(perlocution), 언어행위(speech act)에 대한 세밀한 논의는 다음을 참고하라. J. L Austin, *How to Do with Words* (Oxford, UK: Oxford University Press, 1975).

11 리꾀르는 해석의 최종 결과는 이성적인 단순이해를 넘어 삶의 지평에서 완성되는 존재적이며 실존적인 의미라고 주장한다. Cf. Paul Ricoeur, "Life in Quest of Narrative," In D. Wood, ed., *On Paul Ricoeur* (London: Routledge, 1991).

본문의 전문적인 독서는 말씀계시가 인격적으로 체화되는 독서이며 그 해석에 의한 의미발화는 이성적인 인식의 영역을 넘어 삶의 지평에서만 완성될 수 있다. 성경해석학의 진수는 본문으로부터의 단순 의미발화나 이성적 이해(*verstehen*)에 한정된 것이 아니라, 그것을 넘어 삶의 지평에서의 인격적인 실현 즉 의미의 성육신적인 체화(*incarnatio*)에서만 진정으로 증명될 수 있다. 영이신 하나님은 시공간을 초월하신 속성에도 불구하고 시공간에서 말씀하실 뿐만 아니라 그 말씀이 육신을 입고 피조물의 지평으로 체화하심으로 말씀의 온전한 성취와 진정성을 증명했다(요 1:14). 그러므로 만약 오늘날의 독자가 성경을 성경으로 해석하고 그 말씀을 진실로 이해했다면, 그 결과와 진정성은 삶의 지평에서의 체화를 통해 증명되어야 할 것이다. 해석이 완성되고 실현되는 곳은 이성이 아니라 삶 그 자체인 것이다.

Part 2

역사로부터 서술까지

창세기 세미나
오경 문맥에서의 다양한 논의들

시공간의 사건이
역사적 서술로
구성되기까지의 과정은
절대 재구성될 수 없는 본질을 가진다.
그러나 사건과
서술의 관계에 따라
텍스트는 역사일수도 있고
허구일수도 있다.

2장: 역사로부터 서술까지

시공간의 사건이 역사적 서술로 구성되기까지의 과정은 절대 재구성될 수 없는 본질을 가진다. 그러나 사건과 서술의 관계에 따라 텍스트는 역사일수도 있고 허구일수도 있다. 과연 오늘날 우리 앞에 놓여있는 창세기 본문은 어떠한 역사적 과정을 통해 형성되었는지 이에 관한 논의를 이어가고자 한다.

1. 창세기 본문의 역사적 형성

오늘날 창세기 본문의 최종적 문학형태는 오경본문이 어떠한 역사적 정황과 과정을 통해 형성되었는가에 대한 논쟁을 일으킬 만한 난해를 함축하고 있으며 이에 대한 논의는 진행중이며 앞으로도 계속될 것이다. 그러나 그동안의 연구결과들을 기반해 현재 우리가 추측해볼 수 있는 몇 가지 가능성들을 살펴보고자 한다.

창세기는 5개의 두루마리로 구성된 오경서술(Pentateuchal Narrative)의 첫 번째 두루마리(τευχος)다. 그러나 오경이 처음부터 5개의 독립된 두루마리로 구분되고 분리되어 있었다는 증거는 불분명하다. 기원전 약 5-6세기 이전까지 오경은 원래 하나의 통일된 두루마리(왕하 22:8, סֵפֶר הַתּוֹרָה, 토라 두루마리) 혹은 3개의 미완성된 두루마리였던 것으로 추정된다.[12] 현

12 Midrash Halakah에 의하면 에스라는 3개의 미완성된 두루마리를 하나의 통일된 두루마리로 편집했다고 전해진다. Saul Sadka, *Torah: The Eighty Steps* (Brooklyn, NY: KTAV Publishing House, 2019), xiv-xv.

재와 같이 오분으로 구분화 된 형태에 대해서는 여러 가설이 있다. 먼저, 포로전후기 설이 있다. 이스라엘의 포로 전후기로 예루살렘 성전의 제의가 중단되면서 두루마리의 큰 부피로 인한 토라의 보관과 이동이 어려워지자 디아스포라 공동체가 이를 5개의 작은 두루마리로 나눴다는 가설이다. 그러나 그러한 실제상황을 재구성하거나 절대 주장하기에는 역부족이며 객관적인 정보나 자료가 충분치 못하다. 물론 기원전 약 10-13세기로 올라가 모세의 초기자료로부터 이스라엘 왕정시대의 후기편찬에 이르기까지 오경은 긴 세월의 편집 과정을 걸치며 다양한 구성자료가 있었다는 흔적들을 암묵적으로 혹은 명시적으로 본문 내에 남겼다. 또한 그 자료들의 존재를 본문에서 간접적이나마 추정해 볼 수 있다.[13] 그러나 이러한 흔적들을 기반으로 역사비평학이 제시한 JEDP 문서설은 절대 객관적이거나 결정적이지 못하다. 많은 경우 주관적인 추측과 환원적 합리주의, 혹은 16-19세기 진화론적인 시대사상(*Zeitgeist*)이 일부 투영된 가설이라고 지적할 수 있다. 실제로 본문의 난해한 역사적 편집과정의 재구성은 일관성 없는 논쟁으로 남아 있다.

오경본문의 통시적인 난해에도 불구하고 오경본문의 공시적인 최종적 문학형태에서 우리는 상대적이나마 총체적이고 통일된 서술구조를 인지할 수 있다. 창조서술로부터 족장들의 순례 이야기에 이르기까지 오경의 다양한 주제들과 줄거리들은 큰 틀 안에서의 문학적이며 신학적인 통일성을 함축한다. 오늘날 현대인들에게 익숙한 인과적이며 연속적인 직계형 서술문(linear narrative)의 형태는 아니지만, 고대근동 히브리인들의 고유한 수비학(gematria)과 평행구조(parallel structure)[14]에 기반한 상호 간

---

13 오경-텍스트의 역사적 형성에 대해서는 JEDP 문서설로부터 영감설까지 그 내용이 광범위하고 논쟁적이다. 이에 대한 자세한 내용은 오경입문학 서적들이 다루고 있다. 간략한 논의는 이한영, 『역사와 서술에서의 오경메시지』 (서울: 크리스챤 출판사, 2008) 서문을 참고하라.

14 오경본문의 수비학적이며 평행적인 구조에 대해서는 본서의 "창세기 구조"에서 면

구문론 적인 응집성과 의미론 적인 일관성을 내부적으로 구축하고 있음을 볼 수 있다. 일부 학자들은 이러한 오경을 한권의 통일된 모세의 자서전 혹은 종교적 전기(sacred biography)로 설명하기도하고[15] 그런가하면 시내산 언약(출 24:1-11) 혹은 하나님의 임재(출 40:34-38)라는 통일된 신학적 틀로 읽기도 한다.[16] 또한 구약을 넘어 오경을 신약의 새언약(누 22:20; 렘 31:31)과 강생복음(요 1:1-18)의 전형장면(type scene)으로 분석하기도 한다. 오경본문을 파편적인 역사적 조각(historical fragment)의 모음집보다는통일된서술(narrative unity)로주장하는세일해머(John H. Sailhamer)는 오경본문 안에서 아브라함의 믿음(창 15:6; 26:5)과 모세의 불신(민 20:1-13)이라는 상반된 줄거리를 갈등보다는 오히려 율법(신 12-26) 대 은혜(겔 36:26; 렘 31:33)를 예표 하는 의도된 단일 플롯으로 설명하기도 한다.[17] 이러한 통일된 읽기를 기반으로 한 해석학적 시도는 창세기 본문이 다양한 조각이나 문서자료들의 편집과 긴세월의 역사적 형성에도 불구하고 최종적으로는 오경의 문맥 안에서 한권의 통일된 고유한 서술로 읽힐 수 있음을 시사한다. 그러나 지난 수세기 동안 일부 역사비평학자들은 오경본문을 더이상 통일된 서술로 읽을 수 없는 작은 파편들로 해체해왔다. 때론 역사적 인증자료와 객관적 논증의 부재에도 불구하고 사변적인 상대적 가설에 의해 오경본문을 보다 더 작은 전승조각들로 분해했다. 그리고 본문보다는 본문 뒤에 있는 가상적인 삶의 정황을 재구성해 역사적인 객관적 의미를 추구했다. 그 결과 오경본문의 의미를 오경

밀히 논의될 것이다.

15 S. A. Nigosian, "Moses as they saw him," *Vetus Testamentum* XLIII, 3 (1993): 339-350.

16 O. Palmer Robertson, *The Christ of the Covenants* (Phillipsburg, NJ: Presbyterian and Reformed Publishing Co., 1980).

17 John H. Sailhamer는 이에 대한 자세한 논의를 『서술로서의 모세오경』(상권) (김동진 역) (서울: 새순출판사, 1994) 서론에 기술하고 있다.

서술의 통일된 문맥으로부터 해체하는데 이르렀다.

이는 창세기 본문의 역사적인 기원에 대한 (1) 일부 근대주의의 환원적인 이념, (2) 본문의 공시적인 문학적 통일성에 대한 편파적 회의, (3) 본문의 의미와 역사적 의미의 분리, 그리고 (4) 텍스트 읽기의 근대적 방식을 오경본문에 투영한 접근으로부터의 예상치 못했던 부작용이었다고 지적할 수 있다. 실제로 창세기 본문과 오경서술의 역사적 기원에 대한 소위 정설로 알려진 모든 학문적 진영의 주장들은, 그것이 진보이든 보수이든, 절대적일 수 없다. 모든 정설은 그 어떠한 이론적 논지로부터 시작되며 가설적이며 추론적인 전제로부터 절대 자유로울 수 없기 때문이다. 이는 모든 것을 포용할 수 있다는 다원주의보다는 인식론적 경쟁의 타당성을 뒷받침한다. 그렇다면 전통적인 역사비평학적인 가설과 주장을 보완할 수 있는 혹은 그것과 경쟁할 수 있는 오경서술 형성에 관한 대안에는 어떠한 논의들이 있을까?

창세기의 최종 마소라 본문에는 10개의 주요 계보문(תוֹלְדוֹת, 톨레도트)이 기술되어 있다.[18] 서술분석에 의하면 이 계보문들은 오경의 서술을 최종적으로 구성하는데 있어 기본적인 문학의 틀로 작용한 것으로 보인다. 오경본문의 역사적인 기초자료는 역사비평이 가설적으로 구상한 J, E, D, P 문서보다는 고대근동의 역사적 사료로 실제 사용되었던 계보문(톨레도트 토판)이었다고 감안해 볼 수 있다.[19] 고대근동의 상형문자와 쐐

18 바이즈멘-헤리슨 (Wiseman-Harrison)에 의하면 창세기에는 13개의 톨레도트(계보문)로 구성된 단편들이 있다(1:1-2:4; 2:5-5:2; 5:3-6:9a; 6:9b-10:1; 10:2-11:10a; 11:10b-11:27a; 11:27b-25:12; 25:13-25:19a; 25:19b-36:1; 36:2-36:9; 36:10-37:2). 그러나 히브리어 BHS 사본에서 톨레도트(תוֹלְדוֹת)를 서두로 시작되는 서술은 실제로 10개임을 알 수 있다. 창세기 2:4a을 P문서의 결론으로 보는 견해가 있으나 2:3을 창조서술 첫 단락의 마감 절로 분석하면 그 이후 2:4부터는 창세기 본문의 서술을 자연스럽게 10개의 계보문 구조로 구분할 수 있다. R. K. Harrison, *Introduction to the Old Testament* (Grand Rapids: Eerdmans, 1969), 548 참고.

19 이에 대한 자세한 논의는 Duane Garret, *Rethinking Genesis* (Grand Rapids, MI:

기문자는 왕실록이나 국제무역의 공문서용으로서 특별히 족장들이나 왕들의 계보를 기록하는데 사용되었다. 오경은 모세의 기록과 전승들, 그 외에 다양한 조각문들과 구전을 계보문(תולדות, 톨레도트 토판)을 기반으로 엮고 있다. 오경본문은 다양한 단편들과 조각문들을 언약(아담, 셋, 셈, 아브라함, 이삭, 야곱, 모세) 대 비언약(가인, 에서, 이스마엘) 계보문에 편입시킨 것으로 보인다. 이는 오경본문의 역사적인 형성과정에서 다양한 자료들이 첨부되고 새로운 정황이 초래함에도 불구하고 오경을 통일된 서술로 엮을 수 있는 기본적인 신문학적 틀이 되었을 것이다. 오경본문은 기원전 약 5-6세기까지 하나의 두루마리(토라)로 낭독된 것으로 추정된다(느 8).

그러나 디아스포라 회당에서의 새로운 형태의 예배와 운반의 편의상 5개(Chumash, חומש)의 작은 두루마리(창세기, 출애굽기, 레위기, 민수기, 신명기)로 나눠졌다. 이러한 분할에는 두루마리의 자료인 파피루스가 견고치 못했던 이유도 있었을 것이다.[20] 기원전 약 2-3세기에 이르러서는 펜타테우코스(πεντατευχος, 5개의 두루마리)라는 헬라어 책명이 고정되고 일반화된 것으로 보인다.[21] 주목할 점은 오경본문의 분할에는 정황적 편의와 더불어 정량적인 분할(quantitative division)과 정성적인 분할(qualitative division)이 균형 있게 반영되었다는 점이다. 따라서 오경을 구성하고 있는 각 권의 두루마리는 개별적으로 고유한 신학과 주제를 담고 있다. 그러나 동시에 오경을 구성하는 각 권은 계보문 구조를 기반으로 오경의 전체적인 문맥과 상통하며 통일된 서술구조로 읽힐 수 있다. 그러므로 적어도 제2성전 시기(기원전 약 520)로부터 창세기는 오경서술의 서문으

Baker Book House, 1991)를 참고.

20 *Cf*. Gordon J. Wenham, 28.

21 John H. Sailhamer, 『서술로서의 모세오경』(상권) (김동진 역) (서울: 새순출판사, 1994), 28; Herbert Wolf, *An Introduction to the Old Testament Pentateuch* (Chicago, IL: Moody Press, 1991), 17-18.

로뿐만 아니라 이미 독립된 한권의 완성된 두루마리로도 읽혔을 것이고 이에 대해서는 별다른 반론이 없는 것으로 보인다.[22] 결과적으로 모세의 기록과 전승, 조각문, 단편, 구전 등이 언약계보문을 기반으로 엮어졌고 최종적으로는 통일된 하나의 두루마리로 완성된 것으로 보인다. 훗날 디아스포라 정황에서 토라는 오경으로 분할되었으나 정량적이며 정성적인 요소들이 둘 다 고려되어 오경서술의 공시적인 통일성을 해체하지 않았다. 이러한 오경서술의 신문(神文)학적 통일성을 주장하는 논지들은 점차 적으로 설득력을 얻어가고 있다. 그렇다고 해서 오경본문의 저작기원과 편집과정에 대한 역사비평학적인 주장이 무효화된 것은 아니다. 오히려 학계에서는 이미 정설로 혹은 정치적인 올바름으로 뿌리를 내린 상태라고 말 할 수 있다.

역설적인 것은 동일한 본문에 대한 문학적인 통일성과 이와 상반하는 역사적인 비통일성의 주장들이 공존한다는 사실이다. 주요 이유는 동일한 본문을 읽고 해석하는 방법론적 그리고 인식론적 전제와 준거와 접근방식이 서로 다르기 때문이다. 오경서술의 통일성을 주장하는 논지는 그 준거를 본문의 최종 문학형태와 오경의 독특한 평행구조(parallel structure) 혹은 태블릿 구조(tabular structure)에 두고 있다.[23] 그러나 저작기원, 본문형성 그리고 편집과정에 관한 역사비평학적인 논지는 그 준거를 역사적인 추정에 두고 있다. 이는 실제로 존재했다고 여겨지는 삶의 정황(*Sitz im Leben*) 즉 가설적으로 재구성(historical reconstruction)된 본문 뒤에 있는 역사적 배경에 의한 의미 구성을 반영한다. 따라서 전통적인 역

---

22 R. K. Harrison, *Introduction to the Old Testament* (Grand Rapids: Eerdmans, 1969), 495.

23 직계형(linear structure)은 본문의 절 절을 연속적으로 읽고 이해하는 구조이며, 태블릿형(tabular structure)은 천을 짜듯 본문을 가로세로로 읽는 구조를 의미한다. 이는 오경본문의 특징으로서 이에 대한 자세한 내용은 본서 제1장 "창세기 구조"에서 논의될 것이다.

사비평은 오경본문의 정량-정성적인 연속성과 오경본문의 서술적인 고유성과 통일성을 비평학적으로 반박하고 역사적 사료로 여겨지는 JEDP 문서들로 본문을 분해해 그 내용을 허구 혹은 역사적 이데올로기로 해체한다.[24] 결과적으로 역사비평학은 오경의 의미를 본문이 아닌 그 본문을 형성한 가상의 역사적 배경에서 찾고자 한다. 이는 오경본문을 한권의 통일된 고유한 역사-종교적인 서술, 혹은 신학적 담론으로 읽는 공시적(synchronic) 해석과 상충되는 통시적(diachronic) 해석의 갈등을 보여준다.

2. JEDP 문서가설

오경본문의 역사적 형성과 관련된 구약학자들의 근대적인 논쟁은 지난 1세기동안 가장 뜨겁게 진행되어 왔다. 그러나 최근 문서가설에 대한 문제는 더 이상 별다른 주목을 받지 못하는 어쩌면 이미 고갈된 이슈가 되고 있다. 또한 많은 전문 서적들에서 이와 관련된 주제들이 이미 충분히 다뤄진 상태다.[25] 그럼에도 불구하고 본서는 창세기 본문의 담론과 해설로 들어가기에 앞서 특별히 이제 막 신학에 입문한 학생들을 위해 JEDP 문서가설에 대한 개론적인 논의들을 상대적으로 길게 재평가해보고자 한다. 먼저 역사비평학은 어떠한 이유와 준거로 JEDP 문서가설을 설정하고 오경의 최종적 본문을 해체하게 되었는지를 살펴보고자 한다. 역사문학적인 측면에서 오경본문의 최종 문학형태는 긴세월의 저작 및 편집과정을 걸쳐 완성된 고대역사의 결과물이다. 그 안에는 다양한 시대

---

24 역사는 항상 현재의 구성(construction)이지 재구성(reconstruction)이 될 수 없다. 이에 대한 자세한 논의는 필자의 From History to Narrative (2004)를 참고하다.

25 본서에서 문서가설에 대한 논의는 필자가 석사과정 때 벨하우젠의 Prologomena to the History of Israel을 100쪽으로 요약하고 문서설과 관련된 많은 자료들을 지난 30년동안 연구한 것에 의한 것이다. 이미 일반적으로 공론화된 논의로서 일일이 자료 출처를 각주로 처리하지 않겠다.

의 사건과 사상과 종교적 체험들이 담겨있다. 유대기독교의 전통적이며 보수적인 오경의 저작기원은 모세의 시대(기원전 15-14세기)로 소급된다.

그러나 이는 모세가 오경본문을 다 기록하고 완성했다는 것을 뜻하지 않는다. 오경본문 전반에는 후기편집의 흔적들이 암묵적으로 혹은 명시적으로 내포되어 있다(창 11:28; 12:6; 14:14; 28:19; 36:31; 민 21:14; 신: 34). 후기 용어인 "갈대아인"(창 11:28), 본문의 편집시기와 다른 시대를 암시하는 "그때에는 가나안 사람이 그 땅에 거주하였다"(창 12:6)라는 표현, "이 성(벧엘)의 옛 이름은 루스더라"(창 28:19)는 도시명의 후기 업데이트, 혹은 편집시기가 왕정시기임을 지시하는 "이스라엘 자손을 다스리는 왕이 있기 전에"(창 36:31)라는 표현, 모세의 죽음 기사 등, 이와 같은 문구들은 모세와 모세의 시대가 아닌 명백한 후기편집의 지문들이다.

그러나 이러한 일반적인 편집설을 넘어 본문의 서술적인 통일성과 역사적 일치성을 총체적으로 해체하는 역사비평학적인 편집설은 19세기 말에 제안된 JEDP 문서가설에 의해 본격적으로 시행되었다. 문서가설에 의하면 오경의 최종본문은 정황적으로나 사상적으로 혹은 문학양식적으로 상충하는 독립된 4개의 차별된 역사적 문서로 전승되고 구성되었다. 이들 4개의 문서들은 (I) 솔로몬 왕정과 분단시기(기원전 약 900)에 작성된 것으로 추정되는 J 야훼문서, (II) E 엘로힘 문서(기원전 약 700), (III) 요시아 왕정시기에 발견된 것(왕하 22:8)으로 추정되는 D 신명기 문서(기원전 약 621), 그리고 (IV) 바빌론 포로후기에 편찬된 것으로 추정되는 P 제사장문서(기원전 약 500)다.

JEDP 문서가설에 의하면 창세기 1장은 신을 엘로힘(אֱלֹהִים)으로 묘사하고 논리적이며 체계적인 문학양식의 창조서술로 구성되어 있다. 이는 오경 안에서 가장 후기에 제작된 것으로 여겨지는 P 문서를 반영한다. 그런가하면 또 하나의 별도적인 창조 서술로 여겨지는 창세기 2장은 신을 아도나이-엘로힘(יְהוָה אֱלֹהִים)으로 묘사하며 비체계적인 산문양식으로 구성되어 있다. 이는 상대적으로 P 문서에 비해 이전 시기에 작성된 E 문서를 반영한다. 율리우스 벨하우젠(Julius Wellhausen)은 1870년 그의 저서 『이스라엘 역사개론』에서 이러한 논지들을 종합해 JEDP 문서가설을 정설로 제안했다.[26] 그는 오경본문은 시기적으로 상이한 4개의 전승된 문서로 엮어진 것으로서 공시적인 본문으로부터는 객관적이며 역사적인 통일된 의미를 찾을 수 없음을 주장했다. 그 대신 본문의 실제적이며 객관적인 의미를 원한다면 텍스트의 역사적 배경, 즉 최종 본문 뒤(behind the text)에 있는 본문형성의 역사적인 통시적 과정과 정황을 재구성해야 한다고 주장했다. 이는 본문 세계(textual world)의 의미가 아닌 본문을 구성하게 된 실제 세계(real world)의 객관적인 역사적 의미 혹은 종교적 사상이 무엇이었는가를 추구하는 것이다. 그러나 그의 제안은 역설적으로 누구나 동의할 수 있는 보편적이며 객관적인 역사적 의미보다는 오경의 통일된 본문과 신학을 해체하는 것으로 귀결됐다. 그에 의하면 오경본문의 최종 서술은 그 본문 뒤에 있는 실제적인 역사를 왜곡한 정치적 이데올로기의 산물이며 원시적인 신앙과 신학적인 허구를 반영한다. 그는 오경본문의 최종적 문학형태에서 일관된 서술적 전략(narrative strategy)이나 통일된 신학-문학구조를 읽을 수 없었다. 반면 본문의 비평분석을 통해 구상된 4개의 혼합적인 가상 문서에서 표면상 서로 충돌하는 내용들과 상반된 역사적 전승들로 편찬된 모순된 텍스트(incongruent text)를 읽게 되었다. 즉 오경본문의 최종 문학형태는 텍스트-언어학적으로 통일된 서술이 될 수 없으며 더 이상 보편적이며 객관적인 의미나 규범적인 역사적 신학의 기반이 될 수 없다고 결론지었다.

---

26 Julius Wellhausen, *Prologomena to the History of Ancient Israel* (Canton, OH: Pinnacle Press, 2017) (Hard Cover Edition). 최근에 Wellhausen의 고전이 하드커버로 출판되었다. 이 섹션에서는 1990년 미국 비블리칼 신학대학원(BTS) 시절 필자가 Wellhausen을 100쪽으로 요약하고 분석했던 자료를 간략히 소개한다.

모순된 텍스트: 상반된 역사적 전승들의 기록

벨하우젠은 출애굽기 20:24-25와 27:1-8을 비교 분석하면서 두 본문에 기술된 제단에 대한 묘사는 각기 전혀 다른 두개의 역사적 전승을 암시한다고 해석했다. 전문은 단순한 토단(מִזְבַּח אֲדָמָה)이나 돌단(מִזְבַּח אֲבָנִים)을 지시하고 후문은 후기의 더 발전된 놋(נְחֹשֶׁת) 제단과 기구들을 지시하기 때문이다. 19세기 역사진화론적인 시각에서 볼 때 토단과 놋단 사이엔 시대적인 간격이 있는 것으로서 이를 구별없이 언급하고 있는 오경의 최종 본문이 그 얼마나 모순된 텍스트(incongruent text)인가라는 비평이 야기되었다. 이러한 텍스트의 모순은 오경본문을 연속적인 직계형 구조(linear structure)로 읽어 내려갈 때 뚜렷했다. 따라서 이제 독자의 질문은 "텍스트의 의미가 무엇인가?"로부터 모순된 텍스트 뒤에 숨어있는 실제적인 "역사적 사실은 무엇인가?"로 전환되었고 오경본문에서 서술적인 일관성이나 통일성은 주장될 수 없다고 보았다. 그런가하면 창조로부터 이스라엘의 홍해도하에 이르기까지, 근대과학적인 접근에 의해, 초자연적 현상을 담은 기사는 텍스트적인 의미는 가질 수 있으나 더 이상 실제적인 역사적 의미는 가질 수 없다는 결론에 이르렀다.

신명(神名, The Names of God)

오경이 모순된 텍스트라는 주장의 증거로 벨하우젠은 오경에 기술된 다양한 신명(神名)과 불일치성을 지적했다. 특별히 오경본문 전반에 기술된 두개의 주요 신명인 야훼(יְהוָה)와 엘로힘(אֱלֹהִים)의 일관되지 못한 용법에 대한 문제를 제시했다. J 문서는 신명을 야훼 하나님(창 2:5, יְהוָה אֱלֹהִים)으로 언급하며, E와 P 문서는 엘로힘 하나님(창 1:1; 출 3:14-15; 6:2c-3, אֱלֹהִים)으로 언급한다고 보았다. 따라서 이러한 신명의 차이는 오경을 형성하고 있는 문서들이 서로 다른 출처를 가졌음을 반영한다고 결론지었다.

중복 단편들(duplicate stories)

벨하우젠은 오경본문에서 아브라함과 사라의 기사(창 21-22)와 이삭과 리브가의 기사(창 26)와 같이 유사한 문학양식과 내용을 가진 소위 중복 단편들이 원래는 하나의 짧고 간략한 원초적인 단편 내지 구전으로부터 전승되어 파생되고 확장된 것이라고 주장했다. 오경본문에서 그 양식과 내용이 상당 부분 중복되는 단편들은 원래 하나의 스토리였으나 그 전승 과정에서 후기 새로운 사회정치적 정황과 종교적 이념 그리고 지역의 토착화를 통해 복제되고 변형된 것이라고 보았다. 따라서 오경본문 내에 중복되는 것으로 보이는 유사한 단편들은 오경본문의 서술적 혹은 신학적 통일성을 성립할 수 없는 증거라고 결론지었다. 창세기 본문에 기술된 이러한 중복 단편(duplicate story) 혹은 전형장면(type scene)으로 여겨지는 것들 중에는 대표적으로 '아내-자매'(wife-sister)와 같은 공통적 주제와 유사한 양식을 가진 단편들이 있다.

창세기 본문	가설 문서	단편서술	아내-자매
12:1-20	J	아브람과 바로의 이야기	아브람이 아내를 누이라 속임
20:1-18	E, R^{JE}	아브라함과 아비멜렉의 이야기	아브라함이 아내를 누이라 속임
26:1-11	J	이삭과 아비멜렉의 이야기	이삭이 아내를 누이라 속임

그런가하면 특정 장소가 구심점이 되어 전승된 것으로 여겨지는 변형 단편들도 있다. 예를 들어 창세기 본문 내에 야곱-이스라엘과 관련된 벧엘 단편들(Bethel narratives)을 지적해 볼 수 있다. 벧엘은 이스라엘의 옛 중앙 성소이며 예배의 장소로서 신학적 상징성을 함축하고 있으며 창세

기는 이곳을 중심으로 중복 단편들을 기술하고 있다.

A	창 28:19-20	"야곱이 아침에 일찍 일어나 베게로 삼았던 돌을 가져다가 기둥으로 세우고 그 위에 기름을 붓고, **그 곳 이름을 벧엘이라 하였더라.**"
A′	창 35:14-15	"야곱이 하나님이 자기와 말씀하시던 곳에 기둥 곧 돌기둥을 세우고 그 위에 전제물을 붓고 또 그 위에 기름을 붓고, 하나님이 자기와 말씀하시던 **곳의 이름을 벧엘이라 불렀더라.**"

이러한 중복 단편들은 원래 하나의 짧은 구전이나 서술문으로 존재했다가 후기에 여러 지역으로 파생되며 변형된 것으로 여겨진다. 원문은 시간이 흐름에 따라 다양한 시대와 지역, 종교적 사상, 그리고 사회정치적인 새로운 정황에서 재해석되고 재편집되었고, 이후 격리되어 특정 지역에 토착화된 단편들로 변형되었다. 최종적으로는 다양한 중복단편의 형태로 오경본문에 엮어진 것으로 추정된다.

문서들의 고유한 어휘와 문학양식

JEDP 문서들은 각기 고유한 특정 어휘와 문학양식으로 차별된다고 주장된다. 예를 들어 J 문서는 주로 고대구문의 전승을 반영하는 이야기식(story telling) 서사문형으로 구성되었고 시대적으로 독특한 어휘를 나타낸다. 예를 들어 J는 히브리어 칼(Qal) 동사를 선호하고(창 4:1, יָלַד) P 문서는 주로 논리적인 산문형으로 구성되었다고 본다. 그런가하면 P는 칼(Qal) 동사보다는 히필(Hiphil) 동사를 선호하는 것으로 주장된다(창 11:27, הוֹלִיד).

독립된 문서들의 혼합

창세기 1-2장은 두개의 독립된 구전 및 문서가 훗날 하나의 표층으로 편집되어 전승된 대표적인 서술로 논해진다. 창세기 1장은 후기신학을 반영하는 체계적이며 조직적인 안식일과 제7일 신학을 부각시킨 P의 작품이며, 인간을 흙으로 창조하는 원시적이며 서사적인 창세기 2장의 창조서술 반복은 보다 더 고대에 속한 J의 작품으로 평가된다.

창세기 1:1-2:3	천지의 7일 창조와 안식일	첫번째 창조기사: P 문서
창세기 2:4-3:24	땅의 창조와 인간	두번째 창조기사: J 문서

유대교 제사장직(Priesthood) 개념의 진화

오경에 기술된 제사장직에 관해 대체로 신명기의 원서로 여겨지는 D 문서와 레위기의 원서로 여겨지는 P 문서는 서로 다른 신문(神文)학적인 기준과 사상적 의도를 가진 것으로 여겨진다. 이는 유대교 제사장직의 역사적인 진화를 반영한다. 예를 들어, D 문서는 모든 레위인을 제사장으로 묘사한다(신 18:7; 27:9). 그러나 P 문서는 아론의 후손만을 제사장으로 인정하며 나머지 레위인은 일반적으로 "회막에서 돕는 직무"(민 8:26)를 맡은 자로 묘사한다. 이는 아론의 제사장 위임식 서술에서 더욱 부각된다(레 8-9장). 족장시대를 배경으로 가진 J 문서에서는 아브라함, 이삭, 야곱과 같이 제사장이 아니더라도 누구나 개인적인 제사를 언제 어디서나 자유롭게 집행할 수 있는 것으로 묘사된다. 그러나 왕정 후기 문서인 D(신명기)에서는 레위인들에게만 제사장직을 부여하는 것으로 보인다. 후기 유대교를 반영하는 P 문서는 레위지파 중에서도 특별히 정권을 장악한 아론의 후손들에게만 체제적인 제사장직을 독점하도록 규정한다. 제사장직에 대한 역할과 관점변화는 진화된 유대교에서의 성전 재정과도 관련이 있다고 여겨진다. 자연종교가 체제종교로 진화되면서 전업 제사장이 등장하고 이에 따른 수입증강의 필요일환으로 자발적이었던 헌금행위(창 28:22)는 제도화되었고, 새로운 사제집단을 중심으로 P문서는 십일조와 같은 각종 제물과 헌금제도(레 27:30-32)를 규범으로 강요하게 되었다고 본다.[27]

벨하우젠은 이와 같은 종교 진화론적인 논지들을 근거로 JEDP 문서가설을 종합적으로 확립시켰다. 요약하자면 이스라엘의 포로후기 정황에서 역사적 패배를 극복하고 히브리 민족의 부활을 도모했던 일부 이스라엘의 유대종교집단은 기원전 5-6세기에 이르러 유대민족주의를 추구하는 신유대교를 발족시킨다. 그리고 이에 적합한 사회 정치적이며 종교적인 이데올로기를 정립하고 JEDP라는 4개의 가상적인 문서를 기반으로 토라(תורה)라는 허구적인 작품을 완성한다. 이러한 JEDP 문서가설은 벨하우젠의 다음과 같은 구체적인 문제지적으로 더 한층 강화된다.

(I) 아브라함과 야곱과 같은 구약의 족장들은 아무 곳에서나 절기로부터 자유로운 개인적인 돌제단의 예배를 드렸다(J 문서, 창 12:8; 28:18-19). 그러나 신명기는 정교하고 체계적인 공동제의와 예루살렘을 암시하는 예배의 중앙장소(신 12)를 규정하고 있다(D 문서). (II) 오경본문은 최종편집에서 원래는 고대근동의 농경 주기를 따라 치러졌던 가나안의 농경절기를 유대교의 신학적 이념으로 재해석하여 아래의 도표와 같은 유대교의 종교절기로 토착화시킨다.[28]

---

27 오경에서 십일조를 자세히 설명한 책은 레위기가 아니라 민수기(14:27-29; 18:26)와 신명기다(14:22-29).

28 도표는 John H. Walton, *Chronological and Background Charts of the Old Testament* (Grand Rapids: Zondervan, 1978)와 NIV Study Bible을 참고해 작성됨.

종교력	농경 월력	아람어 명칭 (히브리어)	양력	가나안 농경절기	기후	구약본문	유대 종교절기
1	7	닛산(아빕)	3-4	보리 추수 (봄 늦은 비)	늦은 비	출 12:2; 13:4; 23:15; 34:18; 신 16:1; 느 2:1	유월절(14일) 무교병(14-21일) 초태생절(21일)
2	8	이야르 (지브)	4-5	일반 추수		왕상 6:1, 37	
3	9	시반	5-6	밀 추수	건조기	출 23:16; 출 34:22;신 16:9-11; 에 8:9	오순절/칠칠절 (6일)
4	10	타무즈	6-7	포도재배			
5	11	아브	7-8	포도, 무화과, 올리브 절기			
6	12	엘룰	8-9	포도, 무화가, 올리브 추수		느 6:15	
7	1	티스리 (에타밈)	9-10	땅 경작 (가을 이른 비)		레 16:1-34레 23:23-32; 왕상 8:2	나팔절(1일) 속죄일(10일) 장막절(15-21일)
8	2	마르체스반 (불)	10-11	보리와 밀 씨 뿌리기	이른 비	왕상 6:38	
9	3	키스레브	11-12	겨울 비 시작		느 1:1, 슥 1:1	하누카 (12월 25일- 8일 동안)
10	4	테베트	12-1			에 2:16	
11	5	쉐바트	1-2	겨울 무화과		슥 1:7	
12	6	아달	2-3	아몬드 나무 꽃,감귤류 추수		스 6:15; 에 3:7, 13; 8:12;9:1, 15, 17, 19, 21	부림절(13-14일)
		아달 쉐니 (3년마다 양력과의 간격을 보완하기 위해 더해진 달)					

가나안의 농경절기인 추수 절기는 P에 의해 종교적인 의미를 갖게 되었고, 이스라엘 왕정시기 동안 보리 추수를 기념했던 맥주절은 예루살렘을 순례하는 절기로 변형되었다. 그런가하면 포로후기 신유대교는 밀 추수와 관련된 오순절을 출애굽의 유월절과 연관해 야훼 하나님께 감사를 드리는 칠칠절 혹은 초실절로 거행하도록 했다. 이렇게 포로후기 신유대교의 새로운 역사적인 정황과 아론의 직계를 부각시킨 제사장 제도의 재구성 가설을 종합해 벨하우젠은 JEDP 문서설을 최종 확정했다. 그리고 오경본문의 역사적 형성 연대와 관련해 벨하우젠은 종합적으로 JEDP가 다음과 같은 순차로 구성되었다고 주장했다.

먼저 이스라엘의 왕정초기에 J는 창세기 2장의 창조기사와 같은 원시적인 자연종교(야훼주의)의 배경을 가진 문서를 국사로 편찬했다. 이후 선조들의 전승과 요셉의 이야기와 같은 원초적인 도덕적 가치관(엘로힘주의)이 암시된 E 문서가 작성되었다. 기원전 약 7-8세기에는 포로기 이스라엘의 사회정치적 상황과 종교 윤리적인 전략을 질타하는 선지자들의 신학개혁 사상(신명기주의)이 담긴 D 문서가 가상의 신명기 사가(Deuteronomist)에 의해 집필되었다. 마지막으로 포로후기를 지내며 이스라엘의 신국가재건(유대민족주의)을 열망하는 사제들의 사상을 반영한 레위기와 같은 P 문서가 기술되었고 기원전 약 6세기 말에 이르러 JEDP가 종합된 오경본문으로 편찬된 것으로 여겨진다.

이러한 역사비평학적인 오경형성의 가설은 본문 뒤에 있는 이스라엘의 실제적인 역사를 객관적으로 재구성한 것이라고 주장된다. 그렇다면 과연 이러한 문서설의 논지들은 절대적인 텍스트-언어학적인 분석과 사실적인 역사적 자료에 기반한 것일까? 종종 오경의 역사비평학적인 가설은 논박될 수 없는 절대적인 객관성과 보편성에 기반을 둔 것처럼 소개되고 강요된다. 그러나 이러한 주장을 인정하기에는 너무나도 많은 의문점과 반론의 여지가 남아있다. 이에 대해 먼저 각 문서의 특징을 다시

한번 간략히 조명한 후 이를 재평가해보고자 한다.

J 문서

J 문서는 솔로몬 왕정 전성기인 기원전 약 950년에서 850년경 사이에 형성된 것으로 추정되는 가상의 문서다. J는 신명을 야훼(יהוה)로 언급하고(창 4:26) 태고의 이야기(창 2-11)를 포함해 원시적이며 자연적인 종교적 이념을 구상한다. 폰라드는 J 편찬의 역사적 상황을 솔로몬의 계몽기(*Solomos Epoche der Aufklärung*)로 가정하고 신유대민족의 신학사상이 반영된 문서로 주장했다.[29] 그러나 반세터스(John Van Seters)는 오늘날 우리가 역사(history)로 인식하고 있는 개념은 일반적 이야기(story)와 다른 것으로서 역사(歷史)는 국사(國史)일 때만 진정한 역사가 될 수 있다고 반박한다. 즉 국가의 부재는 역사의 부재다. 그는 전통적인 서구역사의 양식은 기원전 약5세기에 기록된 헤로도토스의 국사양식을 따른 것이며, 전통적으로 기원전 10세기의 것으로 주장되는 J 문서는 진정한 국사의 양식을 갖추지 못했다고 역설한다.

또한 솔로몬 시대에 J라는 문서가 실제로 존재했다는 객관적인 외부적 증거도 부재하다. 더 나아가 반세터스는 역사비평학자들이 주장하는 J문서는 헤로도토스 국사의 양식을 아직 갖추지 못한 기원전 10세기보다는 유대교를 기반으로 한 신생국이 설립되는 기원전 약6세기 포로후기의 산물이었을 것이라고 주장한다.[30] 이는 J 문서를 가장 오래된 문서로 간주한 전통적인 역사비평학자들의 주장과 상반된 또 하나의 역사비평학적인 가설이다. 그럼에도 불구하고 다수의 역사비평학자들은 J 문서

---

29 G. von Rad, "Der Anfang der Geschichtsschreibung im Alten Israel," *Gesammelte Studien zum AT*, TB 8 (München, 1958): 149.

30 John Van Seters, *In search of history* (New Haven: Yale University Press, 1983), 5.

를 솔로몬 시대의 역사적인 고대문서로 전제하고 오경에서 이를 대표하는 주요 본문으로 창세기 2:4b-3:24 단편, 홍수이전의 서술(창 4:1-26; 5:29; 6:1-8), 족장들의 서술(창 12:1-13:8; 22:15-18; 24:1-25:6) 등을 제시한다.

E 문서

창세기에 기술된 요셉의 서술로 대표되는 가상의 E 문서는 J보다 약 1세기 후에 형성된 것으로써 J와 유사한 서술양식을 가진 것으로 여겨진다. 이 논쟁적인 둘의 실제적인 구분은 모호하다. 창세기 15장에서 민수기 32장까지 광범위한 본문을 포괄한 것으로 간주되는 E 문서는 이스라엘의 분단 정황을 배경으로 북이스라엘의 신학사상을 반영한 것으로 여겨진다. E는 신을 엘로힘(אֱלֹהִים)으로 언급한다. E에 따르면 야훼(יְהוָה)라는 신명은 출애굽 전승에서 처음으로 언급된 것이다(출 3:15). E는 J에 비해 초기발달적인 사회-도덕성과 원초적인 언약신학의 요소들을 담고 있다고 주장된다(창 15, 아브라함의 언약; 출 20-23, 언약법전). E는 J자료를 기반으로 족장들의 이야기를 구성하고(창 25-50장의 야곱과 요셉이야기) R^{JE}(JE의 편집자)은 J와 E를 종합한 단일사본을 편찬한 것으로 여겨진다.

D 문서

오경의 신명기(Deuteronomy)는 D 문서로 구성된 독립적인 두루마리로 주장된다.[31] D 문서는 기원전 621년경 요시야 왕의 개혁시기에 발견된 것으로 추정되는 토라 두루마리(왕하 22:8, סֵפֶר הַתּוֹרָה)와 동일한 것이라고 여겨진다. 패튼(Lewis Bayle Paton)은 신명기본문이 원천으로 여

31 벨하우젠이 D문서를 구분한 가장 강력한 논지는 P문서가 아론 지파만을 진정한 제사장으로 인정하는 것에 반해 D문서는 레위인 전체를 성직자로 여긴다는 논지다.

겨지는 고유한 특징들을 열왕기(역사서)에서도 27가지나 발견할 수 있음을 지적하며, 이는 요시야 왕정 시기에 발견된 토라 두루마리가 사경(창, 출, 레, 민)을 제외한 신명기(D)였음을 증명한다고 주장한다.[32] 신명기를 포함해 구약의 역사서 본문들을 기술한 것으로 추정되는 신명기 사가(Deuteronomist)는 포로후기 유대민족주의 사상과 신유대교의 발단을 뒷받침하는 유일신 신앙(신 6:4-5), 그리고 정치적으로는 중앙집권을 촉진하고자 예루살렘을 예배처소의 중심으로 부각시킨 것으로 여겨진다(신 12). 이러한 D자료는 족장들의 내러티브에서는 거의 확인되지 않고 특정한 신명을 갖고 있지 않다(야훼, "우리/너희 엘로힘"). R^D 편집자는 JE와 D를 결합해 확장된 JED 단일사본을 편찬한 것으로 추정된다.

P 문서

오경의 마지막 가상 문서는 P 문서다. P는 오경형성 과정에 있어 가장 후기에 속한 작품으로서 논리적이며 체계적인 산문체를 사용한 것으로 평가된다. 조직적인 문학구성을 가진 대표적인 본문은 창세기 1:1-2:4b 단편이다.[33] 특별히 출애굽기, 레위기, 민수기에 편찬된 법률문과 제의와 관련된 자료들은 모두 P 문서로부터 인용된 것으로 여겨진다. 창세기에서는 계보와 안식일, 할례와 언약신학 관련 주제들이 P의 작품으로 구분된다(창 1; 17; 23). P 문서는 상대적으로 자연종교를 반영한 J 문서와 비교해 보다 더 종교적이며 제의적인 체계를 갖추고 있다. 기록시

---

32 Lewis Bayles-Paton, "The Case for the Post-Exilic Origin of Deuteronomy," *JBL* 47 (1928): 325-326.

33 Q문서는 아담과 노아, 아브라함과 모세와 맺은 네 가지(Quattuor) 언약을 암시하는 문서이다. Q는 주요 후기 사본편집에서 확장되었고 이후 모세의 '육경' 안에서 JE+D와 통합되었다. J. C. O'Neil, *The Bible's authority: A portrait gallery of Thinkers from Lessing to Bultmann* (Edinburgh: T & T Clark, 1991), 198-213.

점은 포로후기로 추정된다(기원전 약 500-400). 신유대교 확립의 일환으로 에스라 종파에 의해 작성되었을 가능성이 제기된다. P는 야훼(יהוה)라는 신명이 출애굽(출 6:3, P 문서의 한 부분)에서 처음 언급된 것으로 간주하고 E와 같이 신을 엘로힘(אֱלֹהִים)으로 부른다(출 6:3, P 본문). P의 신학적 관심은 포로후기 신유대교의 발족과 확립이다. 이를 성취하기 위해 제사장 공동체에 의한 정교한 제의적 법률이 구상되었고, 이는 예루살렘을 예배의 중앙처소로 규정하는데 있어 결정적인 영향을 끼친 것으로 여겨진다. 헤겔의 패러다임으로 조명해 볼 때, 이스라엘의 역사적 몰락(*These*, 정립)으로부터 유대주의가 파생되었고(*Antithese*, 반정립), 이러한 정황의 지양(*Aufheben*)으로 사제도(priesthood) 중심의 종교집단이 탄생했다(*Synthese*, 종합). 가상의 P는 사제도를 기술한 장본인으로 여겨진다.

역사비평학자들은 오경의 최종본문이 그들이 구상한 가설적인 4개(JEDP)의 상이한 문서로 편찬되었고 이로 인해 서로 충돌하는 모순된 텍스트를 갖게 되었다고 주장한다. 포로 전후기를 기점으로 제2성전의 재건과 예루살렘 중심으로 집권한 신명기 사가(D)와 사제들(P)은 그들의 정치적 이데올로기와 배타적인 민족신학사상을 전개해 나갔다. 이러한 D와 P의 후기사상은 훨씬 더 포용적이고 자연스러웠던 야훼신앙(J)과 엘로힘(JE)의 세계관과 오경본문 내에서 서로 충돌한다. 그러므로 오경본문 전반에 삽입된 P의 자료들과 신학적 사상은 시대착오적(anachronistic)인 후기편집으로서 후퇴한 역사역구(逆掘, historical retrojection)적인 산물이며 허구라고 여겨진다. 벨하우젠에 의하면 긴세월의 편집과 사상적 격론으로 인해 기원전 5세기에 이르러 JE의 자연적인 토착종교는 JEDP라는 제사장 중심의 제도적이며 정치적인 사제도의 종교로 변질되었다.

3. 전통적인 JEDP 문서가설에 대한 재평가

그동안 역사비평학은 면밀한 텍스트 분석을 기반으로 한 역사적 연구와 논쟁적 본문들의 학문적인 탐구와 수정을 통해 성경해석학에 많은 주목할 만한 결과물들과 발전을 가져왔다. 이는 성경본문에 대한 폭 넓은 신학적 이해와 역사적 지평을 확장하는데 있어 부정할 수 없는 긍정적인 공헌이라 말 할 수 있다. 특별히 오경본문의 역사적 재구성을 시도함에 따라 텍스트의 역사적 기원과 고대근동의 문화적 배경 그리고 언어학에 대한 입문을 넓혔고, 교리적인 분석에 치중되었던 신학의 영역을 성경신학의 역사적인 영역으로 확장하는데 중대한 역할을 수행해왔다.

그러나 그 이면에 부정적인 부작용으로서 문서가설의 일부 非비평적인 비평(uncritical critical)은 무분별한 적용 그리고 편파적인 정치적 옳음의 강요로 구약본문의 고유한 계시적 본질을 환원적인 합리주의의 이분법적 잣대로 해체했고, 전통적인 기독교 복음주의의 신학과 신앙을 뿌리째 흔들었다.원래의 의도는 아니었겠지만 결과적으로 문서가설은 성경본문의 신학적 통일성을 파괴하는 역기능적인 역할을 하게 되었고 한정적일지라도 성경영감에 대한 불신과 신학교육 및 교회 전반의 세속화를 촉진시켰다. 이는 단순히 문서가설이 암시하는 학문의 객관성과 신앙의 주관성의 문제가 아니다. 문서가설의 절대화와 무분별적 적용은, 성경신학의 고유한 연구영역을 세속적인 환원적 근대주의 인식론에 종속시켰고, 근대의 사회경제적인 압박과 정치권력적 올바름으로 신학의 고유한 영역을 장악하고 무력화시켰다. 실제로 합리적인 다원사회와 포용을 내세운 서구근대주의의 환원적인 세계관과 일부 전제적인 가설들은 국제적인 주류 신학학회 내외에서 일방적이며 非비평적인 방법으로 강요되고 있다. 언젠가부터 주류 신학회에서는 역사비평학을 성경해석학의 정설로 전제하고 그에 반한 것은 非학문적인 주관적 신앙고백이라는 억압적 분위기가 조성되고 정착되었다. 근대주의는 객관성, 중립성, 그리고 보편성이라는 합리적인 논리와 사회적 포용이라는 긍정적인 모티프를 대내외적으로 표출하나 그것에 의한 절대적인 암묵적 강요는 정치적이며 이를 반대하는 자들에게는 폭력에 가까운 상황을 형성했다. 이는 오늘날 사상적 근대주의와 과학만능주의, 무아와 무신론을 전제한 자아성찰의 종교라는 또 하나의 환원적인 신생종교를 탄생시켰다.

과학과 근대적 맹신주의

"태초에 하나님이 천지를 창조하셨다"(창 1:1). 창세기 본문을 문자적으로 해독해서는 안 된다는 논지에 반론을 제시할 자는 없을 것이다. 그러나 그래서 창세기는 원시적인 허구라는 또 하나의 문자적 해석은 역사비평학의 역설이 아닐 수 없다. 이러한 패러독스의 근본은 무엇일까? 이는 역사비평학의 뿌리가 되는 근대주의 사상을 합리성과 동일시한 편협한 정립에 있음을 지적해 볼 수 있다. 근대주의는 합리성(rationality)을 넘어 합리주의(rationalism)라는 환원적인 시대사상과 신앙을 함축한다. 물론 근대가 우주의 탐험을 비롯해 인류에 공헌한 과학적 편의와 혜택은 부정할 수 없을 만큼 높이 평가된다. 그러나 긍정적인 것만큼 물리적인 과학주의로 인한 부정적인 인류의 황무함을 간과해서는 안 될 것이다. 일부 근대주의(modernism)라는 또 하나의 사상과 신앙의 절대적인 사회정치적 강요는 인간의 초월적이며 자유로운 영성과 양자역학의 초월성을 이분법적인 인식, 물질만능주의, 환원적 과학주의, 자연적 진화론주의, 뉴턴의 고전역학 그리고 이기적 개인주의 등으로 대표될 수 있는 근대적 맹신주의(modern superstition)에 종속시켰다. 그런가하면 다른 한편의 극에서는 이와 상반하는 무아와 비존재의 사유가 반등하는 역설을 낳고 있다.

지난 17세기 서구의 합리주의는 동시대 교계와 사회에 문제가 되었던 교파주의와 다원주의로 인한 종파적 분열과 혼란을 극복하기 위해 플라톤-아리스토텔레스 담론의 산물인 객관성, 중립성 그리고 보편성의 중요성을 주장했다. 즉 이성적이며 과학적인 세계관을 성경해석학적 혼란의 해결책으로 제안한 것이다. 이는 당시 고착된 교리에 치우쳐 있던 신학해석학에 큰 도전과 변화를 일으켰다. 합리주의는 성경본문의 객관적인 역사적 해석을 통해 상호 상충되는 교단들의 교리적 갈등을 해소하고 신앙고백을 통일시킬 수 있을 것으로 믿어졌다. 성경본문을 과학적으로 접근해 그 뒤에 있는 실제적인 삶의 정황(*Sitz im Leben*)으로부터 일관되고 객관적인 사실적 의미를 역사적으로 재구성할 수 있기를 기대했다. 이러한 구상이 발족된 것은 교리적 갈등으로 인한 동시대 교회의 혼란스러운 정황만이 아니라 당시 제기되었던 성경본문의 모순성(textual incongruence)도 있었다. 시대적으로 초기 근대주의를 추구했던 신학자들은 오경본문 내에 구문론적인 혹은 의미론적인 응집성과 일관성을 보지 못했다. 즉 통일된 서술구조나 일관된 신학적 교리를 성립시킬 수 없었다. 부분적으로 이는 고대근동 텍스트의 고유한 문학적 구조를 충분히 고려하지 못한 근대주의적인 역사-문학 기호법의 일방적인 투영 때문이었다고 지적해 볼 수 있다. 더 본질적인 문제는 근대성을 이탈한 근대주의(*Modernismus*)적인 과학적 맹신주의(*Aberglaube*)를 초래할 수 있는 다음과 같은 시대정신(*Zeitgeist*) 혹은 시대적 신앙이 반영된 것이라고 논할 수 있다.

역사적 진화론

근대적 맹신주의를 가장 명백히 들어 내는 근대주의적 사상은 생물학의 영역을 벗어난 범진화론주의다. 최근 행동심리학, 윤리학, 신학을 포함해 사물의 모든 현상을 진화론으로 설명하는 담론은 포퓰리즘에 가까운 인기를 얻고 있다. 이런 진화론적인 논지 아래 고대 이스라엘의 종교는 긴세월의 형성과 발전과정을 통해 진화된 것으로 설명된다. 이에 따르면 선사시대에 인류는 자연의 모든 것을 신성한 것으로 숭배했던 범신론(pantheism)적 유형의 신앙생활을 했다. 이어 개인적 선택과 토착신앙을 가능케하는 다신론(polytheism)으로 진화했고, 도시국가들이 형성되면서 고대바빌론의 수호신인 마르둑(Marduk)과 같은 종족 혹은 민족적 단일신론(henotheism)의 종교가 정착했다. 이는 도시국가들 간의 헤게모니 전쟁과 더불어 신들의 경쟁을 야기시켰고 문화-역사적이며 지정학적인 복합적 요소들에 의해 이스라엘의 야훼숭배(Yahweh Cult)와 같은 배타적인 유일신론(monotheism)을 탄생케 했다. 종교진화론자들은 앞으로 미래 인류는 무신론(atheism)을 보편적으로 받아들일 것이며 북유럽 국가들과 같이 사회복지적 자립으로 인해 뭔가를 의지해야 하는 종교는 살아질 것으로 예측한다.[34]

이러한 종교 진화론적인 담론에 비춰볼 때 유일신론이 강조되고 있는 D(신명기)나 P(레위기) 문서의 종교사상은 다신론 혹은 단일신론을 암시하는 것으로 여겨지는 J의 종교로부터 훨씬 더 진화된 이스라엘의 후기 종교를 반영한다. 종교진화론적인 담론은 진화론이 생물학에만 국한되어 있지 않음을 분명히 보여준다. 특별히 신마르크스주의와 혼합된 범진화론은 심리학, 교육학, 경제학, 사회학, 정치학, 종교학 등 다학제간에 걸쳐 광범위한 영역에서 전반적인 영향을 끼치고 있다. 실제로 현대담론에 창조론이 설 자리는 없다. 역사적 종교진화론에 의하면 인류의 종교는 원시적이며 자유로운 형태로부터 체제적이며 사회정치적인 종교로 발전했으며 궁극적으로 무신론으로 진화할 것이라고 믿는다. 이는 끊임없이

34 종교진화론에 관한 총체적인 담론은 다음을 참고하라. Robert N. Bellah, *Religion in Human Evolution: From the Paleolithic to the Axial Age* (Cambridge: Harvard University Press, 2017).

진화하는 생물체로 유추되기도 한다. 그러나 이러한 역사진화론적인 논지는 순수한 과학을 넘어 근대적 맹신주의와 환원적인 사상에 종속된 것임을 간과할 수 없다. 오히려 최근에 발전된 과학은 그동안 일반적으로 받아 드려진 절대적 객관성과 중립성과 보편성에 한정되지 않는다. 양자역학의 초미시적인 세계로 들어가면 원자의 소우주(microcosm)는 인간의 오감으로 관찰되고 측정될 수 있는 물리적 현상과 규칙을 일관되게 따르지 않는다. 원자는 가시적으로 지극히 작은 물체로 보이나 그 안은 무한정의 공간을 가진 소우주로서 그 속에서의 입자의 역학은 오늘날 일반적인 과학적 인식론으로 측정되거나 인지될 수 있는 자연의 질서와 언어로는 설명될 수 없는 모호함을 갖는다. 오경본문과 역사비평학 논의에 왜 양자역학인가라는 반문을 할 수 있겠으나, 과학과 동일시되는 역사비평학의 문제점과 특별히 창세기 본문을 해석하는데 있어 가장 중요한 창세기 1-2장에 관한 창조론과 진화론의 담론을 염두에 두고 현재 진행중인 과학인식론의 실제와 사상에 대한 논의들을 간략히 살펴보고자 한다.

자연주의와 과학만능주의

구약본문에서 묘사되고 있는 서술적 사건을 비역사적인 허구로 부정하는 논박 중에는 본문의 비과학적인 언어보다는 구약본문에 기록된 초자연적인 기적기사들에 대한 절대적인 불신이 자리잡고 있다. 그 불신에는 자연과 과학은 물리적인 관찰에 의해 실증적으로 관찰되고 객관적으로 정량화 되며 보편적으로 측정될 수 있어야 하는 균일사상(uniformism)이 전제되어 있다. 이는 뉴턴의 고전역학(Newtonian Classical Mechanics)의 기반이 된다고 말 할 수 있다. 그러나 이는 자연의 현상이 규칙적이라는 전제에 환원된 주관적 편견에 불과하다. 필자는 의학과 면역유전학을 전공한자로 물리학에 대한 전문성이 없지만 학창시절부터 물리학에 관심을 가지고 비전문적이며 얄팍하지만 고전역학으로는 설명이 될 수 없는 양자역학(Quantum Mechanics)에 대한 서적들을 즐겨 정독해 왔다. 이에 대해 역사비평학 논의와 관련이 될 수 있는 양자역학의 논의 일부를 간략하게 살펴보고자 한다.

양자역학에서 잘 알려진 1801년 토마스 영(Thomas Young)의 이중 슬릿 실험(double slit experiment)은 전자가 물리적인 입자(particle)로 혹은 동시 비 물리적인 에너지 파동(wave)으로 관찰될 수 있음을 시사했다. 빛의 광자(photon)도 이러한 이중성을 가지고 있다. 이는 하나의 동일한 물체가 불이고 물이라고 말하는 것과 같은 견강부회(牽强附會)적인 관찰이다. 파인만(Richard Feynman)은 이를 양자역학의 신비(mystery)라고 말한다.[35] 이중 슬릿 실험의 기본은 아래의 그림과 같이 전자를 두개의 슬릿(세로 난 틈)으로 통과시켜 슬릿 뒤쪽에 있는 스크린에 자국을 내게 하는 것이다.

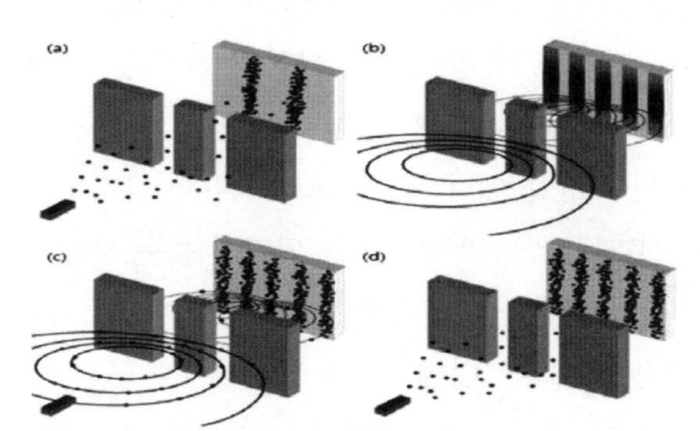

이중 슬릿 실험

여기서 빛의 광자(photon)나 원자의 전자가 물리적인 입자(particle)라면 탁구공 같이 동그란 알갱이 미세입자는 양쪽 슬릿을 통과해 슬릿 뒤쪽 스크린에 두개의 긴 세로줄

35 리처드 파인만, 『과학이란 무엇인가?』(서울: 승산, 2008), 35. 그러나 Yakiv Aharonov 물리학 팀은 원자의 이중적인 파동-입자 현상을 하나의 "앙상블"(ensemble)적인 현상으로 설명할 수 있다고 주장한다. "Finally Making sense of the double-slit experiment," *PNAS*, vol 114, N°25(June2017): 6480-6485. 그림출처, https://worthknowingthat.com/the-double-slit-experiment.

자국을 남길 것이다(a). 그러나 만약 광자나 전자가 입자가 아니고 에너지의 파동(wave)이라면 양쪽 슬릿을 빠져나올 때 파동의 회절(diffraction/phase shift)과 간섭(inter-ference pattern)의 속성 때문에 상호융합으로 슬릿 뒤쪽 스크린에 파동의 고유한 간섭무늬를 남길 것이다(b). 문제는 빛과 함께 명실 공히 입자인 전자도 양쪽 슬릿을 통과해 뒤쪽 스크린에 두개의 세로줄이 아닌 파동간섭의 자국을 남긴 것이다. 이에 양자역학자들은 전자가 물리적으로 입자임에도 불구하고 그 자체로의 고유한 회전과 간섭 패턴의 혼합적인 속성을 가진 것이 아닌가 추측해 보기도 했다(c).

그래서 슬릿과 뒤쪽 스크린 사이에 입자의 움직임을 관찰할 수 있는 특수카메라를 설치했다. 그런데 정말 황당한 현상을 관찰하게 된다. 카메라로 관찰할 때 전자는 분명히 하나의 입자로 하나씩 슬릿을 통과해 뒤쪽 스크린에 입자처럼 세로줄의 자국을 남겼다. 그러나 관측장비를 철회하면 뒤쪽 스크린에 파동의 자국을 남겼다(d). 그렇다면 전자가 스스로 카메라로 관찰할 때는 입자처럼 행동하고 카메라로 관찰하지 않을 때는 파동처럼 행동한다는 것인가? 빛의 광자나 아톰의 전자는 입자인가 아니면 파동인가? 입자는 물질과 에너지가 같이 움직인다. 야구 공이 날아가는 것과 같다. 그러나 파동은 에너지로서 소리와 같이 공기에 있는 입자들의 떨림을 통해 전파된다. 나의 목소리를 멀리서 듣는 사람은 내 입에서 나오는 입자가 아닌 파동을 들은 것이다. 그런데 전자나 광자가 입자이고 파동이라는 말은 도대체 무엇인가?

빛의 본질에 관한 입자 대 파동에 대한 아인슈타인(Albert Einstein)과 막스 플랑크(Max Planck)의 논쟁으로부터 최근 양자역학에 이르기까지 물리학자들은 과학의 보편적인 균일성과 규칙성의 원리를 증명하고자 그동안 이에 대한 다양한 수학양식과 이론적 학설을 제시하고 있지만 현재로서는 "전자는 입자이고 파동이며 관측에 따라 입자일 수도 있고 파동일 수도 있다"라는 가장 비합리적인 역설만이 유일한 합리적인 정설로 인정되고 있다. 이를 불확정성 원리라고도 한다. 원자의 미시세계에는 우리가 현재 알고 있는 인간의 거시적인 정량적 관측, 고정된 측정, 과학적 언어, 혹은 객관적 인식을 초월하는 더 복잡한 또 하나의 새로운 자연적 원칙 혹은 현상이 존재할 수 있다는 것이다.[36] 양자역학의 이중성(quantum duality)은 인간의 오묘한 종교성과 실제를 오늘날 우리가 알고 있는 과학적 지식과 언어로 한정하고 확정하는 것은 과학적 맹신주의의 산물일 수 있음을 암시한다.

이러한 현실은 가시적이며 균일적인 측량법이나 고전적인 물리역학 혹은 십진법적인 수학만으로는 온전히 설명될 수 없다. 예를 들어 잘 알려진 게오르그 칸토르(Georg L. P. Cantor, 1845-1918)가 주장한 함수 이론에 의하면 실수(real numbers)는 우리가 알고 있는 정수(natural numbers, 0, 1, 2, 3 등)보다 무한(∞)정으로 많다.[37] 이해하기 쉬운 간략한 예를 들어 십진(0-10) 안에서 짝수(P: 0, 2, 4, 6, 8)는 정수(N: 0, 1, 2, 3, 4, 5, 6, 7, 8, 9, 10)보다 기수가 적지만, 일대일 대응(1-2, 2-4, 3-6, 4-8, 5-10, N∞-P∞) 형식으로 정렬시키면 정수-짝수의 집합(set)에서 짝수의 기수는 정수의 기수와 동일하며 무한하다. 이는 수학적으로 무한을 실무한으로 정의하고 신학적인 영원성과 초월성, 즉 신에 의해 실현되는 절대무한(Ω)을 수학적 논리로 생각해 볼 수 있는 담론이 된다. "칸토르에 의하면, [과학자는] 법칙을 만들어 세계에 부여하지만 동시에 법칙에 종속되지 않는 자유를 가지는 신이 창조한 세계 내에 우리는 살고 있다."[38] 이어 물리적인 '1' 은 '0' 을 전제할 때 가능한데 '0' 의 본질은 이론적으로 물리적

36 필자와 같은 비전문가 독자의 양자역학의 개론적인 이해를 위해 이를 쉽게 설명하고 있는 김상욱, 『김상욱의 양자공부』(서울: 사이언스북스, 2018)를 추천한다.

37 현우식, "칸토르의 수학속에 신학," 한국수학사학회지, The Korean Journal for History of Mathematics 제24권 제3호 (2011년 8월), 13?21.

38 *Ibid.*, 8.

정량을 갖지 못한다. 無(0)는 有(1)와 동일한 본질을 갖는 것과 같다. 오늘날 과학이 알고 있는 양성자와 전자와 같은 입자의 표준모형(standard model)에 따르면, 물론 아직 발견되지 못한 입자들이 더 존재하겠지만, 우주의 물체는 16개의 가장 초기상태의 기본입자들로 형성되어 있다. 그 중 12개는 쿼크(quark)와 렙톤(lepton) 입자로 구성되었는데 이는 현존하는 과학적 도구들로 측정해 볼 때는 모두 질량이 무(無)인 입자들이다. 그렇다면 이들은 어떻게 무에서 유의 질량을 갖게 된 것일까? 또한 이러한 기본입자들에게 질량이 없다면 분자들은 어떻게 형성된 것일까? 균일적인 물리학이나 자연원리에 따르면 원자궤도에 위치한 전자는 질량을 가진 입자이기 때문에 동일하게 질량을 가진 원자핵의 궤도를 벗어나지 않는다. 이는 마치 질량을 가진 지구로 인해 공간이 휘어지고 그 휘어짐에 경사를 달이 회전하는 현상과 유사하다.

따라서 만약 전자에 질량이 없다면 전자는 빛의 속도로 원자핵의 궤도를 벗어나 그 어떠한 미세분자나 물질을 형성할 수 없고 궁극적으로 물리적인 우주는 존재하지 못했을 것이다. 이러한 논지에서 1964년 영국 에든버러 대학의 물리학자인 피터 힉스(Peter Higgs)는 우주생산 초기에 질량이 없는 쿼크입자와 렙톤입자에 질량을 부여하고 살아진 불확정한 입자가 있었을 것이라는 가설을 제안했다.[39] 이는 마치 숫자 0이 1을 가능케 하는 것과 유추될 수 있다. 이를 힉스 보손(Higgs boson) 혹은 대중적으로 神의 입자(God' s particle)로 부른다. 그리고 이러한 미시세계의 입자 존재는 2012년 7월 4일 한국을 포함해 80개 국가의 과학자들이 참여한 유럽입자물리연구소(CERN)의 대형 강입자 충돌기(Large Hadron Collider)를 통한 연구에서 부분적으로 입증되기도 했다. 물론 많은 질문

39 Sean Carroll, *The Particle at the End of the Universe* (New York, NY: A Plume Book, 2012) 참고.

들이 남아 있고 앞으로도 계속 더 연구가 되어야 하겠지만 두개의 양성자를 빛의 속도로 충돌시킨 결과 질량이 없는 힉스 보손의 존재를 확증한 것이다. 그렇다면 우주생산 초기에 무질량이었던 쿼크나 렙톤에 질량을 부여한 또 하나의 무질량 입자인 神의 입자(Higgs boson)는 과연 무엇으로부터 발생했다는 것인가?

아인슈타인과 막스 플랑크의 논쟁 이슈였던 빛의 에너지 혹은 광자(photon)는 연속적인 파동의 성질을 가진 동시 양자역학에서 불연속적인 입자로 관찰된다. 결과적으로 양자역학 이론에 의하면 관측에 따라 "빛은 파동이며 또한 입자이다." 그런가하면 닐스 보어(Niels Böhr)는 전자가 원자핵의 일정한 궤도를 균일적으로 순환하지 않는다고 주장했다. 전자는 원자핵의 일정 궤도를 순환하는 것이 아니라 위아래 궤도층으로 순식간 이동하는 것으로 보였다. 이는 빛의 반사를 통해 원자의 위치를 측량해야 하는데 원자는 너무 가벼워 빛에 부딪치면 움직이는 것으로 추정된다. 즉 원자의 고정된 위치는 존재하지 않는 것이다. 이는 고정되어 있는 책상 위에 컴퓨터가 지구 밖에서 관찰하면 지구와 함께 어마한 속도로 움직이고 있다는 상대론과 유사하다. 따라서 원자는 마치 달이 지구의 궤도를 순간적으로 이동해 이곳 저곳으로 움직인다고 상상해 볼 수 있다. 그렇다면 가시적인 정량적 측정은 절대적일 수가 없다. 이는 측정의 상대성(relativity of measurement)으로 측정행위에 의해 측정대상의 위치가 계속 변하기 때문이다.

이러한 양자역학의 불확정성(Heisenberg Uncertainty Principle)은 양자중첩성(quantum superposition)과 양자얽힘(entanglement)이란 현상에서도 반영된다.[40] 일반 컴퓨터에서 0이 아니면 1인 비트(Bit)와는 다르게 입자

---

40 Carl J. Pratt, *Quantum Physics for Beginners* (Kindle Version, Ippoceronte Pub., 2021), 44-48.

세계에서는 0과 1 사이가 붙어 중첩된, 즉 0과 1의 상태를 동시에 갖는 큐비트(Qubit)가 있다. 마치 한가지 빛 안에 여러 무지개 색갈이 중첩되어 있는 것과 같다. 양자세계에서는 내가 조금 전에는 집 안에 있고 지금은 집 밖에 있으나 사실 나는 집 안과 밖에 중첩해 존재한다. 또한 모든 입자들이 서로 간의 위치와 상관없이 다른 입자 상태의 영향을 서로 받는다. 내가 울 때 지구 반대편에서 웃고 있는 그 누구에게, 아니 존재하는 모든 것에 얽혀 슬픔의 영향을 주는 것이다. 이러한 뉴턴의 고전역학이나 거시적인 자연학의 균일성(uniformism)을 초월하는 양자역학의 '비과학적인' 현상과 관측에서 십진법적 측량이나 예측은 불확정성을 가진다. 미시세계(microcosm)에 존재하는 불규칙적이며 모순된 초자연적인 세계는 또 하나의 불확정적 질서이며 이는 근대-언어학적이며 거시적인 자연주의와 과학 맹신주의에 대한 절대적 신뢰에 필수적인 비평이 요구된다.

우리는 양자역학의 불확정성, 불규칙성, 불측정성, 무한정의 집합 수, 무질량 입자의 세계를 어떻게 이해하며 설명할 수 있을까? 실제적이지만 역설적인, 불가해한 현상의 문제 원인은 양자 그 자체에 있기 보다는 그 양자를 관측하고 인식하는 인간의 한정된 오감, 직관, 경험 그리고 한정된 과학적 도구와 언어에 있다고 결론 내릴 수밖에 없을 것이다. 즉 무한적인 자연의 고유한 질서를 환원적으로 관찰하는 우리의 인식론적 패러다임(paradigm)은 그것이 오감이든 언어이든 아직은 절대적일 수가 없으며, 존재를 초월한 존재이든(Non-Being), 육체를 입은 존재이든(Incarnate Being), 과학은 神의 무한성과 초월성을 인정하지도 부정할 수도 없다.

이는 "태초에 하나님이 천지를 창조하셨다"(창 1:1)라는 창세기 본문의 신학적인 세계를 근대주의적인 패러다임으로 해체한 것이 그 얼마나 무지한가와 상통한다. 토마스 쿤(Thomas Kuhn)은 과학의 사회학 연구를 통해 한 시대의 과학적 정설은 그 어떠한 현상을 더 이상 설명할 수 없게 될 때 인식의 혁명을 통해 새로 전환된 패러다임(paradigm shift)의 정설을 탄생시킨다고 말한다.[41] 과학은 실체가 아니라 수시로 바뀌는 실체에 대한 나의 측정인 것이다. 메리 헷세(Mary Hesse)는 과학적 인식의 패러다임은 단순히 중립적이거나 합리적인 것이 아니라 특정 시대와 공동체의 전제, 경험, 준거점의 선택, 정치, 문화가 종합적으로 반영된 사회적 동의에 의한 패러다임이라고 주장한다.[42] 이러한 특정 사회적 동의를 가진 인간의 일시적이며 시대적인 합리성(rationality)이 합리주의(rationalism)로 환원되고 나아가 절대화될 때, 과학은 더이상 과학이 아닌 사상적 억압과 폭력으로 변질될 수 있다. 이에 우리는 "성경을 성경으로" 통찰하기보다는 과학주의적인 측정으로 "성경을 비성경으로" 해체하고 있는 것은 아닌지 오늘날 성경해석학에 있어 보다 더 열린 인식론과 겸허한 자성이 요구된다.

역사의 대응일치 설(corresponding theory)

창세기 본문의 문학적 장르에 대해 이를 '고향의 전설' 혹은 문학적 '허구' 정도로 평가하는 주장은 일부 환원적 근대주의 역사관에 의한 해석학적 오류라고 지적할 수 있다. 그렇다면 과연 역사란 무엇일까? 사건 그 자체일까 아니면 사건에 대한 문학적 의미의 구성일까? 절대적인 대응일치설은 역사를 사건의 거울상(mirror image) 즉 실제사건에 대한 중립적 재생 혹은 문학적 재구성으로 이해한다. 그러나 과연 양자학적인 특정 사건의 모든 요소들을 객관적으로 그리고 동시다발적으로 한 장의 사진이나 담화에 온전히 담을 수 있을까? 과거의 사건을 새로운 현 상황

41 Thomas Kuhn, *The Structure of Scientific Revolutions* (Chicago: Univ. of Chicago Press, 1970), 10.

42 Mary B. Hesse, *Revolutions and Reconstructions in the Philosophy of Science* (Brighton, Sussex: Harvester, 1980), 187.

에서 객관적으로 재구성할 수 있다는 주장은 합리성을 넘어 다시금 일부 근대주의적인 맹신으로 귀속된다. 구약은 고대근동 정황에서의 특정한 사건을 시대적인 신학과 신앙 그리고 당시의 고유한 문학적 기법의 틀로 각색한 복합적인 역사적 서술(narrative text)이다. 역사란 과거 사건에 대한 중립적인 과학적 재구성(reconstruction)보다는 의미론적이며 문학적인 구성(construction) 혹은 기호화(encoding)된 작품이라고 말 할 수 있을 것이다. 사건에 대한 서술은 시공간적인 실제사건의 심층구조와 상동관계(相同關係, homology)를 가질 수 있으나 실제 그 자체 혹은 실제의 거울상(mirror image)은 될 수 없다.

따라서 의미론적인 문학적 구성에 적합한 기호법에 의해 해석되어야 하고 해독(decoding) 되어야 한다. 서사본문은 사건에 대한 저자의 선택적인 특정 플롯에 의해 문학적으로 구성되고 그렇게 완성된 서술적 시공간은 역동적인 독서행위(면밀한 읽기)를 통해 고정된 시공간을 넘어 새로운 텍스트의 세계(textual world)를 발현시킨다.[43] 그런 면에서 사실적 서사텍스트인 역사는 이미 그 실제세계를 떠난 문학적인 텍스트의 세계로만 존재할 수 있다. 그렇다면 역사적 의미는 어디에 있는 것일까? 시공간인가 텍스트인가?[44]

실증경험주의에 근거한 근대주의는 뉴턴의 고전역학처럼 의미는 실제적인 시공간적 사건에 고정되어 있다고 믿는다. 이는 의미를 텍스트가 아닌 텍스트 뒤에 있는 객관적인 역사적 재구성에서 찾고자 한다. 그런가하면 실존주의에 근거한 탈근대주의는 양자역학의 불확정성처럼 사건

---

43 장흥길 편, 『서사로 성경읽기와 수사로 성경읽기』(서울: 한국성서학연구소, 2008)에서 이종록, "역사적 독서행위로서의 서사비평," 40-44는 독서행위를 하나의 사건, 즉 시뮬라크르(simulacre)로서 이는 문자를 넘어 초월적이고, 인위적이고 이데올로기적일 수밖에 없다고 주장한다.

44 Kevin J. Vanhoozer, *Is There a Meaning in This Text?* (Grand Rapids, Mich.: Zondervan, 1998) 참고.

과 역사의 관계를 해체하고 의미는 그 어떠한 텍스트에도 고정될 수 없다고 주장한다. 따라서 텍스트의 의미는 주관적 실존에 내재하며 시공간을 초월해 늘 차연(差延, *différence*)되고 있다고 주장한다. 이러한 양극화된 인식론적 갈등은 텍스트의미에 대한 회의와 혼란을 초래한다.[45]

과연 우리는 텍스트에서 역사적 의미를 찾을 수 있는 것일까? 폴 리꾀르(Paul Ricoeur)는 이러한 근대주의와 포스트모더니즘의 상반된 극단적 사유의 수정과 견제 그리고 절충을 시도하기 위해 발신자(사건)와 매체(텍스트)와 수신자(독자) 간의 해석학적인 가교를 통해 변증학적인 의미창출의 가능성을 제안한다.[46] 그것은 바로 현 독자와 서사 텍스트 세계와의 열린 대화다. 시공간 속에서 사건이란 줄기세포와도 같이 단일적으로 독립된 특정 의미가 아니라 관계적이며 다가능적인(multipotency) 의미의 실체다. 이러한 시공간의 사건은 발신자의 의도된 텍스트화를 통해 수신자가 인식할 수 있는 특정의 기호적 즉 텍스트적인 의미를 갖게 된다. 텍스트는 매체로서 수신자 혹은 독자와의 인격적인 만남에서 텍스트 기호(記號)의 기의(記意) 일부를 발현한다.

독자는 사건에 대한 특정 시대의 고유한 언어와 기호학적이며 의미론적인 선택과 플롯을 해독함으로 텍스트에 고정된 의미의 일부를 공시적인 텍스트 세계의 문맥으로부터 인지할 수 있다. 독자는 이러한 면밀한 읽기(close reading)의 행위를 통해 그 텍스트 세계와 인격적으로 소통하며[47] 텍스트

45 Jacques Derrida는 언어를 파롤(parole)과 에크리튀르(ecriture)를 구분한다. 파롤은 "대화의 언어"로서 저자의 자기 동일성을 갖는 말이다. 데리다는 에크리튀르는 "글쓰기 언어"로서 기록된 말은 어떠한 고정된 의미를 지니지 않고 시간 속에서 계속해서 의미의 확정이 연기된다고 주장한다. 그러므로 글쓰기 언어에서 자기 동일성을 부여하여 의미를 고정시키는 것은 대화를 거부하는 독선적인 접근이다. 데리다는 이러한 의미의 연기를 차연(differance/to defer)이라고 한다.

46 Paul Ricoeur, *Time and Narrative* Vol. 1 and 2 (Chicago: The University of Chicago Press, 1983, 1984) 참고.

47 독서에서 "인격적인 교류"란 기표와 기의의 관계를 독자의 삶의 정황에서 성립하

내의 화자가 다양한 언어학적 장치들로 의도하는 특정 의미를 자신의 삶의 지평에서 역동적으로 구현하고 실현하게 된다. 이는 양자역학의 중첩성을 떠오르게 한다. 따라서 이 과정은 언어행위(speech act) 혹은 체화(linguistic incarnations)와 무관하지 않다. 역사는 시공간에서 일어나는 다발적인 사건 그 자체의 총체적이며 객관적인 거울상이나 무의미하고 중립적인 기록서가 아니다. 역사는 사건에 대한 동시대의 특정한 기호로 코딩 되었으나 고정된 과거의 의미 구성이 아니다. 그 구성과 의미는 해독하는 현독자의 얽힌 개입과 인격적인 채화에서 역동적으로 발화되고 완성된다.

그렇다면 구약 텍스트란 무엇인가? 언어행위와 양자역학적인 역사관으로 조명되는 구약 텍스트를 우리는 다음과 같이 정의해 볼 수 있다. (1) 첫째, 구약 본문은 고대근동의 고유한 히브리 문학기호와 장치들로 구성된 작품으로서 타나크(Tanakh, תנך), 즉 오경, 선지서, 성문서를 포함한 특정한 신학적 모티프로 구성된 텍스트다.[48] 따라서 고전역학적인 혹은 근대적인 기호법을 구약본문에 문자적으로 투영할 때 이는 해석학적 오류를 초래할 수 있다. (2) 둘째, 구약은 역사적인 문서로서 하나님의 시공간적인 내재성과 초월성을 중첩한 계시적 실제에 대한 사실적 묘사(*realistic mimesis*)다. 따라서 이분법적인 해석을 거절한다. (3) 셋째, 구약본문은 텍스트상호성에 있어 신앙공동체의 텍스트쓰기와 읽기행위의 순환적인 반복과 축적의 결과물이다. 리꾀르는 이 과정을 서사전승(tradition narrative)이라고 명한다.[49] 서사전승은 시공간 속에서 축적과

는 것을 의미한다. (signifier/signified, symbol/meaning).

48 물론 구약은 다양한 플롯들(시각, 관점, 초점화)로 구성되었다. 그중 가장 큰 틀에서의 플롯으로 죄-심판-은혜(악화-개선 구조)의 신학적인 플롯을 지적할 수 있다. 이에 대한 자세한 논의는 이한영, 『구약 어떻게 읽을 것인가?』 중 "오경의 3부적 신학구조," 16-35쪽을 참고하라.

49 Paul Ricoeur, "Life in quest of narrative," *In* D. Wood, ed. *On Paul Ricoeur* (London: Routledge, 1991): 15-16.

혁신(sedimentation and innovation)의 반복적인 쓰기와 읽기의 순환적 과정을 통한 텍스트의 역동적인 형성을 의미한다. 오늘날 우리가 알고 있는 역사적 의미는 과거의 한 시점이나 공백으로부터 혹은 하늘에서 발굴되거나 낙하된 것이 아니다. 이는 지속적으로 축적되어온 텍스트적인 행위의 역사적 산물이다. 이러한 텍스트의 의미는 현 독자의 읽기행위를 통해 일부 발현되고 또한 완성되어 간다. 따라서 의미는 항상 "이미"와 "아직"의 이중성, 중첩성, 얽힘을 갖는다. 구약본문에는 다양한 인용문의 출처가 명시되어 있다(왕상 14:19; 대상 9:1).

또한 구약의 중복문들은[50] 텍스트의 역사적 형성이 긴 세월의 독특한 구성과정을 겉쳤음을 암시한다. 텍스트와 구전을 수집하고 선택하고, 원본과 사본을 표절하고 복사하고 해석하고 편집하는 구성과정은 쓰기와 읽기의 순환적인 반복과 혁신적인 축적의 역동적인 행위와 새로운 정황들을 반영한다. 구약본문 형성의 영감설은 서로 유기적인 이러한 모든 과정을 배제하지 않는다. 신약본문은 구약본문을 면밀히 읽고 해석한 사도들과 초대교회 공동체의 축적과 혁신의 과정을 반영한다. 예를 들어 아브라함의 이집트 여정(창 12:10-20)은 이스라엘의 출애굽(출 1-15), 에스라 느헤미야의 귀향(스 1:1-느13:31), 그리고 예수님의 이집트행(마 2:13-23)으로 확장되고, 요나 텍스트의 의미는 여로보암 2세의 국토확장(왕하 14:25), 그리스도의 죽음과 부활(마 12:39-40), 더 나아가 종말론적 재림(마 12:41)의 텍스트 의미로 축적되고 혁신되었다. (4) 넷째, 세일해머의 주장과도 같이 성경은 하나님의 실체와 실제에 대한 영감 된 문학적 구성이다. 성경은 신학적 텍스트(경전)로서 성경신학자는 그 안에 내재된 인격적인 하나님의 계시적 소재를 읽을 수 있어야 한다. 하나님의 뜻이

50 예를 들어 왕하 18:13-37; 대하 32:1-19; 사 36:1-22에서 중복되고 있는 아시리아의 예루살렘 위협에 대한 이야기; 대하 36:22-23과 에스라 1:1-4에서 중복되고 있는 고레스의 귀국명령.

기록된 계시적 역사는 실제 세계(real world)가 아닌 성경의 텍스트 세계(textual world)로부터 경험된다.[51] 언어는 현실을 선행한다(요 1:1). 우리는 현실과 존재의 의미를 텍스트를 통해서만 인식하고 경험할 수 있다. 기독교공동체는 전문적인 독서행위를 통해 이러한 텍스트가 발화하는 하나님의 말씀과 세계를 실제적으로 듣고 경험하게 된다. 구약 텍스트를 읽고 낭독한다는 것은 하나님의 실제를 경험하는 언어행위다. (5) 다섯째, 구약 텍스트는 성경으로서 하나님의 계시이며 성령의 영감으로 기록된 경전이다(딤후 3:16). 구약본문은 다양한 서사전승과 저자 및 편집자들의 역할에도 불구하고 텍스트 내에 전지전능하고 무소부재한 유일한 1인칭 화자를 내포한다. 구약본문에서 1인칭 화자인 성령은 텍스트를 구성하고 발화할 뿐만 아니라 본문내 세계의 주요 행위자로 내재한다. 따라서 성경을 성경으로 읽는데 있어 "성령의 내적증거"는 성경해석학에 있어 가장 중요한 필연적인 도구이다.[52]

구약 텍스트에 대한 학문적 논의는 방대하다.[53] 이를 현 담화에서 포괄적으로 논하는 것은 본서의 범위와 목적을 벗어난다. 다만 지금까지의 논의를 간략히 요약하자면 다음과 같다. 구약 텍스트는 하나님의 실제적인 세계와 그 심층구조를 고유한 고대 히브리 문학기법으로 구성하고 있다. 우리는 이러한 구약 텍스트가 의도하는 선택적이며 상호적인 언어학적 기호를 전문적으로 해독하며 텍스트의 세계로 들어갈 때 그 안에 있

---

51 세일해머(상), 56.

52 칼빈, 기독교 강론, 7장 4절 참고. 해석학적 도구로서의 성령의 내적 증거.

53 이에 대한 자세한 논의는 다음의 책들을 추천한다. J. P. Fokkelman, *Reading Biblical Narrative* (Louisville, Kentucky: Westminster John Knox Press, 1999); Kevin J. Vanhoozer, *Is There a Meaning in This Text?* (Grand Rapids, Mich.: Zondervan, 1998); Meir Sternberg, *The Poetics of Biblical Narrative* (Bloomington, Ind.: Indiana University Press, 1987); Michael Fishbane, *Biblical Text and Texture* (Oxford: One World Pub., 1998); Robert Alter, *The Art of Biblical Narrative* (Berkeley, CA: Basic Books, 1981).

는 텍스트세계의 의미와 인격적인 소통과 채화를 경험할 수 있다.[54] 여기서 중요한 것은 열린 마음이다. 구약을 구약으로, 성경을 성경으로 존중하는 면밀한 독서행위에는 환원적 합리주의와 지적인 고정관념을 넘어 도덕적인 책임감과 겸손한 태도 그리고 열린 과학의 영성과 창의성이 요구된다. 또한 텍스트를 진정으로 읽는다는 것은 텍스트를 이해하고 발화하는 것을 넘어 구현하는 것이다. 즉 그 본문의 고유한 언어와 문화적인 구성, 축적과 혁신의 전승, 교회전통과 현존의 상황, 그리고 성령의 조명하심으로 독자는 본문에서 하나님의 말씀을 듣고, 그 말씀이 삶의 지평에서 체화되는 해석학적 완성을 경험하게 되는 것이다.

신명(神名)의 문제

구약본문에 기술된 신명(神名)에 관한 역사비평학자들의 주장은 일관되지 못하다. 전통적인 JEDP 문서가설에 의하면 각 문서의 신명은 다음과 같다. J(야훼), E(엘로힘), D(야훼, 엘로힘, 우리/너희 하나님), P(엘로힘). 그러나 E 문서로 알려진 창세기 22:11절에는 신명이 엘로힘 대신 야훼(יְהוָה)로 기술되어 있고, J 문서로 여겨지는 창세기 2:4절엔 복합명칭인 야훼 엘로힘(יְהוָה אֱלֹהִים)으로 언급되고 있다.

J 문서(창 2:4)	אֵלֶּה תוֹלְדוֹת הַשָּׁמַיִם וְהָאָרֶץ בְּהִבָּרְאָם בְּיוֹם עֲשׂוֹת יְהוָה אֱלֹהִים אֶרֶץ וְשָׁמָיִם׃
E 문서 (창 22:11)	וַיִּקְרָא אֵלָיו מַלְאַךְ יְהוָה מִן־הַשָּׁמַיִם וַיֹּאמֶר אַבְרָהָם ׀ אַבְרָהָם וַיֹּאמֶר הִנֵּנִי׃

54 Kevin J. Vanhoozer는 본문의 명확한 의미에 대한 회의론 적이며 해체주의적인 형이상학을 반박한다. '의미'란 궁극적으로 텍스트에 대한 독자의 지식에서 발현되는 것이지 독자의 감정적, 이데올로기적 혹은 심미적 경험에서 창조되는 것이 아니다. *Is There a Meaning in This Text?* (1998), 283.

까쑤토(Umberto Cassuto)는 야훼와 엘로힘은 서로 다른 두 신의 차별된 신명이 아님을 주장한다. 두개의 신명은 각각 동일한 하나님의 인격적이며 언약적인 속성(covenantal God, יְהוָה)과 보편적이며 우주적인 속성(universal God, אֱלֹהִים)을 함의하는 신명이다.[55] 주로 인격적이며 개인적인 언약관계에서 하나님은 야훼로 묘사되고(출 6장), 우주만물의 창조주로서 보편적인 신적 존재를 지시할 때는 엘로힘으로 묘사된다(창 1장).

역사비평학자들은 J 문서의 족장들은 그들의 하나님을 야훼로 알고 있었다고 추정한다. 따라서 창세기 4:26에 "그 때에 사람들이 비로소 야훼의 이름을 불렀더라"는 구절은 J가 편집한 것으로 여겨진다. 그러나 창세기 4:26의 히브리어 문구(אָז הוּחַל לִקְרֹא בְּשֵׁם יְהוָה)가 야훼의 이름을 최초로 부르게 된 특정시기를 묘사한 것이라고 단정 질 수 없다. 창세기 3장과 4장은 인류의 타락 사건을 기술하고 있다. 그리고 4:26을 선행하는 4:1절과 6절에 이미 야훼(יְהוָה)라는 신명이 언급되고 있다. 이러한 문맥에서 창세기 4:26에 "그 때"(אָז)는 타락 이후 사람들이 비로서 야훼 하나님을 다시 부르는 때를 암시한 것이라고 볼 수 있다. 이러한 신명과 관련해 가장 논쟁적인 본문은 출애굽기에 있다. 하나님을 엘로힘으로 부른 것으로 여겨지는 E와 P는 출애굽기 3:13-15(E)와 6:24(P)에서 야훼(יְהוָה)라는 신명이 알려진 시기는 족장시대가 아닌 출애굽 광야시대인 것처럼 묘사하고 있다. 그러나 출애굽기 3:13-15절을 면밀히 분석해보면 하나님은 모세에게 자신을 "나는 스스로 있는 자이니라"(אֶהְיֶה אֲשֶׁר אֶהְיֶה)고 밝힌 후 모세를 이스라엘 자손에게 보낸 자는 "너희 아비들의 야훼 엘로힘"(יְהוָה אֱלֹהֵי אֲבֹתֵיכֶם)이라고 밝힌다.

---

55 Umberto Cassuto, *The Documentary Hypothesis and the Composition of the Pentateuch* (Jerusalem: Magnes, 1941), 15-41.

이어 야훼(יְהוָה)를 영원한 칭호로 대대로 기억할 것을 명한다. 여기서 야훼라는 이름을 출애굽 이전의 족장들은 몰랐다는 언급은 본문 그 어디에서도 찾아볼 수 없다. 그런가하면 출애굽기 6:2-3절은 족장들이 야훼라는 신명을 몰랐다는 증명절로 주장된다. 그러나 아래의 도표와 같이 이는 오히려 야훼의 이름을 부각시키는 뉘앙스로 해석 번역될 수 있다.

וַיְדַבֵּר אֱלֹהִים אֶל־מֹשֶׁה וַיֹּאמֶר אֵלָיו 엘로힘께서 모세에게 말씀하셨다. 그분이 그에게 말씀하시기를		
A	אֲנִי יְהוָה	**나는 야훼다!** I' m Yahweh!
B	וָאֵרָא אֶל־אַבְרָהָם אֶל־יִצְחָק וְאֶל־יַעֲקֹב בְּאֵל שַׁדָּי	나는 아브라함과 이삭과 야곱에게 전능한 하나님(El-Shaddai)으로 나타냈다
A′	וּשְׁמִי יְהוָה	**나의 이름은 야훼다!** My Name is Yahweh!
B′	לֹא נוֹדַעְתִּי לָהֶם	내가 그들에게 그렇게 알려져 있지 아니했냐? Am I not known to them as such?

본문의 수사학적인 병행구조(AB-A′B′)는 하나의 문학적 장치로서 족장들이 전능하신 하나님으로 나타난 야훼의 이름을 존귀하게 여겼음을 부각시킨다. 따라서 출애굽기 6:3b 문구(לֹא נוֹדַעְתִּי לָהֶם)는 오히려 "내가 그들에게 그렇게 알려져 있지 아니했냐?"라는 수사학적인 반박문으로 번역될 수 있다.

중복 단편들의 문제

히브리 문학자 로버트 알터(Robert Alter)는 오경 텍스트에 기술된 중복서술들은 단일 구전이나 하나의 프로토타입 단편으로부터 파생된 후기편집의 결과물들이 아니라고 주장한다.[56] 중복서술로 지적되는 본문들은 고대근동에 통상하던 고유한 문학적 평행기법이 적용된 작품들이다. 상반된 개념적 구성에 의한 긴장, 상호 충돌하는 다양한 신학, 표면상 불일치한 문학구조들, 그리고 반복되는 유사한 담화들은 전승된 동일 단편의 변형 혹은 다양한 형태로의 확장편집이 아닌 독립적이며 의도된 수사학적 구성이다. 히브리 산문에서 창세기 12:10-20, 20:1-18; 26:1-11과 같은 담론들은 하나의 공통적인 전형장면(type-scene) 즉 공통적인 이야기의 틀 혹은 반복되는 요소들로 구성된다. 이는 초기 단일 단편으로부터 전승되어 후기에 파생된 변형 편집이 아니다. 창세기는 아내를 자매로 속인다는 하나의 전형장면 즉 공통프레임 안에서 새로운 상황과 사건들을 기술한다.

그리고 이들 상호간의 유사성(similarity)과 변이성(variation)을 통해 족장 이야기의 고유한 플롯과 특성을 부각시킨다. 따라서 중복된 것으로 여겨지는 창세기의 '아내-자매' (wife-sister) 단편들은 각각 약속된 땅(창 12:10-20), 자손(창 20:1-18) 그리고 복(창 26:1-11)의 중요성을 효과적으로 묘사한다. 이는 마치 007 영화의 '스파이 액션'이라는 전형장면이 여러 시리즈의 주제들로 반복되어 제작되는 것과 유사하다. 렌드스버그(Gary A. Rendsburg)에 의하면 중복되거나 변형된 것으로 보이는 야곱의 내러티브(창 11:27-22:24)와 요셉의 내러티브(창 37:1-50:26)도 원래는 상호간 순환적인 평행구조로 특정 의미를 부각시킨 전형장면 기반의 서술이다.[57] 표면상 모순된 텍스트로 여겨지는 창세기의 일부 중복 단편들은

---

56 R. Alter, *The Art of Biblical Narrative*. 알터는 마소라 본문의 내용 중복, 불일치, 유사 후렴구가 꼭 후기 삽입이나 편집을 반영하는 것이 아니라고 주장한다. 이는 오히려 히브리 문학의 고유한 문학 장치이며 수사학적인 기법을 반영한다.

57 Gary A. Rendsburg, *The Redaction of Genesis* (Winona Lake, Ind.: Eisenbrauns, 1986), 53-54.

처음부터 수사학적인 모티프로 기술된 독립적 단편들이며, 이들이 중복된 본문으로 보여지는 것은 전형장면 본문의 교차구조(chiasmus)나 포괄구조(inclusio)로 인한 착시일 수도 있다.

모순된 텍스트(Incongruent Text)의 문제

노아의 홍수 이야기는 고전역학적인 과학의 시각으로 살펴볼 때 비과학적일 수밖에 없는 허구적인 요소들로 가득하다. 또한 본문의 서술양식에 있어 연속적인 직계형으로 읽어 내려갈 때 표면상 모순된 텍스트로 읽힐 수 있다. 창세기 6:20에서 하나님은 동물들을 "그 종류대로 각기 둘씩" 가져오라고 명하셨다. 그러나 실제로 방주에 들어가는 상황에서는 "정결한 짐승은 암수 일곱씩, 부정한 것은 암수 둘씩"(창 7:2)을 가져오라고 명하신다. 창세기 7:6, 14; 8:3, 13에서는 홍수의 총기간이 340일로 명시되고 있다. 그러나 창세기 7:17(40일), 7:24(150일), 8:3(150일), 8:6(40일)의 기간들을 합하면 총 380일이다.

비평학자들은 이러한 텍스트 내의 모순을 JEDP 문서들의 상이한 전승으로 설명한다. 따라서 창세기 6:10-21은 P 문서로, 7:1-5은 J 문서로 구분한다. 물론 노아의 홍수 이야기는 구전, 전승, 계보문 등 복합적인 다양한 자료로 구성되었음을 추측해 볼 수 있다. 그러나 창세기 본문의 텍스트언어학적 분석은 본문의 구문론적인 응집성과 의미론적인 일관성을 보여준다. 이는 본문의 표층적 모순성이 JEDP 문서에 기인한 것이 아닐 수도 있음을 의미한다. 실제로 자주 지적되는 텍스트의 모순점들은 오히려 의도된 고대근동의 고유한 수사학적 구조가 반영된 것일 수 있다.창세기 6:20은 홍수의 도래와 심판을 예고하는 일반적 선언이다. 그러나 이는 생명을 보존하려는(לְהַחֲיוֹת) 예방적인 경고이기도 하다. 이어 창세기 7:2은 실제로 방주에 들어갈 동물들의 세부적인 정보를 제공한다. 따라서 생물을 보전하기 위해 수컷과 암컷(אִישׁ וְאִשְׁתּוֹ)이 구체적으로 열거된다. 또한 홍수의 총기간과 관련해 40일의 차이는 물이 차오르는 기간을 간주한 것으로 보인다. 물이 땅 위에 넘쳐 있던 150일 기간 안에 40일이 포함된 것이다. 또한 아래의 A-P-A′ 구조와 같이 노아의 내러티브(창세기 6:10-9:19)는 인과적인 직계형(linear)이 아니라 주제적인 평행형(parallel) 구조로 구성되어 있음을 볼 수 있다. 웬함(Gordon J. Wenham)이 분석한 노아 내러티브(창 6:1-9:19)의 교차구조는 본문의 모순된 구조가 아닌 통일된 구조를 반영하고 서술문의 구문론적인 응집성과 의미론적인 일관성을 반영하고 있다고 말 할 수 있다.[58]

4. 오경의 통일성(The Unity of Pentateuch)

오경은 족장들의 주요 계보문(תולדות, 톨레도트)을 기반으로 구전, 단편, 시문, 법문, 서술 등 다양한 장르의 자료들을 복합적으로 엮어 편찬된 것으로 보인다. 그럼에도 불구하고 오경본문의 최종적인 문학구조와 총괄적인 내용은 구문론적이며 의미론적인 통일성을 일관되게 나타낸다. 이는 오경텍스트의 어휘법, 기호법, 구문론, 의미론, 화용론과 같은 서술전략(narrative strategy)과 구성분석(compositional analysis) 혹은 신학적 일관성, 주제와 내용의 통일성, 텍스트 구조 등에서 확인될 수 있다.

물론 독자는 오경본문 읽기에서 플롯의 단절(창 38), 문학양식의 변이(창세기 1장과 2장), 평행단편들의 유사한 중복(아브라함과 이삭 내러티브) 등, 텍스트 표면상 통일성과 어긋나 보이는 모순됨에 부딪칠 수 있다. 그러나 그동안 문서가설에 의해 제기된 이러한 난제들은 본문의 공시적인

58 Gordon J. Wenham, *Rethinking Genesis 1-11* (Eugene, Oregon: Cascade Books, 2015), 35-40 참고.

A 노아 (6:10a)
B 셈, 함, 야벳 (10b)
C 방주 (14-16)
D 홍수에 대한 예고 (17)
E 언약: 노아 (18-20)
F 음식: 방주 안 (21)
G 명령: 방주 안으로 (7:1-3)
H 7일동안 비를 기다림 (4-5)
I 7일동안 비를 기다림 (7-10)
J 입구: 방주로 (11-15)
K 야훼께서 방주의 문을 닫다 (16)
L 40일동안 홍수 (17a)
M 물이 차다 (17b-18)
N 산이 덮이다 (19-20)
O 150일동안 물이 머물다 (21-24)
P 하나님께서 노아를 기억하시다 (8:1)
O′ 150일동안 물이 빠지다 (3)
N′ 산 봉우리들이 보이다 (4-5)
M′ 물이 빠지다 (5)
L′ 40일이 지나다 (6a)
K′ 노아가 방주의 창문을 열다 (6b)
J′ 출구: 까마귀와 비둘기 (7-9)
I′ 7일동안 물이 빠지도록 기다리다 (10-11)
H′ 7일동안 물이 빠지도록 기다리다 (12-13)
G′ 명령: 방주 밖으로 (15-22)
F′ 음식: 방주 밖 (9:1-4)
E′ 언약: 모든 생물 (9:8-10)
D′ 홍수로 다시는 심판이 없을 것을 예고 (11-17)
C′ 방주 (18a)
B′ 셈, 함, 야벳 (18b)
A′ 노아 (19)

문학적 분석으로 상당수 해소되었다. 고대근동의 고유한 기호 분석, 문학적 장치로서 텍스트의 모순성 분석, 서술 플롯의 통일성 분석, 텍스트 언어학의 응집성과 일관성 분석 등은 전통적인 문서가설(JEDP)로 초래된 일부 문제점들을 보완하는데 기여했다. 이는 1881년부터 현재에 이르기까지 출간되고 있는 JBL(Journal of Biblical Literature)에 실린 구약관련 논문들의 양상에서 찾아볼 수 있다. 80년대 이후 JBL에 실린 다수의 구약논문들은 역사비평학을 넘어 텍스트-언어학 분석에 집중하고 있으며 텍스트의 해체보다는 통일성에 대한 연구가 압도적인 것을 확인할 수 있다.[59] 따라서 다음 섹션에서는 역사비평학에서 신문학비평으로의 전환을 기반으로 오경본문의 (I) 신학적 통일성, (II) 전승적 통일성, (III) 정경적 통일성, 그리고 (IV) 문학적 통일성에 대한 이슈들을 간략히 소개하고자 한다.

신학적 통일성

창세기 1:1은 "태초에 하나님이 천지를 창조하셨다"라는 신학적 명시로 시작한다. 이는 창세기가 본질 상 창조주 하나님과 그의 모든 피조물에 대한 신학적 이야기(theological narrative)임을 선제적으로 암시한다. 창세기 본문의 신학구조는 오경신학의 전형으로 기능한다. 그렇다면 창세기는 어떠한 기본적인 신학구조로 구성되었을까? 이와 관련한 논의는 다양하다. 그 중 전통적으로 논의되어온 것은 야훼 하나님과 이스라엘

---

59 영국의 JBL(*Journal of Biblical Literature*)과 독일의 ZATW(*Zeitschrift für die Alttestamentliche Wissenschaft*)는 모두 1881년부터 출간되기 시작하여 오늘날까지 구약성경 신학 연구에 있어 가장 권이 있는 간행물로 여겨진다. 저자는 1881년부터 1992년까지 두 간행물에 그동안 실린 논문들의 주요주제들을 비교 연구해 보았다. 80년대 초 이후 ZATW에는 계속 역사비평학에 대한 논문들이 다수이지만 JBL엔 60% 이상이 본문의 공시적인 연구였음을 볼 수 있다.

신앙공동체 간에 체결된 언약(בְּרִית, 베리트) 신학이다. 언약신학은 창세기의 창조, 안식일, 아브라함과 이삭과 야곱의 소명, 출애굽, 레위기의 제의적 거룩, 시내산의 현현과 광야진군, 그리고 신명기 법전이 암묵적으로 명시하고 있는 하나님의 사랑(חֶסֶד, 헤세드)에 이르기까지, 오경본문의 다양한 단편들과 복합적인 내용들을 총괄적으로 엮어 준다.[60] 창조로부터 족장들의 소명과 광야를 걸쳐 모압 평지에 이르기까지, 이스라엘의 역사는 "땅과 후손"을 약속한 야훼 하나님의 언약성취를 향해 전개된다. 이러한 언약신학의 전형적인 구조를 우리는 창세기 본문의 다음과 같은 내용에서 찾아볼 수 있다.

창세기 1:1-11:26 태고사

스트롬(Mark Strom)은 창세기 본문에 기술된 태고서술(primeval narrative)은 죄와 심판과 은혜의 삼부적인 신학 모티프로 구성되어 있다고 지적한다. 그는 "창세기 1-11장은 이스라엘 백성들에게 그들의 기원이 어디로부터 시작되었는지를 알려줄 뿐만 아니라 성경 전체에 대한 서문으

	창 1:1-2:3 창조 서론				
본문	2:4-3:24	4:1-26	6:1-9:19	9:18-27	10:1-11:26
죄	아담과 하와의 죄	가인의 살해	인류의 사악함	함의 죄	바벨탑
심판	저주와 추방	가인의 저주	홍수	가나안의 저주	인류가 흩어짐
은혜	원초복음	이마의 표와 셋	노아의 방주	후손	아브라함의 언약

60 R. N. Whybray, Herbert Wolf, Gordon J. Wenham, John H. Sailhamer, G. von Rad 참고. 1. 에덴동산 내러티브 (창 1:1-3:24); 2. 가인과 아벨 내러티브 (창 4:1-26); 3. 홍수 내러티브 (창 6:1-9:19); 4. 바벨탑 내러티브 (창 10:1-11:26); 5. 족장 내러티브 (창 11:27-50:26); 6. 출애굽 내러티브 (출애굽기); 7. 광야 내러티브 (레, 민, 신).

로도 기능한다"고 말한다.[61] 이러한 창세기 내의 태고서술을 구성하고 있는 삼부적 신학 모티프는 창세기 본문의 기본적인 신학구조를 넘어 성경전체를 포괄하는 신학구조의 전형임을 알 수 있다.

죄로 인해 아담은 에덴동산으로부터 추방당하는 심판을 받는다. 그러나 하나님은 "땅과 후손"을 약속하신다(창 3:15; 12:1-3). 이는 은혜로운 하나님의 언약이다. 클라인스(D. J. A. Clines)와 폰라드(von Rad)도 창세기의 본문으로부터 스트롬의 주장과 유사한 "인간의 죄, 하나님의 심판, 하나님의 용서"라는 삼부적 신학 모티프를 지적한다.[62] 창세기를 넘어 출애굽, 사사기, 선지서, 로마서를 포함한 성경전반에서 죄와 심판과 은혜로 전개되는 하나님의 언약은 성경본문의 다양한 서술들을 신학적으로 서로 엮고 통일된 구속사를 구성한다. 창조로부터 요단강 동편 모압평지에 이르기까지 오경의 다사다난하고 파란만장한 구속사는 하나님의 언약을 따라 죄와 심판과 은혜의 역동적인 신학적 틀로 엮어지고 전개되는 것을 볼 수 있다.[63]

창세기 11:27-50:26 족장들의 내러티브

족장들의 내러티브는 아브라함(11:27-25:11), 이스마엘(25:12-18), 이삭(25:19-35:29), 에서(36:1-42), 야곱(37:1-50:26)의 계보문을 기반으로 이들의 가족 이야기로 구성되어 있다. 김의원은 아브라함의 가족이야기(창 11:27-25:11)가 다음과 같은 후손(זֶרַע, seed)과 땅(אֶרֶץ, land)의 모티프 구조로 구성되었음을 지적한다.[64]

61 Mark Strom, *The Symphony of Scripture* (Downers Grove, IL: IVP, 1991), 25.

62 D. J. A. Clines, "Theme in Genesis 1-11," *Catholic Biblical Quarterly* 38-04 (Oct 1976): 487.

63 자세한 논의는 이한영, 『구약 어떻게 읽을 것인가?』 참고.

64 김의원, 『창세기 연구』(서울: 기독교문서선교회, 2013), 30.

A	서론: 의도된 후손과 땅 모티프 진술	11:27-32
B	후손에 대한 약속과 땅에 대한 지시	12:1-9
C	사라의 위기: 후손의 위기	12:10-13:4
D	롯 이야기: 땅의 문제	13:5-14:24
E	후손과 땅에 대한 언약: 언약예식	15:1-21
E1	이스마엘 출생 예고	16:1-16
E′	후손과 땅에 대한 언약: 할례예식	17:1-27
E1′	이삭 출생 예고	18:1-15
D′	롯 이야기: 땅의 문제	18:16-19:38
C′	사라의 위기: 후손의 위기	20:1-18
B′	후손의 출생과 땅의 소유: 약속의 성취	21-23장
A′	결론: 후손과 땅 언약의 상속 진술	24:1-25:11

창세기 본문의 족장들의 이야기는 비평학적으로 JEDP 문서들의 혼합적 산물이며, 전승 과정에서 중복되거나 변형된 단편들의 후기편집문으로 평가된다. 특별히 아브라함과 이삭의 이야기는 상호간 전혀 다른 기원과 전승을 가진 혹은 하나의 이야기가 여러 양상으로 파생된 후기 혼합물로 평가된다. 그러나 창세기 본문에 대한 이러한 통시적인 모호성과 해체적인 지적은 본문의 공시적인 플롯의 일관적인 흐름과 교차적인 문학적 구조 그리고 신학적인 통일성을 간과한 주관적인 추측일 수도 있다.

신학적 중심 모티프

오경본문은, 직계형식으로 연속 읽어 내려 갈 때, 표면상 서로 상충될 수 있는 다양한 양식과 내용을 담고 있다. 그럼에도 불구하고 역설적으로 오경본문은 텍스트-언어학적인 일관성과 본문 내에 다양한 신학들을 엮는 신학적 중심 모티프를 함축한 것으로 보인다. 특별히 지난 1세기동안 성경신학자들은 역사비평학의 해체적인 난제를 극복하기 위해 오경 본문의 신학적 통일성을 뒷받침할 수 있는 중심적 구성원리(single center or organizing principle)를 탐색했다. 그 일환으로 아히로트(W. Eichrodt), 카이저(W. Kaiser), 팔머 로벗슨(Palmer Robertson) 같은 학자들은 언약(בְּרִית), 그리고 마켄지(Mackenzie)는 제의와 계시와 역사를 오경신학의 중심 모티프로 제안했다.[65]

물론 이러한 단일적인 중심 모티프와 신학적 통일성을 절대적으로 강조하고 부각시키다 보면 구약 각 권에 편성된 수평적 주제들과 다양한 소중의 신학적 메시지들을 간과할 수 있다. 예를 들어 창세기는 창조로부터 태고서술과 족장들의 파란만장한 여정을 기술하고 있다. 그런가하면 지혜서는 해 아래 다채로운 삶의 모습을 서술하고 윤리적이며 관계적인 영역을 지시한다. 그리고 시편은 인간의 심층적인 내면을 기도문으로 혹은 시문으로 묘사한다. 당연히 이러한 다양한 내용과 장르를 하나의 신학적 중심 모티프로 귀결시킬 수는 없을 것이다. 그럼에도 불구하고 구약본문의 신학적 통일성을 분석하고 구성하는데 있어 로벗슨은 언약신학을 성경본문에 산적한 수많은 주제들과 메시지들을 복합적으로 엮는 가장 구심적인 중심 모티프라고 주장한다.[66]

이는 기독교의 전통적인 성경본문 읽기를 넘어 정통 유대교가 이해하고 있는 토라의 중심 신학과도 상통한다.[67] 로벗슨은 하나님의 언약을

65 John L. Mackenzie, "The Task of Biblical Theology," *The Voice of St. Mary's Seminary*, 36(1959): 26-27.

66 O. Palmer Robertson, *The Christ of the Covenants* (Phillipsburg, NJ: Presbyterian and Reformed Pub. Co, 1980), 4. "주권적으로 맺어진 피를 통한 신인관계." (필자의 해석 번역).

67 Jonathan Sacks, *Covenant & Conversation* (Jerusalem: Koren Publisher, 2009) 참고.

"피로 맺어진 주권적인 신인 관계"(bond in blood sovereignly administered)로 해석한다. 물론 성경의 다양한 내용과 주제를 언약이라는 단일 모티프에 엮어 설명하는 것은 환원적 해석을 초래할 수 있다. 노아, 아브라함, 모세, 다윗과 같은 하나님과 명시적으로 언약관계를 맺은 인물 중심의 서술은 언약신학으로 읽힐 수 있겠으나, 창조기사나 삶의 지혜를 논하는 전도서를 언약이라는 단일적 틀로 엮는 데는 한계가 있음이 분명하다. 그럼에도 불구하고 로벗슨은 언약을 성경신학의 가장 포괄적이며 중심적인 모티프로 주장한다. 창조는 하나님과 모든 피조물과의 언약적 관계로 이루어졌으며, 시가서와 지혜서를 특징짓는 "야훼 경외사상"은 그러한 창조언약에 기반한다.[68] 이는 오경 내러티브를 구성하고 있는 이야기들의 다양성 안에서 언약이라는 통일성을 의미한다.

신학적 중심 모티프로서 언약 외에 다른 모티프의 제안들도 있다. 브루게만(Walter Brueggemann)은 오경의 중심 모티프는 시내산 율법(언약)이며 이는 증언, 분쟁 그리고 변호(testimony, dispute, advocacy)라는 법적 담론으로 엮어져 있다고 주장한다.[69] 이스라엘 신앙공동체는 히브리인들의 고유한 율법과 신앙고백을 야훼 하나님에 대한 신앙을 묘사하는 은유(metaphor)적이며 구두(verbal)적인 매체로 사용했다. 구약본문은 야훼 하나님에 대한 신앙을 율법적인 증언과 분쟁과 변호의 양식으로 엮고 있다. 이스라엘 신앙공동체는 구약본문에서 율법에 기반한 변론을 통해 야훼 하나님은 창조하시며, 약속하시며, 구속하시며, 명령하시며 또한 인도하시는 하나님이심을 변증한다.[70] 그러나 이러한 브루게만의 설명은 그

68 *Ibid.*, 68.

69 Walter Brueggemann, *Theology of the Old Testament: Testimony, Dispute, Advocacy* (Minneapolis: Fortress Press, 1997).

70 *Ibid.*, 145-211. 법적인 구두문(testimonial verbal sentence): 하나님은 창조하시며(creates), 약속하시며(makes promises), 구속하시며(delivers), 명령하시며(commands) 인도하신다(leads).

유용성에도 불구하고 오경본문을 구성하고 있는 너무나도 다양한 장르와 신학적 주제들을 근대적인 법적 변증으로 환원시키거나 해체할 수 있는 단점을 가진다. 로휜크(Lohfink)는 JEDP 문서가설을 전제로 오경본문은 공시적이기보다는 "통시적인 통일성"(diachronic unity)을 함축하고 있다고 주장한다.[71] 로휜크에 따르면 오경을 형성하는 4개의 JEDP 문서는 각기 통시적인 고유한 신학적 모티프로 구성되어 있다. 예를 들어 E의 통시적인 주제는 "나는 야훼, 너의 치료자라"(출 15:26)다.[72] P의 주제는 "원죄"(original sin)이며[73] D의 주제는 "개인과 공동체"다.[74] 즉 오경은 이스라엘의 종교가 진화하는 과정 속에서 역사적으로 전개된 다양한 신앙과 전승의 주제들을 통시적으로 엮은 책이라고 주장한다. 그러나 이에 대한 반론으로 세일해머(J. H. Sailhamer)는 "공시적인 통일성"(synchronic unity)을 주장한다.[75]

오경본문을 구성하고 있는 다양한 단편들과 주제들은 각기 JEDP를 통시적으로 반영하기 보다는 상호 구문론적인 응집성(cohesion)과 의미론적인 일관성(coherence)으로 엮여 있으며 통일된 정경적 주제(canonical theme)로 상통한다. 이는 본문의 텍스트-언어학 분석, 전형장면(type-scene) 분석, 혹은 모형론의 연결고리 분석을 통해 논증될 수 있다. 그러므로 오경은 고대근동의 고유한 문화역사적인 기법, 히브리 산문과 시문의 전략적인 구성과 배치, 수사학적 기법과 평행구조, 모형론과 전형장면 등과 같은 다양한 문학적 장치들을 통해 이스라엘 신앙공동체가 역사

---

71 Norbert Lohfink, *Theology of the Pentateuch: Themes of the Priestly Narrative and Deuteronomy* (Edinburgh: T&T Clark, 1994).

72 *Ibid.*, 35.

73 *Ibid.*, 96.

74 *Ibid.*, 227.

75 Cf. John H. Sailhamer, *The Meaning of the Pentateuch* (Downers Grove, IL: IVP Academic, 2009).

적으로 경험한 야훼 하나님과의 언약(בְּרִית, 베리트)을 통일된 신학적 담론으로 구성하고 있다고 말 할 수 있다.

전승자의 통일성

JEDP의 가상 저자(author)와 최종 편집자(editor)의 구분은 모호하다.[76] 또한 오경본문의 역사적 형성에 있어 그 시기와 정황의 재구성도 다소 추측에 불과하다. 물론 본문이 완성되는데 있어, 저작 초기로부터 이스라엘 왕정기와 포로 전후기까지, 긴 세월의 편집과정이 있었음은 당연하다. 그러나 JEDP 문서들의 실제저자와 역사적 정황(*Sitz im Leben*)을 재구성하고 확인할 수 있는 자료나 증거는 불분명하다. 따라서 벨하우젠의 고전적인 JEDP 문서가설은 학자들 간에 절대적인 동의를 얻지 못한다.

반세털스(J. Van Seters)는 오경본문의 역사적 서술(historical narrative)과 고대그리스의 역사적 신화(historical myth)를 유추해 분석했다. 연구결과 J는 이스라엘의 왕정시기(BC 10세기)가 아닌 포로후기(BC 6세기) 작품이며 신명기 사가는 J 문서를 기반으로 역사서(신명기, 여호수아, 사사기, 열왕기서)를 기술한 것으로 추정한다.[77] 따라서 J의 제작시기를 기원전 10세기가 아닌 6세기로 교정해야 함을 제안한다. 그런가하면 렌토르프(R. Rendtorf)는 오경텍스트의 문학적 분석을 통해 JEDP의 전통적인 문서가설을 논박한다. 그는 오경은 진화론적인 JEDP 문서의 편찬이 아니라 다양한 초기단편들이 수집되고 확장되는 편집과정에서 최종적으로 신명기 사가(史家)를 통해 완성된 것이라고 주장한다.[78] 그의 제자였던

---

76 이에 대한 세밀한 논의는 필자의 From History to Narrative 2장을 참고하라.

77 J. Van Seters, *In search of history* (New Haven: Yale Univ. Press, 1983)

78 Cf. Rolf Rendtorff, "Das Überlieferungsgeschichtliche Problem des Pentateuch," *BZAW* 147 (Berlin, 1977).

블룸(E. Blum)은 렌토르프가 제시한 초기 단편들은 족장들의 내러티브로 확장되었고 페르시아제국(c. 530-500 BC)의 영향을 받은 신명기 사가가 이를 다른 자료들과 엮어 최종 편집했다고 주장한다.[79] 오경본문의 역사적인 형성과 저술에 대한 문서비평의 논쟁은 가설적인 원저자에 대한 학자들의 다양한 추측으로 분열되어 있다. 그 중 전승자(tradent)에 관한 논지가 있다.[80] 오경의 최종본문은 그 어떠한 특정 저자나 편집자가 아닌 익명의 전승자(tradent)로 인해 완성되었다는 논지다. 신앙공동체를 대표하는 전승자의 역할은 본문 내용의 초기 작성이나 후기 편집이 아닌 전승된 본문을 본존하고 판독할 수 있도록 편찬하는 역할이다. 전승자는 당대의 사상을 투영하기 보다는 본문의 원자료와 의도를 보존하고 차세대로 전승되어 판독될 수 있도록 텍스트의 구조를 구성하고 적절한 문학적 장치들을 제작한다.

이러한 전승자의 역할을 수행한 대표적인 자로는 가상의 신명기 사가(Deuteronomist)가 있으나 확실한 것으로는 기원 약6-10세기 동안 히브리 구약사본을 편찬한 마소라(Masoretes)를 들 수 있다. 이들은 원래 자음으로만 기술되었던 히브리 구약사본 알파벳에 모음을 첨가하고 다양한 악센트, 기호, 각주, 숫자, 좌우 여백노트, 본문 구절의 분할 표시 등을 제작해 미래 세대가 원문을 보전하고 전승할 수 있도록 체계적인 양식과 내용으로 본문을 편찬했다. 또한 마소라 이전의 전승자들도 오경의 보전을 위해 본문에 적지 않은 흔적들을 남겼다. 이는 오경이 단순히 임의적으로 수집된 문서(collection)이거나 원서의 내용을 변질시킨 역사역구적인 편집(edition)이 아니라 원서의 본형태와 의미를 최대로 보전하고자 하는 전승자들의 문학적 구성편찬(compositional compilation)이라고

---

79 Erhard Blum, *Studien zur Komposition des Pentateuch* (Berlin: Walter de Gruyter, 1990). 본서에서 Blum은 저자와 편집자와 전승자를 구분한다.

80 *Ibid.*, 21-25.

말 할 수 있다. 예를 들어 마소라 토라 본문에 3인칭 여성대명사 '그녀'(she)는 소위 JEDP 본문 전반에 중간 요드(י)를 가진 '히' (הִיא)가 아닌 중간 바브(ו)를 가진 고대형태 '휘' (הִוא)로 일관되게 기술되어 있다. 이는 토라가 시대착오적인 후기편집의 산물이 아니라 고대본문의 '휘' (הִוא)를 보전한 전승자의 편찬이라고 볼 수 있다.그렇다면 오경의 원저자가 모세라는 주장은 허구적인 전설에 불과한 것일까? 오경본문은 내용(content)과 구성(composition)을 통해 완성되었다. 전승자는 본문의 구성자이며 모세는 주요내용의 원제공자임을 고려해 볼 수 있다. 이를 반박할 수 있는 자료나 근거는 그 어떠한 것도 절대적이거나 확실치 못하다. 물론 모세 저자설과 같은 주장은 근대학계에서 비학문적인 것으로 혹은 보수 외골수로 비하 되거나 신학적 근본주의로 폄하되기도 한다. 모세가 자신의 죽음과 그 이후의 사건들(신 34)을 토라에 기록했을 리가 없고, 후기편집의 흔적들이 산재해 있는 것도 사실이기 때문이다.

또한 오경의 최종본문은 익명의 작품이라는 논지가 타당성을 얻고 있기 때문이기도 하다. 그럼에도 불구하고 모세가 오경본문 내용의 주요 저자가 아님을 증명할 수 있는 결정적이며 객관적인 자료는 찾아볼 수 없다. 반면 모세의 저작권 주장은 일차적으로 다음과 같은 본문의 내부적 증언으로 부분 성립될 수 있다. 먼저 오경은 본문 전반에 모세가 저자임을 암묵적으로 일관되게 명시하고 있다(출 17:14; 24:4; 30:11, 17; 33:1, 5; 39:1, 5, 29; 레 1:1; 4:1; 6:1; 민 4:1; 31:2; 신 1:1, 5; 5:1; 31:22, 30; 33:1). 또한 포로후기 기록들(대상 15:15; 22:13; 대하 23:18; 24:6; 스 3:2; 7:6; 느 1:7)과 신약(막 12:26; 누 16:29-31, 24:27; 행 3:22; 롬 10:5)에서도 모세의 저작권이 언급되고 있다.

오경은 포로후기 이스라엘의 사회정치적 및 종교적인 사상이 투영된 작품으로서 모세의 저작권을 반박하는 주요 논지는 다음과 같다. (1) 오경의 주요 저자가 모세라면 모세의 이야기를 집중적으로 기술하고 있는 출애굽기 1-14장 본문에 창세기의 그 어떠한 내용이나 족장들의 언급이 있어야 하는데 그렇지 않다. (2) 오경이 고대에 저작되었다면 포로전기에 속하는 선지서 본문에 오경본문의 인용이 있어야 하는데 그렇지 않다. (3) 요시아 왕 즉위 이후, 무너진 성전을 수리하던 중 대제사장 힐기야가 발견한 율법책(왕하 22:8, סֵפֶר הַתּוֹרָה)은 오늘날의 신명기와 동일한 책이며 이는 오경이 후기 작품임을 재삼 증명한다.[81] 그러나 이와 같은 주장들은 첫째, 창세기로부터 출애굽기로 이어지는 내러티브의 통일된 플롯과 서술의 자연스러운 흐름의 구성을 많은 경우 간과한 것으로 보인다.

출애굽기 서술은 히브리어 연계형 접속사 바브(ו)로 창세기 12장에서 시작된 족장들의 이야기를 연속적으로 이어가고 있다(출 1:1-8). 이스라엘이 애굽에서 고통으로 인해 부르짖을 때 하나님은 그 소리를 들으시고 창세기에 기술된 "아브라함과 이삭과 야곱에게 세운 언약을 기억하셨다"(출 2:24). 모세에게 보이신 하나님은 자신을 "너희 조상의 하나님 야훼 곧 아브라함의 하나님, 이삭의 하나님, 야곱의 하나님"(출 3:15)으로 밝히신다. 둘째, 포로전기 선지자들이 오경을 몰랐다는 논지 또한 성립될 수 없다. 까쑤토(Umberto Cassuto)는 호세아가 적어도 6개의 범주로 오경의 사건들과 신학을 명시하고 있다고 논증한다. 창세기의 족장 이야기, 출애굽 이야기, 십계명, 모세의 생애, 신명기 11:13-21, 그리고 신명기 33:1-43이다.[82] 호세아는 창세기 족장본문의 문구들을 다음과 같이 암묵적으로 인용하고 있다.

---

81 R. N. Whybray, *The Making of the Pentateuch* (Sheffield: JSOT, 1987), 229-230.

82 "The Prophet Hosea and the Books of the Pentateuch," in Umberto Cassuto. *Biblical and Oriental Studies* (Jerusalem: Magnes, 1973): 79-100.

호세아 11:8-9와 창세기 19:13, 14, 29 비교:

"내가 나의 맹렬한 진노를 나타내지 아니하며 내가 다시는 에브라임을 **멸하지**(לְשַׁחֵת, destroy) 아니하리니 이는 내가 하나님이요 사람이 아님이라 네 가운데 있는 거룩한이니 진노함으로 네게 임하지 아니하리라." (호 11:9)

לֹא אֶעֱשֶׂה חֲרוֹן אַפִּי לֹא אָשׁוּב **לְשַׁחֵת** אֶפְרָיִם כִּי **אֵל אָנֹכִי**
וְלֹא־אִישׁ בְּקִרְבְּךָ קָדוֹשׁ וְלֹא אָבוֹא בְּעִיר

"그들에 대한 부르짖음이 야훼 앞에 크므로 야훼께서 이 곳을 **멸하시려고**(לְשַׁחֲתָהּ, destroy) 우리를 보내셨나니 우리가 **멸하리라**(מַשְׁחִתִים, destroy)." (창 19:13)

כִּי־**מַשְׁחִתִים** אֲנַחְנוּ אֶת־הַמָּקוֹם הַזֶּה כִּי־גָדְלָה צַעֲקָתָם אֶת־פְּנֵי
יְהוָה וַיְשַׁלְּחֵנוּ יְהוָה **לְשַׁחֲתָהּ׃**

호세아 12:4, 5, 13(마소라 역) (한글 개역개정: 3, 4, 12)와 창세기 32:29 (마소라 역) (한글 개역개정: 28) 비교:

"야곱은 모태에서 그의 형의 발뒤꿈치를 잡았고 또 힘으로는 하나님과 **겨루되**(שָׂרָה, struggle), 천사와 **겨루어**(יָשַׂר, struggle) **이기고**(יֻכָל, prevail) 울며 그에게 간구하였으며 하나님은 벧엘에서 그를 만나셨고 거기에서 우리에게 말씀하셨나니." (호 12:3-4)

בַּבֶּטֶן עָקַב אֶת־אָחִיו וּבְאוֹנוֹ **שָׂרָה** אֶת־אֱלֹהִים׃
וַיָּשַׂר אֶל־מַלְאָךְ **וַיֻּכָל** בָּכָה וַיִּתְחַנֶּן־לוֹ בֵּית־אֵל יִמְצָאֶנּוּ
וְשָׁם יְדַבֵּר עִמָּנוּ׃

"그가 이르되 네 이름을 다시는 야곱이라 부를 것이 아니요 이스라엘이라 부를 것이니 이는 네가 하나님과 및 사람들과 **겨루어**(שָׂרִיתָ, struggle) **이겼음이니라**(תּוּכָל, prevail)." (창 32:28)

וַיֹּאמֶר לֹא יַעֲקֹב יֵאָמֵר עוֹד שִׁמְךָ כִּי אִם־יִשְׂרָאֵל כִּי־שָׂרִיתָ עִם־אֱלֹהִים וְעִם־אֲנָשִׁים וַתּוּכָל׃

셋째, 열왕기하 22:8의 율법책(סֵפֶר הַתּוֹרָה, 세패르 하토라)이 요시아 시대를 전후해 저작된 D문서(신명기)였을 것이라는 가설 또한 객관적으로 성립될 수 없다. 신명기에 기술된 주요 법률 25개 중 요시아 시대를 반영할 수 있는 법률은 3개에 불과하다.[83] 또한 신명기의 언약양식은 기

히타이트 조약	신명기	모세의 담화	시제 구조
전문	1:1-6a, 5:6a	제1담화 1:1-4:43	과거: 역사적 교훈1-4; 9-10
역사적 서문	1:6b-3:29		
조약 약정	4-11 (헌법) 12-26 (법률)	제2담화 4:44-28:68	현재: 시내산 언약 갱신 5; 11; 12-26
종주봉신에 대한 신적증언	4:26; 30:19; 31:28		
상벌규정	28 (축복과 저주)		
자체서약	29:9-29	제3담화 29-30	미래: 약속의 땅에서의 삶 27-33
조약문서 보존에 대한조관	10:1-5; 31:24-26		
공탁이나 공포	31:9-13		
조약문서 복사	17:18-19; 31:25-26		
		모세의 고별 31-34	모세의 죽음 34

원전 13세기 히타이트 조약양식과 비교될 수 있다.

신명기 언약이 내용적으로 훨씬 후기인 신아시리아(911-609 BC)의 조약문을 일부분 인용하고 있다는 논박이 있지만, 유사한 내용이 비교문서에 있다하여 그것을 꼭 동시대의 것으로 주장하는 것은 결정적이지 못하다. 84 더욱 명백한 증거로서 신명기 본문의 문학양식은 기원전 8-6세기 신아시리아 조약과는 달리 명실공히 기원전 13세기 히타이트-이집트의 평화조약 양식과 유사하다는 점이다.[85] 오늘날 오경본문의 최종적 문학

---

83 Duane Garret, 51.

84 바인펠트(Moshe Weinfeld)는 "Traces of Assyrian Treaty Formulae in Deuteronomy," *Biblica* 46 (1965): 417-427에서 신명기 28:26-33의 내용은 신아시리아 제국의 에사르하돈(681-669 BC)이 맺은 봉건조약문(VTE, Vassal Treaty of Esarhaddon)의 419-430절에서 인용된 것으로서 이는 신명기가 기원전 7세기에 기술된 것을 재확인시켜준다고 주장한다. 또한 아시리아 조약문의 구조는 보편적으로 간략화된 것으로 알려져 있으나 아시리아와 케다르 왕과의 조약문(Treaty of King of Qedar)에는 신명기의 언약 양식과 유사한 '역사적 전문/서문' 이 있는 것으로 지적되었다, Noel Weeks, *Admonition and Curse: The Ancient Near Eastern Treat*, JSOT Sup 407 (Edinburgh: T & T Clark, 2004) 47 참조. 그러나 베르만(Joshua A. Berman)은 "CTH 133 and the Hittite provenance of Deuteronomy 13," *JBL* 130 (2011): 25-44와 "Histories Twice Told: Deuteronomy 1-3 and the Hittite Treaty Prologue Tradition," *JBL* 132 (2013): 229-250에서 신명기 언약문의 양식구조는 기원전 13세기로 소급되는 히타이트 조약문(CTH, Catalogue of Hittite Texts)의 구조와 총체적으로 유사하며 특별히 신명기 13:6-11은 VTE보다 CTH와 더 유사하다고 주장한다. 중요한 것은 두개의 문서의 내용이 유사할 때 둘 다 그 이전의 문서나 전승을 따랐을 가능성이 있다. 실제로 VTE의 내용들은 이미 고대바빌론과 레반트 문서들에서도 발견되는 내용들이다. 결론적으로 내용의 유사점으로 문서 작성의 시기를 평가하는 것은 절대적일 수 없다. 오히려 총체적인 양식구조의 유사성이 더욱 설득력을 가진다고 볼 수 있다.

85 왈톤(J. H. Walton)은 십계명의 양식이 기원전 13세기 히타이트 제국의 종주봉신조약과 유사하다고 평가했다. 기원전 8-6세기 신아시리아 조약의 양식은 보다 더 간략한 것으로서 전문(Preamble), 약정과 저주문(Stipulations and Curses), 그리고 신적증언(Divine witness)으로 구성되었다. 결론적으로 신명기와 십계명은 히타이트 조약의 양식과 유사하며 그 기원은 기원전 13세기로 추정된다. J. H. Walton, *Ancient Israelite Literature in its Cultural Context* (Grand Rapids, MI: Zondervan, 1989), 106.

형태는 익명의 전승자를 통해 통일된 구성(unified composition)으로 완성되었다고 말 할 수 있다. 오경본문에는 구전으로부터 단편에 이르는 긴 세월의 다양한 자료들의 흔적이 있다. 그럼에도 불구하고 그 최종 문학 형태는 구문론적이며 의미론적인 통일성을 함축하고 있다. 이는 다시금 현재 오경본문의 통일된 문학구성(composition)은 원저자(author)나 편집자(editor, redactor)의 작업이 아니라 언약신앙 공동체를 대표하는 익명의 전승자(tradent)에 의해 완성되었다고 가정해 볼 수 있다. 전승자는, 개인이든 단체이든, 모세의 자료와 그 외에 다양한 관련 사본들을 후손들이 판독할 수 있도록 구성하고 편찬하여 보존하고 전승한 자라고 말 할 수 있다.

정경적 통일성

지난 2천년동안 창세기는 기독교공동체의 성경으로 읽혀 왔다. 이는 창세기 본문을 해석하는데 있어 그 신문학적 문맥의 범위가 신약까지 이어짐을 의미한다. 그렇다면 구약과 신약을 하나의 통일된 정경으로 읽는 것은 해석학적으로 적합한 것일까? 일부 학계에서는 이를 비전문적인 사상적 혹은 종교적 읽기로 취급하기도 한다. 구약(Old Testament)이라는 명칭도 히브리 성서(Hebrew Scripture)로 불러야 한다고 주장한다. 그러나 구약과 신약 간에는 불연속적인 요소들과 함께 부정할 수 없는 연속적인 요소들이 공존한다. 이는 신약과 절대 무관한 오경의 독립적인 신학적 해석이 과연 가능한가를 반문케 한다.[86] 물론 정통 유대교 랍비들은 그렇다고 답할 것이다. 그러나 신약의 기원과 출처가 어디로부터 시

86 Walter Kaiser는 신약을 배제한 구약 안에서 만의 해석으로도 우리는 자연스럽게 신약으로 인도된다는 선행적 방법(Antecedent Scriptura)을 주장한다. Walter Kaiser Jr., *Toward an Old Testament Theology* (Grand Rapids, MI: Zondervan, 1978).

작되었는가를 상기해 볼 필요가 있다. 무엇보다 신약의 핵심인 기독론은 그 뿌리를 구약의 메시아 사상에 명백히 근거하고 있다. 신약의 그리스도(Χριστός)는 구약의 메시아(מָשִׁיחַ)다. 그는 성육신 하신 말씀(λόγος, 로고스)이며 그 말씀은 곧 태초에 우주 만물을 창조하신 하나님의 말씀이다(요 1:1-3, 창 1:3). 신약은 그리스도의 원형을 구약의 창조주 하나님으로 명시한다. "어두운 데서 빛이 비취리라 하시던 그 하나님께서 예수 그리스도의 얼굴에 있는 하나님의 영광을 아는 빛을 우리 마음에 비취셨느니라" (고후 4:6).

또한 신약의 신학대전(*Theologica Summa*)이라 할 수 있는 로마서는 토라의 율법주석서라고 말할 수 있다. 로마서에서 다뤄지고 있는 죄와 심판과 은혜의 삼대 담론은 오경신학의 삼부적인 신학구조와 상통한다. 또한 오경과 신약은 언약 모티프에서도 연관성을 갖는다. 구약에 명시된 아담의 언약(창 1:28-30; 3:14-15), 노아의 언약(창 6:18), 아브라함의 언약(창 15:18), 이스라엘의 언약(출 24:8), 그리고 다윗의 언약(시 89:3)은 예레미야의 새언약(בְּרִית חֲדָשָׁה, 렘 31:31)과 신약의 새언약(ἡ καινὴ διαθήκη, 눅 22:20; 고후 3:6; 히 8:8; 9:15; 10:15-18)으로 이어진다.[87] 보스(Gerhardus Vos)는 이러한 구약의 새언약(בְּרִית חֲדָשָׁה, 렘 31:31)과 신약의 새언약(ἡ καινὴ διαθήκη, 눅 22:20)은 구약의 종말론적 신학과 메시아 신학(eschatological & Messianic) 구조 안에서 상호 연관되고 있음을 지적한다.[88]

신약과 구약의 서술들은 모형론에 있어서도 연결고리를 공유한다. 복음서는 "아브라함과 다윗의 자손 예수그리스도의 세계" (마 1:1)로부터

87 Cf. O. Palmer Robertson, *The Christ of the Covenants* (Philipsburg, NJ: Presbyterian and Reformed Publishing Co., 1980).

88 G. Vos, *Biblical Theology: Old and New Testaments* (Grand Rapids, MI: Eerdmans Pub. Company, 1948), 299.

시작된다. 바리새인들과 사두개인들, 안식일과 성전과 관련된 이슈들, 복음서에 등장하는 사도들과 그 시대의 풍습, 그 무엇 하나 구약의 역사적 배경과 신학적 고리로부터 자율적인 것은 없다. 신약은 구약으로부터 절단된 새로운 역사적 상황에서의 서술이 아니라 구약의 세계로부터 파생되고 확장되었다. 물론 구약과 신약은 절대 동일하지도 그렇다고 절대 독립적이지도 않다. 그러나 구약과 신약, 율법과 은혜, 창조주 하나님과 십자가의 예수, 이스라엘과 그리스도인은 상반된 대조 보다는 점진적 완성 혹은 성취의 관계를 가진다. "이것은 주께서 예로부터 거룩한 선지자의 입으로 말씀하신 바와 같이"(눅 1:70) 산발적인 것이 아닌 섭리 된 창조주 하나님의 구속사다. 월터 카이저(W. C. Kaiser, Jr.)는 신약이 구약 본문을 헬라어 Nestle역에서는 950번 그리고 USB역에선 1800번 이상 인용하고 있음을 지적한다.[89]

그리고 그 인용의 유형을 다섯 범주로 분류한다. 변증적 용법(apologetic use), 예언성취적 용법(prophetical use), 예표론적 용법(typological use), 신학적 용법(theological use), 그리고 실천적 용법(practical use)이다. 이러한 인용은 신구약의 연속성과 통일성을 확증한다. 그동안 성경해석학에 있어 구약과 신약의 연관성은 다양한 견해들로 심의되어 왔다. 하젤(G. Hasel)은 그 논쟁을 4개의 범주로 요약한다.[90]

첫째는 이분법적인 관계다. 구약과 신약은 두개의 불연속적인 독립된 문서라는 주장이다. 이는 2세기 마르시온과 영지주의 자들의 주장과 유사하며 근대에 이르러서는 하르낙(Adolf von Harnack), 델리취(Friedrich Delitzsch), 불트만(R. Bultmann), 그리고 훼르호프(P. A. Verhoef)의 제안

89 Walter C. Kaiser, Jr., *The Use of the Old Testament in the New* (Chicago, IL: Moody Press, 1985), 2.

90 자세한 논의는 G. Hasel, *Old Testament Theology: Basic Issues in the Current Debate* (Grand Rapids, Mich.: Eerdmans Publishing Company, 1972), 145-167을 참고.

과 유사하다.

둘째, 구약과 신약의 관계를 정통 유대교의 시각으로 정립하는 주장이다. 판룰러(A. van Ruler)는 "오직 구약만이 진짜 성경이다...신약은 해설을 담은 소사전에 불과하다"[91]고 역설한다.

셋째, 구약과 신약의 관계를 동일하게 보는 시각이다. 이는 신구약간 완전하고 절대적인 통일성과 연속성을 주장한다. 휘셔(W. Vischer)는 신약의 기독론을 구약에 부과시키는데 있어 명백히 드러나는 차이점들마저 모두 부정한다. 휘셔는 모압 왕의 배를 찌른 에훗의 칼날(삿 3:12-30) 사건을 신약에 기록된 "좌우가 날선 하나님의 말씀"(히 4:12)으로 해석한다.[92] 마지막 네 번째로 하젤은 신구약의 관계를 하나의 유일한 범주나 개념, 혹은 신학적 구조로 확정 짓는 것은 신구약의 명백한 다양성과 차이점들을 무마하는 것이라고 주장한다. 따라서 신구약의 연속성은 다음과 같은 복합적인 범주에서 정경적으로 이해되어야 함을 강조한다. 하나님의 백성, 신약에서의 구약본문 인용, 공통적 신학용어(언약과 새언약), 주요 주제(하나님의 나라), 예표론과 모형론, 예언과 성취, 그리고 창조로부터 종말에 이르는 정경적인 구속사(kanonisch Heilsgeschichte)다.

구조적 통일성

오경본문은 JEDP 문서들의 수집(collection)일까 아니면 일관된 구조를 가진 통일된 구성(composition)일까? 오경 안에서의 창세기를 이해하는데 있어 본문의 구조를 살피는 것은 건축설계도와 유추될 수 있다. 적절한 기능, 편리, 미학 등을 복합적으로 고려해 설계된 건물과 도시의 인

91 A. A. van Ruler, *The Christian Church and the Old Testament* (Grand Rapids, MI, 1971), 72.

92 Cf. Hasel, 150.

프라는 총괄적인 설계 없이 무작위로 지어진 무허가 건물과 도시와는 비교될 수 없을 것이다. 이러한 설계의 가장 중요한 요소는 견실한 구조(structure)일 것이다. 뉴욕에 위치한 유엔본부를 설계한 니에마이어(Oscar Niemeyer) 팀은 1954년 브라질 중앙에 정치행정 기능과 현대적인 미학을 반영한 수도 브라질리아(Brasilia)를 설계해 건설했다.

그러나 그 과정에서 지방 농촌으로부터 이주해 온 일용직 노숙자들은 수도 근교에 무작위로 주택가를 형성해 나갔다. 그 악명 높은 파벨라(favela)로 알려진 브라질의 빈민가다. 이는 기획적인 구조설계와 산발적인 생존의 구조가 어떠한 차이를 갖는가를 잘 반영해준다.[93] 설계사는 도시와 집을 구상하는데 있어 기본적으로 건물의 고유한 기능, 편의, 미학 등을 복합적으로 고려하고 반영한 의미 있는 면밀한 구조를 고안한다. 또한 그 안에 고유한 내용물과 외부환경 그리고 입주자의 시대적인 세계관을 유기적으로 연계시킨다. 따라서 모든 내용은 구조에 영향을 미치고 구조 또한 내용에 영향을 미친다.[94] 전기로 작동되는 음향기기가 없던 바로크 시대의 성당은 근대의 사각형 구조가 아닌 훨씬 더 복잡한 돔의 구조를 통해 소리의 전달과 예배의식의 환경적 기능을 최대화했을 뿐만 아니라 성경에 기술된 천성의 모습을 미학적으로 묘사하고자 했다. 이는 특별히 카톨릭 미사의 의미를 구현하는데 있어 최대의 효율성을 고

---

93 2017년 10월 유네스코(UNESCO)는 브라질의 수도인 브라질리아(Brasilia) 도시를 디자인의 도시(City of Design)로 지정했다. 정치, 행정, 교육의 주요 기능과 미학적인 면에서 가장 현대적인 이 도시 근교에는 역설적으로 '파벨라'(favela)로 알려진 대규모의 판자촌들이 형성되었다. 세계적으로 유명한 파벨라 촌은 역설적으로 세계 3대 미(美)항구 도시로 알려진 리오(Rio de Janeiro) 근교에 위치한다.

94 구조주의(Structuralism)는 양식(form)이 일방적으로 내용(content)을 결정한다고 주장한다. 그러나 실제로 양식 혹은 구조는 내용과 상호간 유기적인 관계를 가짐을 알 수 있다. 구조주의에 대한 고전적 논의는 다음을 참고하라. C. Lévi-Strauss, *Structural Anthropology* (London, UK: Lane, 1963); F. De Saussure, *Course in General Linguistics* (London, UK: Owen, 1959); R. Barthes, *The pleasure of the text* (London, UK: Cape Press, 1975).

려한 것이다. 마찬가지로 창세기의 설계도를 이해하는데 있어 필수적인 것은 창세기를 포함한 오경본문의 총체적이며 고유한 구조 분석이다. 이는 마치 설계도에서 평면도, 높이, 섹션 및 세밀한 기호들을 종합적으로 살피는 것과 유사하다.

그렇다면 오경본문은 어떠한 기본적인 구조로 구성된 것일까? 이에 대한 다양한 가설들이 있다. 그 중 크게 직계형(linear)과 다차원형(multi-dimensional)의 구성양식을 요약해 논하고자 한다.[95] 직계형은 산문을 기술하는데 있어 논리적이며 연속적인 서론, 본론, 결론과 같은 헬레니즘적인 문학구조로 설명될 수 있다. 그런가하면 다차원형으로서 헤브라이즘의 태블릿형(tabular)은 가로와 세로가 혼합된 입체적인 평행구조(parallel structure)로 설명될 수 있다.

직계형 구조(Linear Structure)

구약본문의 신문학(神文學)적 구조를 직계형으로 이해하고 이를 본격적으로 논리적이며 연속적인 담론으로 정착시킨 시기는 기원전 약 2-3세기로 소급될 수 있다. 이는 서구문명의 시발점인 헬레니즘의 시초와 일맥상통한다. 헬레니즘은 시공간의 현상을 크로노스(χρονός) 즉 인과적이며 연대적인 논리 구조로 인식했고 이를 문학적으로 구현하는데 있어 직계형 구조를 선호했다. 토라(תּוֹרָה) 텍스트는 헬레니즘 시대를 선행하는 고대근동의 작품이지만 기원전 5-6세기경 5개의 두루마리로 분할되며 오경(πεντατουχος)으로 읽히게 되었다. 그러나 사드카(Saul Sadka)는 오경 분할의 기원과 정황은 모호하며 에스라 시대에 3개의 미

95 필자는 *From History to Narrative* (2004)에서 구약본문을 접근하는데 있어 역사와 본문의 문학과 독자의 정황을 복합적으로 고려하는 것을 다차원적 접근(multidimensional approach)이라고 명했다. 본서에서는 본문의 문학구조를 입체적으로 분석하는 것을 의미하고자 한다.

완성된 두루마리가 존재했다는 랍비 전승 외에는 다른 확증 자료가 부재하다고 주장한다.[96] 그럼에도 불구하고 본문을 직계형 구조로 읽는 방식은 기원전 약 2세기에 이르러 토라 텍스트의 오대 분할(창세기, 출애굽기, 레위기, 민수기, 신명기)이 일반적으로 유통됨에 따라 고착되었다고 볼 수 있다.[97]

문제는 토라 히브리 텍스트의 내부구조가 원래부터 직계형으로 구성된 것인지에 대한 논쟁이다.토라가 직계형으로 분할되고, 헬라어로 번역된 칠십인역(LXX)이 편찬되기 이전, 과연 고대 히브리인들은 토라 본문의 구조를 어떻게 구성하고 읽고 이해했을까? 토라가 오경으로 분할된 이후에도 히브리어 본문에는 직계형 구조를 구성하는데 있어 필요한 모음체계나 띄어쓰기, 구문 기호, 단어들 간의 간격, 단락, 장, 절의 구분이나 편의가 부재했음을 볼 수 있다. 그럼에도 불구하고 토라의 두루마리(τευχος)형태는 1-3세기에 책자(codex)형으로 변형되었고, 속사도 시대에는 신약성경이 책자형으로 보급되면서 코덱스 형태의 토라가 보편화 되었다.98 이는 토라를 한 절에서 다음 절로, 한 단락에서 이어 다음 단락으로, 더욱 직계형 구조로 읽는데 일조한 것으로 추정된다. 토라의 오경분할과 책자형 구성 이후 본문을 직계형 구조로 읽게 한 대표적인 사건은 마소라 학파의 토라본문 분할(6-10세기)과 캔터베리 대주교였던 렝톤(Stephen Langton)의 장(章) 분할(1205년) 그리고 가톨릭 사제인 에이스틴(Robert Eistienne)의 신약(1551년)과 구약(1571년)의 절(切) 분할을 들 수 있다.[99]

96 Saul Sadka (2019), xiv-xv.

97 Herbert Wolf (1991), 17-18.

98 Anna O. Funk, "From Scroll to Codex: New Technology and New Opportunities," in *History of Book: Disrupting Society from Tablet to Tablet* (OR: Western Oregon University Digital Commons, 2015), 17-25.

99 Stephen M. Miller and Robert V. Hube, *The Bible: A History* (Oxford: Lion Books, 2015), 173.

마소라 학파는 미래세대가 원문에 적합한 해석을 이어갈 수 있도록, 그리고 텍스트를 보존해 전승할 수 있도록 토라 히브리 텍스트에 모음을 더하고 발음과 뉘앙스를 선명케 하는 다양한 악센트와 기호체계를 창작했다. 또한 본문에 충실한 서술분석과 해석을 위해 텍스트를 대소 단락과 절로 나눠 각 절을 마침표에 해당하는 소프파쑥(sôp pasuq, ׃) 기호로 표기했다. 이러한 마소라의 단위 분할은 본문의 내용과 정량을 둘 다 반영한 것으로 보이는데, 일관된 패턴은 아니지만, 대체로 한 단락이 선행 단락에 비해 새로운 내용이나 문맥을 시작한다고 여겨질 때는 '열린 문단' (Petuha)을 함의하는 히브리 문자 פ로 표기하고, 문맥적으로 혹은 구문적으로 종속되어 이어지는 단락은 '닫힌문단' (Setuma)으로서 ס로 표기했다. 그리고 이러한 대소단위의 열린 단락과 닫힌 단락의 본문을 일년주기로 매주 안식일에 정독하도록 54개의 파라샤(pārasāh, פרש) 혹은 '안식일 단락' (פָּרָשַׁת הַשָּׁבוּעַ, *parashat hashavua*)으로 분할했다.

그러나 이러한 파라샤 단락들을 직계형으로 연속 읽어 내려갈 때 그 단락들은 상호 간 통일된 서술적 흐름이나 일관된 플롯을 갖지 못한다. 이는 마소라의 파라샤가 구문론적인 응집성이나 일관성 혹은 서술적 통일성을 고려한 정성적 분할이기보다는 상대적으로 정량적인 분할에 더 기반했기 때문이라고 볼 수 있다. 결과적으로 오늘날 우리는 토라 두루마리를 5권의 책자형으로 분할하고 본문구조를 파라샤나 장과 절로 구분하여 본문의 내용을 인과적인 연속 직계형으로 읽는데 익숙하게 되었다.기원전 5-6세기로 추정되는 이와 같은 토라 본문에 투영된 임의적인 직계형 분할과 구조의 선이해는 원래는 다차원형 혹은 복합적인 평행형 구조로 구성된 토라본문의 문학적 특성을 간과케 할 수 있다. 물론 직계형 분할의 구조가 무익한 것만은 아니다. 토라 코덱스(책자형) 텍스트를 직계형 구조로 분할하고 연속적으로 읽는 접근에는 여러모로 유익함이 있다. 그중 특정 본문을 찾고 작은 단위와 절로 읽고 분석하는데 있어서는 매우 효율적이며 실용적이기도 하다. 그러나 이러한 직계형 구조의 투영은 본문 서술의 통일성과 플롯의 흐름을 해체하기도 한다.

예를 들어 "태초에 하나님이 천지를 창조하셨다" (בְּרֵאשִׁית בָּרָא אֱלֹהִים אֵת הַשָּׁמַיִם וְאֵת הָאָרֶץ)로 시작되는 창세기 1:1-2:3의 창조 이야기는 그 본문을 직계형으로 읽어 내려갈 때 창세기 2:4에 "이것이 천지가 창조된 때에 하늘과 땅의 내력이" (אֵלֶּה תוֹלְדוֹת הַשָּׁמַיִם וְהָאָרֶץ בְּהִבָּרְאָם)라는 새로운 또 하나의 창조 이야기와 단절된다. 또한 창세기 37장에서 시작된 요셉의 이야기(37:2-50:26)에는 그 어떠한 연결점이나 사전설명 없이 38장에서 유다와 다말의 이야기가 삽입되어 그 흐름이 끊어지고, 39장에서 다시 보디발과 관련된 요셉의 이야기로 재개된다.이러한 피상적인 텍스트의 모순성(incongruent text)을 역사비평학자들은 서로 다른 두개의 전승 편찬으로, 역사적 역구(逆掘, historical retrojection)로, 혹은 시대착오적인 텍스트(anachronistic text)로 설명하기도 한다. 그러나 직계형 읽기에서 표면상 상충되어 보이는 텍스트의 심층적인 구조에서 통일성을 발굴하는 다차원형 읽기의 접근들이 있다. 이는 토라의 헤브라이즘적인 고유한 구조를 찾는 것으로부터 시작된다. 즉 토라의 최종 텍스트는 원래 어떠한 고유한 구조로 구성되었는가에 대한 고찰이다.

톨레도트(תולדות) 계보문 구조

렌토르프(Rolf Rendtorff)는 오경본문의 가상저자 혹은 최종편집자는 일명의 신명기 사가(Deuteronomist, 기원전 약 6세기)일 것으로 추정했다. 그러나 전통적인 JEDP 문서가설에 대해서는 부정적이었다. 그는 오경본문을 구성하고 있는 것으로 보이는 전승 단위들을 분석한 결과 오경은 JEDP의 개별적인 문서들보다는 작은 단편(벧엘에서의 야곱이야기, 창 28:10-22)들로부터 파생해 확장된 것으로 보았다. 이러한 단편들은 고대의 작품으로서 이는 토라의 주요 저작시기가 선지서를 선행함을 암시하기도 한다.[100] 그러나 오경의 역사적 형성과정과 시기에 대한 논지들은 여전히 측정에 불과하다. 명시될 수 있는 것이 있다면 토라는 긴세월의 구전(oral tradition),[101] 고전적 문서들, 기원을 명확히 판정할 수 없는 다양한 단편들과 조각 글의 자료들을 근대문학적인 기술법과는 다른 고대 근동의 고유한 서술적 기법으로 구성되었다는 가설이다.[102] 그런가하면 오경본문의 통시적 형성과 관련된 모호함과 해체에도 불구하고 로버트 알터(Robert Alter), 마이어 스턴버르그(Meir Sternberg), 얀 훠켈만(Jan Fokkelman), 죤 세일해머(John H. Sailhamer)와 같은 학자들은 토라 텍스트의 공시적인 신문학(神文學)적 통일성을 주장한다.[103]

그렇다면 이들의 공시적 통일성을 설명할 수 있는 토라의 고유한 문학적 특성과 구조는 무엇이었을까? 이스라엘의 왕정기를 선행하는 것으

---

100 Rolf Rendtorff, "Das Überlieferungsgeschichtliche Problem des Pentateuch," BZAW 147, (Berlin, 1977). 블룸(Erhard Blum)은 남 유다에서 포로기 이전에 형성된 "아브라함의 단편"과 북 이스라엘에서 포로기 직후에 형성된 "야곱의 단편"은 신명기 사가가 토라를 편집하기 이전에 이미 완성된 상태로 존재했다고 가정한다. 그러나 문헌적 전승들이 왕정시대 이전에 형성되었을 가능성에 대해서는 부정적이다. 블룸은 P 자료를 신명기 사가의 신학을 수정하기 위한 시도로 보았고 오경은 포로기 이후 페르시아의 요구로 최종 편찬되었다고 주장한다. Erhard Blum, *Studien zur Komposition des Pentateuch* (Berlin: Walter de Gruyter, 1990).

101 Robert Alter는 히브리대구법은 구전을 반영한 양식이라고 말 한다. 반복과 확장 또한 성문화 과정에 있어 구전의 흔적이라고 할 수 있다. Cf. *The Art of Biblical Narrative* (New York: Basic Books, 1981).

102 예로 구약 내에 기록된 외부 자료들을 보라(민 21:14; 수 10:12; 삼하1:18; 대상 29:29; 대하 9:29; 12:15; 26:22; 32:32; 33:19, 등등).

103 본문의 서술적 전략에 의한 문학적 혹은 신학적 통일성에 대한 주장은 Robert Alter, *The Art of Biblical Narrative* (CA: Basic Books, 1981); Meier Sternberg, *The Poetics of Biblical Narrative* (Bloomington, IN: Indiana University Press, 1985); J. P. Fokkelman, *Reading Biblical Narrative* (Louisville: Westminster John Knox Press, 1999), 그리고 John H. Sailhamer, *The Pentateuch as Narrative* (Grand Rapids: Zondervan, 1992)에서 볼 수 있다.

로 평가되는 여호수아는 “모세가 명한 토라”(אֲשֶׁר צִוְּךָ מֹשֶׁה הַתּוֹרָה, 수 1:7)를 언급하며 가나안 정복 이전의 배경과 상황을 사실적으로 묘사한다. 이는 토라의 프로토타입 텍스트가 이미 단편들로 존재했을 가능성을 암시한다. 토라는 구전과 다양한 단편들이 엮어지는 긴세월의 과정을 통해 이스라엘 왕정초기(기원전 10세기)에 편찬되고 5세기에 이르기까지 개정을 걸쳤다고 볼 수 있다.[104]

그리고 팔레스타인을 중심으로 에스더를 제외한 오경과 구약의 나머지 모든 책들은 바빌론 포로후기 에스라 제2성전 시대에 이르러(586-520 BC) 전승자들에 의해 완성된 것으로 보인다.이러한 긴세월의 복합적인 형성과정을 일부 설명할 수 있는 가설로서 창세기의 톨레도트(תּוֹלְדוֹת) 즉 계보문 편집설을 고려해볼 수 있다. 먼저 토라본문의 초기형성은 후기청동기(기원전 1500-1200) 북서부 셈어로부터 파생된 히브리 알파벳(Semitic alphabet)의 발전과 연관시키지 않을 수 없다. 고대히브리어 문자는 중간청동기(기원전 2100-1500)에 이르러 우가릿 문자와 함께 북서부 셈어의 설형문자로 발전했고 다른 고대근동의 문자들과 같이 완전한 표음문자가 아닌 모음이 없는 자음기호(unpointed text)였다. 현재까지 발견된 것들 중 가장 오래된 고대히브리 알파벳 형태는 팔레스타인 게제르(Gezer)에서 발견된 이스라엘 농경 절기를 언급한 석판 달력(Gezer Calendar)의 문자로 그 기록시점은 기원전 약1천년 경으로 추정된다. 고대근동에서 이러한 문자의 발전으로 인해 기록된 최초 자료들 중에는 씨족과 왕족의 기원과 존속을 성립하는 계보문 즉 톨레도트 토판(Toledot Tablet)이 있다. 이는 고대수메리아 왕조 계보문에서 확인될 수 있으며 톨레도트(תּוֹלְדוֹת)

104 토라의 초기 원본의 기원을 대다수의 비평학자들은 10-5세기로 본다. 그러나 저자는 고대 히브리어의 기원시기 그리고 구약본문의 내부증언에 의해 ‘모세의 원작’의 시기라고 말 할 수 있는 13세기로 추측한다. 이에 대한 논의는 본서에서 계속 더 자세히 이어질 것이다.

로 알려진 창세기 본문의 서술 구성에서도 그 흔적을 찾아볼 수 있다.[105]

듀엔 게렛(Duane Garrett)은 톨레도트 계보문의 연구를 기반으로 오경 텍스트 형성 과정에 대한 다음과 같은 가설을 제안했다. (I) 초기 구전들의 소집과 전승과정, (II) 모세 이전의 구전들과 전승의 초기 기록과 계보문(תוֹלְדוֹת)을 기반으로 한 단편서술의 구성 과정, (III) 모세 시기에 원(原)창세기(*Urgenesis*) 저작 및 편찬 과정, 그리고 마지막으로 (IV) 모세 후기 왕정시기로부터의 편집 및 개정이다. 물론 이러한 가설이 역사적인 실제상황을 객관적으로 재구성한 것이라고 절대 장담할 수는 없겠지만 게렛의 이러한 주장은 충분한 설득력을 갖는다.[106] 창세기 본문에 구성된 톨레도트의 형태와 구조는 토라 외에도 고대근동의 일반적인 계보토판(genealogical tablet)에서도 유사하게 발견되기 때문이다.[107] 이에 토라 텍스트는 총12개의 톨레도트(תוֹלְדוֹת) 구조문으로 구성되었다고 볼 수 있다. 각 계보문은 "[누구]의 계보는 이러하다," "이는 [누구/무엇]의 이야기다"(אֵלֶּה תוֹלְדוֹת)와 같은 전형문구로 시작된다. 전형문구는 창세기를 구성하고 있는 주요서술의 도입문 혹은 표제라고 말 할 수 있다.[108] 바이즈멘과 헤리슨(Wiseman & Harrison)은 창세기에 단순 계보문, 단편 혹은 장편의 서술을 구성하는 총 11개의 톨레도트 내러티브가 존재한다고 지적한다.[109] 이러한 톨레도트 구조를 기반으로 이야기를 구

---

105 Eve Engelbrite, *Genesis Solves Summerian King List* (Flower Mound, TX: Eve Engelbrite, 2016) 참고. 수메리아 왕록과 창세기의 기사를 비교분석한 점에서 다양한 유사성을 고려해볼 수 있다.

106 Duane Garret, *Rethinking Genesis* (Grand Rapids, MI: Baker Book House, 1991), 91.

107 *Ibid.*, 95.

108 Sailhamer, 206.

109 R. K. Harrison, *Introduction to the Old Testament* (Grand Rapids, MI: Eerdmans, 1969), 548. 1:1-2:4; 2:5-5:2; 5:3-6:9a; 6:9b-10:1; 10:2-11:10a; 11:10b-11:27a; 11:27b-25:12; 25:13-25:19a; 25:19b-36:1; 36:2-36:9; 36:10-37:2이다.

성하는 패턴은 고대근동 문학양식에서도 유사하게 발견된다.[110]

창세기 본문에서 톨레도트(תּוֹלְדוֹת)가 최초로 언급되고 있는 구절은 창세기 2:4a이다. 문서가설에 의하면 창세기 2:4a(אֵלֶּה תוֹלְדוֹת הַשָּׁמַיִם וְהָאָרֶץ בְּהִבָּרְאָם, 이것은 하늘과 땅의, 곧 그것들이 만들어졌을 때의 톨레도트입니다.)은 P 문서(c. 500 BC)로서 창세기의 첫번째 창조이야기(1:1-2:4a, P 문)의 결론문(colophon)이다. 그런가하면 창세기 2:4a는 엘로힘 전승(c. 750 BC)에 속한 두번째 창조이야기(2:4b-3:23, E 문서)의 표제(title)라는 반박론이 있다.[111] 창세기 2:4a의 톨레도트 문구를 1:1-2:4a의 결론문으로 해석하는 이유는 다음과 같다. 첫째, 2:4a 전후로 후자 담론(2:4b-3:23)은 전문과는 다른 새로운 창조이야기를 구성하고 있다. 둘째, 2:4a의 "하늘과 땅"(הַשָּׁמַיִם וְהָאָרֶץ)이 창세기 1:1의 "하늘과 땅"(הַשָּׁמַיִם וְהָאָרֶץ)과 포괄적 구조(A-B-A)를 구성하고 있다.

A	창 1:1	בְּרֵאשִׁית בָּרָא אֱלֹהִים אֵת הַשָּׁמַיִם וְאֵת הָאָרֶץ	하늘과 땅
B	창 1:2-2:3	첫 번째 창조이야기(P 문서)	창조
A′	창 2:4a	אֵלֶּה תוֹלְדוֹת הַשָּׁמַיִם וְהָאָרֶץ	하늘과 땅

110 함무라비의 계보 단편. John H. Walton, *Genesis* (Grand Rapids, MI: Zondervan Pub., 2013), 55.

111 역사비평학은 창세기 1:1-2:4a와 2:4b-3:24 본문을 각각 P와 J문서 즉 시대적으로 독립적인 두개의 창조이야기로 주장한다. 그러나 창세기 1:1-3:24 본문의 면밀한 텍스트언어학적 분석에서 우리를 구문론적인 응집성과 의미론적인 일관성을 찾아볼 수 있다. 또한 창조의 이야기를 총체적인 개관(1장)과 세밀한 설명(2명)으로 중복하는 패턴은 고대근동의 기호법으로서 다른 창조이야기에서도 찾아볼 수 있다. So I. M. Kikawada, "The Double Creation of Mankind in Enki and Ninmah, Atrahasis I 1-351, and Genesis 1-2," *Iraq* 45 (1983): 43-45.

그러나 이러한 주장은 창세기 2:4a-3:23를 포함해 창세기 본문에 기술된 총10개의 톨레도트 단락이 모두 전형적인 표제(title)형으로 구성된 일관된 패턴을 설명할 수 없다. 따라서 "하늘과 땅의 톨레도트"(תוֹלְדוֹת הַשָּׁמַיִם וְהָאָרֶץ)는 오경을 여는 서문(창 1:1-2:3)에 이어 전개되는 에덴동산으로부터 모압평지에 이르는(창세기-신명기) 구속사의 첫번째 도입문을 표제 한 것이라고 볼 수 있다.고대의 역사기록은 연대기보다는 인물 중심의 계보(톨레도트)를 기반으로 기술되었다.

고대근동의 일반적인 내러티브 기호법으로서, 수메리아 왕록이나 함무라비 왕조 계보문에서 볼 수 있듯이, 계보문의 연대는 시간의 정량적(quantitative) 지평을 반영한 크로노스(χρονός) 보다는 시간의 정성적(qualitative) 지평을 함의하는 카이로스(καιρός) 즉 의미론적인 수비학적 시간으로 구성되었다. 야곱은 그가 사랑하는 라헬을 얻기 위해 총14년이라는 크로노스의 시간동안 그의 외삼촌 라반을 섬겼다. 그러나 이는 7+7년이라는 수비학적인 카이로스를 함의하기도 한다. 야곱은 라헬을 사랑하는 까닭에 "칠년을 며칠 같이 여겼다"(창 29:20). 사랑의 정성적인 카이로스 시간이다. 창세기는 이렇게 수학적인 정량적 연대보다는 하나님과 이스라엘의 언약이야기를 수비학적인 카이로스로 톨레도트 계보문을 구성하고 기술하고 있다.

창세기는 족장들의 주요 계보문(תוֹלְדוֹת)을 비-계보문(non-Toledot narrative)과 엮어 구성했다고 추정해 볼 수 있다. 이는 고대 히브리인들의 기법이 반영된 것이다. 예를 들어 톨레도트 표제로 기술된 창세기 서술에서 우리는 표제의 대표인물과 서술내 주요인물이 동일하지 않음을 볼 수 있다. 이삭의 톨레도트(창 25:19-35:29)는 야곱과 에서의 이야기로 구성되었고, 야곱의 톨레도트(창 37:2-50:26)는 요셉과 그 형제들의 이야기로 구성되어 있다. 이는 선조를 대표적인 표제인물로 소개하고 그 아래 본문에서는 후손들의 이야기를 기술하는 고대방식을 반영한다. 또한 에서의 톨레도트가 연이어 두 번(창 36:1; 36:9) 반복되는 것에서 볼 수 있듯이 톨레도트의 서술구조는 크로노스적이거나 직계형으로 구성되지 않았다. 강화구(Hwagu Kang)의 연구분석은 창세기 텍스트 안의 톨레도트 계보문이 직계형(linear)이 아닌 방계형(segmented)의 구조로 구성되어 있음을 보여준다.[112]

창세기 서문	창 1:1-2:3	בְּרֵאשִׁית בָּרָא אֱלֹהִים אֵת הַשָּׁמַיִם וְאֵת הָאָרֶץ׃
1. 천지의 톨레도트	창 2:4	אֵלֶּה תוֹלְדוֹת הַשָּׁמַיִם וְהָאָרֶץ
2. 아담의 톨레도트	창 5:1	זֶה סֵפֶר תּוֹלְדֹת אָדָם
3. 노아의 톨레도트	창 6:9	אֵלֶּה תּוֹלְדֹת נֹחַ
셈 함 야벳의 톨레도트	창 10:1	וְאֵלֶּה תּוֹלְדֹת בְּנֵי־נֹחַ שֵׁם חָם וָיָפֶת
4. 셈의 톨레도트	창 11:10	אֵלֶּה תּוֹלְדֹת שֵׁם
데라의 톨레도트	창 11:27	וְאֵלֶּה תּוֹלְדֹת תֶּרַח
이스마엘의 톨레도트	창 25:12	וְאֵלֶּה תֹּלְדֹת יִשְׁמָעֵאל
이삭의 톨레도트	창 25:19	וְאֵלֶּה תּוֹלְדֹת יִצְחָק
에서의 톨레도트(a)	창 36:1	וְאֵלֶּה תֹּלְדוֹת עֵשָׂו
에서의 톨레도트(b)	창 36:9	וְאֵלֶּה תֹּלְדוֹת עֵשָׂו
5. 야곱의 톨레도트	창 37:2	אֵלֶּה ׀ תֹּלְדוֹת יַעֲקֹב

헤리슨(R. K. Harrison), 게렛(Duane Garret), 세일해머(J. H. Sailhamer), 강화구 등, 창세기 본문의 계보문 구성에 대한 이들의 논의들을 종합해 보면 본문의 역사적 형성에 있어 톨레도트 계보문의 중추적인 기능을 간과할 수 없다. 창세기 본문에는 총 11개의 톨레도트 계보/단편/서술이 있으며 그 중 5개는 연속 접속사 바브(וְ)로 시작되고 나머지 6개는 그렇

112 Hwagu Kang, *Reading the Wife-Sister Narratives in Genesis* (Eugene, OR: Pickwick Pub., 2018), 69.

지 않다. 이는 작은 단위에서의 톨레도트 구조도 직계형보다는 입체적인 방계형으로 구성되어 있음을 보여준다. 창세기 2:4a의 톨레도트 도입문 이후 이어지는 계보/단편/서술들은 접속사 바브(ו)를 갖지 않은 6개의 톨레도트 도입문으로 기술되어 있다.

구조	본문	표제	마소라(BHS)	문학양식	서술적 신학
창조언약	1:1-2:3	창조기사 서문- 요약 בְּרֵאשִׁית בָּרָא אֱלֹהִים אֵת הַשָּׁמַיִם וְאֵת הָאָרֶץ׃			오경서문 천지창조
	2:4-4:26	천지의 톨레도트	אֵלֶּה תוֹלְדוֹת הַשָּׁמַיִם וְהָאָרֶץ	내러티브	천지의 계보와: 인류의 타락
	5:1-6:8	아담의 톨레도트	זֶה סֵפֶר תּוֹלְדֹת אָדָם	계보문	아담의 계보 심판:홍수
	6:9-9:29	노아의 톨레도트	אֵלֶּה תּוֹלְדֹת נֹחַ	내러티브	
	10:1-11:9	셈 함 야벳 톨레도트	וְאֵלֶּה תּוֹלְדֹת בְּנֵי־נֹחַ שֵׁם חָם וָיָפֶת	계보문	열방의 계보 심판: 바벨탑
	11:10-26	셈의 톨레도트	אֵלֶּה תּוֹלְדֹת שֵׁם	계보문 내러티브	셈의 계보 은혜: 언약
족장언약	11:27-25:11	데라의 톨레도트	וְאֵלֶּה תּוֹלְדֹת תֶּרַח	내러티브	
	25:12-18	이스마엘의 톨레도트	וְאֵלֶּה תֹּלְדֹת יִשְׁמָעֵאל	계보문	비언약
	25:19-35:29	이삭의 톨레도트	וְאֵלֶּה תּוֹלְדֹת יִצְחָק	내러티브	언약
	36:1-8	에서의 톨레도트(a)	וְאֵלֶּה תֹּלְדוֹת עֵשָׂו	계보문(a)	비언약
	36:9-37:1	에서의 톨레도트(b)	וְאֵלֶּה תֹּלְדוֹת עֵשָׂו	내러티브(b)	
	37:2-50:26	야곱의 톨레도트	אֵלֶּה ׀ תֹּלְדוֹת יַעֲקֹב	내러티브	언약

창세기 본문의 계보문들은 다른 비계보문들과 엮여 창조언약(창 1:1-11:26)과 족장언약(창 11:27-50:26)의 이야기를 카이로스적으로 구성한다. 이들은 연속적인 직계형 구조가 아닌 언약과 비언약의 주제를 전개하는 데 있어 크고 작은 단위의 평행구조를 입체적이며 창의적으로 구성하고 있다. 그렇다면 이러한 계보문을 중심으로 한 카이로스적인 구조 구성의 준거와 기본형태는 어떠한 것들이 있을까?

태블릿 구조(Tabular Structure)

토라(תּוֹרָה)를 오경(πεντατευχός)으로 그리고 직계형인 장(chapter)과 절(verse)로 분할한 것과는 별개로 토라본문 내의 톨레도트 양식과 함께 히브리 본문 전반에서 일관되게 발견되는 특징이 있다. 그것은 본문의 평행구조 구성이다. 히브리 알파벳의 발전과 함께 구전이 텍스트화되는 과정에서 구전의 보전과 암기를 위한 고유한 기법들이 발전되었다. 구전을 전승하는 방식에 있어 가장 기본적이었던 이야기의 반복적(repetition) 발화패턴이 텍스트로 옮겨지면서 서술문의 평행구조(parallel structure)라는 독특한 히브리 문학구조를 형성하게 되었다.[113] 이와 관련해 모세 클라인(Moshe Kline) 랍비는 고대문헌인 토라가 원래는 직계형(linear structure)이 아닌 태블릿 구조(tabular structure)라는 독특한 평행구조로 구성되었음을 주장한다.[114] 태블릿 구조란 마치 베틀에서 직물을

---

113 P. Kyle McCarter, Jr., *Ancient Inscriptions* (Washington: Biblical Archaeology Society: 1996), 102-103.

114 Moshe Kline, "The Editor Was Nodding: A Reading of Leviticus 19 in Memory of Mary Douglas," *Journal of Hebrew Scriptures*, Vol 8 (2008), Article 17 참고. Moshe Kline은 토라본문 전체를 직계형이 아닌 세로 가로의 베틀 같은 구조를 가졌다고 주장한다. 이러한 구조로 재구성된 Klein의 *The Structured Torah* (JPS, 1917) 원본은 그의 개인연구 웹페이지인 chaver.com에 업로드되어 있다.

짤 때 세로로 늘어진 씨실(warp) 기반에 날실(weft, woof)을 가로로 엮어 짜는 것과 같은 입체형 평행구조를 의미한다. 이러한 논지는 토라 본문에 기술된 십계명(עֲשֶׂרֶת הַדְּבָרִים, 출 20:1-17)이 두개의 태블릿(tablet, לוּחַ) 즉 돌판 양면에 교차적인 평행구조로 엮어 있을 것이라는 가설에서 유래한다. 토라는 십계명이 한 개의 돌판이 아닌 두개의 돌판 위에 기록된 것으로 증언한다. 두개의 돌판은 십계명이 하나님과 이스라엘 백성 간에 세워진 상호적 언약임을 상징할 수도 있다. 모세가 시내산에서 처음으로 가지고 내려온 이러한 "두 증거판"(출 32:15, שְׁנֵי לֻחֹת הָעֵדֻת)에 하나님은 "두 돌판"(신 4:13, שְׁנֵי לֻחוֹת אֲבָנִים) "양편 이쪽 저쪽에"(출 32:15, שְׁנֵי עֶבְרֵיהֶם מִזֶּה וּמִזֶּה הֵם) 계명을 기록하셨다(출 32:16).

모세는 이 "두 증거판"(출 32:15)을 이스라엘 백성에게 보이고자 했으나 금송아지를 숭배하는 그들의 목전에서 이를 깨뜨렸다(출 32:19; 신 9:17). 이후 하나님은 모세에게 다시금 "처음 것과 같은 두 돌판"(출 34:1, שְׁנֵי־לֻחֹת אֲבָנִים כָּרִאשֹׁנִים)을 다듬어 만들라고 명하셨다. 이에 모세는 사십 주야를 금식하며 하나님의 명을 따라 "언약의 말씀 곧 십계명"(출 34:28, אֵת דִּבְרֵי הַבְּרִית עֲשֶׂרֶת הַדְּבָרִים)을 기록했다. 토라는 첫번째 두 돌판과 두번째 두 돌판의 차이점을 기술하고 있다. 본문에 명시된 것으로서 첫번째 두 돌판은 하나님이 직접 만들고 쓰셨다(출 32:16, וְהַלֻּחֹת מַעֲשֵׂה אֱלֹהִים הֵמָּה). 두번째 두 돌판은 하나님의 명을 따라 모세가 직접 만들고 쓴 것으로 암시된다(출 34:27-28).[115] 여기서 중요한

115 출애굽기 34:1에서 하나님께서는 모세에게 돌판 둘을 처음 것과 같이 만들라고 명하신 후 하나님께서 처음 판에 있던 말을 그 판에 쓰시겠다고 말씀하신다. 즉 모세가 돌판을 만들고 하나님이 쓰시는 것으로 이해될 수 있다. 그러나 출애굽기 34:28은 이 두번째 돌판은 모세가 만들었을 뿐만 아니라 그 판에 40일동안 하나님이 모세를 통해서 그의 말씀을 쓰신 것으로 해석될 수 있다. 왜냐하면 먼저 출애굽기 34:27에서 하나님은 모세에게 "이 말들을 기록하라" 명하셨다. 그리고 이어지는 28절에는 모세라는 이름이 명시되어 있지 않으나 "그래서 그곳에서 그가"

것은 모세가 기록한 두번째 두 돌판의 모양과 내용이 "처음 것과 같은 것"(출 34:1)이었다는 사실이다. 따라서 토라에 텍스트화 된 십계명은 이 두번째 "두개의 돌판"에 새겨진 십계명의 양식과 구조를 모사하고 반영하고 있다고 추정해 볼 수 있다. 클라인(Moshe Kline)의 가설을 기반으로 토라 본문에 기술된 십계명의 구조에 대해 다음과 같은 논지를 고려해 볼 수 있다. 첫째, 십계명으로 번역된 히브리어 '아세레트 하다바림'(עֲשֶׂרֶת הַדְּבָרִים)은 문자적으로 '열개의 말씀' 을 의미하며 출애굽기 34:28에 처음 언급된다. 이는 출애굽기 20:1-17에 "이 모든 말씀"(출 20:1, אֵת כָּל־הַדְּבָרִים)을 상기시키는 용어이다. 당연히 총16절로 구성된 "이 모든 말씀"(출 20:2-17)을 "열개의 말씀"으로 구분해야 하는 작업은 독자의 몫이다.

먼저 "이 모든 말씀"은 언약의 말씀으로서 전통적인 구분에 의하면 1-3계명(A)은 야훼 하나님의 고유한 속성과 주권에 대한 것이며, 4-5계명(B)은 야훼 하나님과의 언약관계가 모든 피조물과의 관계로 확장되는 안식일과 부모 공경에 대한 말씀이다(레 19:3).[116] 이어 6-10계명(A′)은 신적 언약을 기반으로 한 이웃과의 언약을 암시하는 계명들이다. 그리고 구문론적으로 본문의 열 계명은 크게 부정문(A-A′)과 긍정문(B)으로 구분되어 수미쌍관(A-B-A′)의 구조를 구성하고 있는 것으로 보인다.[117]

(וַיְהִי־שָׁם)라는 수식어로 시작하는 본 절의 주어가 모세임을 암시한다. 본 28절 하반절에도 주어가 명시되어 있지 않으나 "그리고 그가 썼다"(וַיִּכְתֹּב)는 상반절에 이어 연계형 와우 + 3남단 동사가 모세를 주어로 암시하고 있음을 알 수 있다.

116 레위기 19:3, "너희 각 사람은 부모를 경외하고 나의 안식일을 지키라 나는 너희의 하나님 야훼이니라." 하나님 사랑과 이웃 사랑을 연결하는 대표적인 계명은 안식일과 부모를 공경하는 것으로서 레위기는 이 두 계명을 쌍형으로 명시하고 있다.

117 출애굽기 십계명의 A-B-A′ 구조는 신명기에 기술된 십계명의 구조와 유사하다. 이한영 외 공동저자, 『성경 속 교육』(경기도 양평: 아세아연합신학대학교, 2018), 87.

구조	계명	내용	본문	구문양식
		“나는 너를 애굽 땅, 종 되었던 집에서 인도하여 낸 네 하나님 야훼라.”	20:2	부정문 לא 구절
A	1	다른 신들을 네게 두지 말라	20:3	긍정문
	2	우상을 만들거나 섬기지 말라	20:4-6	
	3	야훼의 이름을 망령되이 일컫지 말라	20:7	
B	4	안식일을 지켜라	20:8-11	부정문 לא 구절
	5	부모를 공경하라	20:12	
A′	6	살인하지 말라	20:13	
	7	간음하지 말라	20:14	
	8	도적질하지 말라	20:15	
	9	거짓 증거하지 말라	20:16	
	10	네 이웃의 것을 탐내지 말라	20:17	

그러나 본문을 수미쌍관(**A-B-A′**)의 구조로 조명할 때 본 구조는 본문의 총체적인 내용과 문맥적인 의미를 적절히 담거나 반영하지 못한다. 구조 중심에 있는 ‘안식일 성수와 부모 공경’(**B**)은 언약적 신인관계(**A-A′**)를 유기적으로 대표하는 핵심 계명으로 해석될 수 있지만 안식과 효도가 나머지 모든 여덟 가지 계명을 포괄적으로 엮고 있다고 보기에는 어렵다. 따라서 열개의 각 계명을 상호간 유기적으로 연관시킬 수 있는 포괄적인 대체구조의 가능성을 연구해볼 필요가 있다.

시내산 언약의 “이 모든 말씀”을 “열개의 말씀” 구조로 구분하는데 있어 일반적으로 받아들여지는 전통 양식에는 카톨릭과 유대교의 형태가 있음을 주의할 필요가 있다.[118] 이 둘의 근본적인 차이점은 두가지로서, 첫번째는 출애굽기 20:2 “나는 너를 애굽 땅, 종 되었던 집에서 인도

출애굽기 20장	본 문	카톨릭 구분	유대교 구분
2절	나는 너를 애굽 땅, 종 되었던 집에서 인도하여 낸 네 하나님 야훼니라	1계명	1계명
3절	너는 나 외에는 다른 신들을 네게 두지 말라		2계명
4절	너를 위하여 새긴 우상을 만들지 말고 또 위로 하늘에 있는 것이나 아래로 땅에 있는 것이나 땅 아래 물 속에 있는 것의 어떤 형상도 만들지 말며		
5절	그것들에게 절하지 말며 그것들을 섬기지 말라 나 네 하나님 야훼는 질투하는 하나님인즉 나를 미워하는 자의 죄를 갚되 아버지로부터 아들에게로 삼사 대까지 이르게 하거니와		
6절	나를 사랑하고 내 계명을 지키는 자에게는 천 대까지 은혜를 베푸느니라		
7절	너는 네 하나님 야훼의 이름을 망령되게 부르지 말라 야훼는 그의 이름을 망령되게 부르는 자를 죄 없다 하지 아니하리라	2계명	3계명
8절	안식일을 기억하여 거룩하게 지키라	3계명	4계명
9절	엿새 동안은 힘써 네 모든 일을 행할 것이나		
10절	일곱째 날은 네 하나님 야훼의 안식일인즉 너나 네 아들이나 네 딸이나 네 남종이나 네 여종이나 네 가축이나 네 문안에 머무는 객이라도 아무 일도 하지 말라		
11절	이는 엿새 동안에 나 야훼가 하늘과 땅과 바다와 그 가운데 모든 것을 만들고 일곱째 날에 쉬었음이라 그러므로 나 야훼가 안식일을 복되게 하여 그 날을 거룩하게 하였느니라		
12절	네 부모를 공경하라 그리하면 네 하나님 야훼가 네게 준 땅에서 네 생명이 길리라	4계명	5계명
13절	살인하지 말라	5계명	6계명
14절	간음하지 말라	6계명	7계명

<table>
<tr><td>15절</td><td>도둑질하지 말라</td><td>7계명</td><td>8계명</td></tr>
<tr><td>16절</td><td>네 이웃에 대하여 거짓 증거하지 말라</td><td>8계명</td><td>9계명</td></tr>
<tr><td>17절a</td><td>네 이웃의 집을 탐내지 말라</td><td>9계명</td><td rowspan="2">10계명</td></tr>
<tr><td>17절b</td><td>네 이웃의 아내나 그의 남종이나 그의 여종이나 그의 소나 그의 나귀나 무릇 네 이웃의 소유를 탐내지 말라</td><td>10계명</td></tr>
</table>

하여 낸 네 하나님 야훼니라"는 한 절을 독립적인 제1계명으로 구분할 것인지 아닌지, 두번째는 출애굽기 20:17의 내용을 두개의 계명으로 나눌 것인지 아닌지이다.

전통적인 카톨릭교와 유대교의 차별된 십계명 구분에는 각기 아우구스티누스(*Sanctus Aurelius Augustinus Hipponensis*, 354-430 CE)와 알렉산드리아 필로(ידידיה הכהן, 20 BCE- 50 CE)의 본문해석이 반영되어 있다. 유대교에서는 출애굽기 20:2을 명령 문구가 아닌 하나님 자신에 대한 성명문으로 제1계명이라고 해석한다. "나는 너를 애굽 땅, 종 되었던 집에서 인도하여 낸 네 하나님 야훼니라." 그러나 이 한 절을 이스라엘의 구속사적인 유일신론을 변증하는 독립적인 제1계명으로 분류하는 것은 구문론적으로나 의미론적으로 성립되기가 어렵다. 따라서 카톨릭은 출애굽기 20:2을 20:2-6로부터 독립된 제1계명으로 구분하지 않고 대신 출애굽기 20장 17절을 두개의 독립된 계명(17a, 17b)으로 구분한다.

모세 클라인(Moshe Kline)은 열개의 말씀(עֲשֶׂרֶת הַדְּבָרִים)을 구분하는데 있어 정통 유대교 회당(synagogue)에 일반적으로 보관되어 있는 토라 두루마리의 십계명 본문양식을 소개한다. 오늘날 유대교 회당에서 사

---

118 Y. Hoffman and H. Reventlow, *The Decalogue in Jewish and Christian Tradition* (New York: T&T Clark, 2010) 참고.

용하고 있는 토라 두루마리의 본문형태는 기원전 3-4세기의 사해사본 (Qumran Scroll, c. 400 BCE-300 CE)과 유사하며 그 텍스트는 카톨릭 전통의 십계명 구조를 지지하는 것으로 보인다.[119]

אנכי יהוה אלהיך אשר הוצאתיך מארץ מצרים מבית עבדים לא יהיה לך אלהים
אחרים על פני לא תעשה לך פסל וכל תמונה אשר בשמים ממעל ואשר בארץ
מתחת ואשר במים מתחת לארץ לא תשתחוה להם ולא תעבדם כי אנכי יהוה אלהיך
אל קנא פקד עון אבת על בנים על שלשים ועל רבעים לשנאי ועשה חסד לאלפים
לאהבי ולשמרי מצותי 1 לא תשא את שם יהוה אלהיך לשוא כי לא ינקה יהוה
את אשר ישא את שמו לשוא 2
זכור את יום השבת לקדשו ששת ימים תעבד ועשית כל מלאכתך ויום השביעי שבת
ליהוה אלהיך לא תעשה כל מלאכה אתה ובנך ובתך עבדך ואמתך ובהמתך וגרך
אשר בשעריך כי ששת ימים עשה יהוה את השמים ואת הארץ את הים ואת כל אשר
בם וינח ביום השביעי על כן ברך יהוה את יום השבת ויקדשהו 3 כבד את אביך
ואת אמך למען יארכון ימיך על האדמה אשר יהוה אלהיך נתן לך 4 לא תרצח
5 ·לא תנאף 6 לא תגנב 7 לא תענה ברעך עד שקר 8 לא תחמד בית
רעך 9 לא תחמד אשת רעך ועבדו ואמתו ושורו וחמרו וכל אשר לרעך 10

위의 클라인(Moshe Kline)이 제공한 사진에서처럼 유대교 회당 두루마리에 기술된 출애굽기 20:2-17 본문에는 20:2-6 (1), 20:7 (2), 20:8-11 (3), 20:12 (4), 20:13 (5), 20:14 (6), 20:15 (7), 20:16 (8), 20:17a (9), 20:17 (10) 각 본문 사이 사이에 띄어쓰기 간격이 있다. 특별히 안식일 계명이 시작하는 2번 칸에는 큰 공간이 있고, 출애굽기 20:17은 띄어쓰기 공간으로 9번과 10번의 계명으로 구분되어 있다. 이러한 10개의 공간으로 구분된 회당 토라의 십계명 구조는 카톨릭 전통의 십계명 구분과 일치한다. 그렇다면 원래의 토라 본문은 어떠한 준거와 형태로 십계명의 구조를 구성하고 있었을까? 출애굽기에 언급된 "열개의 말씀"(출 34:28)은 "두개의 증거판"(출 32:15a, שְׁנֵי לֻחֹת הָעֵדֻת)에 쓰였는데 본문

119 Moshe Kline, *Before Chapter and Verse: Reading the Torah as It was Written* (Part 1), 10-11. 이 논문은 출판 준비 중인 것으로서 현재 chaver.com에 업로드 되어있다. 유대교 회당 두루마리 사진에 있는 아라비아 숫자들(1-10)은 Kline이 설명을 위해 표기한 것이다.

을 문자적으로 번역하면 "그 두개를 가로질러서 이쪽 저쪽에 쓰였다"(출 32:15b, כְּתֻבִים מִשְּׁנֵי עֶבְרֵיהֶם מִזֶּה וּמִזֶּה). 즉 위에서 아래로 연속적인 직계형 구조가 아닌 태블릿 구조로 두 돌판 양면에 "이쪽 저쪽"(מִזֶּה וּמִזֶּה)을 교대로 번갈아 기록했다고 볼 수 있다. 십계명 본문의 구조가 씨실(세로)과 날실(가로)로 짜인 직물과 같은 태블릿 구조로 구성되었다는 논지는 태블릿 구조 안에서 칸의 열과 행 간 상호 부합하는 평행 구

직계형 구조	
1 계명	6 계명
2 계명	7 계명
3 계명	8 계명
4 계명	9 계명
5 계명	10 계명

태블릿 구조	
1 계명	2 계명
3 계명	4 계명
5 계명	6 계명
7 계명	8 계명
9 계명	10 계명

세로: 점진적 평행구조

십계명 돌판 I	공통요소	십계명 돌판 II	A→E	A-B-A′
1 A	야훼 하나님 유일신앙	2 A′	신적 영역 Divine Aspect	A
3 B	안식과 부모 공경 시간과 복	4 B′		
5 C	몸 생명의 존엄성	6 C′	탄생-죽음 삶의 범위 Life Extent	B
7 D	도둑질과 거짓말 소유	8 D′	세속적 영역 Mundane Aspect	A′
9 E	탐욕 관계적 질서	10 E′		

가로: 유사 평행구조

문, 주제, 의미, 흐름 등에서 확인될 수 있다. 이는 십계명 본문만 아니라 구약본문 전반에서 볼 수 있는 고유한 히브리 평행 구조로서 직계형과는 다른 복합적인 입체적 구조라고 말 할 수 있다. 모세 클라인(Moshe Kline)은 십계명 1-2(A), 3-4(B), 5-6(C), 7-8(D), 9-10(E) 짝들은 씨실(세로)과 날실(가로)과 같이 서로 구문론적 혹은 의미론적인 평행구조로 짜여 있다고 주장한다.[120]

위의 도표에서 같이 먼저 가로에서 1-2(A-A′) 짝은 둘 다 유일신 "야훼 하나님"(יְהוָה אֱלֹהִים)에 대한 절대 신뢰를 부정문("...לֹא," "...하지 말라")으로 명시한다. 3-4(B-B′) 짝은 둘 다 강력한 긍정적인 명령문구로 기술되었다. 신명기는 특별히 이 두 계명에 한정하여 "야훼 하나님이 네게 명령하신"(신 5:15, עַל־כֵּן צִוְּךָ יְהוָה אֱלֹהֶיךָ) 안식일을 지킬 것과 "야훼 하나님이 네게 명령하신대로"(신 5:16, כַּאֲשֶׁר צִוְּךָ יְהוָה אֱלֹהֶיךָ) 부모를 공경하라고 명하고 있다. 또한 안식일을 "기억하라"(זָכוֹר, 칼 절대형 부정동사)[121]와 부모를 "공경하라"(כַּבֵּד, 피엘.명령.남.단)는 계명에는 공통적으로 정당성과 결과를 설명하는 단서가 부가적으로 기술되어 있다. 이는 둘 다 복과 시간에 관련된 것이다. 안식일을 거룩하게 지켜야 하는 것은 하나님께서 6일동안 일하시고 제칠일 안식일을 복되게 하셨기 때문이다. 찬가지로 부모를 공경해야 하는 것은 하나님께서 그 행위로 장수하는 복을 약속하셨기 때문이다.

십계명의 5-6(C-C′) 짝은 둘 다 부정문구(לֹא)로서 몸과 생명에 관한 계명이다. 오경 문맥에서 살인과 간음은 둘 다 몸과 생명의 존엄성을 범한 것이다. 살인은 생명의 끝에 대한 존엄성과 이에 대한 하나님의 주권을 범하는 것이며 간음은 하나님께서 설립하신 거룩한 결혼을 통해 시

120 Moshe Kline (Part 1), 13.

121 사마리아 오경(ℓℓℓ)에는 שׁמור(명령법), "지켜라"(keep). 칠십인역(LXX) "기억하라" 𝔊(𝔖𝔗𝔗JP, μνήσθημι, 단순과거 명령).

작되는 새로운 생명의 존엄성을 범하는 것이다. 7-8(D-D′) 짝은 둘 다 부정문구(לֹא)로서 도둑질은 이웃의 물리적인 소유를 범하는 것이며 거짓증거는 이웃의 인격적인 소유를 범하는 것이다. 마지막으로 9-10(E-E′) 짝도 둘 다 부정문구(לֹא)로서 유대교 회당 두루마리 본문에는 이 둘의 구분을 암시하는 띄어쓰기 공간이 있고 둘 다 "탐내지 마라"(17a, 17b: לֹא תַחְמֹד)는 동일한 도입문으로 구성되어 있다. 이렇게 동일한 문구가 두 번 명시되는 패턴은 십계명을 시작하는 1-2(A-A′) 짝에서 두 번 명시되는 "야훼 하나님"(יְהוָה אֱלֹהִים)의 패턴과도 유사하다.십계명의 태블릿 구조는 행(line) 칸의 가로(날실)뿐만 아니라 열(column) 칸의 세로(씨실)도 짜여 있다. 두 돌판 양면 "이쪽 저쪽"(מִזֶּה וּמִזֶּה)에 교차적으로 기록된 십계명의 짝들은 위에서 아래(A→B→C→D→E) 순위로 그 계명들이 신적인 영역에서 세속적인 영역으로 확장된다. 이러한 관찰은 히브리 평행법(parallelism)[122]을 기반으로 위의 도표에 요약된 직조 모양의 태블릿 구조로 설명될 수 있다. 토라 텍스트는 원래 인과적(因果的)인 논리에 의한 서술형이나 연속적인 플롯을 기반으로 한 인위적인 직계형 구조보다는 입체적인 히브리 평행법에 기반한 베틀형 태블릿 구조로 구성되었다고 추측해볼 수 있다. 이러한 태블릿 구조의 패턴은 구약에서 십계명 본문에만 한정된 것이 아니라 히브리 성서 본문 전반에 전형적인 구조로서 창세기를 포함해 토라 텍스트 내에 크고 작은 단위를 일반적으로 구성하고 있다. 예를 들어 십계명 본문(출 20:2-17) 내의 안식일 본문(출 20:8-11)은 작은 단위의 태블릿 구조로서 더 큰 문맥인 창조기사 본문(창 1:1-2:3)의 구조와 유추될 수 있다.

안식일 본문(출 20:8-11)의 '인적-신적' 구조는 더 큰 틀에서 이 본문을 포함하고 있는 십계명 본문(출 20:2-17)의 '신적-인적' 구조를 반사

122 히브리 평행법에 대한 총체적인 설명은 헤슬벌럭, 『시가서 개론』, 임용섭 역 (서울: 은성, 1999) 참고.

<table>
<tr><th>구조</th><th>주제</th><th colspan="2">본문</th><th>주어</th><th>출애굽기</th></tr>
<tr><td>A</td><td>인적
거룩</td><td colspan="2">안식일(אֶת־יוֹם הַשַּׁבָּת)을 거룩하게
(לְקַדְּשׁוֹ) 기억하라</td><td>안식
거룩</td><td>20:8</td></tr>
<tr><td>B</td><td>인적
노동</td><td colspan="2">엿새 동안 너는 노동하고 모든 일을 행하라(עשׂה), 그러나 일곱째 날 안식일은 네 하나님 야훼 것이다</td><td>“행하다”
עשׂה</td><td>20:9-10a</td></tr>
<tr><td rowspan="5">C</td><td rowspan="5">안식
대상
범위</td><td>Ⅰ</td><td>아무 일도 하지마라, 너</td><td>너</td><td rowspan="5">20:10b</td></tr>
<tr><td>Ⅱ</td><td>네 아들과 네 딸</td><td>아들 딸</td></tr>
<tr><td>Ⅲ</td><td>네 남종과 여종</td><td>종</td></tr>
<tr><td>Ⅳ</td><td>네 가축</td><td>가축</td></tr>
<tr><td>Ⅴ</td><td>네 문안에 거하는 객</td><td>객</td></tr>
<tr><td>B′</td><td>신적
노동</td><td colspan="2">이는 엿새 동안 나 야훼가 하늘과 땅과 바다와 그 가운데 모든 것을 만들고(עשׂה) 일곱째 날에 쉬었기 때문이다</td><td>“행하다”
עשׂה</td><td>20:11a</td></tr>
<tr><td>A′</td><td>신적
거룩</td><td colspan="2">그러므로 나 야훼가 안식일(אֶת־יוֹם הַשַּׁבָּת)을 축복하고 이를
거룩하게 하였다(וַיְקַדְּשֵׁהוּ)</td><td>안식
거룩</td><td>20:11b</td></tr>
</table>

적으로 구성하고 있다. 또한 안식일의 기원을 기술하고 있는 창조기사 본문(창 1:1-2:3)의 구조와도 유추된다. 먼저 창조기사를 직계로 읽으면 본문의 구조적 의미는 신적 창조의 시작-행위-안식(A-B-A’)으로 읽힐 수 있다.

A	1:1-2	서문	하나님이 천지를 창조하시기 시작하셨다	어둠과 운행(1:2)
B	1:3-31	본문	하나님의 창조 행위	혼돈, 공허, 흑암으로부터 빛, 채움, 질서로
A′	2:1-3	결론	하나님이 천지를 창조하시고 안식하셨다	거룩과 안식(2:3)

그러나 본문의 내용을 보다 더 면밀히 분석해보면 단순한 직계형 구조로는 충분히 설명될 수 없는 보다 더 역동적인 가로세로의 평행형 구문과 부가적인 의미가 본문에 함축되어 있음을 볼 수 있다. 이에 창세기 1:1-2:3 본문을 직계형이 아닌 다음과 같은 태블릿형 구조로 분석해 볼 수 있다.

창조기사 I		창조기사 II	
A	1:1	a	1:2
B	1:3-13	b	1:14-31
A′	2:1	a′	2:2-3

창조기사 I과 II의 세로 구조는 창조의 시작(Aa), 행위(Bb), 안식(A' a')으로 하나님의 창조의 완성을 묘사한다. 창조기사 I의 ABA' 와 창조기사 II의 aba' 는 각각 세로의 응집성과 일관성을 반영한다. 하나님의 창조기사 I(천지-창조-지천)과 II(운행-창조-안식)는 수미쌍관 구조를 구성한다. 이는 창조에 있어 하나님의 적극적인 이니셔티브와 운행 그리고 완성과 안식의 주권을 암시한다.

창조기사 I		창조기사 II	
A	하늘과 땅의 창조 시작(1:1)	a	하나님의 운행(1:2)
B	창조(1:3-13)	b	창조(1:14-31)
A′	땅과 하늘의 창조 완성(2:1)	a′	하나님의 안식(2:2-3)

이제 창조기사 I-II를 가로 구조로 분석해보면 보다 더 면밀하고 일관된 구문과 입체적인 의미를 발견하게 된다. A(1:1)와 a(1:2)는 하나님이 하늘과 땅을 창조하시기 시작할 때 땅과 하늘의 상태를 교차구조(ABC-

C′ B′ A′)로 묘사한다. 이 구조는 땅(CC′)을 중심으로 위아래 하늘(B)과 깊음(B′)으로 묘사된 우주만물의 창조가 하나님(AA′)의 주권 안에 있음을 다시금 연상케 한다.

A	하나님이	하나님(אֱלֹהִים)	I (1:1)
B	하늘과	하늘(הַשָּׁמַיִם)	
C	땅을 창조하실 때에	땅(אָרֶץ)	
C′	땅이 혼돈하고 공허하며	땅(אָרֶץ)	II (1:2)
B′	어두움이 깊음 위에 있고	깊음(תְהוֹם)	
A′	하나님의 영은 수면 위에 운행하셨다	하나님(אֱלֹהִים)	

창조기사 본문 중 I-B(1:3-13)와 II-b(1:14-31) 짝 문은 6일(יוֹם) 창조(B 1-3일, b 4-6일)의 단위를 세로와 가로의 보다 더 입체적인 구조로 구성된다. 먼저 세로로 창조기사 I-B(1:3-13)는 첫 3일동안의 창조에 있어 기능적 분리(functional separation)를 공유한다.[123] "빛과 어두움을 나누었다"(1:4), "궁창 아래의 물과 궁창 위의 물로 나누었다"(1:7), "천하의 물이 한 곳으로 모이고 뭍이 드러났다(1:9, 마른 땅과 바다의 분리). 또한 첫 3일동안 하나님께서는 매일 피조물의 이름을 지어 주셨다(וַיִּקְרָא). "빛을 낮이라 부르시고 어두음을 바이라 부르셨다"(1:5), "궁창을 하늘이라 부르셨다"(1:8), "뭍을 땅이라 부르셨고, 모인 물을 바다라 부르셨다"(1:10). 이러한 분리와 명명은 하늘과 땅과 바다라는 공간을 제공한다. 창조기사 II-b(1:14-31)의 세로 구조는 나머지 3일 창조에 있어 하늘과 땅과 바다의 공간을 채우는 피조물로 구성된다. "태양, 달, 별"(1:16),

---

123 창세기 1장은 물리적 창조보다는 기능적 창조를 기술하고 있다고 볼 수 있다. 이에 대한 자세한 것은 창세기 1장에서 논의될 것이다. John H. Walton, *The Lost World of Genesis One* (Downers Grove, IL: InterVarsity Press, 2009) 참고.

"새, 물고기"(1:20), "땅의 모든 생물, 짐승, 가축, 사람"(1:24-27). 그리고 하나님은 이 피조물들을 축복하신다(וַיְבָרֶךְ אֹתָם אֱלֹהִים, 1:22, 28). 마지막으로 I-B(1:3-13)와 II-b(1:14-31)의 가로 구조는 아래의 도표와 같이 상호 간 빛(1-4)과 물(2-5)과 땅(3-6)의 평행구조로 대비를 묘사한다.

<table>
<tr><th colspan="3">I-B (1:3-13)</th><th></th><th colspan="3">II-b (1:14-31)</th></tr>
<tr><td>1 יוֹם
(3-5)</td><td rowspan="3">↕
나눔
명칭
공간</td><td>낮
밤</td><td>빛
↔</td><td>4 יוֹם
(14-19)</td><td rowspan="3">↕
연결
축복
채움</td><td>태양
달
별</td></tr>
<tr><td>2 יוֹם
(6-8)</td><td>하늘
물</td><td>물
↔</td><td>5 יוֹם
(20-23)</td><td>새
물고기</td></tr>
<tr><td>3 יוֹם
(9-13)</td><td>땅
바다
식물</td><td>땅
↔</td><td>6 יוֹם
(24-31)</td><td>생물
사람</td></tr>
</table>

오늘날 독자들은 직관적인 근대적 관습을 따라 구약본문을 이분법적인 직계형 구조로 읽는다. 물론 이러한 일반적인 독서가 본문의 의미를 이해하는데 있어 절대적인 장애가 되지는 않는다. 그러나 이는 구약본문을 내부적으로 구성하고 있는 보다 더 입체적인 태블릿 구조의 특성을 반영하지 못하고 모순된 텍스트(incongruent text)로 본문의 해체를 초래할 수도 있다. 따라서 토라 텍스트를 세로가로의 입체적인 태블릿 평행구조로 읽는다면 거기서 우리는 지금까지 논의된 출애굽기 20:1-17(십계명)과 창세기 1장(창조기사)의 본문 외에도 토라 텍스트 전반에서 대소 단위로 응집된 구문과 일관된 의미를 발견할 수 있을 것이다.[124] 이는

124 The Structured Torah (JPS, 1917) 참고.

아래와 같이 토라를 구성하고 있는 5권의 책들도 통일된 서술과 신학으로 읽도록 독자를 인도한다.

A	창세기 (בְּרֵאשִׁית)	창조, 타락, 추방, 구속 시작	서론
B	출애굽기 (שְׁמוֹת)	애굽에서 시내산으로. 성막 건축	언약 수령
C	레위기 (וַיִּקְרָא)	성막 중심의 예배와 거룩한 삶의 규범	언약적 예배와 삶
B'	민수기 (בְּמִדְבַּר)	가나안 진입 준비. 성막 봉헌	언약 주권
A'	신명기 (דְּבָרִים)	창조, 타락, 추방, 구속 회고	결론

수비학 구조(Gematria Structure)

톨레도트와 태블릿 평행구조와 함께 현대인들에게는 낯선 히브리 수비학(數比學)을 토라본문의 구조를 이해하는데 고려해볼 필요가 있다. 토라본문의 구조 연구에 있어 아직도 풀어야 할 난제는 즐비하다. 이에 정통 유대교 랍비들 중 고대숫자의 의미론 즉 게마트리아(Gematria, γεωμετρια)로 알려진 수비학을 토라 텍스트의 구조적 요소로 제안하는 학자들이 있다.[125] 고대히브리 글자에는 숫자를 표기하는 별도의 아랍 숫자 기호(0-9)가 부재하다. 대신 히브리 알파벳(alef-bet)의 각 문자는 고유한 정량적 수치를 표기할 뿐만 아니라 구성에 따라 수비학적인 의미를 함의한다. 고대근동과 시내 광야의 히브리인들은 다수가 문맹인으로서 현대인에 비해 문해력(文解力, literacy) 보다는 손가락으로 헤아릴 수 있는 수해력(數解力, numeracy)에 더 밝았던 것으로 추정된다.[126] 이는 고대근동 문화권에서 기술된 토라 본문이 수비학적인 기호를 담고 있는 것에

125 Saul Sadka, *Torah The Eighty Steps: The Innate Structure Revealed* (Brooklyn, NY: KTAV Publishing House, 2019)에서 랍비 Sadka는 토라본문의 전체 구조를 수비학/게마트리아 원리로 제시한다.

126 Ibid., xxii.

서 볼 수 있다. 토라 텍스트에 기술된 계보, 제의, 절기, 인구조사표 등은 고유한 수비학적 의미를 가진 숫자들로 묘사되고 있으며 구조, 단락, 절, 단어들도 암묵적인 그 어떠한 수치적 의미의 기반으로 구성되어 있음을 볼 수 있다. 사드카(Saul Sadka)에 의하면 신명기 본문에는 총 26개의 축복문과 86개의 저주문이 기술되어 있는데 26은 언약과 은총의 하나님을 묘사하는 '야훼'(יהוה)의 구성 알파벳을 대비한 숫자들의 합계(ה5ו6ה5י10)이고, 86은 우주적 주권과 심판의 '엘로힘' (אלהים)을 대비한 숫자들의 합계(ם40י10ה5ל30א1)이다.[127] 이는 한문에서 죽을 사(死)자나 영문에서 행운의 7번(lucky seven)과 같은 수비학적 의미를 함축한 것과 일부 유사하다. 따라서 게마트리아(Gematria)란 히브리어 단어를 구성하는 알파벳들과 일치하는 숫자들의 의미를 기반으로 토라를 해석하는 방법이다. 그렇다면 어떻게 히브리 알파벳 숫자의 의미가 토라의 구조를 구성하는 요소가 될 수 있을까? 먼저 히브리 알파벳의 고유한 기본적 수치와 전통적인 수치의 의미를 간략하게나마 살펴볼 필요가 있다.[128]

숫자(number)란 단순한 정량적 수치를 넘어 시대적인 문화, 세계관, 문맥 그리고 역사적 정황에 따라 특정한 의미로 함의될 수 있다. 숫자로 표기되는 시험점수, 나이, 신장, 주소, 건강수치, 주식지수, 수식, 국가 GDP, 인구조사표, 원자번호 등, 이는 모두 정량적인 가치를 넘어 정성적인 의미를 함축한다. 토라는 본문의 의미를 전달하는데 있어 이러한 현대적인 숫자의 개념보다 훨씬 더 사고적인 철학과 신학의 기능을 숫자에 담고 있다. 가장 기본적인 것으로서 고대근동 수비학에서 특정 숫자들은 자연과 삶에서의 질서와 균형을 반영하는 기호로 이해되었다. 특별히 숫자 4, 7, 12는 유대인들이 '이방인의 숫자' 로 여기는 것으로서 세

127 Ibid., xxxi.

128 Ibid., xxii-xxiv; Akiva Gamaliel Belk, *Gematria and Mysticism in Genesis* (Cedar Hill, MO: B' nai Noach Institute, 2012), 20.

		×10	×100	×1000
1	א	י	ק̇	א̈
2	ב	כ	ר̇	ב̈
3	ג	ל	ש̇	ג̈
4	ד	מ	ת̇	ד̈
5	ה	נ	[129] ך̇	ה̈
6	ו	ס	ם̇	ו̈
7	ז	ע	ן̇	ז̈
8	ח	פ	ף̇	ח̈
9	ט	צ	ץ̇	ט̈

속 혹은 자연에서의 균형과 완성을 함의하는 숫자였다.[130] 숫자 4는 4개의 방향(동서남북), 고대의 4대 원소(흙, 물, 공기, 불), 4계절(춘하추동) 등으로 자연의 균형을 암시하는 것으로 해석되었다. 구약에서는 에덴동산에 근원을 가진 4개의 강, 애굽에서의 400년, 놋제단의 4개의 뿔, 4번째 아들인 유다, 이스라엘의 4분지 1(민 23:9), 광야 40년, 광야의 4진영, 시내산에서 모세의 40일 금식, 성막 휘장의 4색깔(자홍백청), 4명의 대선지자(이사야, 예레미야, 에스겔, 다니엘) 등에서 4의 중요성을 찾아볼 수 있다. 숫자 7은 고대인들이 인지한 자연세계의 온전한 질서와 규칙적인 현상을 반영한다. 고대인들은 천상에 7개의 광명(해, 달, 5개 위성)이 조화를 이루며 규칙적으로 움직인다고 이해했다. 매년 월식과 일식 현상이 종합해 총 7번 일어나는 것에도 주목했다. 구약에서도 7은 하나님의 창조질

129 히브리 알파벳 숫자 ך̇ ם̇ ן̇ ף̇ ץ̇는 제2성전 시기(516 BCE-70 CE)에 만들어진 것으로 추정된다. 따라서 오경의 고대성과 관련된 숫자들은 그 이전 시대의 것으로서 1-400으로 한정된다. Saul Sadka, xli.

130 Steve Cioccolanti, *The Divine code*, Vol I, II (Black Rock: Discover Media, 2019). Cioccolanti는 이 책에서 고대로부터 현대에 이르는, 특별히 성경에 암시되고 명시된 숫자의 의미를 문화-역사적으로뿐만 아니라 과학적으로도 기술하고 있다. 본서에서 4, 7, 12 참고.

서와 자연규칙의 완성을 암시한다. 구약에서 히브리어로 7(שִׁבְעָה)은 287번(7x41) 언급된다. "일곱 번째"는98번(7x14), "일곱 번"은7번, 70(שִׁבְעִים)은 56번(7x8) 언급된다. 이는 모두 7을 공통 분모로 갖고 있는 것으로서 7은 정량적 가치를 넘어 의미론적인 가치를 함축하고 있음을 보여준다.[131] 7개의 히브리어 단어로 구성된 창세기 1:1(בְּרֵאשִׁית בָּרָא אֱלֹהִים אֵת הַשָּׁמַיִם וְאֵת הָאָרֶץ), 7일 창조, 7절기(유월절, 무교절, 초태생절, 오순절, 나팔절, 대속죄일, 장막절), 제7일 안식일, 제7년째 안식년, 안식년의 7번 주기인 희년, 야곱이 라반을 섬긴 7년 주기(7X2), 바로의 꿈에 보인 7마리 암소, 애급으로 들어간 야곱의 70인 자손, 모세의 70인 장로, 7일 동안 드려지는 장막절 제사, 바빌론 70년 등, 이러한 반복은 우연이라고 보다는 구약을 기록할 당시 숫자 7이 그 어떠한 암묵적인 의미를 함축하고 있었음을 암시하는 것이라고 볼 수 있다. 마지막으로 이방인의 숫자인 12는 고대인들에게 완전하고 조화로운 자연세계를 의미했다. 이는 1년 12개 월(月)의 주기, 자연을 계산하는데 있어 12분수를 가진 바빌론의 60진법(12x5)[132] 그리고 고대그리스 신화의 12신 등에서 볼 수 있다. 구약에서도 12는 완성된 그 무엇을 암시한다. 야곱의 아들 12명, 엘림의 12샘, 제단에 드려지는 12 봉헌물과 번제물(신 7), 요단강 도하를 기념한 12돌(수 4:9), 12형제씩 24부류로 완성된 다윗의 288(12x24)명 성가대(대상 25:6-31) 등에서 볼 수 있다. 이러한 예들은 4, 7, 12 숫자가 고대근동과 구약본문에서 자연과 세속의 질서, 균형, 조화 그리고 완성을 상징한 것임을 시사한다. 이에 일부 유대교 카발라(Kabbalah, קַבָּלָה)[133] 전통의

131 Ibid., 7번 참고.

132 60진법은 한 손의 엄지로 4개의 손가락을 3번 반복해서 셀 때 12가 된다. 이를 총5번 반복한 것을 다른 손 손가락 5개로 확인하면 60이 된다. 60진법은 12개의 분모가 있다(1, 2, 3, 4, 5, 6, 10, 12, 15, 20, 30, 60). 1시간은 60분으로서 이 12개의 분모로 나눠질 수 있다. Oystein Ore, *Number Theory and its History* (Mineola, NY: Dover Pub., 1988), Chapter 1:1-6 참고,

해석자들은 토라의 기본 구조가 자연 숫자 혹은 이방인 숫자(Pagan Number) 4, 7, 12를 대비해 5, 8, 13의 수비학적인 기반으로 구성되었다고 주장한다.[134] 토라 숫자(Torah Number)로 알려진 5, 8, 13은 이방인 숫자 4, 7, 12를 1자리씩 초월한 숫자이다.

구약에서 숫자 5는 4+1(피조물과 하나님)로 인간을 향한 하나님의 언약적 은혜를 반영한다.[135] 이스라엘 가운데 임재하신 하나님의 성막 구조는 5의 공통분모를 가지고 있다.[136] 토라 두루마리를 오경(Pentateuch)으로 나누고 시편을 5권의 책으로 묶은 것도 이를 반영한다.[137] 하나님은 아브람(אַבְרָם)을 5번 방문하셨고 5번째 방문에서 언약의 확증으로 그와 아내 사래(שָׂרַי)의 이름을 각각 아브라함(אַבְרָהָם, 열방의 아버지)과 사라(שָׂרָה, 열방의 어머니)로 개명하셨다(창 17:3-7; 15-16). 이들의 개명은 원래 이름에 비해 둘 다 공통적으로 숫자 5에 해당하는 히브리 알파벳 헤이(ה)를 더한 것이다.[138] 아브라함은 조카 롯을 구하기 위해 4명의 왕

133 히브리어 카발라(Kabbalah, קַבָּלָה)는 "전래된 전통"을 의미하며 토라를 해석하는데 있어 유대교 내 신비주의파의 사상과 방법론을 지시하는 용어이다. 이는 타 종교와 일반적인 신비주의와도 일맥상통한다. 카발라 전통에 의한 일관되지 못한 토라의 게마트리아 해석은 그 중요성에도 불구하고 오늘날 게마트리아에 대한 불신을 초래했다.

134 Saul Sadka, xxii.

135 Robert D. Johnston, *Numbers in the Bible* (Grand Rapids, MI: Kregel Pub., 1999). Number 9 참고.

136 성소 바깥뜰은 100(5x20)과 50(5x10) 규빗이다. 뜰 양쪽에는 20(5x4)개의 기둥이 있고 성막 뜰 전체는 총60개(5X12)의 기둥으로 구성되었다. 성막 휘장 문의 기둥은 높이가 5규빗이며 양쪽 기둥 사이의 간격도 5규빗이다. 성소의 전체 휘장은25(5x5) 규빗 크기로 나눠졌다. 놋제단은5x5 규빗이고 성막의 구조는 높이 10(5x2), 넓이 40(5x10) 길이 30(5x6)이다. 출애굽기 34:1-40:38 참고.

137 오경 이외도 시편(5권)과 전통적으로 유대인들이 5개의 절기를 위해 묶은 다섯 메길롯(חמש מגילות)이 있다. 아가서(유월절), 룻기(오순절), 애가서(금식절, 성전파괴에 대한 슬픔과 애도), 전도서(장막절), 에스더(부림절, Purim, פורים, lots, 하만의 음모에 의한 제비뽑기).

138 Steve Cioccolanti, Vol. I, 5번 참고.

들로 구성된 유프라테스 동맹을 대상으로 5명의 왕들로 구성된 가나안 동맹을 도와 전쟁에서 승리했다(창 14:1-16). 이는 4(자연, 이방)와 5(초월, 토라)의 전쟁에서 5의 승리를 암시한다. 이러한 전쟁은 가나안 동맹국들이 12년동안 엘람 왕 그돌라오멜의 지배를 받다 13년에 반기를 든 것으로부터 시작되었다(창 14:4). 이는 또한 12(자연)와 13(초월)의 긴장을 보여준다. 아브라함은 이 전쟁에서 318명의 군대를 거느렸는데 가장 잘 알려진 318의 게마트리아는 구약에서 15번 언급되고 있는 엘리에셀(אֱלִיעֶזֶר$^{200+7+70+10+30+1=318}$)이다. 엘리에셀은 "나의 하나님은 도우심이라"는 뜻으로 아브라함이 자신의 상속자로 여겼던 그리고 아들 이삭의 아내를 찾는데 결정적인 역할을 한 지배인의 이름이었고(창 15:2-3; 24:1-67), 또한 모세의 둘째 아들의 이름으로서 이는 "내 아버지의 하나님이 나를 도우셔서 바로의 칼에서 구원하셨다"(출 18:4)라는 뜻을 가지고 있다. 이렇게 5는 하나님의 은혜를 함의하는 것으로서 요셉은 사랑하는 동생 베냐민에게 다른 형제들에 비해 5배의 음식을 제공했고 5벌의 옷을 더 주었다(창 43:34; 45:22). 이러한 아브라함과 출애굽의 이야기에 기술된 4, 5, 12, 13, 318은 단순히 우발적인 우연인 것일까? 5와 더불어 토라 숫자인 8과 13을 분석해보면 이러한 수비학적인 의미는 우연이 아니라 구약에서 일관된 패턴으로 구성되고 묘사되고 있음을 알 수 있다.

고대문명으로부터 하루 24시간은 8시간마다 새로 시작하는 3부적 기간으로 구분되었다. 숫자 8은 구약에서도 하나님과 새로 시작하는 그 무엇을 암시한다. 8은 7+1로서 7일 창조가 완성된 후 새로운 첫 날을 의미한다. 하나님의 은혜를 입은 노아(창 6:8, וְנֹחַ מָצָא חֵן בְּעֵינֵי יְהוָה)의 언약 방주에는 타락 이후 새로운 시대를 여는 8명의 식구가 들어갔다(창 7:13).[139] 하나님의 언약백성으로 선택된 히브리 집안에 새로 태어난 모든 남자들은 외국인을 포함해 생후 제8일에 할례를 받아야 한다(창

17:12). 나병 환자는 제사장으로부터 정결하다는 확인을 받은 후에도 7일 동안 장막 밖에 있어야 하고 제8일에 드디어 제단으로 나아가 속죄제를 통해 새로운 삶을 시작할 수 있다(레 14:10). 에스겔은 이상 중에 유다(겔 4-24)와 열방(겔 25-32)에 대한 하나님의 심판을 보게 된다. 이어 이스라엘의 회복(33-48)을 암시한 환상에서 새로운 예루살렘을 보게되는데, 동쪽 문 안 현관이 8척(40:9), 남쪽 문 현관 문간으로 올라가는 층계가 8개(40:31), 바깥뜰로 향하는 문간의 층계가 8개(40:34), 북문 문간으로 올라가는 층계가 8개(40:37), 번제와 속죄제와 속건제의 희생물을 잡는 상이 모두 8개(40:38-41)로, 새로운 곳으로 들어가는 통로에 숫자 8이 일관되게 부각되고 있음을 볼 수 있다.

유대인들은 전통적으로 13세에 남자들의 성인식 즉 바르미쯔바 의식(בַּר מִצְוָה, 계명의 아들)을 치룬다. 유대인들은 바르미쯔바 이후 종교의식에 참여할 수 있으며 결혼과 법적 소유권이 허락된다. 또한 다윗의 별(Magen David)을 총13개의 자릿수를 가진 육각형 별로 묘사한다.[140] 이렇게 구약에서 숫자 13은 온전하고 거룩한 것을 나타낸다. 게마트리아 전통에 의하면 13은 가장 대표적으로 유일신 야훼 하나님을 함의한다.[141] 정통 유대교인들은 하루 두 번 쉐마(שְׁמַע), "이스라엘아 들으라 우리 하나님 야훼는 오직 유일한 야훼이시다"(신 6:4) (שְׁמַע יִשְׂרָאֵל יְהוָה אֱלֹהֵינוּ יְהוָה אֶחָד)를 암송해야 된다. 이는 하나님은 오직 한 분이심을 천명하는 유일신론의 신앙고백이다. "유일한 야훼"(יְהוָה אֶחָד)의 1을 의미한 에하드(אחד)의 게마트리아 숫자는 13(א^{1}ח^{8}ד^{4})이다. 이스라엘은 이러한 유일신 야훼(신 6:4, יְהוָה אֶחָד)

---

139 창세기 6:8에서 히브리어로 노아(נח)와 은혜(חן)는 알파벳 נ과 ח의 순서를 교차한 것(נח-חן)으로서 세상을 안위할 노아(창 5:29)가 하나님의 은혜를 입은 자임을 특별히 부각시키고 있다. 노아(נח)와 은혜(חן)는 둘 다 히브리 알파벳 נ(5x10)과 ח(5)로 구성되었음에 주시하라.

140 Saul Sadka, xxiii.

하나님을 “마음을 다하고 뜻을 다하고 힘을 다하여 사랑해야 한다”(신 6:5, וְאָהַבְתָּ אֵת יְהוָה אֱלֹהֶיךָ בְּכָל־לְבָבְךָ וּבְכָל־נַפְשְׁךָ וּבְכָל־מְאֹדֶךָ). 히브리어로 사랑인 아하바(אהבה)의 게마트리아 숫자도 13(א^{1}ה^{5}ב^{2}ה^{5})이다. 이스라엘의 12지파는 야곱이 요셉의 두 아들(므낫세, 에브라임)을 입양하여 총 13지파가 되고 그 중 레위 지파는 제사장 지파로 분리되어 이스라엘의 지파는 12+1로서 이는 하나님의 “제사장 나라와 거룩한 백성”(출 19:6)을 암시한다. 신약의 12제자도 예수님과 함께 13명으로 구성된 소그룹이었다. 그렇다면 숫자 5, 8, 13의 수비학이 토라 본문의 단위와 구조를 구성하는데 영향을 끼치지는 아니했을까?

오늘날 다수의 성경학자들은 게마트리아에 대해 부정적인 편견을 가지고 있다. 그 이유는 카발라 해석의 신비주의적인 요소들과 다소 비합리적인 수비학의 일관되지 못한 주관적 담론들 때문일 것이다. 그러나 더 근본적인 이유는 현대인의 인식론이 문해력(文解力, literacy)에 환원되어 있기 때문이라고 지적해 볼 수 있다. 이는 고대인들이 가지고 있던 수해력(數解力, numeracy) 즉 숫자에 대한 수비학적인 실제를 인지 혹은 인정하지 못하는 것에 기인한다. 분명한 것은 오늘날 토라 텍스트에 인위적으로 투영된 직계형 구조의 장과 절수의 준거로는 오경 본문에서 일관된 구조의 패턴을 유지할 수 없다는 것이다. 이에 랍비 사드카(Saul Sadka)는 토라의 본문은 8만 단어,[142] 8개의 대단위 본문(8권), 각 권의 본문은 8개(I-VIII) 혹은 13개(I-XIII)의 이야기 섹션, 그리고 소단위의 섹션은 총 80장으로 구성되어 있다고 주장한다.[143] 씨프레이(Sifrei,

---

141 Robert D. Johnston, No 13; Saul Sadka, xxiii; Steve Ciccolanti, Vol. 1, 13.

142 마소라(Masorah) 토라에는 총79,847 단어로 기록되어 있다. 8만 단어는 amen amen(민 5:22, אָמֵן אָמֵן)같은 중복단어를 2개의 단어로 계수한 결과이다.

143 Saul Sadka, *Torah, The Eighty Steps: The Innate Structure Revealed* (Brooklyn, NY: KTAV Pub. House, 2019), v-xli.

סִפְרֵי)[144] 전승에 의하면 에스라는 3개의 온전하지 못한 두루마리 사본 자료들을 기반으로 토라 본문을 완성했다고 한다. 씨프레이는 오늘날 토라의 최종 본문은 그 사본에 기술되었던 섹션 기호들의 흔적을 일부 남긴 것으로 해석한다.

토라 두루마리 본문에서 민수기 10:35-36은 선행 문단(민 10:34)과 후행 문단(민 11:1) 사이에 각각 약 아홉 문자 크기의 공간을 두고 '닫힌 문장' 기호인 Setuma(ס)와 히브리 알파벳 נ을 거꾸로 쓴 ׆ (inverted *Nun*)을 다음과 같이 표기하고 있다.

10:34 וַעֲנַן יְהוָה עֲלֵיהֶם יוֹמָם בְּנָסְעָם מִן־הַמַּחֲנֶה׃ ׆ ס 10:35 וַיְהִי בִּנְסֹעַ הָאָרֹן וַיֹּאמֶר מֹשֶׁה קוּמָה ׀ יְהוָה וְיָפֻצוּ אֹיְבֶיךָ וְיָנֻסוּ מְשַׂנְאֶיךָ מִפָּנֶיךָ׃ 10:36 וּבְנֻחֹה יֹאמַר שׁוּבָה יְהוָה רִבְבוֹת אַלְפֵי יִשְׂרָאֵל׃ ׆ ס 11:1 וַיְהִי הָעָם כְּמִתְאֹנְנִים רַע בְּאָזְנֵי יְהוָה וַיִּשְׁמַע יְהוָה וַיִּחַר אַפּוֹ וַתִּבְעַר־בָּם אֵשׁ יְהוָה וַתֹּאכַל בִּקְצֵה הַמַּחֲנֶה׃

> 10:34 그들이 진영을 떠날 때에 낮에는 여호와의 구름이 그 위에 덮였었더라. ׆ ס 10:35 궤가 떠날 때에는 모세가 말하되 여호와여 일어나사 주의 대적들을 흩으시고 주를 미워하는 자가 주 앞에서 도망하게 하소서 하였고, 10:36 궤가 쉴 때에는 말하되 여호와여 이스라엘 종족들에게로 돌아오소서 하였더라. ׆ ס 11:1 여호와께서 들으시기에 백성이 악한 말로 원망하매 여호와께서 들으시고 진노하사 여호와의 불을 그들 중에 붙여서 진영 끝을 사르게 하시매.

이러한 표기로 마크가 된 단락은 나머지 전후 본문과 구별되어야 함을 암시한 것으로 보인다. 탈무드(Talmudic Babylon, c. 450-550 CE) 전승은 이 짧은 두절의 단락은 에스라가 토라의 최종본문을 편찬하는데 사용한 3개의 주요 자료 중 하나였다고 전한다.[145] 실제로 민수기의 서술분

144 민수기-신명기 랍비 주석(Midrash Halakha).

145 바빌론 탈무드에 절기(Moed) 장: 안식일(Shabbat) 115b-116a 참고. 탈무드 전승에 의하면 에스라는 3개의 미완성된/불온전한 두루마리 사본의 자료들을 기반으

석(narrative analysis)에서 민수기 1:1-10:34 단락은 하나의 완성된 에피소드로 보인다. 시내산에서 이스라엘은 하나님께서 모세에게 명하신 대로 순종하여 광야 진군에 앞서 요구된 모든 준비를 완벽하게 마쳤고, 야훼 하나님께서는 그들 가운데 거하시고 광야로 진행하는 길에 언약궤와 구름 기둥으로 그들을 인도하셨다. 이어 민수기 10:35-36은 언약 궤에 대한 모세의 선포와 기도로서 선행 단락과 이어지는 민수기 11:1-3 단락에 기술된 '백성들의 원망' 서술과는 명백히 구분되는 내용을 담고 있다. 이러한 구분을 본문은 Setuma(ס)와 거꾸로 쓴 ׆(inverted *Nun*)의 표기로 명시한 것으로 보인다. 거꾸로 쓴 ׆ (inverted *Nun*)에 대해서는 여러 추측이 있지만 토라본문의 구조를 표기하는 숫자였다고 볼 수 있다. 히브리 숫자는 알파벳으로 표기됨으로 50에 해당하는 알파벳 נ을 본문의 다른 글자들과 혼돈되지 않도록 뒤집은 ׆ (inverted *Nun*)으로 표기했을 것이다. 실제로 토라의 수비학을 기반으로 구성된 사드카(Saul Sadka)의 토라 구조를 보면 민수기 10:35-36은 토라 50장(민수기 2권)에 해당된다.[146] 전통적인 토라 게마트리아에 의하면 50은 온전한 49(7x7) 숫자를 초월해 완성된 숫자이다.[147] 구속의 시작을 알리는 유월절 혹은 밀의 첫 수확을 기념하는 초실절로부터 50일째 되는 날은 수확의 완성을 기념하는 칠칠절(레 23:15-16, שׁבוערת, Shavuot)이다. 신약의 오순절은 그리스도의 십자가 사건 이후 50일째 성령께서 강림하신 날이다. 7주기의 안식년을 성수한 49(7x7)년 다음 해인 50년째는 율법이 궁극적으로 목적하는 희년(레 25:8-12, יוֹבֵל)이다. 민수기 10:35-26은 토라의 50장으로서 바로 창세기로부터 시작된 구속사의 희년을 기술한 단락이라고 말할 수 있다. 게마트리아 구조에 의한 신명기(토라 8권)는 총13섹션(I-XIII, 토라

로 토라를 완성했다. 민수기 10:35-36은 그 중 하나로 여겨진다.

146 Saul Sadka, xlii.

147 Steve Cioccolanti, *The Divine Code*, Vol. II, No 50 참고.

67-79장)으로 구성되었으며 마지막 섹션(XIV, 토라 80장)은 부록으로서 모세의 죽음을 기술하고 있다(신 34:1-12). 신명기 두루마리 본문에 남겨진 게마트리아 흔적은 쉐마(שְׁמַע)에서 찾아볼 수 있다. 모세의 3번째 설교로 알려진 게마트리아 구조에 기반한 토라 제8권 70장 섹션 IV(신 6:4-7:11)는 쉐마 본문(신 6:4-5)으로 시작된다. 그런데 첫 절(신 6:4)을 구성하는 히브리 알파벳 중 첫 단어 쉐마(שְׁמַע)의 ע과 마지막 단어 에하드(אֶחָד)의 ד이 명백히 불균등한 큰 크기로 부각되어 기술되어 있음을 볼 수 있다. 이는 의도적인 것으로서 ׆ (inverted *Nun*)과 같이 토라본문의 구조를 표기한 것이라고 볼 수 있다. 놀라운 것은 ע에 해당하는 숫자 70과 ד에 해당하는 숫자 4는 쉐마 본문의 수비학 구조인 토라 70장 섹션 IV(4)와 일치하다.

שְׁמַע יִשְׂרָאֵל יְהוָה אֱלֹהֵינוּ יְהוָה אֶחָד׃

"이스라엘아 들으라 우리 하나님 야훼는 오직 유일한 야훼이시느라."

토라 1권: 창세기(בְּרֵאשִׁית) 아담, 노아, 아브라함 언약	토라 8권: 신명기(דְּבָרִים), 기록된 언약, Yad Moshe
1장 섹션 I 천지창조 (1:1-2:3)	67장 섹션 I 모세의 역사적 회고 (1:1-3:29)
2장 섹션 II 에덴 동산의 아담과 이브 (2:4-3:24)	68장 섹션 II 모세의 제1설교 (4:1-4:49) 세상을 향한 이스라엘의 사명
3장 섹션 III 가인과 아벨 (4:1-4:24)	69장 섹션 III 모세의 제2설교 (5:1-6:3) 십계명
4장 섹션 IV 아담의 톨레도트 (4:25-6:4)	70장 섹션 IV 모세의 제3설교 (6:4-7:11) 유일신 - 쉐마
5장 섹션 V 노아와 홍수 (6:5-9:17)	71장 섹션 V 모세의 제4설교 (7:12-11:32) 축복의 땅
6장 섹션 VI 노아의 톨레도트 (9:18-10:32)	72장 섹션 VI 모세의 설교: 80 율법 (12:1-26:19)

<table>
<tr><td>7장 섹션 VII 바벨탑 (11:1-11:9)</td><td colspan="2">73장 섹션 VII 세겜에서의 언약증언 (27:1-26)</td></tr>
<tr><td>8장 섹션 VIII 셈의 톨레도트 (11:10-11:32)</td><td colspan="2">74장 섹션 VIII 26 언약 축복 (28:1-14)</td></tr>
<tr><td>9장 섹션 IX 아브람의 언약 (12:1-16:16)</td><td colspan="2">75장 섹션 IX 86 언약 저주 (28:15-69)</td></tr>
<tr><td>10장 섹션 X 아브라함의 언약갱신 (17:1-25:18)</td><td colspan="2">76장 섹션 X 시내산 언약 갱신 (29:1-30:20)</td></tr>
<tr><td>11장 섹션 XI 이삭의 삶 (25:19-28:9)</td><td colspan="2">77장 섹션 XI 모세의 죽음 준비 (31:1-29)</td></tr>
<tr><td>12장 섹션 XII 야곱의 삶 (28:10-37:1)</td><td colspan="2">78장 섹션 XII 모세의 노래 (31:30-32:47)</td></tr>
<tr><td>13장 섹션 XIII 요셉과 형제들 (37:2-50:26)</td><td>79장 섹션 XIII
모세의 축복
(32:48-33:47)</td><td>80장 섹션 XIV
모세의 죽음
(34:1-34:12)</td></tr>
</table>

사드카(Saul Sadka)는 고대 히브리인들의 전통적인 게마트리아 즉 수비학적 원리를 준거로 토라 본문을 창세기(1권, I-XIII, 1-13장), 출애굽기(2권, I-XIII, 14-26장), 레위기(3권, I-XIII, 27-39장), 민수기A(4권, I-X, 40-49장), 민수기B(5권, 50장), 민수기C(6권, I-VIII, 51-58장), 민수기D(7권, I-VIII, 59-66장), 신명기(8권, I-XIII, 67-79장 + XIV 부록, 80장: 신 34:1-12, 모세의 죽음)로 구분하여 결과적으로 토라는 총 8권에 분산된 80장의 본문으로 구성되었다고 주장한다.[148]

위의 도표는 게마트리아에 의해 제1권(בְּרֵאשִׁית, 창세기)과 제8권(דְּבָרִים, 신명기)의 섹션과 장수들을 표기한 도표이다. 이러한 수비학적인 본문구조로 분석된 토라 각 권의 섹션들은 고유한 주제를 담고 있으며 상호간 플롯의 일관된 흐름과 대칭 혹은 교차대구를 형성한다. 예를 들어 토라

148 한정된 지면상 토라의 게마트리아 구조에 대한 보다 더 면밀한 논의를 할 수 없어 아쉽다. 분명한 것은 우리가 생각하는 것보다 게마트리아 해석은 일관성과 전통성을 가지고 있다는 것이다. 이에 대한 자세한 설명으로 Saul Sadka의 Torah를 추천한다.

제1권(בְּרֵאשִׁית) 섹션 X(창 17:1-25:18)과 제8권(דְּבָרִים) 섹션 X(신 29:1-30:20)은 각각 아브라함의 언약갱신과 시내산의 언약갱신에 대한 이야기로 공통적인 '언약갱신' 을 대칭구조로 구성하고 있다. 토라 1권과 8권의 섹션 XII에서는 각각 오경의 주요 인물인 야곱과 모세가 부각되고, 섹션 XIII은 각각 이스라엘 지파에 대한 야곱과 모세의 축복과 저주를 기술하고 있다.

그 무엇을 나누고 분리한다는 것 즉 구조화는 범주를 구분하는 것이며, 범주화 된 것은 항상 특정 의미와 고유한 목적을 함축한다. 그러므로 토라 텍스트의 고유한 구조를 적절이 분석하고 이해하는 것은 본문해석에 있어 기본적인 필수 작업이다. 따라서 우리는 토라 텍스트의 원래 구조에 대한 다양한 가설들을 논의해 보았고 다음과 같은 가능성들을 종합적으로 고려해 보았다.

(1) 첫째, 토라본문의 기본 구조는 톨레도트(תולדות) 즉 족장들의 계보문을 틀로 삼아 구성되었다. (2) 둘째, 톨레도트 양식은 토라 원문의 기원이 모세 이전 시대로 소급될 수 있음을 암시한다. (3) 셋째, 창세기 본문의 구조는 총괄적으로 직계형보다는 복합적인 평행형으로서 이에 적합한 독서전략을 고려해야 한다. (4) 넷째, 토라 본문 구조와 장 구분에는 히브리 수비학으로 알려진 게마트리아 원리가 반영된 것으로 보인다. 이는 본문의 내용과 구조 분석에 있어 숫자의 정량적 기능과 함께 정성적 기능도 함의해야 함을 의미한다. (5) 다섯째, 토라의 의미는 일차적으로 텍스트 내에 함축된 것으로서 텍스트-언어학 분석(구문론적 응집성과 의미론적 일관성)이 기본적으로 우선시되어야 한다. 토라 텍스트는 고유한 내용과 그 내용을 반영하고 형성하는 복잡한 구조양식과 상호의존적으로 구성되어 있다. 이는 텍스트를 해석하는데 있어 근대 환원적인 단일접근의 부적합성을 의미한다. 반면 보다 더 복합적인 다차원적(multi-dimensional)이고 다학제간(multidisciplinary)적인 접근들이 요구되며 전문

적인 독자는 이를 창의적으로 추구하여 본문의 고유적인 구조를 최대로 읽어낼 수 있어야 한다.

창세기 텍스트의 구성, 전승, 그리고 해석에 관한 학자들의 최근 연구 서적 *The Book of Genesis: Composition, Reception, and Interpretation* 에서 볼 수 있듯이[149] 토라 텍스트 구조형성에 대한 가설들은 다양하며 절대적이거나 단일적인 역사적 재구성은 주장될 수 없다. 그러나 그동안의 논의를 통해 우리는 가설적이나마 문서가설의 논쟁점들을 보완하는 구약 텍스트의 역사적 형성을 추정해볼 수 있다.[150] 종합적으로 토라 본문의 최종적 형태는 다음과 같은 단계를 걸쳤다고 제안해 볼 수 있다. 모세의 초기단편(Urgenesis)은 이후 부가적인 구전, 조각문서, 관련설명 및 업데이트 자료들과 함께 톨레도트 계보문, 복합적 평행구조, 게마트리아 등을 기반으로 구성되고 구분되었다. 이어 이스라엘 왕정시대와 포로전후기의 편집과정을 걸쳐 기원전 약 5-6세기에 에스라 학파 혹은 익명의 전승자들에 의해 편찬되었다. 당시 자음만으로 기술되었던 토라 본문은 주후 6-10세기 동안 본문의 어음과 기의를 보전하고 전승하고자 하는 마소라(Massorah) 학파에 의해 모음과 다기능적 악센트와 부호들이 부가된 표음문자 본문으로 편찬되었다. 오늘날 BHS(Biblia Hebraica Stuttgartensia, 1977) 히브리어 성경은 1863년 러시아 국립도서관에 보관되었던 레닌그라드 코덱스(Leningrad Codex, 1008-1009 AD) 사본을 기반으로 출판되었다. 이 사본은 랍비 벤-아쉐르(Ben Asher) 가문을 이어

---

149 Craig A. Evans and Joel N. Lohr and David L. Petersen, eds., *The Book of Genesis: Composition, Reception, and Interpretation* (Leiden: Brill, 2012). 이 책에 대한 요약과 리뷰는 다음을 참고하라. John H. Walton. "The Book of Genesis: Composition, Reception, and Interpretation," *Bulletin of Biblical Research*, 23 No4 (2013): 580-584.

150 "How we got the Bible?" *In* Rose Book of Charts, Maps, and Time Lines (Peabody, MA: Rose Publishing, 2015) 참고.

전승된 것이며 독일 슈투트가르트(Stuttgart)에서 1977-78년 오늘날의 독자가 읽을 수 있는 형태로 편찬되었다.[151]

바빌론	팔레스타인	이집트
아시리아-바빌론 포로기 (기원전 8-6세기) 페쉬타(Peshita)와 탈굼(Targum)의 구전단계	모세오경의 프로토타입 단편들창세기 초기원서(*Urgenesis*)(기원전 14-10세기)	예레미야의이집트 행(기원전 7세기)
바빌론 포로기 (기원전 586)	에스라 학파 혹은 익명의 전승자 팔레스타인 초기사본(기원전 5세기) 제2성전: 타나크(Tanakh, 구약)	칠십인 역의 히브리어 원본(기원전 4세기)
초기마소라 사본(proto-Masorah)(기원전 4-1세기)	사마리아 총기사본(기원전 4세기)	칠십인 역 LXX(기원전 2세기)
	사해사본 (2세기 BC?1세기 AD) 하박국 주석(1QpHab): (2-5 BC)에스더를 제외한 모든 사본조각들이사야 사본(1QIs2), 시편 사본(11QPs)	
페쉬타 (고대 시리아어)탈굼 (아람어, 기원 1-2세기)	사마리아 사본기원전 2세기: 구약의 정경화(얌니아 공의회)[152]	
	벤아세르 사본Codex Leningrad (1008-1009)1863 St. Petersburg (Leningrad)	

151 마소라 히브리어 텍스트로서 가장 완전한 사본으로 여겨졌던 고대 시리아역 Aleppo Codex는 1947년 화전으로 인해 4분지 1이 해손됐다. 문헌의 두루마리 형태가 책자(codice)형태로 전환되기 시작한 시기는 1세기이나 성서로 여겨진 구약 두루마리를 책자로 바꾸는 것엔 저항이 심했다. 4-5세기에 들어서 마소라 학자들은 텍스트 양쪽 여백에 마소라 본문에 대한 설명을 부가했고 구약을 책(codex) 형태로 바꾸었다. McCarter, 174.

152 히브리어 구약사본이 1세기 야브네(Yavneh)에서 열린 얌니아 공의회(The

오경은 긴 세월동안 복잡한 전승과정과 다양한 자료들에 의해 구성되고 편집되었다. 그럼에도 불구하고 오늘날 우리는 토라 텍스트의 최종적 문학형태에서 복합적인 평행구조와 수비학적인 문단을 구분할 수 있으며, 텍스트언어학적인 분석을 통해 본문의 구문론적이며 의미론적인 통일성을 찾아볼 수 있다.

Council of Jamnia)에서 정경으로 결정되었다는 가설은 논쟁의 여지가 있다. 오늘날 최종 문학형태의 구약본문이 언제 정경으로 받아들여졌는지에 대해서는 더 많은 연구가 필요하다. 야브네 얌니아 공의회에서는 랍비들을 중심으로 정경화보다는 주로 본문의 미쉬나(주석) 작업이 다루어진 것으로 추정된다. 최중화, "구약성경 야브네 정경화에 대한 소고," 구약논단 68(218): 176-200.

Part 3

마소라(BHS) 창세기 본문 읽기 가이드

창세기 본문을 면밀히 읽고
적절히 해석하는데 있어
본문의 문학구조
즉 본문의 내용단위와
구성을 분할하고 분석하는 것은
성경해석학에 있어
가장 기본적인 작업이다.

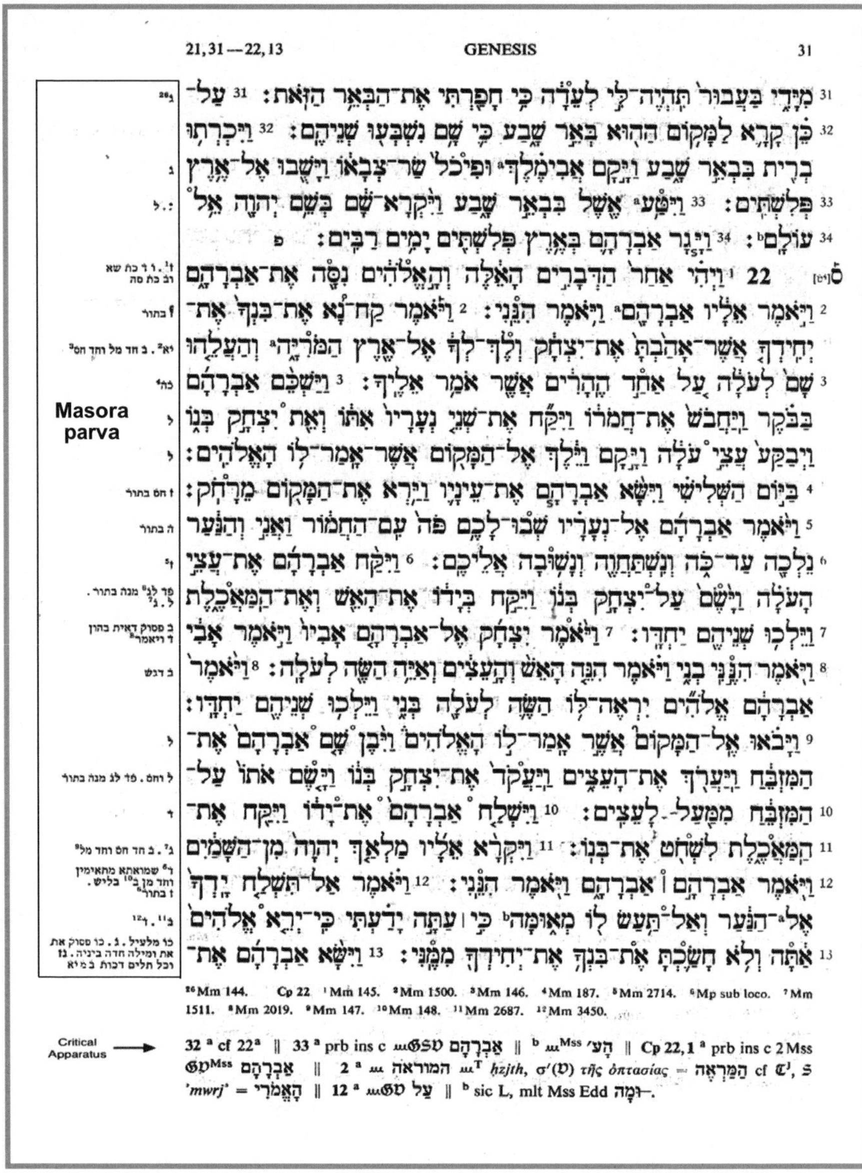

마소라 텍스트 사진[153]

153 "Versions of the Bible," accessed July 12, 2022, http://www2.latech.edu/~bmagee/452/lectures/02A--Exodus/02A--bible_versions.html. (사진출처).

3장: 마소라(BHS) 창세기 본문 읽기 가이드

1. BHS 텍스트의 표기와 문단

마소라(מסורה, 6~10세기 CE)는 미래 차세대 독자들에게 토라 텍스트의 정확한 발음과 의미를 보존하고 전승하기 위해 본문을 면밀히 정독하도록 다양한 표기와 부호들을 위의 마소라 텍스트 사진에서 볼 수 있듯이 본문내와 본문양면 및 아래 칸에 기술했다. 이 표기들의 정확한 의도와 디코딩은 시간이 흐름에 따라 모호해진 것들이 많으나 신학도들이 창세기 본문을 읽고 해석하는데 있어 유익하게 여겨지는 기본적인 표기들을 몇 가지 선택적으로 소개하고자 한다.[154]

문장 절의 마침표: 소파수크(Sôp Pasûq, ׃)

창 1:1 בְּרֵאשִׁ֖ית בָּרָ֣א אֱלֹהִ֑ים אֵ֥ת הַשָּׁמַ֖יִם וְאֵ֥ת הָאָֽרֶץ׃

소파수크 표기는 한 구절(verse)의 종결을 표시한다. 이는 영문의 마침표 와도 같다.

154 본 섹션 내용의 자세한 설명은 다음을 참고하라. Kelley, Page H., *The Masorah of BHS* (Grand Rapids: Eerdmans, 1998); Scott, William R., *A Simplified Guide to BHS* (Berkeley, CA: BIBAL Press, 1987); Weil, Gerard E., *Massorah Gedolah* (Pontificium Institutum Biblicum, 1971).

단락 표기: Petuha(פ)와 Setuma(ס)

마소라의 단락 표기는 일관되지 못하다. 또한 어떠한 기준으로 단락이 결정되었는지에 대해서도 의견이 분분하다. 그러나 본문의 총체적인 구문과 내용분석 그리고 다른 구분 표기들과 함께 단락을 나누는데 보조적인 도움이 될 수 있다.

마소라 본문에서 문단의 새로운 단락(new paragraph)은 '열린문단'(Petuha)이라고 하고 이를 פ로 표기한다. פ는 열린문단을 선행하는 이전 단락 끝에 표기되었다. 이어 새로 시작하는 열린문단 혹은 열린 단락은 주로 미완성 절(wayyiqtol, וַ +미완료 연속)로서 안으로 들어가기(indentation)가 없이 항상 새로운 줄에서 시작한다. 예를 들어 창 3:17-21 끝에는 פ가 표기되어 있고(וַיַּלְבִּשֵׁם פ, 3:21), 이후 창 3:22-24은 미완성 절(וַיֹּאמֶר, 3:22)로서 새로운 줄에서 시작된다.

3:21 וַיַּעַשׂ יְהוָה אֱלֹהִים לְאָדָם וּלְאִשְׁתּוֹ כָּתְנוֹת עוֹר וַיַּלְבִּשֵׁם פ
3:22 וַיֹּאמֶר יְהוָה אֱלֹהִים הֵן הָאָדָם הָיָה כְּאַחַד מִמֶּנּוּ לָדַעַת טוֹב
וָרָע וְעַתָּה פֶּן־יִשְׁלַח יָדוֹ וְלָקַח גַּם מֵעֵץ הַחַיִּים וְאָכַל וָחַי לְעֹלָם׃

큰 본문 안에서 선행되는 단락의 줄거리를 이어가는 하위 섹션은 '닫힌문단' (Setuma)이라고 하고 이를 ס로 표기한다. ס는 선행하는 이전 문단 끝에 표기되어 있고, 같은 줄에서 약 9 문자의 공간 이후 시작된다. 이는 큰 단락 안에서 하위 섹션들을 표기하는 것으로 추정된다. 닫힌문단을 선행하는 단락이 줄 전체를 채웠을 경우, 닫힌 문단은 그 다음줄에서 다시금 들어가기(9 문자의 공간) 이후 시작된다. 이러한 패턴은 창 3:14-15 끝(עָקֵב׃ ס, 3:15)에 ס이 표기된 이후 9 문자 공간을 띈 후 이어지는 창 3:16 그리고 이러한 패턴이 다시 반복적으로 시작되는 창

3:17-21의 텍스트 양식에서 볼 수 있다. 닫힌문단의 내용은 선행 단락의 주요 문맥과 주제에 종속된 것으로 보인다.

3:15 וְאֵיבָה אָשִׁית בֵּינְךָ וּבֵין הָאִשָּׁה וּבֵין זַרְעֲךָ וּבֵין זַרְעָהּ הוּא
יְשׁוּפְךָ רֹאשׁ וְאַתָּה תְּשׁוּפֶנּוּ עָקֵב׃ ס
3:16 אֶל־הָאִשָּׁה אָמַר הַרְבָּה אַרְבֶּה עִצְּבוֹנֵךְ וְהֵרֹנֵךְ בְּעֶצֶב תֵּלְדִי
בָנִים וְאֶל־אִישֵׁךְ תְּשׁוּקָתֵךְ וְהוּא יִמְשָׁל־בָּךְ׃ ס
3:17 וּלְאָדָם אָמַר כִּי־שָׁמַעְתָּ לְקוֹל אִשְׁתֶּךָ וַתֹּאכַל מִן־הָעֵץ
אֲשֶׁר צִוִּיתִיךָ לֵאמֹר לֹא תֹאכַל מִמֶּנּוּ אֲרוּרָה הָאֲדָמָה בַּעֲבוּרֶךָ
בְּעִצָּבוֹן תֹּאכֲלֶנָּה כֹּל יְמֵי חַיֶּיךָ׃

총 5권으로 나누어진 유대인들의 토라 권서(סֵפֶר תּוֹרָה)는 오경 코덱스(칠십인 헬라어 역, LXX Codex) 혹은 후마쉬(Chumash, חוּמשׁ)로 불러진다. 후마쉬는 히브리어로 숫자 5 하메쉬(חמשׁ) 어근에서 파생된 단어로 5 분할을 의미한다. 그리고 후마쉬 본문은 열린문단(Petuha)과 닫힌문단(Setuma)으로 구분되어 있을 뿐만 아니라, 총체적으로는 서로 간 5줄의 공간으로 구분된 창세기(בְּרֵאשִׁית), 출애굽기(שְׁמוֹת), 레위기(וַיִּקְרָא), 민수기(בְּמִדְבַּר ,וַיְדַבֵּר) 그리고 신명기(דְּבָרִים)로 구분되어 있다.

본문 단락의 정량적 나누기

마소라는 오경을 168개의 단락(공과본문)으로 나누었다. 각 공과본문은 세다림(Sedārîm, סדרים)이라 부르고, 해당 본문 오른쪽 여백에 세다림의 약자인 에 히브리어 알파벳 기수를 붙여 표기하고 있다(סֹג, סֹב, סֹא ...סֹה, סֹד,). 이는 오경본문의 내용을 바빌론 전통에 따라 3년 주기(168 단락)로 나눈 것이며 오경 사본을 1회 베끼는 기간이기도 하다. 그런가하면 오경을 1년 주기(54 단락)로 나눈 공과본문은 파라샤(PĀ

RĀSAH, פרשׁ)라고 부르고 약자인 פ로 표기하고 있다. 이는 팔레스타인 전통을 따라 유대인들이 1년동안 매주 묵상해야 하는 해당본문을 표기한 것이다(*parashat hashavua*, פָּרָשַׁת הַשָּׁבוּעַ).

마소라 본문 내의 변형태 알파벳

마소라 본문에는 히브리 알파벳을 때로는 상대적으로 크게 혹은 거꾸로 표기한 것들이 있다. 이러한 변형태 알파벳 기능에 대해서는 설명이 분분하나 그 중에는 어느정도 추정되는 것들도 있다. 예를 들어 레위기 11:42에는 본문의 원래 문자크기와는 상대적으로 크게 표기된 히브리 알파벳 바브(ו)가 있는데 이는 정확히 총 79,847개의 단어들로 구성된 오경본문의 중간을 표기한 것으로 보인다.

וְכֹל הוֹלֵךְ עַל־אַרְבַּע כֹּל הוֹלֵךְ עַל־גָּחוֹן   레 11:42

이 외에 이미 이전 게마트리아 논의에서 언급된 바 같이 마소라 본문에 기술된 여러 알파벳 변형태들은 본문의 구조를 구성하는 그 어떠한 수비학적인 기능을 가지고 있는 것으로 여겨진다.

히브리어 악센트

전통적으로 마소라 히브리성서(תַּנַךְ 혹은 מִקְרָה)는 총 24권서로 구분되어 있다. 이중 3권은 삼대권서(Three Books, 시편, 잠언, 욥)로 알려져 있으며 해당 본문은 21종류의 시문형 악센트로 표기되어 있다. 나머지 21권서(Twenty One Books) 본문은 27종류의 산문형 악센트로 표기되어 있다. 히브리 단어는 '일차적' 그리고 보조로 '이차적' 악센트를 갖을 수 있는데 이러한 마소라 악센트의 기능이 무엇인지에 대한 설명은 분분하며 일관되지 못하다. 그러나 1개의 절을 정확한 발음으로 읽고 적합한 의미를 보존하고 전승하기 위한 것으로서 다음과 같은 주요 기능을 갖는 것으로 여겨진다. (1) 음률(Cantillation): 마소라의 음률 표기는 현대 악보의 음표와도 같이 주로 회당에서 마소라 토라를 낭독하는 음을 조율한다. (2) 음량(Accentuation): 음조와 강세, 단-장음 음절을 표기한다. 히브리어 단어는 일반적으로 마지막 음절을 강세로 발음한다. 그 외 음절이 강세를 가질 때는 음절 아래 무나(munah, ◌֣)로 표기한다. (3) 문장의 의미론적 구분(Semantic Division): 히브리어 문장은 구문론적으로 명사구절(nominal clause), 동사 구절(verbal clause), 수식구절(predicative clause), 종속구절(subordinative clause) 등으로 구분될 수 있다. 마소라 본문의 악센트들 중 어떤 것들은 이러한 구절을 정량이 아닌 의미론적인 단위로 구분한다. (I) 분리형(disjunctive)과 (II) 결합형(conjunctive)이 있다.

I. 분리형

마소라 본문에서 소파수크(Sôp Pasûq, ׃)는 한 절의 전체의미가 마침을 표기한다. בְּרֵאשִׁ֖ית בָּרָ֣א אֱלֹהִ֑ים אֵ֥ת הַשָּׁמַ֖יִם וְאֵ֥ת הָאָֽרֶץ׃ (창 1:1). 여기서 분리형 악센트 표기는 마소라 구절에서 소파수크(׃) 마침표를 가진 한 절 내의 전체의미를 소단위 의미문구로 분리하고 구분하는데 사용된다. 이는 한 절의 정량이 아니라 정성적 구분을 의미한다. 마소라 본문에서 가장 많이 볼 수 있는 대표적인 분리형 표기는 다음과 같다.

아트나(atnah, ◌֑)는 한 절 내의 전체의미를 2개의 소단위 의미문구로 나눈다. 아트나는 나누어진 상반 소단위 의미문구의 마지막 단어 강세음절 아래 표기된다. 따라서 창세기 1:1에는 엘로힘(אֱלֹהִ֑ים) 아래 표기되었다.

창 1:1 בְּרֵאשִׁ֖ית בָּרָ֣א אֱלֹהִ֑ים אֵ֥ת הַשָּׁמַ֖יִם וְאֵ֥ת הָאָֽרֶץ׃

"태초에 하나님이 창조하셨습니다" (창세기 1:1의 상반 소단위 의미문구)

"하늘과 땅을" (창 1:1의 하반 소단위 의미문구)

실룩(silluq, ֽ)은 하반 소단위 의미문구를 마무리하는 마지막 단어 강세음절 모음 왼쪽에 표기된다. 창 1:1 하반 의미문구의 마지막 단어 הָאָֽרֶץ׃

아트나(atnah)나 실룩(silluq)로 표기된 단어는 소단위 의미문구를 마무리하는 마지막 단어이다. 그리고 이를 휴직형(pausal form) 단어라고 한다. 이는 소단위 의미문구를 읽고 마무리하는데 있어 발음을 강세 장음으로 해 해당 의미문구의 마침을 확실케 한다. 이를 위해 마소라는 원래는 정규형 단모음을 가진 음절 아래 아트나나 실룩 악센트를 표기해 그 음절의 단모음을 장모음으로 바꾼다. 이를 창 1:2 하반 의미문구의 마지막 단어에서 볼 수 있다. הָאָרֶץ → הָאָֽרֶץ

티파(tipha ֖)와 자켚(zaqep ֔)은 아트나(atnah)로 구분된 소단위 의미문구 내에서 상대적으로 더 작은 의미문구들을 구분한다.

창 1:2 (וְהָאָ֗רֶץ הָיְתָ֥ה תֹ֙הוּ֙ וָבֹ֔הוּ) (וְחֹ֖שֶׁךְ עַל־פְּנֵ֣י תְה֑וֹם)
(וְר֣וּחַ אֱלֹהִ֔ים) (מְרַחֶ֖פֶת עַל־פְּנֵ֥י הַמָּֽיִם׃)

창세기 1:2 구절에서 아트나(atnah)로 분리된 상반 소단위 의미문구는 다음과 같다.

וְהָאָ֗רֶץ הָיְתָ֥ה תֹ֙הוּ֙ וָבֹ֔הוּ וְחֹ֖שֶׁךְ עַל־פְּנֵ֣י תְה֑וֹם

"땅은 혼돈하고 공허하며 흑암이 깊음 위에 있었다."

창세기 1:2 구절에서 아트나로 분리된 상반 소단위 의미문구는 자켚(zaqep) 분리형 표기로 다음과 같이 더 작은 소단위 의미문구로 구분된다.

וְהָאָ֗רֶץ הָיְתָ֥ה תֹ֙הוּ֙ וָבֹ֔הוּ "땅은 혼돈하고 공허했다."

티파(tiphah)는 창세기 1:2 하반 소단위 의미문구에서 자켚(zaqep)으로 분리된 나머지 의미문구의 시작을 알린다.

וְר֣וּחַ אֱלֹהִ֔ים

"하나님의 영이"

מְרַחֶ֖פֶת עַל־פְּנֵ֥י הַמָּֽיִם׃

"수면 위에 운행하셨다"

마소라 편찬 이전의 히브리성서 원문을 구성하는 단어들과 문구들 사이에는 공간적 여백이 없음으로 단어나 문구를 각기 서로 구분하는데 어려움이 있었다. 마소라의 분리형 표기들은 그로 인해 야기되었던 단어와 문구의 의미론적 혼돈을 해소하고 명백케 하는데 도움을 준다. 한개의 절을 분리형 악센트로 더 작은 소단위 의미문구로 구분해 독자로 하여금 붙어있는 단어들과 문구의 의미론적 혼돈을 해소하고 명백하게 읽도록 작업한 것이다.

II. 결합형

결합형 악센트는 마소라의 한 구절을 구성하고 있는 소단위 의미문구나 단어들을 결합시킴으로 그 의미를 더욱 명백하게 해준다. 따라서 이를 분리형 악센트를 보조하는 '도움 악센트' (servu servi)라고도 부른다. 주로 소단위 의미문구를 구성하는 단어들 아래 표기되어 가장 많이 사용되는 결합형 악센트는 무나(munah, ˩), 메후팍(mehuppak, <), 메레카(mereka, /), 갈갈(galgal, v) 등이 있다. 이들 악센트들은 독자로 하여금 표기된 단어들을 의미론적으로 서로 연관시켜 읽도록 한다. 예를

들어 창세기 1:11에서 아트나로 분리되는 상반 의미문구는 너무나도 길다. 메후팍과 무나는 독자로 하여금 이 상반 의미문구를 구성하는 특정 단어들을 서로 연관해 읽어 그 의미를 명백히 이해하도록 도움을 준다.

창 1:11

וַיֹּ֣אמֶר אֱלֹהִ֗ים תַּֽדְשֵׁ֤א הָאָ֙רֶץ֙ דֶּ֗שֶׁא עֵ֚שֶׂב מַזְרִ֣יעַ זֶ֔רַע עֵ֣ץ פְּרִ֞י עֹ֤שֶׂה
פְּרִי֙ לְמִינ֔וֹ אֲשֶׁ֥ר זַרְעוֹ־ב֖וֹ עַל־הָאָ֑רֶץ וַֽיְהִי־כֵֽן׃

아트나로 분리된 상반 의미문구

וַיֹּ֣אמֶר אֱלֹהִ֗ים תַּֽדְשֵׁ֤א הָאָ֙רֶץ֙ דֶּ֗שֶׁא עֵ֚שֶׂב מַזְרִ֣יעַ זֶ֔רַע עֵ֣ץ פְּרִ֞י עֹ֤שֶׂה
פְּרִי֙ לְמִינ֔וֹ אֲשֶׁ֥ר זַרְעוֹ־ב֖וֹ עַל־הָאָ֑רֶץ

의미론적으로 결합해 읽어야 하는 단어들

תַּֽדְשֵׁ֤א הָאָ֙רֶץ֙ דֶּ֗שֶׁא

עֵ֚שֶׂב מַזְרִ֣יעַ זֶ֔רַע

עֵ֣ץ פְּרִ֞י עֹ֤שֶׂה פְּרִי֙ לְמִינ֔וֹ

2. 마소라(מסורה) 가이드

기원 6-10세기 갈릴리와 예루살렘을 중심으로 활동했던 마소라(Masoretes, **בעלי מסורה**)로 알려진 랍비들은 토라 코덱스(Chumash) 본문의 보전과 전승을 위해 보다 더 명백한 구문과 의미론적 이해를 위한 악센트 구상과 함께 본문 양쪽과 아래 여백에 오늘날 각주 혹은 미주와 같은 짧은 메모(용어색인, 짧은 설명, 등)를 부가적으로 기술했다. 이러한 메모를 마소라(**מסורה, אסר**, 묶음 혹은 전통, 겔 20:37)라고 부른다. 마소라 본문 양쪽 여백에 기록된 메모는 마소라 파르바(Mp, Masorah Parva,

소마소라)라고 하고, 아래 여백에 기록된 메모는 마소라 마그나(Mm, Masorah Magna, 대마소라)라고 한다. 마소라 마그나의 내용은 오늘날의 독자를 위해 설명을 부가한 별도의 권서 인 마소라 게돌라(Masorah Gedolah)로 편찬해 출판되었다.[155]

마소라 파르바(소마소라)

마소라 본문의 구절을 오른쪽에서 왼쪽으로 읽어 나갈 때 글자 위에 'o'로 표기된 단수 단어나 단어 그룹 혹은 문장을 볼 수 있다. 이는 오늘날 각주나 미주의 번호표시와 유사한 마소라 표기다. 오른쪽에서 왼쪽으로 열거된 'o' 표기는 순서대로 표기1, 표기2, 표기3, 등을 의미한다. 예를 들어 마소라 창세기 22:6 본문에는 'o'으로 표기된 3개의 단어들이 있다. 그리고 해당 단어들과 관련된 짧은 설명 메모들(Mp)은 오른쪽에서 왼쪽 순으로 본문 왼쪽 여백에 작은 공간상 약자형으로 차례대로 기술되어 있다.

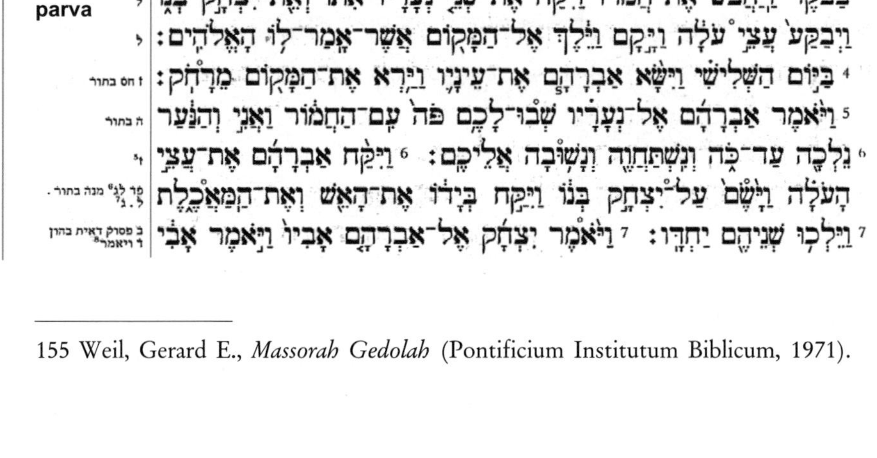

155 Weil, Gerard E., *Massorah Gedolah* (Pontificium Institutum Biblicum, 1971).

마소라 마그나(대마소라)

마소라 마그나(Mm)의 설명서는 별도의 권서 인 마소라 게돌라(Masorah Gedolah)로 편찬되었다. Mm은 Mp에서 약자로 다 설명될 수 없는 내용을 추가한 것인데 이를 별도로 편찬했다. 따라서 본문 왼쪽 여백에 기술된 Mp 약자형 메모에는 필요 시 번호(1, 2, 3, 등)가 표기된다. 본문 아래 여백에는 이 번호에 해당되는 Mm 번호([1]Mm 145, [2]Mm 1500, [3]Mm 146, [4]Mm 187, 등)가 있다. 예를 들어 [4]Mm 187는 Mp 약자메모에 4로 표기된 사항에 대해 마소라 게돌라 187쪽(Mm 187)에 있는 추가설명을 참고하라는 것이다.

즉 Mm 번호들은 별도로 편찬된 마소라 게돌라(Masorah Gedolah)의 쪽 번호를 지시한 것이다. 예를 들어, 창세기 1:1 בְּרֵאשִׁית 단어 위의 °표는 왼쪽 여백(Mp)에 기술된 약자 메모를 지시하는 표기다. 왼쪽 여백 Mp에는 הג[1]רייפ וב[2]מייפ 같은 약자형의 설명이 있다. 이 약자들의 의미를 알기 위해서는 오늘날의 독자를 위한 별도의 설명서를 참고해야 한다.[156] 창세기 1:1 בְּרֵאשִׁית 단어의 Mp 약자형 메모는 아래와 같은 설명을 요약한 것이다.

(ה̇) 마소라 구약본문에 בְּרֵאשִׁית 와 같은 단어의 형태는 총 5회 기술되어 있다.

---

156 William R. Scott, *A Simplified Guide to BHS* 참고.

(ג̇[1]רייפ) 그 중 3회는 이 단어가 구절을 시작한다. ([1]רייפ). 아래 1번을 참고.

(וב̇[2]מייפ) 그리고 나머지 1회는 구절 안에 기술되어 있다(מייפ). 아래 2번을 참고.

따라서 이제 본문 아래쪽 공간에 표기된 [1]Mm과 [2]Mm를 참고해야 한다. [1]Mm 1은 마소라 게돌라 1쪽에 추가적인 설명이 있음을 의미한다. 별도의 마소라 게돌라 1쪽을 찾아보면 בְּרֵאשִׁית가 구절을 시작하는 3개의 해당 본문들을 밝힌다(창 1:1; 렘 26:1; 렘 27:1). [2]Mm 2는 마소라 게돌라 2쪽에 추가적인 설명이 있음을 의미한다. 마소라 게돌라 2쪽을 찾아보면 בְּרֵאשִׁית가 구절 내에 포함된 2개의 해당 본문들을 소개한다(렘 28:1; 렘 49:34).

이렇게 본 섹션에서 우리는 마소라가 본문의 단어들과 문구들을 다양한 표기들과 악센트 그리고 메모들을 통해 어떻게 구분해 읽고 이해하도록 지시하는지를 보았다. 이는 종합적으로 본문의 발음과 의미문구를 파악하는데 유익한 도움을 준다. 물론 마소라 표기의 전체적인 의도나 기능을 다 파악할 수는 없으나, 창세기 본문을 전문적으로 읽고자 하는 독자에게 히브리 구문론과 마소라의 기본양식을 아는 것은 절대 회피해서는 안 되는 필수적인 과제라고 말 할 수 있다.

창세기 마소라 본문의 구조

창세기 본문을 면밀히 읽고 적절히 해석하는데 있어 본문의 문학구조 즉 본문의 내용단위와 구성을 분할하고 분석하는 것은 성경해석학에 있어 가장 기본적인 작업이다. 본문의 구조는 객관적으로 혹은 수동적으로 발견되기 보다는 마소라 본문의 양식, 구문, 문맥, 줄거리, 시공간적 배경, 역사적 정황, 독자의 실존 등, 다학제간적인 요소들을 복합적으로 고려한 객관적이면서도 '상상과 창의'의 구상이라고 말 할 수 있다. 이는 본문의 최종 편찬자가 기획한 고유한 구조를 발견하거나 재구성한다기보다는 본문의 문학적 요소들을 최대로 찾아내 본문을 이해하기 위한 적절한 구조를 구상하는 것과 가깝다. 이를 위해 독자는 본문의 문맥과 역사문화적인 배경, 마소라 본문의 표기들과 기호, 텍스트-언어학, 수비학 및 상호 텍스트 간의 유추와 정경적 요소들을 통합적으로 분석할 수 있어야 한다. 이러한 어려운 과정을 통해 구상될 수 있는 창세기 본문의 구조는 건축설계도와 같은 기능을 갖는다. 이미 언급한바와 같이 우리는 설계도에 그려진 구조를 통해 건물의 실체, 내용물, 환경, 기능, 세계관 등, 그 건물의 실제적인 형태와 의미를 상상해볼 수 있다. 따라서 창세기 본문을 분석하고 그 내용의 의미를 발화시키기 위해 우리는 창세기를 포함한 오경의 고유한 구조를 최대로 구상할 수 있어야 한다. 그렇다면 토라의 본문은 원래 어떠한 구조로 구성되었던 것일까? 이미 전 섹션 들에서 논한바와 같이 토라의 가장 기본적인 구조의 틀은 직계형(linear)보다는 계보문(תולדות) 기반의 평행형(parallel)이다.

또한 더 복합적인 태블릿형(tabular)의 가능성도 보았다. 특별히 이러한 고유한 구조는 본문의 마소라 기호, 텍스트언어학, 문맥, 배경, 플롯, 인물묘사 등을 포함한 서술분석(narrative analysis)을 통해 구상될 수 있으며 이는 창세기 본문의 적합한 의미를 살피는데 있어 기본적 필수조건이라고 말 할 수 있다.[157] 문제는 창세기 본문의 고유한 문학구조의 공시적인 통일성을 주장하는 신문학비평과 통시적인 해체를 주장하는 일부 역사비평학의 논쟁이다. 그러나 이 둘은 서로 절대적인 갈등관계를 가질 필요가 없다. 서로 조금씩만 양보하고 대화한다면 본문의 고유한 역사와 서술이 만나는 의미론적인 지평이 존재한다. 이와 관련해 호프마이어

157 이에 관한 자세한 논의는 다음을 참고하라. 이한영, "오경을 어떻게 설교할 것인가?" 『구약 논집』 (2011: 7): 21-64.

(James K. Hoffmeier)는 창세기는 근대적 인식론에 의한 역사책도 그렇다고 허구적인 이야기도 아닌 역사와 신학을 고대근동의 신화(myth) 양식으로 엮은 사실적 서술이라고 말한다.[158] 그러나 이에 웬함(Gordon J. Wenham)은 그리스 문학에서의 신화는 사실적 서술이 될 수 없다고 반박한다. 창세기 본문은 그 역사문화적인 배경과 독특한 구문을 고려해 볼 때 고대수메리아 왕조 계보문(c. 1900 BC)의 양식과 유사한 계보문(תולדות, 톨레도트) 즉 족장들의 가족사로 구성된 원시역사(proto-history)라고 주장한다.[159] 이렇게 창세기 본문의 구조와 장르에 대한 학자들의 견해는 다양하다. 그러나 본문의 해체보다는 텍스트언어학적 분석에 의한 본문의 서술적 통일성, 직계형보다는 평행분석에 의한 본문의 태블릿형 구조, 그리고 신화보다는 원시역사로 해석될 수 있는 요소들을 종합적으로 고려해 볼 때, 고대 히브리 족장들의 가족사를 기반으로 구성된 창세기 본문의 톨레도트 구조는 고대근동의 역사문화적인 실제를 가장 균형 있게 반영한 구조라고 말 할 수 있다. 따라서 필자는 호프마이어(James K. Hoffmeier)와 웬함(Gordon J. Wenham)의 담론을 종합해 창세기 본문을 역사와 서술이 융합된 역사적 내러티브(historical narrative)로 제안한다.

토라의 총체적인 구조 안에서 창세기

창세기 본문 내러티브(Genesis Narrative)는 토라 내러티브(Torah Narrative)의 총체적인 구조 안에서 오경의 주요 주제를 선행적으로 함축하

158 여기서 말하는 '신화' (myth)는 문학적 허구가 아닌 역사적 사실에 대한 고대근동의 은유적인 구성을 의미한다. C. Halton et al, *Genesis: History, Fiction, or Neither?* (Grand Rapids, MI: Zondervan, 2015), 26-27.

159 Gordon J. Wenham, "Genesis 1-11 as Protohistory," in *Genesis: History, Fiction, or Neither?* (Grand Rapids, MI: Zondervan, 2015), 72-97.

고 암시한다. 따라서 창세기는 오경의 서론적인 기능을 가진다.

A	창세기 (בְּרֵאשִׁית)	창조, 타락, 추방, 구속 시작	서론
B	출애굽기 (שְׁמוֹת)	애굽에서 시내산으로. 성막 건축	언약 수령
C	레위기 (וַיִּקְרָא)	성막 중심의 예배와 거룩한 삶의 규범	언약적 예배와 삶
B′	민수기 (בְּמִדְבַּר)	가나안 진입 준비. 성막 봉헌	언약 주권
A′	신명기 (דְּבָרִים)	창조, 타락, 추방, 구속 회고	결론

	창세기 본문	본문 표제	선택 본문	창세기 내러티브	텍스트 단락
서문	1:1-2:3	태초	1) 1:1-2:3	I. 창조	Part I 태고 내러티브
1	2:4-4:26	하늘과 땅의 톨레도트	2) 2:4-3:24	II. 아담과 후손들	
2	5:1-6:8	아담의 톨레도트	3) 4:1-16		
3	6:9-9:29	노아의 톨레도트	4) 9:18-29	III. 노아	
4	10:1-11:9	노아의 아들들의 톨레도트	5) 11:30-12:9 6) 12:10-20 7) 15:1-21 8) 18:16-33 9) 21:8-21 10) 24:1-67	IV. 노아의 후손들	
5	11:10-26	셈의 톨레도트		V. 셈	
6	11:27-25:11	데라의 톨레도트		VI. 아브라함	Part II 족장 내러티브
7	25:12-18	이스마엘의 톨레도트		VII. 이스마엘	
8	25:19-35:29	이삭의 톨레도트	11) 25:19-34 12) 27:1-45	VIII. 이삭과 야곱	
9	36:1-37:1	에서의 톨레도트(a, b)	13)37:1-50:26	IX. 에서	
10	37:2-50:26	야곱의 톨레도트		X. 요셉과 형제들	

오경본문은 하나님의 창조, 타락과 열방의 탄생, 족장들의 소명과 순례, 출애굽, 신적 속성과 임재, 이스라엘의 언약, 거룩한 백성과 제사장 나라, 광야에서의 예배, 약속의 땅을 향한 소망 등, 구속사적인 다양한

주제들을 담고 있다. 그리고 이 주제들은 크게는 '끼워 넣기' (intercalation)의 평행구조 혹은 '샌드위치'의 수미쌍관(ABCB′ A′) 구조를 통해 서로 간에 유기적인 구조로 엮어져 있다.[160] 예를 들어 오경본문의 수미쌍관 구조 양쪽에 구성된 창세기와 신명기는 창조, 타락, 추방, 그리고 구속의 시작(A)과 회고(A′)를 기술한다. 따라서 창세기는 타락한 인류의 구속과 율법의 필요성을 암시하고, 출애굽기와 레위기와 민수기는 구속사적인 언약의 수령과 예배와 주권(B-C-B′)을 기술하고, 신명기는 마음(לֵב)을 25번 반복해 언급하며 그 구속과 율법이 하나님의 주권적인 사랑의 언약으로 성취되는 것임을 명시한다(신 6:5). 또한 오경의 총체적인 구조 안에서 창세기 본문을 직계형(linear)이나 태블릿형(tabular)으로 읽어볼 때 그 구성은 크게 태고 내러티브(1-11)와 족장 내러티브(12-50)로 구분될 수 있다. 본서는 이러한 오경의 총괄적인 구조 안에서 창세기를 주해하는데 있어 자주 논쟁의 대상이 되는 13개의 본문을 선택해 다양한 방법으로 본문들을 접근하며 해석해보고자 한다.

---

160 Watt는 오경이 창조주 하나님의 속성을 기술했다고 주장한다. Wenham은 하나님의 임재(성육신), William은 피조물에 대한 인류의 사명, 그리고 Sailhamer는 언약 백성을 오경의 주요 주제로 논한다. 이러한 주제들은 서로 일맥상통하는 하나의 주제로서 "창조주 하나님과 언약 백성의 소명"으로 요약될 수 있다. Gordon Wenham, *Exploring the Old Testament*, Vol. 1, *The Pentateuch* (London: SPCK, 2003); James W. Watt, "The Legal Characterization of God in the Pentateuch," *Hebrew Union College Annual* (1997:67): 1-14; John H. Sailhamer, *The Meaning of the Pentateuch: Revelation, Composition and Interpretation* (Grand Rapids, MI: InterVarsity Press, 2009) 참고.

Part 4

창세기의 역사성과 텍스트성

창세기 본문의 면밀한
해석학적 작업에 있어
전문적 독자는
텍스트를 적절한 정량
그리고 의미론적인 소단위로
분할해 분석해야 한다.
그런데 실제로 이를 집행하는
작업은 쉽지 않다.
왜냐하면 텍스트 단위를 나누는데 있어
절대적인 객관적 준거는
존재하지 않기 때문이다.

제4장: 창세기의 역사성과 텍스트성

창세기 본문의 내러티브는 톨레도트를 기반으로 총10개의 주요 이야기들로 구성되었다고 볼 수 있다. 그 중 첫번째는 창조에 관한 이야기이다. 그리고 본문을 면밀하게 읽어보면, 창조 내러티브는 창조의 역사적인 사건 그 자체보다는 창조를 통한 하나님과 피조물과의 언약적 안식(샤바트, שׁבת) 즉 신학적인 시각에서 창조를 조명하고 있음을 알 수 있다. 본 장에서는 다음 장부터 창세기 네러티브를 구성하고 있는 10개 계보문 안에서 선택적으로 14개의 본문을 주해하기 전, 창조 내러티브(creation narrative)의 역사성과 텍스트성에 대해 간략히 논하고자 한다.

1. 고대근동의 창조 신화 문헌들과 창세기의 창조 내러티브

창세기 본문은 고대근동의 역사문화적인 배경과 정황이 반영된 고유한 문학적 기호로 기술되었다. 이는 동시대의 세계관과 구문론을 고려한 해석을 요구한다. 특별히 창세기 1:1-2:3에 기술된 창조 이야기는 고대근동의 일반적인 창조 문헌들과 유추해 볼 필요가 있다. 그 중 자주 거론되는 주요 비교 문헌들은 다음과 같다.

에누마 엘리쉬(Enuma Elish)

고대바빌론 왕 함무라비(c. 1792-1750 BC)는 메소포타미아에서 강대도시국가로 발전한 바빌론 왕국의 수호신 마르둑(Marduk)의 숭배를 강화하기 위해 기원전 3천년경 것으로 추정되는 에누마 엘리쉬(Enuma Elish) 신화의 전승을 당시의 정황으로 재창작한 것으로 여겨진다. 아슈르(Ashur)에서 발견된 가장 최근의 에누마 엘리쉬 토판은 아카드어 쐐기문자로 기록되어 있고 아슈르바니팔(Ashurbanipal, 668-626 BC) 왕조시대의 것으로 평가된다. 대영박물관의 큐레이터였던 조지 스미스(George Smith)는 창세기 내러티브는 바빌론의 창조신화로부터 기원 된 것이라고 주장했다. 이에 델리취(Friedrich Delitzsch)는 창세기 내러티브의 바빌론 신화 기원을 정설로 강의하기 시작했고 그러한 담론을 기반으로 범바빌론 구약해석학회(Pan-Babylonian School of OT Interpretations)를 주도했다.[161]

이 학회는 구약성경의 주요 문학양식과 신학사상의 기원을 일괄적으로 바빌론 신화에 종속된 것으로 전제하고 해석했다. 에누마 엘리쉬의 가장 오래된 사본조각들은 기원전 약1천 년으로 소급된다. 역사비평학자들은 모세오경의 연대를 기원전 5-6세기로 측정하고 오경의 창조 내러티브가 에누마 엘리쉬 신화의 창조 내용을 유사적으로 반영하고 있다고 지적한다. 그러나 면밀한 비교분석에 의하면 그 유사성은 문학적인 양식과 관련된 것으로서 본 내용과 플롯과 모티프에 있어서는 명백히 차별되는 것을 알 수 있다. 에누마 엘리쉬는 만신전의 신들 가운데 바빌론의 수호신인 마르둑(Marduk)의 신권과 우수성을 부각시키기 위한 신화다. 압수(Apsu, 샘물의 신)와 신인(神人)인으로 알려진 티아마트(Tiamat, 소금물의 신)의 결합에서 태어난 에아(Ea)는 창조의 질서를 파괴하려는 그의 아버지 압수를 살해하고 우주의 질서를 자기 중심으로 재구성한다. 에아는 담키나(Damkina) 여신과 결혼해 그 사이에서 아들 마르둑을 출

161 George Smith, *The Chaldean Account of Genesis* (Scribner Armstrong, 1876) 2015 edition 참고. Enuma Elish에 대한 최근 논의는 Timothy J. Stephany, *Enum Elish: The Babylonian Creation Epic* (USA, Create Space, 2013) 참고.

산한다. 세월이 흘러 킹구(Kingu)라는 신이 티아마트와 결합해 압수를 죽인 에아와 그의 아들 마르둑에게 복수를 시도한다. 그러나 마르둑은 오히려 용으로 변한 티아마트를 죽임으로 만신전의 최고 신으로 등극한다. 또한 마르둑은 그의 승리를 영원히 기념하기 위해 티아마트의 머리를 부셔 그 재료로 천지를 만들고, 그의 목구멍을 찢어 흐른 피로는 원시인을 만들어 만신전을 섬기는 영원한 노예로 삼는다. 마지막으로 본인이 만신전의 왕이 된 것을 기념하기 위해 에사길라(Esagila, 바빌론)를 세워 그 도시의 수호신이 된다.[162]

에누마 엘리쉬에 대한 하이델(Alexander Heidel)의 평가는 다음과 같다.[163]

(1) 에누마 엘리쉬는 기본적으로 창조에 대한 기록이 아니다. 이는 바빌론의 수호신인 마르둑이 그의 대적 티아마트를 죽이고 만신전의 최고신이 되었다는 것을 부각시키기 위한 신화다. 전체 내용을 담고 있는 일곱 토판 중 창조에 관한 언급 두 판에 불과하다. (2) 기록된 동기는 정치적인 것으로서 바빌론의 수호신이 타 도시국가들의 수호신보다 우수하다는 것을 강조하기 위함이다. (3) 에누마 엘리쉬는 만신론(pantheon)을 근거로 기록되었으나 창세기는 유일신론에 근거한다. (4) 에누마 엘리쉬에는 6일 동안의 창조가 기록되어 있지 않다. (5) 에누마 엘리쉬는 창세기와 같은 일관된 문학구조를 갖고 있지 않다. (6) 에누마 엘리쉬의 창조는 유에서 유를 변형하는 것이나 창세기는 만물이 무로부터 창조되는(creatio ex-nihilo) 서술을 담고 있다.

162 Victor Mathews Harold, *Old Testament parallels: laws and stories from the ancient Near East* (New York, NY: Paulist Press, 2006) 참고.

163 Alexander Heidel, *The Babylonian Genesis: The Story of Creation* (Chicago, IL: University of Chicago, 2009) 참고.

길가메쉬 서사시(Epic of Gilgamesh)

아슈르바니팔(Ashurbanipal, 기원전 668-626) 왕의 도서관에서 발견된 길가메쉬는 그 기원이 기원전 약 2000년으로 소급된다. 길가메쉬의 개정판들로 추정되는 토판들이 고대 히타이트 제국(ca 1500 BCE) 지역인 보가스코이(Bogazkoy)에서 출토되었다.[164] 길가메쉬에 언급되는 창조와 홍수 이야기는 원래는 아트라하지스 서사시(Atrahasis Epics)였던 것을 후기에 편집한 것으로 추정된다. 이 서사시의 주요 내용은 길가메쉬(1/3 인성과 2/3 신성을 가진 전설적 인물)라는 왕이 그의 친구 엔키두(Enkidu)의 죽음을 애도하며 불멸의 신비를 풀기 위한 여정에서 경험한 사건들로 구성되어 있다. 이라크 니느웨(Nineveh, Iraq)에서 발견된 12개의 토판 중 11번째 토판에서 영생하는 우트나피쉬팀(Utnapishtim)이 그의 아내와 어떻게 영원히 살게 되었는지를 길가메쉬에게 전해주는 중 그들이 큰 홍수를 모면하게 된 상황을 말해준다. 만신전의 신들은 홍수 중 방주를 타고 살아남은 우트나피쉬팀을 불멸의 존재(immortal)로 만든다. 그 이유는 나머지 모든 인간들은 죽을 수밖에 없는 존재임을 주장하기 위함이다.

키키와다(Isaac M. Kikiwada)는 다음의 도표와 같이 아트라하지스의 창조 이야기와 창세기의 창조 이야기(창 1-11)를 비교 분석하여 이 둘은 모두 신의 인간 창조와 그로부터 발생한 위기(인구증가, 타락 등)에 대한 신들의 반응을 유사하게 기술한 것이라고 주장한다.[165] 그러나 아트라하지스 서사와 창세기의 창조-홍수 이야기는 근본적으로 그 모티프와 플롯에서 명백한 차이를 나타낸다. 아트라하지스에서 신들은 인류의 번성을 막기위해 우트나피쉬팀을 살린다. 그러나 창세기에서 하나님은 아담과 노

164 Andrew George, *The Epic of Gilgamesh* (London, UK: Penguin Classics, 2016) Kindle edition 참고.

165 Isaac M. Kikawada, "The Double Creation of Mankind in Enki and Ninmah: ATRAHASIS I 1-351 and Genesis 1-2," *IRAQ* Vol XLV (Spring, 1983): 43-45.

ATRAHASIS			GENESIS
A	창조 (I. 1-351) 신들의 창조일 인간 창조	A	창조 (1:1-2:3) 하나님의 창조일 인간 창조
B	첫 번째 위기 (I. 352-415) 인구증가 재앙, Enki의 도움	B	첫 번째 위기 (2:4-3:24) 천지 톨레도트 아담과 이브
C	두 번째 위기 (II.i.1-v. 21) 인구증가 1. 가뭄, 인구증가 2. 가뭄의 심화, Enki의 도움	C	두 번째 위기 (4:1-26) 가인과 아벨 1. 가인과 아벨의 톨레도트 2. 라멕의 비웃음
D	마지막 위기 (II.v22-III.vi.4) 인구증가 아트라하지스의 홍수, 배를 통한 구원	D	마지막 위기 (5:1-9:29) 톨레도트 노아의 홍수와 방주를 통한 구원
E	해결 (III.vi.5-viii.18) 인구증가 Enlil과 Enki의 타협, 산아제한	E	해결 (10:1-11:32) 톨레도트, 바벨탑 사건 데라의 톨레도트: 아브라함이 우르를 떠나다

[아트라하지스의 창조 이야기와 창세기의 창조 이야기(창 1-11) 비교 분석]

아의 언약에서 그들 모두가 생육하고 번성하고 땅에 충만하기를 축복한다(창 1:28; 9:1).

수메르 홍수 이야기

에누마 엘리쉬는 신들이 인간을 창조한 후 인구가 증가함에 따라 인간이 자신들의 생존경쟁 상대가 되어버린 것을 두려워해 인간을 홍수로 파괴한다. 그리고 그러한 위기의 영구적인 해결책으로 산아를 제한한다. 이에 웬함(Gordon J. Wenham)은 수메르 홍수 이야기를 노아의 홍수와

비교해 그 둘 사이에는 다음과 같은 공통점이 있음을 지적한다.[166]

창세기 톨레도트	수메르 토판	내 용
1-3	1-36	인간과 동물 창조, 인간들의 곤경, 용수로의 부재, 의류의 부재, 동물과 뱀을 무서워하지 않는 인간들의 모습
4:1-16	37-50	여신 닌투르(Nintur)가 인간들의 유목생활을 종결하기로 계획한다
	51-58	여신 닌투르 계획의 실패
4:17-18, 26	86-100	왕권제도 설립; 초기도시 건설(Eridu), 제의 설립
5; 6:1-8	101-103	홍수 전 왕들의 계보; 인간들의 소란
6:9-9:29	135-260	대홍수

고대근동의 창조 서사시와 창세기의 창조 이야기는 본문의 양식과 내용에 있어 유사한 점들을 공유한다고 말 할 수 있다. 그러나 창세기 본문 내용의 면밀한 비교분석은 서술 모티프와 플롯에 있어 결정적인 차이점들을 드러낸다. (1) 고대근동의 신화는 공통적으로 신인(神人)관계를 갈등적이며 대립적인 관계로 묘사한다. 만신전의 신들은 서로의 알력뿐만 아니라 땅에서의 생존에 있어서도 인간과 경쟁하는 관계로 늘 혼란을 일으킨다. (2) 고대근동 신화에서 인간의 창조는 신들 간의 보복을 위한 행위다. (3) 윤리학적인 면에서 고대근동 신화와 서사시에는 신인관계에 있어 그 어떠한 도덕적 규범이나 언약을 찾아볼 수 없다. 그러나 창세기는 선악과(창 2:16-17)로 암시되는 절대적인 도덕적 규범을 정하고 아담

166 Gordon J. Wenham, *Exploring Old Testament: A Guide to the Pentateuch* (Downers Grove, IL: IVP Academics, 2016).

과 모든 피조물과 거룩한 안식의 언약을 체결한다(창 2:1-3). 고대근동의 다신론에 비해 창세기에서 우주만물을 창조한 신은 유일신 야훼 엘로힘(יְהוָה אֱלֹהִים)이며 그는 혼돈과 공허함과 어두움(창 1:2)을 빛과 채움과 질서의 안식으로 창조한다(1:3-2:3). 또한 인구 증가와 인간의 타락으로 인한 창조의 위기를 보복과 산아제한이 아닌 인간의 생육과 번성으로 축복한다(창 1:28; 9:1; 12:2). 롱멘(Tremper Longman III)은 이러한 창조 이야기와 관련된 이집트와 메소포타미아와 팔레스타인의 기록들을 비교 분석하며, 근본적인 차이점은 신론과 인간론에 있다고 지적한다.[167] 고대근동 문헌에서 신들은 혼돈의 원인이며 가해자이다. 그러나 창세기에서 유일신 하나님은 혼돈의 해결사다. 고대근동 문헌에서 신은 인간을 그가 복수로 살해한 다른 신의 피와 진흙을 섞어 만든 후 영원한 노예로 삼는다. 그러나 창세기에서 하나님은 인간을 거룩한 그의 "형상과 모양을 따라"(창 1:26-27, בְּצַלְמֵנוּ כִּדְמוּתֵנוּ) 창조하시고 그를 축복하신다(창 1:28).

창세기		고대근동	
A	혼돈, 공허함, 어두움(1:2)	A	신들의 전쟁과 창조행위
B	하나님의 창조행위(1:3-2:1)	B	혼돈, 공허함, 어두움
A'	거룩한 안식(2:3)	A'	신들과 인간들 사이에 영원한 갈등

이렇게 고대근동 기록과 창세기 사이에는 시대적인 문학적 양식의 유사성에도 불구하고 그 내용의 모티프와 플롯에서 분명한 차별이 있다. 수메르 홍수 이야기를 담고 있는 토판은 고대 수메리아 지역인 유프라테스 근처에 위치한 니푸르에서 발견되었다. 니푸르는 창세기의 열방 계보(창

167 Tremper Longman III, *How to Read Genesis* (Downers Grove, IL: InterVarsity Press, 2005), 81-87.

10:10)에 기록된 시날 땅(메소포타미아) 갈레(Calneh)와 동일한 것으로 추정된다. 그리고 창세기는 갈레를 포함해 고대근동의 모든 후예들이 홍수를 경험한 함의 후손 구스로부터 번성한 민족임을 언급한다(창 10:6-14). 그렇다면 창세기의 창조 이야기는 고대근동 서사시로부터 유래되었다기보다는 오히려 함이 경험한 홍수에 대한 다양한 버전들이 구스를 통해 메소포타미아 전역으로 전승되고 퍼진 것이라고 추측해 볼 수 있다.

2. 고대근동에서 신적 창조의 문화역사적인 인식론

창조 내러티브 본문을 해석하는데 있어 고려해야 할 중요한 요소 중 하나는, 창세기 1:1에서 최초로 언급되고 있는 히브리어 동사 "바라"(בָּרָא, 창조하다)의 문화역사적인 의미와 의의일 것이다. 이 동사의 의미는 화용론에 있어 본문의 문맥과 문화역사적인 정황에서 이해될 필요가 있다. 한국인들이 펄펄 끓는 전골을 먹으며 "시원하다!"고 말할 때 유럽인들이 알프스 산 정상에서 "시원하다!"고 말하는 것과는 분명한 다른 의미를 가진다. 그렇다면 창세기 본문에서 "창조하다"(בָּרָא)는 무엇을 의미하는 것이었을까? 이 동사에 대한 당시 고대근동의 문화인식론적인 기호와 기의를 이해할 필요가 있다. 오늘날 창세기 본문을 역자적 혹은 일치주의(concordism)적으로 읽는 독자는 본문을 구성하고 있는 고대근동의 고유한 기호와 기의와는 상관없는 근대과학적인 인식을 본문에 투영할 가능성이 높다. 그리고 이러한 문자적 읽기는 해석학적 오류를 초래한다. 구약은 고대근동의 문화역사적인 정황에서의 문학과 야훼 하나님과 이스라엘의 언약신학이라는 고유한 기호로 기술되었다. 따라서 구약 본문을 해석하는데 있어 우리는 본문의 문화역사적인 인식론 코드를 분별하고 디코딩할 수 있어야 한다. 그렇다면 창세기를 기록했을 당시 신이 그 무엇을 "창조하다"(창 1:1, בָּרָא)라는 동사는 어떠한 의미를 가졌던 것일까?

창세기 1:1 "태초에 하나님이 하늘과 땅을 창조했습니다."

בְּרֵאשִׁית בָּרָא אֱלֹהִים אֵת הַשָּׁמַיִם וְאֵת הָאָרֶץ׃

먼저 고대근동 우주론은 과학적 근대우주론과 다름을 고려해야 한다. 월턴(John H. Walton)은 근대우주론은 물리적 존재론(material ontology)에 기반한 것으로서 과학적 언어로 인지됨을 지적한다.[168] 즉 만물을 물리적인 특성과 기제로 설명한다. 여기서 "창조하다"라는 말은 물리적인 제조를 의미한다. 또한 근대우주론은 물리적이며 비(非)목적론적인 자연과 초자연을 구분한다. 따라서 창조주가 없는 초기 에너지의 우연적인 대폭발(big bang)로부터 파생되었다고 믿어지는 물체를 중립적으로 관찰하고 서술한다. 이와 달리 고대근동의 우주론은 신학적이며 목적론적인 기능적 존재론(functional ontology)에 기반한다. 즉 "창조하다"라는 말은 모든 물질은 신이 창조했다는 전제적 의미를 갖는다. 따라서 "신이 무엇을 창조했다"라는 것은 모든 피조물을 목적에 따라 질서정연한 체계로 기능하게 하는 것을 암시한다. 즉 일반적으로 고대근동 세계에서 신의 창조는 물리적 창조(material creation)가 아닌 물리적 창조가 전제된 기능적 창조(functional creation)를 의미한다. 또한 고대근동 세계관에서는 자연적인 것과 초자연적인 것, 세속적인 것과 신학적인 것을 이분법적으로 해체하지 않는다. 따라서 신이 우주를 창조한다는 것은 자연스러운 것이며, 이는 그 어떠한 물질을 만드는 근대적인 의미와 일치하지 않는다.

고대근동에서 그 무엇을 창조한다는 것은 물리적인 물건을 만드는 것보다는 하나의 회사를 만드는 것으로 설명될 수 있다. 하나의 회사를 만들기 위해서는 물리적인 요소(건물, 자본, 직원)뿐만 아니라 회사로 역할

168 John H. Walton, *The Lost World of Genesis One* (Downers Grove, IL: IVP, 2010).

할 수 있는 기능을 만들어야 한다. 즉 창조의 기능(function of creation)을 의미한다. 창세기 1장은 우주만물이 물리적으로 어떻게 만들어졌는가에 대한 근대과학적인 설명서가 아니다. 창세기 1장은 혼돈과 공허와 어두움으로 가득 찬 무기능적 상태(1:2)의 우주를 엘로힘(אֱלֹהִים)이 왜? 무엇을 위해? 어떠한 기능으로 창조하셨는가에 대한 신학적 설명이다. 히브리어 동사 바라(בָּרָא, 창조하다)는 구약에서 주어인 엘로힘과 관련해 50번 언급되며, 70% 이상 기능적인 창조를 묘사하는데 사용된다. 그렇다면 고대근동에서 신이 만물을 창조했다는 것은 일반적으로 무슨 기능을 함의했던 것일까? 고대 이집트 지혜문헌인 「얀 헤르만 인싱거 파피루스」(Jan Herman Insinger Papyrus, c. 0~100 AD) 3행에서 신의 창조는 시간과 기후와 음식물의 기능을 창조하는 것으로 묘사되고 있다.

"그는 주의 명령을 통해 일, 월, 년을 창조했다."	시간을 위한 토대
"그는 소티스의 뜨고 지는 것을 통해 여름과 겨울을 창조했다."	기후를 위한 토대
"그는 살아 있는 자들 앞 들판의 기적인 식물을 창조했다."	식물을 위한 토대

얀 헤르만 인싱거 파피루스와 유사한, 즉 신의 기능적 창조(functional creation)에 대한 기록은 고대바빌론 에누마 엘리쉬(Enuma Elish, c. 18C BC) 토판 5번에서도 그 유추를 찾아볼 수 있다.

38-40행	밤과 낮	시간을 위하 토대
47-52행	구름, 바람, 비와 안개의 창조	기후를 위한 토대
53-58행	흙, 강, 수로, 구덩이	식물을 위한 토대

이러한 월턴(John H. Walton)의 주장 같이, 창세기 본문은 근대과학적인 우주론이 아닌 고대근동의 기능적 우주론에 기반한 신학적 창조를 기술하고 있다. 이는 창세기 8:22에서 명시적으로 구성되고 있음을 볼 수 있다.

עֹד כָּל־יְמֵי הָאָרֶץ זֶרַע וְקָצִיר וְקֹר וָחֹם וְקַיִץ וָחֹרֶף וְיוֹם וָלַיְלָה לֹא יִשְׁבֹּתוּ׃

"땅이 있을 동안에는 심음과 거둠과 추위와 더위와 여름과 겨울과 낮과 밤이 쉬지 아니하리라."

노아의 홍수 이후 하나님은 심음과 거둠(זֶרַע וְקָצִיר, 음식), 추위와 더위와 여름과 겨울(וְקֹר וָחֹם וְקַיִץ וָחֹרֶף, 기후) 그리고 낮과 밤(וְיוֹם וָלַיְלָה, 시간), 즉 창조의 기능이 지속될 것을 약속하신다. 이러한 기능적 창조 프레임은 창세기에 기술된 천지창조(creation), 노아의 홍수로 인한 창조 해체(decreation) 그리고 노아의 언약에 기반한 재창조(recreation) 이야기의 교차대구 구조(ABC X C′ B′ A′)를 통해 확인해 볼 수 있다.

창조	A	1:2-5	낮과 밤	시간을 위한 토대
	B	1:6-8	아래의 물과 위의 물	기후를 위한 토대
	C	1:9-13	땅과 바다	식물을 위한 토대
해체	X	6-8	노아의 홍수	
재창조	C'	8:22a	심음과 거둠	식물을 위한 토대
	B'	8:22b	추위와 더위와 여름과 겨울	기후를 위한 토대
	A'	8:22c	낮과 밤	시간을 위한 토대

이와 같이 창세기 1장에서 물리적인 창조는 이미 전제된 상황으로(창 1:2) 엘로힘 하나님의 창조는 총체적으로 기능적인 창조를 반영한다. 그러나 고대근동 신화와는 달리 창세기의 유일신 엘로힘은 만신전에서 다른 신들과의 광폭한 전쟁을 일으키며 우주의 혼돈과 인간과의 갈등을 야

기시키는 신화적 다신(多神) 중에 한 신이 아니다. 창세기의 기록은 당시의 다원론적이며 단일신론적인 창조 신화들을 반박하는 목적을 담고 있다. 따라서 창세기는 오직 엘로힘 하나님만이 유일신이며, 우주만물을 창조하였으며, 그분의 창조는 거룩한 안식(שַׁבָּת)을 위한 기능적 창조임을 변증한다(창 2:1-3).

3. 창세기의 텍스트 단위 분석

창세기 본문의 면밀한 해석학적 작업에 있어 전문적 독자는 텍스트를 적절한 정량 그리고 의미론적인 소단위로 분할해 분석해야 한다. 그런데 실제로 이를 집행하는 작업은 쉽지 않다. 왜냐하면 텍스트 단위를 나누는데 있어 절대적인 객관적 준거는 존재하지 않기 때문이다. 물론 이러한 필자의 생각이 틀렸다고 반박하는 논지가 있을 것이다. 그러나 실제로 본문의 해석 단위를 구분하고 나누는 작업은 객관적인 구문표기와 창의적인 상상, 통시적 역사와 공시적 본문과 독자의 영역 모두를 아울려야 하는 종합예술에 가깝다고 말 할 수 있다. 이를 위해 우리는 창세기 본문을 미시적으로 또한 더 큰 오경의 전체적인 문맥에서 면밀하게 정독해야 하며, 히브리 마소라 텍스트의 부호와 표기, 톨레도트와 태블릿형 구조, 본문의 역사적 정황과 텍스트언어학적 요소들을 필요에 따라 종합적으로 또한 창의적으로 분석해야 한다. 이러한 과정을 통해 다수의 학자들은 창세기 본문을 크게 두 섹션으로 구분한다. (I) 창세기 1-11장(태고 내러티브)과 (II) 창세기 12-50장(족장 내러티브)이다. 김의원은 그동안의 연구견해들을 종합해 창세기 내러티브의 첫 섹션인 창세기 1:1-11:32 본문을 병렬구조(ABCDE-A′ B′ C′ D′ E′)로 제시한다.[169]

---

169 김의원, 『창세기 연구』(서울: 기독교문서선교회, 2013).

서문: 천지창조 (1:1-2:3)

A. 에덴동산: 아담의 사명, 타락, 심판 (2:4-3:24)

B. 아담의 아들: 가인의 범죄 (4:1-16)

C. 가인의 후손: 인류 문화와 라멕의 죄악 (4:17-26)

D. 아담의 계보: 10대 (5:1-32)

E. 홍수 이전의 배경 (6:1-8)

A′. 악이 관영 한 세상: 노아의 소명과 홍수 (6:9-17)

B′. 노아의 아들: 함의 범죄 (9:18-29)

C′. 노아 후손의 문화: 바벨탑과 인류의 반항 (10:1-11:9)

D′. 셈의 계보: 10대 (10:10-26)

E′. 아브라함 이전의 배경 (11:27-32)

위의 구조를 기반으로 첫 번째 A-E 단락(창 1:1-6:8)의 내용을 분석해보면 본문의 주요 플롯이 창조 이후 타락의 기원과 그 시점으로부터 점차 인류전체로 확장되어가는 것을 반영하고 있음을 알 수 있다.

인류의 타락	본문	중심주제	서술요약
서문	1:1-2:3	천지창조	안식의 기능적 창조서술
배경	2:4-25	생명나무와 선악과	아담과 하와에 초점을 둔 창조서술
타락	3:1-6	선악과를 따먹음	뱀의 역할
타락의 첫 번째 결과	3:7-13	선악과를 범함으로하나님과의 안식언약이 파괴됨	그릇된 시각, 은폐, 저항, 원망, 죽음
심판 은혜	3:15-21	씨의 약속	뱀과 여자의 후손
	3:22-24	생명나무	하나님께서 그룹들과 화염검으로 생명나무의 길을 지키심
타락의 두 번째 결과	4:1-24	가인과 라멕의 살인 사건	아벨의 제사
은혜	4:25-26	씨의 약속	셋의 후손을 통한 언약 암시
타락의 확장	5:1-6:8	열방으로 확대된 타락	사악함이 창대해짐과 마음의 생각의 모든구상이 계속해서 악함에 대한 심판 선포

이미 위에서 언급한바와 같이, 본문의 면밀한 분석을 위한 텍스트 단위 나누기는 절대 객관적이거나 일관적일 수가 없다. 그러나 분명한 것은 적절해야 한다. 필자는 해석학에 있어 적절이라는 개념은 본문 장르에 적합한 다학제간적인 해석학적 도구를 전문적으로 고려하고 창의적으로 적용한 것이라고 정의한다. 본 섹션에서는 선택적으로 창세기 1:1-2:3 본문을 분석 단위로 구분하고 해석하기 위해 고려되어야 하는 주요요소들은 어떠한 것인지를 논하고자 한다.

첫째, 학계에서는 일반적으로 마소라 본문 표기의 유용성에 대해 부정적인 논쟁과 견해가 있지만, 마소라 본문을 분석하는데 있어서는 마소라에 표기된 부호들과 단락구분을 보완적인 차원에서 고려해 볼 필요가 있다. 마소라는 오경을 총168개의 세다림(Sedārîm, סדרים)으로 분할하고 있다. 이는 주로 정량적인 나눔인 것으로 알려져 있지만, 세다림을 구분하는 ס֒표기는 의미론적으로 소단위의 플롯을 시작하고 마무리하기도 한다. 예를 들어 창세기의 서문이라고 말 할 수 있는 창세기 1:1-2:3은 창세기 본문의 첫 번째 Sedārîm(ס֒א)으로 표기되고 있다.

둘째, 창세기 1:1-2:3 본문은 서술형(narrative)으로서 구문론적으로 또한 의미론적으로 본문을 구성하는 동사절 혹은 명사절들을 주문장(main clause)과 하위(subclause) 혹은 종속문장(subordinate clause)으로 구분해 소단위 절로 분할하고 분석해 볼 수 있다.[170] 오경에서 가장 일반적으로 기술되고 있는 동사절의 형태는 미완료(Yiqtol)와 완료(Qatal)로서 Wayyiqtol, Qatal, WeQatal, We-X-Qatal 그리고 We-X-Yiqtol형이 있다.[171] 그리고 이들 동사절 간의 구문관계는 다음과 같다. [172]

---

170 Alviero Niccacci. "Analysis of Biblical Narrative," in Robert D. Bergen, ed., *Biblical Hebrew and Discourse Linguistics* (Winona Lake, IN: Eisenbrauns, 1994), 177.

171 Jason S. DeRouchie, *How to Understand and Apply the Old Testament* (Phillipsburg, NJ: P&R Publishing, 2017), 111.

시제	산문	단순 명명 혹은 직설문구
과거	Wayyiqtol 연속문구	Qatal
현재	—	명사절 구성
미래	—	WeQatal 연속문구
	We-X-Qatal/We-X-Yiqtol 주문장의 배경/이유/설명	

창세기 1:1-3

1:1 בְּרֵאשִׁית בָּרָא אֱלֹהִים אֵת הַשָּׁמַיִם וְאֵת הָאָרֶץ׃
1:2 וְהָאָרֶץ הָיְתָה תֹהוּ וָבֹהוּ וְחֹשֶׁךְ עַל־פְּנֵי תְהוֹם וְרוּחַ אֱלֹהִים מְרַחֶפֶת עַל־פְּנֵי הַמָּיִם׃
1:3 וַיֹּאמֶר אֱלֹהִים יְהִי אוֹר וַיְהִי־אוֹר׃

동사절 1	Qatal	בְּרֵאשִׁית בָּרָא אֱלֹהִים אֵת הַשָּׁמַיִם וְאֵת הָאָרֶץ׃	1:1
동사절 2	We-X-Qatal	וְהָאָרֶץ הָיְתָה תֹהוּ וָבֹהוּ	1:2a
명사절 3	We-X	וְחֹשֶׁךְ עַל־פְּנֵי תְהוֹם	1:2b
동사절 4	We-X-Ptc, 분사형	וְרוּחַ אֱלֹהִים מְרַחֶפֶת עַל־פְּנֵי הַמָּיִם׃	1:2c
동사절 5	Wayyiqtol	וַיֹּאמֶר אֱלֹהִים	1:3a
동사절 6	명령형	יְהִי אוֹר	1:3b
동사절 7	Wayyiqtol	וַיְהִי־אוֹר׃	1:3c

위의 도표와 같이 창세기 1:1-3 본문의 구성 동사절과 명사절을 세분화하면 창세기 1:1-3절은 총 7개의 소구절로 구성되어 있음을 알 수 있다.

---

172 Bruce K. Waltke and M. O'Connor, *Biblical Hebrew Syntax* (Winona Lake, IN: Eisenbrauns, 1990), 519-563 참고.

창세기 1:1-2절은 1개의 주절(Qatal, 1:1)과 3개의 종속절(We-X-Qatal, 1:2a; We-X, 1:2b; We-X-Ptc, 1:2c)로 구성되었고, 이어 창세기 1:1-2:3을 구성하고 있는 나머지 32개의 구절들은 모두 Wayyiqtol 연속형 동사절로 시작하는 문구로서 주절인 창세기 1:1에 연계된다. 이러한 연속 혹은 연계 패턴은 창세기 2:3에서 끝나고, 창세기 2:4은 마소라의 열린문단(Petuha) פ 표기 이후 새로운 줄에서 Wayyiqtol이 아닌 톨레도트 도입문(명사절, 2:4a, אֵלֶּה תוֹלְדוֹת הַשָּׁמַיִם וְהָאָרֶץ בְּהִבָּרְאָם)과 종속문(2:4b, בְּיוֹם עֲשׂוֹת יְהוָה אֱלֹהִים אֶרֶץ וְשָׁמָיִם׃)으로 시작한다. 이는 구문론적으로 또한 문맥적으로 창세기 1:1-2:3 단락과 창세기 2:4-4:26 단락을 구분하는 지점이라고 말 할 수 있다.

창세기 2:4 [새로운 단락의 시작]

2:4 אֵלֶּה תוֹלְדוֹת הַשָּׁמַיִם וְהָאָרֶץ בְּהִבָּרְאָם בְּיוֹם עֲשׂוֹת יְהוָה
אֱלֹהִים אֶרֶץ וְשָׁמָיִם׃

셋째, 텍스트 단위를 세분화하는 목적은 상호 간의 구문론적인 응집성과 의미론적인 일관성을 분석하기 위함이다. 이러한 작업을 우리는 종합적으로 텍스트언어학 분석(Text Linguistic Analysis)이라고 한다.[173] 텍스트언어학은 텍스트의 문법형태와 문법기능을 종합적으로 분석하는 학문이다. 일반형태는 동사들과 명사들의 변화를 분해하고, 문법기능은 구절의 단어 형태들이 어떻게 구절의 현 구문을 구성하고 있는지, 그리고 그 구절들이 어떻게 현재의 텍스트 형태로 응집되었는지를 분석한다. 이는 텍스트의 통사론적 혹은 구문론적 응집성(syntactic cohesion)을 밝힐 수 있다. 이러한 본문의 문법형태와 문법기능의 종합적인 연구를 통해 우리는

173 Cf., Beaugrande & Dressler와 Barry Bandstra.

텍스트의 의미론적 일관(semantic coherence)성 혹은 통일성이 어떻게 성립되는지를 살펴볼 수 있다. 즉 본문이 의도하는 의미를 보다 더 적절하게 해석하고 이해할 수 있다. 이를 위해 텍스트의 메타기능(metafunction)을 종합적으로 분석해야 한다.[174] 텍스트는 그 구성 구절(clause)을 통해 저자의 시공간적인 경험이나 내적인 생각 혹은 심층적인 감성을 독자에게 전달한다. 이러한 텍스트 기능의 본질과 역학에 대한 설명을 메타기능이라 한다. 텍스트의 메타기능은 크게 3가지의 카테고리로 분석될 수 있다. 구절의 (I) 텍스트성(textuality), (II) 말투(書法) 서법(mood) 그리고 (III) 타동성(transitivity)이다.

I. 텍스트성

한 본문의 텍스트성이란 그 본문의 구성문장 연속체를 유의미하게 해주는 텍스트의 짜임 혹은 자질을 의미한다. 이러한 텍스트의 짜임은 본문의 문장들이 어떻게 의미 있는 텍스트를 구성하는 가를 반영한다.

<table>
<tr><td rowspan="2">구절 구조</td><td>테마(Theme)</td><td>절 구성문의 주격, 상황, 배경, 전제 등을 나타내는 절의 첫번째 부분 창 1:1 “태초에”</td></tr>
<tr><td>레마(Rheme)</td><td>테마 부분으로부터 전개되는 설명 혹은 초점 절 창 1:1 “하나님이 창조하셨다</td></tr>
<tr><td rowspan="2">구절 연계</td><td>동격문(Appositive)</td><td>독립적 의미를 가진 주요 구문. 창 1:1 “하나님이 천지를 창조하셨다.”</td></tr>
<tr><td>접속문(Conjunctive)</td><td>동격문과 순접, 역접, 대등, 전환, 인과, 첨가, 환언, 비유, 선택 등으로 접속되는 구문. 창세기 1:1에 이어지는 구문은 접속문이다.</td></tr>
</table>

174 이에 대한 자세한 설명과 창세기 본문의 텍스언어학 분석 그리고 본 섹션에서 소개하고 있는 텍스트언어학은 다음의 자료들을 참고하고 요약한 것이다. Barry Bandstra, *Genesis 1-11: A Handbook on the Hebrew Text* (Waco, TX: Baylor

<table>
<tr><td rowspan="3">구절 등의 관계</td><td>병렬문(Paratactic)</td><td>접속사 없이 나열되는 동격 문장(절, 구). 구절에서 어떤 인물 혹은 물건에 대한 정보. '즉' 에 이어 동일성을 주는 명사구 바로 뒤에 오는 명사구</td></tr>
<tr><td>하위문(Hypotactic)</td><td>동격구문에 이어 구성되는 하위문으로서, 그 의미가 동격구문에 종속되고 자체로는 의미가 불완전한 명사구와 동사구.</td></tr>
<tr><td>삽입문(Embedded)</td><td>동격구 안에 내포된 완전의미를 가진 문구. "플라톤은 세계는 실재와 실체로 구성되었다고 생각한다." 이때 "세계는 실재와 실체로 구성되었다"는 삽입문이고 "플라톤은…생각한다"는 모문(母文: matrix sentence)이다.</td></tr>
<tr><td rowspan="3">구절 의미 관계</td><td>확장문(Expansion)</td><td>면밀설명(elaboration), 향상(enhancement)</td></tr>
<tr><td rowspan="2">파생문(projection)</td><td>인용형(quote)</td></tr>
<tr><td>보고형(report)</td></tr>
</table>

위의 도표 같이 베일러 핸드북(Baylor Handbook of Hebrew Text)은 본문의 텍스트성을 다양한 요소로 분석한다.[175] 이는 예를 들어 일반적인 텍스트로서의 책(*biblos*)이 어떻게 성서(*scriptura*)로 읽힐 수 있는가에 대한 이슈를 논하게 한다(Bible as Text to Bible as Scripture).[176] 구문의 구

University Press, 2008); David W. Baker, *Genesis 37-50: A Handbook on the Hebrew Text* (Waco, TX: Baylor University Press, 2014).

175 Baylor Handbook of Hebrew Text (Genesis 1-11), 1-37. 서론 부분을 요약한 도표.

176 John M. McCarthy, "Script to Scripture: Multivalent Textuality." *ASE* 30/2 (2012): 347-367. McCarthy는 성경의 텍스트성은 단순히 본문 내에 한정된 것이 아니라 다차원적인 것임을 주장한다. 그의 논지는 Paul Ricoeur의 해석학을 확대한 것이다. 성경을 텍스트에서 성서로 구성하는 텍스트성이란 구문론을 넘어 언어(language), 소통(communication), 역사적 간격(distanciation), 상상력(imagination), 시(poetics)와 토착화(appropriation)의 다차원적인 요소들이 함축된 삶의 행위이다.

조, 구절 간의 연계 방식, 등위 및 의미론적 관계 형태를 분석하여 본문의 구문론적 그리고 의미론적 짜임을 분석한다. 물론 이러한 텍스트성은 본문의 문학적인 영역을 넘어 역사적인 배경으로부터 현 독자의 실존에 이르기까지 복합적이며 역동적인 해석학적 영역에서 논의되어야 한다. 그러나 문학적 영역에 한정된 1차적 텍스트성 분석에서 독자는 본문의 의도(intentionality), 상황(situationality), 의미-일관성(coherence), 구문-응집성(cohesion), 정보(informativity), 수용-가능성(acceptability), 상호-텍스트성(intertextuality) 등에 관한 중요한 데이터를 얻게 되고, 이러한 분석은 텍스트의 의미를 이해하는데 있어 중요한 해석학적 도구가 된다.

II. 말투 서법

구문론에서 서법이란 구절(clause)의 기본적 말투(書法, mood)를 의미한다. 영문학에서 하나의 구절은 기본적으로 주격과 정형동사로 구성된다(clause=subject + finite verb).[177] 그리고 이러한 구절은 독립형(independent clause)과 의존형(dependent clause)로 구분된다. 독립형이란 말 그대로 주어와 정형동사로 유의미화 된 절이며, 더 이상의 설명이 필요 없는 완성된 구절을 의미한다. 예를 들어, "하나님이 천지를 창조하셨다"(창 1:1)는 독립형 구절이다. 의존형은 말 그대로 주어와 정형동사로 구성된 구절이지만 구문론적으로나 의미론적으로 독립형 구절에 종속된 혹은 추가적 설명이 필요한 구절이다. 예를 들어, "야훼 하나님이 땅과 하늘을 만드시던 날에"(창 2:4b)는 추가 설명이 요구된다.

의존형 문구는 그 의미가 독립형 구절에 종속된 것으로서 독립형 구문 안에 삽입문(embedded)으로 내장되어 있거나 하위문(hypotactic)으로 구성된다. 예를 들어 "하나님이 그가 하시던 일을 일곱째 날에 마치시니

177 비정형 동사(non-finite/infinite verb)는 주어를 필요로 하지 않는다.

그가 하시던 모든 일을 그치고 일곱째 날에 안식하시니라"(창 2:2)에서 "그가 하시던 일곱째 날에 마치시니"와 "그가 하시던 모든 일을 그치고"는 삽입문으로서 "하나님이…안식하시니라"는 모문장(matrix sentence)에 내포되어 있다. 이러한 독립형과 의존형으로 구성된 문장은 기본적으로 다음의 도표에 요약된 3가지의 서법 혹은 말투로 구성되고 묘사될 수 있다.

직설법(indicative) 사실을 기술하는 문구 (완료+미완료, 완료+완료, 미완료+완료) 창 1:1-3(완료+미완료 연속문)

1:1(완료) בְּרֵאשִׁית בָּרָא אֱלֹהִים

1:3(미완료) וַיֹּאמֶר אֱלֹהִים יְהִי אוֹר וַיְהִי־אוֹר

1. 진술형(declarative): 과거, 현재

   창 1:1 בְּרֵאשִׁית בָּרָא אֱלֹהִים אֵת הַשָּׁמַיִם וְאֵת הָאָרֶץ׃

2. 문의형(interrogative): 질문, 선택

   창 4:10 וַיֹּאמֶר מֶה עָשִׂיתָ קוֹל דְּמֵי אָחִיךָ צֹעֲקִים אֵלַי מִן־הָאֲדָמָה

가정법(subjunctive): 진술한 것의 조건, 기원, 정황 등을 설명하는 문구 (미완료+완료)

3:22b 정황 (미완료)פֶּן־יִשְׁלַח יָדוֹ (완료)וְלָקַח גַּם מֵעֵץ הַחַיִּים (완료)וְאָכַל וָחַי לְעֹלָם׃

3:22a 직설 וַיְשַׁלְּחֵהוּ יְהוָה אֱלֹהִים מִגַּן־עֵדֶן

지시법(directive): 주격의 의사를 지시하는 문구

1. **명령법(imperative)**

   (명령형+완료) 연속되는 완료 동사절은 같은 명령형으로 해석된다.

   창 8:17b

   (명령)הוֹצֵא אִתְּךָ (완료)וְשָׁרְצוּ בָאָרֶץ (완료)וּפָרוּ וְרָבוּ עַל־הָאָרֶץ׃

(명령형+미완료) 연속되는 미완료형 동사절은 목적이나 결과를 나타낸다.

창 12:1-2a

12:1 (명령, 조건) לֶךְ־לְךָ מֵאַרְצְךָ וּמִמּוֹלַדְתְּךָ וּמִבֵּית אָבִיךָ
אֶל־הָאָרֶץ אֲשֶׁר אַרְאֶךָּ׃

12:2a (미완료, 결과) וְאֶעֶשְׂךָ לְגוֹי גָּדוֹל

(명령형 + 명령형) 연속되는 명령을 구성한다.

창 1:28

פְּרוּ וּרְבוּ וּמִלְאוּ אֶת־הָאָרֶץ וְכִבְשֻׁהָ וּרְדוּ בִּדְגַת הַיָּם
וּבְעוֹף הַשָּׁמַיִם וּבְכָל־חַיָּה הָרֹמֶשֶׂת עַל־הָאָרֶץ׃

(부정사 절대형 + 완료) 부정사가 명령형으로 사용되는 경우에 연속된 완료는 반드시 명령형으로 해석되어야 한다.

삼하 24:12 הָלוֹךְ וְדִבַּרְתָּ אֶל־דָּוִד

(분사 + 완료) 분사 동사절은 임박한 미래 동작을 묘사한다. 이어지는 완료동사는 미래시제로 해석된다.

말 3:1 הִנְנִי שֹׁלֵחַ מַלְאָכִי וּפִנָּה־דֶרֶךְ לְפָנָי

2. 권고법(cohortative)

권고형은 미완료 1인칭(단, 복) 동사에 ָה이 접미된다.

창 31:44 וְעַתָּה לְכָה נִכְרְתָה בְרִית אֲנִי וָאָתָּה

3. 간접명령법(jussive)

간접명령형은 미완료 3인칭(단, 복) 동사에 נָא가 접미된다.

창 33:14 יַעֲבָר־נָא אֲדֹנִי לִפְנֵי עַבְדּוֹ

III. 타동성

기본적으로 하나의 동사절에 명시된 혹은 명사절에 암시된 동사의 "타동성이란 행동이 객체에 미치는 문법 특성(국어사전)으로서 움직임과 전이가 일어난다는 개념을 반영한다. 동사의 타동성을 판단하는 데에는 동사와 목적어 관계, 수동태 가능 여부, 전치사의 팔요 여부 이외에도 화자의 사건에 대한 해석 또한 중요한 역할을 하는 요소다."[178] 즉 주어에서 목적어로의 전이를 요구하는 동사의 타동성을 의미한다. 문법구성에서 정형동사는 주어와 직접 목적어를 이어준다. 이러한 타동성은 동사의 과정, 참가자, 수혜자, 처소, 정황, 감성 등의 목적어를 전이하는 다양한 메타기능을 가진다. 그리고 이러한 타동성의 메타기능은 다음과 같이 요약될 수 있다.[179]

<table>
<tr><td rowspan="2">물리적 타동성
행위, 사건</td><td>창 3:21a וַיַּעַשׂ יְהוָה אֱלֹהִים לְאָדָם וּלְאִשְׁתּוֹ כָּתְנוֹת עוֹר
"야훼 하나님께서 (작인) 만드셨다 (행위 과정),
가죽 옷을 (무엇을? 직접목적격), 아담과 여자에게 (수혜자)."</td></tr>
<tr><td>창 11:32b וַיָּמָת תֶּרַח בְּחָרָן׃
"데라는 (작인) 죽었다 (사건 과정) 하란에서(정황)."</td></tr>
<tr><td>감성적 타동성
인지, 지각, 감성</td><td>창 4:23 עָדָה וְצִלָּה שְׁמַעַן קוֹלִי
"아다와 씰라여, 내 목소리를 들으라 (인지)."</td></tr>
<tr><td>관계적 타동성
속성, 정체성</td><td>창 2:11a שֵׁם הָאֶחָד פִּישׁוֹן
"첫째의 이름은 비손이다 (명사구에 암시된 동사로 주격과 관계된 속성, 정체)."</td></tr>
<tr><td>구두적 타동성
소통, 발언</td><td>창 3:2a וַתֹּאמֶר הָאִשָּׁה אֶל־הַנָּחָשׁ
"그녀가 말했다 (구두적 과정) 뱀에게 (수신자)."</td></tr>
<tr><td>존재론적 타동성
창조</td><td>창 1:3 יְהִי אוֹר וַיְהִי־אוֹר׃
"빛이 (존재) 있으라 하니 (과정) 빛이 (존재) 있었고 (과정)."</td></tr>
</table>

178 우성희 (서경대학교 미국드라마영어연구), "타동성에 관한 선행연구 발표자료," https://m.cafe.daum.net/woo210/HYOu/69?.

179 Barry Bandstra, *Genesis 1-11: A Handbook on the Hebrew Text* (Waco, TX: Baylor University Press, 2008), 37. Diagram-2.

본문의 텍스트성, 서법 그리고 타동성의 메타기능, 특성, 그리고 구절 기능(아래 도표)의 분석을 통해 독자는 구절의 구문론적 그리고 의미론적인 단위를 적절히 구성하고 본문의 전문적인 해석을 시도할 수 있다.

텍스트 분석	메타기능	구절특성	구절기능
텍스트성	텍스트의 의도	메시지	유의미한 메시지 구성
서법	양자 간 소통	교환	상호작용과 교섭
타동성	행동 전이	현실세계 반영	동사 이행

네번째 마지막으로, 구문에 있어 히브리 구절 구성에 있어 자주 사용되는 접속 단어들과 구절 간의 연계성에 대해 간략히 논하고자 한다. 토라 마소라 본문을 구성하고 있는 주요 문학양식은 산문형이다. 이는 특성상 보통 연속적인 구절들로 구성되어 있는데 가장 대표적인 형태는 다음과 같다.

수식어	구절 간의 결합 구성
כֵּן עַל אַחֲרֵי־כֵן	히브리 접속 수식어로 한 구절이 다른 복합적인 구절로 이어지는 구성. (창 41:31) וְלֹא־יִוָּדַע הַשָּׂבָע בָּאָרֶץ מִפְּנֵי הָרָעָב הַהוּא אַחֲרֵי־כֵן כִּי־כָבֵד הוּא מְאֹד׃ וְלֹא־יִוָּדַע הַשָּׂבָע בָּאָרֶץ מִפְּנֵי הָרָעָב הַהוּא אַחֲרֵי־כֵן 복합구절: “풍년이 이 땅에서 기억되지 않을 것이다. [그 이후]의 기근 앞에서” כִּי־כָבֵד הוּא מְאֹד׃ 종속구절(hypotaxis): “[왜냐하면] 그것은 너무 심할 것이기 때문에”

<table>
<tr>
<td>וְ
כִּי</td>
<td>같은 접속사로 구절과 구절을 결합시키는 구성.

창 1:2 וְהָאָרֶץ הָיְתָה תֹהוּ וָבֹהוּ וְחֹשֶׁךְ עַל־פְּנֵי תְהוֹם
וְרוּחַ אֱלֹהִים מְרַחֶפֶת עַל־פְּנֵי הַמָּיִם׃

연속 동격구절(parataxis): “땅이 혼돈하고 공허하며, [그리고] 흑암이 깊음 위에 있고, [그리고] 하나님의 영은 수면 위에 운영하셨다.”</td>
</tr>
<tr>
<td>בְּ
כְּ
לְ
אֲשֶׁר</td>
<td>같은 전치사나 관계대명사로 동격문 안에 삽입문을 내포시키는 구성.

창 1:7 וַיַּעַשׂ אֱלֹהִים אֶת־הָרָקִיעַ וַיַּבְדֵּל בֵּין הַמַּיִם
אֲשֶׁר מִתַּחַת לָרָקִיעַ וּבֵין הַמַּיִם אֲשֶׁר מֵעַל לָרָקִיעַ וַיְהִי־כֵן׃

삽입문(embedded): “하나님이 궁창을 만드셨는데, [궁창 아래의 물과 궁창 위의 물로 나누었고], 그대로 되었다.”</td>
</tr>
</table>

본서 1장부터 4장까지의 논의를 통해 우리는 창세기를 어떻게 접근할 수 있는지, 또한 본문의 생소하고도 복잡한 구조들과 고유한 기호 그리고 구문을 어떻게 분석하고 읽어내야 할지를 개론적으로 살펴보았다. 이제 다음장부터는 몇몇 선택 본문을 중심으로 그동안 논의된 해석학적 도구들을 종합적으로 적용하여 본문의 주석을 시도하고자 한다.

Part 5
창세기 본문 세미나

하나님은 이스라엘을 세우시고
그의 주권적인 언약을 통해
열방의 구원을 집행하신다.
그러한 구속사는
예수 그리스도의 새언약을 통해
오늘날까지 이어지고 있으며
궁극적인 새 하늘과
새 땅에서의 안식을 향해
지속되고 있다(계 21:1-8).

제5장: 창세기 본문 세미나

창세기 본문은 다양한 접근과 해석학적 도구로 분석되고 읽힐 수 있다. 이에 본서는 창세기 마소라 본문 중 상대적으로 논쟁이 되고 있는 몇 본문들을 선택해 텍스트의 역사와 서술을 어떻게 통합적으로 이해할 수 있는지 다양한 해석학적 접근과 도구로 분석하고 논하고자 한다.[180] 일반적으로 창세기 본문을 해석하는데 있어 크게는 두개의 접근이 있다. 텍스트가 "서술되는 시대"(역사적 배경)와 "서술하는 시대"(기록된 시대)의 의도와 기호법을 중시하는 역사비평학과[181] 본문의 최종 문학형태를 중심으로 텍스트-언어학적 분석을 중시하는 신문학비평학이다. 그러나 본서는 이 둘의 지평이 적절히 융합될 수 있음을 소개하고자 한다. 따라서 텍스트의 문학적 단위를 어떻게 분할하고 분석할 수 있는지, 본문의 신학적 구성 그리고 필요시 본문과 관련된 고대근동의 기호법은 무엇이 있는지, 또한 그 과정에서 역사문학비평학적인 문제점을 어떻게 접근하고 해결할 수 있는지를 고민하며 창세기 본문의 고유한 의미를 찾아가고자 한다.

---

180 본 장의 세미나를 통해 분석될 본문들은 구약학계에서 또한 창세기 관련 서적에서 이미 많이 논의가 되어온 본문들 중 창세기 내러티브를 총체적으로 이해하는데 도움이 될 것으로 여겨지는 본문들을 선택한 것이다.

181 민경구,『다시 읽는 창세기』(서울: 이레서원, 2019), 16.

<table>
<tr><th>대본문</th><th>계보문 단락</th><th>주요 내러티브</th><th colspan="2">창세기 선택 본문</th></tr>
<tr><td rowspan="6">Part I
태고
내러티브</td><td>태초 1:1-2:3</td><td>창조 내러티브</td><td>1</td><td>1:1-2:3</td></tr>
<tr><td>하늘과 땅의 톨레도트 2:4-4:26</td><td rowspan="2">아담과 후손 내러티브</td><td>2</td><td>2:4-3:24</td></tr>
<tr><td>아담의 톨레도트 5:1-6:8</td><td>3</td><td>4:1-16</td></tr>
<tr><td>노아의 톨레도트 6:9-9:29</td><td>노아 내러티브</td><td>4</td><td>9:18-29</td></tr>
<tr><td>노아의 아들들의 톨레도트 10:1-11:9</td><td>노아의 후손 내러티브</td><td>5</td><td>11:27-12:9</td></tr>
<tr><td>셈의 톨레도트 11:10-26</td><td>셈 내러티브</td><td>6</td><td>12:10-20</td></tr>
<tr><td rowspan="5">Part II
족장
내러티브</td><td>데라의 톨레도트 11:27-25:11</td><td>아브라함 내러티브</td><td>7</td><td>15:1-21</td></tr>
<tr><td>이스마엘의 톨레도트 25:12-18</td><td>이스마엘 내러티브</td><td>8
9
10</td><td>18:16-33
21:8-21
24:1-67</td></tr>
<tr><td>이삭의 톨레도트 25:19-35:29</td><td>이삭과 야곱 내러티브</td><td>11
12</td><td>25:19-34
27:1-45</td></tr>
<tr><td>에서의 톨레도트(a, b) 36:1-37:1</td><td>에서 내러티브</td><td rowspan="2">13</td><td rowspan="2">37:1-50:26</td></tr>
<tr><td>야곱의 톨레도트 37:2-50:26</td><td>요셉과 형제들 내러티브</td></tr>
</table>

1. 창세기 1:1-2:3

창세기 1:1-2:3 본문의 주요 내용을 반영한 문학적 구조는 다음과 같이 구성될 수 있다.

A	1:1	태초에 하나님이 하늘과 땅[의 기능]을 창조하셨다.
B	1:2	[그때] 땅은 혼돈하고 공허하며 흑암이 깊음 위에 있었다.
C	1:3-31	우주의 질서정연한 기능적/목적론적 창조: 빛과 채움과 질서(안식)
B′	2:1	하늘과 땅의 만물이 다 이루어졌다.
A′	2:2-3	하나님이 일곱째 날 하시던 모든 일을 마치시고 안식하셨다.

창세기 1:1-2:3 본문의 대주제를 반영한 문학적 구조는 다음과 같이 구성될 수 있다.

서문	1:1	태초에 하나님이 천지를 창조하셨다
A	1:2	혼돈과 공허함과 어두움 - 운행 Chaos-Movement
B	1:3-2:1	기능적 창조행위 Act of Functional Creation
A′	2:2-3	거룩함-안식 Holiness-Rest

위와 같은 포괄적 구조(A-B-A)를 통해 창세기 1:1-2:3 본문은 창조의 궁극적인 목적과 축복이 "혼돈과 공허함과 어두움"(1:2)에서 "거룩한 안식"(2:2-3)으로의 완성에 있음을 명시한다. 창세기 1:1-2:3은 세상이 "어떻게(how) 창조되었는가?"라는 물리적 창조보다는 "왜(why) 창조되었는가?"라는 기능적인 신학적 창조에 초점을 두고 있다. 그것은 창조가 함의하는 하나님과 백성과 땅의 삼위일체론적인 거룩한 안식이다(창 2:3).

창세기 1:1-2 분석

마소라 오경본문은 약150개의 연속단락(Sedarim, ס̊)으로 구분되어 있다. 그 중 창세기 1:1-2:3 본문은 7개의 열린문단(Petuha, פ)으로 구성된 오경의 첫 번째 연속단락(Sedarim, ס̊)이다. 그중 첫번째 열린문단(פ)은 창세기 1:1-5으로 분할되어 있다.

1:1 בְּרֵאשִׁית בָּרָא אֱלֹהִים אֵת הַשָּׁמַיִם וְאֵת הָאָרֶץ׃
1:2 וְהָאָרֶץ הָיְתָה תֹהוּ וָבֹהוּ וְחֹשֶׁךְ עַל־פְּנֵי תְהוֹם
וְרוּחַ אֱלֹהִים מְרַחֶפֶת עַל־פְּנֵי הַמָּיִם׃
1:3 וַיֹּאמֶר אֱלֹהִים יְהִי אוֹר וַיְהִי־אוֹר׃
1:4 וַיַּרְא אֱלֹהִים אֶת־הָאוֹר כִּי־טוֹב וַיַּבְדֵּל אֱלֹהִים
בֵּין הָאוֹר וּבֵין הַחֹשֶׁךְ׃

1:5 וַיִּקְרָא אֱלֹהִים לָאוֹר יוֹם וְלַחֹשֶׁךְ קָרָא לָיְלָה
וַיְהִי־עֶרֶב וַיְהִי־בֹקֶר יוֹם אֶחָד׃ פ

창세기 1장에서 논쟁이 되는 이슈는 창세기 1:1과 1:2과의 관계이다. 이 두절의 해석은 창세기 1:1-2:3 본문을 함의하는데 있어 결정적인 요소가 된다.

이를 위해 먼저 창세기 1:1의 마소라 본문을 구문론적으로 분석해 볼 필요가 있다.

1:1 בְּרֵאשִׁית בָּרָא אֱלֹהִים אֵת הַשָּׁמַיִם וְאֵת הָאָרֶץ׃ ///

본 구절의 첫 번째 히브리어 구성단어인 베레쉬트(בְּרֵאשִׁית, 태초)는 구문론적으로 본 절의 테마(Theme)다. 동시에 레마(Rheme) 동사절 "하나님(작인)이 그 하늘과 그 땅(목적)을 창조하셨다(과정)" (בְּרֵאשִׁית בָּרָא אֱלֹהִים אֵת הַשָּׁמַיִם וְאֵת הָאָרֶץ)의 정황(circumstance)을 암시한다. 창세기 1:1은 크게는 1:1-2:3 서술과 작게는 첫번째 열린문단(פ)인 1:1-5을 시작하는 완전절(appositive)이며 직설과거형(Qal בָּרָא) 서법(mood: indicative past declarative)으로 진술되고 있다. 여기서 논쟁이 되는 것은 연계되는 창세기 1:2과의 등위관계이다. 포이트레스(Vern Poythress)는 창세기 1:1과 1:2의 등위관계 논쟁을 세가지로 정리한다. (1) 하나님이 태초에 [무에서 유로] 천지를 창조하셨다(1:1, creatio ex-nihilo). 이어 창세기 1:2은 그 태초로부터의 창조행위를 연속적으로 기술한 것이다. (2) 창세기 1:1은 신문의 기사 제목과도 같이 창조기사(1:2-31절)를 대표하는 요약표제이다. 1:2은 창조 기사의 시작이다. (3) 창세기 1:1은 1:2와 시제적인 종속(temporal subordinate) 관계로 연계되어 있다. "하나님이 그 하늘과 그 땅을 창조하기 시작하셨을 때" (1:1), 여기서 "창조"는 창세기 1:3-31 본문의 '7일 창조' 를 의미한다. 그 때, "땅은 혼돈하고 공허하며 흑암이 땅 위에 가득한 상황이었다”(1:2).[182] 포이트레스는 제1안을 주장한다. 창세기 1:1과 1:2은 요약표제나 시제적인 종속문으로 연계되어 있는 것이 아니라 태초에 시작된 창조의 연속적인 행위를 묘사하는, 인과적 접속어로 연계된 연속구절이라고 주장한다. 이에 대해 본문의 다음과 같은 구문론적인 분석을 시도해 볼 수 있다.

첫째, 마소라는 1절 동사문(בְּרֵאשִׁ֖ית בָּרָ֣א אֱלֹהִ֑ים)의 분리점을 atnah (֑) 로 표기한다. 그리고 히브리 정형동사 바라(בָּרָא, 창조하다, 칼완료형 과거시제)를 가진 동사문 안에 베레쉬트(בְּרֵאשִׁ֖ית) 단어를 tipha(֖) 로 분리한다(בְּרֵאשִׁ֖ית בָּרָ֣א אֱלֹהִ֑ים אֵ֥ת הַשָּׁמַ֖יִם וְאֵ֥ת הָאָֽרֶץ׃). 이는 창세기 1:1의 테마(Theme)인 베레쉬트(בְּרֵאשִׁ֖ית)의 정황 기능에 주목할 것을 부각시킨 것으로 보인다. 즉 베레쉬트(בְּרֵאשִׁ֖ית)는 태초의 사정과 상황 그리고 창조의 목적을 함축한다. 먼저 하나님은 특정한 상황에 놓인 베레쉬트(בְּרֵאשִׁ֖ית)에서 하늘과 땅(אֵ֥ת הַשָּׁמַ֖יִם וְאֵ֥ת הָאָֽרֶץ)을 창조하셨다. 본 하반절(1:1b)은 이어지는 2절과 하나의 구절을 구성하지 않고 일단 sop-pasuq(׃)로 마무리된다.

둘째, “태초”로 번역된 베레쉬트(בְּרֵאשִׁית)는 정관사를 갖고 있지 않다. 이는 태초를 시제적 명사(the beginning)로 번역하는데 문제가 된다. 그보다는 확장(expansion) 설명이 필요한 태초의 시제적 정황(temporal circumstance)을 암시하는 것으로 보인다.[183] 베레쉬트(בְּרֵאשִׁית)에 접두된 히브리 전치사 베트(בְּ)는 문맥상 위치(*beth loci*, in), 도구(*beth instrumenti*, by), 본질(*beth essentia*, like), 등가(*beth equivalence*, as), 시제(*beth temporalis*, when) 등으로 해석될 수 있다. 창세기 1:1을 시작

---

182 Vern S. Poythress, “Genesis 1:1 is the First Event, Not a Summary,” *WTJ* 79 (2017): 97-121.

183 전치 בְּ의 자세한 기호-기의법 참고. Bruce K. Waltke, *Biblical Hebrew Syntax*, 196-199.

하는 베레쉬트(בְּרֵאשִׁית)에 베트(בְּ)는 문맥상 무(無)의 태초, 즉 창조 7일 이전의 시점이 아닌 본문의 '7일 창조' 기간의 시작과 상황을 함축하는 도입문으로 해석될 수 있다. "하나님이 그 하늘과 그 땅을 창조하기 시작하셨을 때." "*When* God began creating the heaven and the earth." 즉 '7일 창조'의 초기 및 상황(창 1:1-2; 욥 8:7; 렘 28:1)을 암시한다.

셋째, 창세기 1:1 본문에서 "그 하늘과 그 땅"(אֵת הַשָּׁמַיִם וְאֵת הָאָרֶץ)은 모든 피조물을 대표하는 하나의 은유문구(merism, 양단 법)다.[184] 토라 본문의 소마소라(Mp)는 "그 하늘과 그 땅"(את°הַשָּׁמַיִם°וְאֵת°הָאָרֶץ)을 *circule*(°) 표기로 묶어 독자로 하여금 이를 단일 문구로 읽도록 설득한다. 왼쪽 여백 Mp엔 창세기 1:2절을 시작하는 "그리고 그 땅"(וְהָאָרֶץ)에 해당하는 마소라 메모가 히브리 알파벳 약자 "⁶ח̇ ריי̇פ"로 표기되어 있다. 이 약자(⁶ח̇ ריי̇פ)는 "그리고 그 땅"으로 시작하는 문구가 구약본문에 총8개(ח̇)가 있다는 것을 의미한다. 위 첨자숫자 ⁶이 지시하는 마소라 하단 여백 6번엔 Mm4가 표기되어 있다. 이는 대마소라(Mm) 4쪽을 참고하라는 표기다. Mm4에는 "그리고 그 땅"(וְהָאָרֶץ)이라는 문구로 시작되는 절이 구약에 총 8개(창 1:2; 레 25:23; 26:43; 신 11:11; 수 13:5; 스 36:34; 사 24:5; 호 2:24)가 있음을 밝혀 비교분석 할 수 있도록 한다.

창세기 마소라 본문 1:1b은 "그 하늘과 그 땅"을 하나의 단일 문구로 읽게 하고 1:1b의 "그 땅"(הָאָרֶץ)을 1:2a의 "그리고 그 땅"(וְהָאָרֶץ)과 등가적인 관계로 연계한다, "그 땅 그리고 그 땅"(הָאָרֶץ וְהָאָרֶץ). 마소라 본문에서 "그 하늘과 그 땅" (את°הַשָּׁמַיִם°וְאֵת°הָאָרֶץ)은 한정적 명사로 각각 마켚(־)이 없는 정관사(הַ)와 목적어 기호 애트(אֵת)로 기술되어 있다. 이는 "그 하늘과 그 땅"이 창세기 1:1-2:3 단락의 요약표제로 기능하는 동시 tipha(֖)와 mereka(,) 표기로 "그 하늘"(אֵת הַשָּׁמַיִם)과 "그

184 이에 대한 세밀한 논의는 Poythress, 6-16 참고.

땅"(וְאֵת הָאָרֶץ)을 각기 독립적으로도 강조하고 있다고 볼 수 있다.

정리하자면, 창세기 1:1 본문에 기술된 베레쉬트(בְּרֵאשִׁית)는 창세기 1:3부터 시작하는 '7일 창조' 기사 이전의 태초라고 보다는 '7일 창조' 기간의 초기 정황을 묘사한 것으로 보인다. 창세기 1:1은 1:2-2:3 단락의 요약표제인 동시 "그 하늘과 그 땅"을 부각시켜 해당 창조과정의 추가적인 설명을 기대케 한다. 이는 창세기 1:1과 1:2이 등가적인 관계로 엮여져 있는 것에서 볼 수 있다. 먼저 창세기 1:2은 3개의 동격절로 구성되어 있다. 2a와 2c는 동사절이고 2b는 명사절이다.

2a // וְהָאָרֶץ הָיְתָה תֹהוּ וָבֹהוּ
2b // וְחֹשֶׁךְ עַל־פְּנֵי תְהוֹם
2c // וְרוּחַ אֱלֹהִים מְרַחֶפֶת עַל־פְּנֵי הַמָּיִם׃

창세기 1:1b와 1:2a는 Qatal+We_X_Qatal로 연계되었다. 이는 2a가 1b의 상황을 설명하는 구조다. 여기서 바브(וְ)는 단순접속사로 1b와 2a의 "그 땅"(הָאָרֶץ)을 We_X_Qatal 형태로 연계해 설명한다. 창세기 1:1과 1:2a는 완료+완료 동사구성으로 모두 과거의 시제를 갖는다. 따라

<table>
<tr><td>A</td><td rowspan="4">1:1</td><td>상황</td><td>בְּרֵאשִׁית</td><td rowspan="4">Qatal</td></tr>
<tr><td>B</td><td>과정</td><td>בָּרָא</td></tr>
<tr><td>C</td><td>주격</td><td>אֱלֹהִים</td></tr>
<tr><td>D</td><td>목적격</td><td>אֵת הַשָּׁמַיִם וְאֵת הָאָרֶץ׃</td></tr>
<tr><td>C′</td><td></td><td>주격</td><td>וְהָאָרֶץ</td><td rowspan="5">We_X_Qatal</td></tr>
<tr><td>B′</td><td rowspan="4">1:2</td><td>과정</td><td>הָיְתָה</td></tr>
<tr><td>A′</td><td>상황</td><td>תֹהוּ וָבֹהוּ</td></tr>
<tr><td rowspan="3"></td><td rowspan="2">확장 설명</td><td>וְחֹשֶׁךְ עַל־פְּנֵי תְהוֹם</td></tr>
<tr><td>וְרוּחַ אֱלֹהִים מְרַחֶפֶת עַל־פְּנֵי הַמָּיִם׃</td></tr>
<tr><td>1:3-2:3</td><td>동격문</td><td>וַיֹּאמֶר אֱלֹהִים יְהִי אוֹר וַיְהִי־אוֹר׃</td><td>Wayyiqtol</td></tr>
</table>

서 2a, 2b, 2c는 모두 동격문(paratactic)으로 7일 창조가 시작된 베레쉬트(בְּרֵאשִׁית)의 상황을 확장해 설명한다.

창세기 1:1-2은 Qatal+We_X_Qatal 형으로 7일 창조 초기의 상황 혹은 배경을 설명한다. 이어 1:3-2:3은 기능적 창조(functional creation)의 총 과정을 반복되는 wayyiqtol형 구절로 설명해 나간다. 이는 창세기 1:1-2:3이 Qatal+We_X_Qatal+Wayyiqtol형으로 구성된 서술문임을 보여준다. 창세기 1:1-2은 '7일 창조' 안에서 "그 하늘과 그 땅"(אֵת הַשָּׁמַיִם וְאֵת הָאָרֶץ)의 창조가 시작되는 베레쉬트(בְּרֵאשִׁית) 때에 "그 땅"은 혼돈스럽고, 공허하고, 어두운 상태에 있었음을 밝힌다(וְהָאָרֶץ הָיְתָה תֹהוּ וָבֹהוּ). 예레미야는 이스라엘의 혼탁한 영적 상황을 창세기 1:2의 상황으로 투영해 상기시킨다. "내가 땅을 본즉 혼돈하고 공허하며(תֹהוּ וָבֹהוּ) 하늘들을 우러른즉 거기 빛이 없다"(렘 4:23). 이러한 예레미야의 언급은 창세기 1장의 창조기사가 물리적인 지평을 넘어 신학적인 의미를 함축하고 있음을 암시한다. 창세기 1:1-2:3은 '7일 창조'의 정황을 소개하는데 있어, 무(無)로부터 유의 창조(*creation ex-nihilo*)를 전제하고, 기능적으로 아직 혼돈하고 공허하고 어두운 태초의 상황을 묘사한다(1:2). 그리고 1:3부터 창조주 하나님이 섭리하시는 모든 피조물과의 거룩한 안식을 위한 기능적 창조(functional creation)를 소개

서문	1:1	태초에 하나님이 천지를 창조하셨다
A	1:2	혼돈과 공허함과 어두움 - 운행으로부터
B	1:3-2:1	하나님의 기능적 창조행위를 통해
A′	2:2-3	거룩한 - 안식을 창조했다

한다. 이는 혼돈에서 질서로, 공허함에서 채움으로, 어둠에서 빛으로 완성되는 거룩한 안식의 창조다(2:2-3).

창세기 1:1-2:3의 구문론적인 분석은 태초의 창조기사가 근본적으로는

우주만물에 대한 물리 역학적인 과학적 기사가 아님을 말해준다. 이는 본문이 기록된 고대근동 당시 우주세계관(ANE cosmology)과의 유추에서도 확인된다. 왈톤(John H. Walton)은 아래의 도표에서와도 같이 고대

기능적 창조를 묘사하는 메소포타미아 Enuma Elish 토판 5
(기원전 18세기)

38-40행	밤과 낮	시간을 위하 토대
47-52행	구름, 바람, 비와 안개의 창조	기후를 위한 토대
53-58행	흙, 강, 수로, 구덩이	식물을 위한 토대

기능적 창조를 묘사하는 고대 이집트 Jan H. Insinger 파피루스 3행
(기원 1세기)

"그는 주의 명령을 통해 일, 월, 년을 창조했다."	시간을 위하 토대
"그는 소티스의 뜨고 지는 것을 통해 여름과 겨울을 창조했다."	기후를 위한 토대
"그는 살아 있는 자들 앞에 들판의 기적인 음식을 창조했다."	식물을 위한 토대

기능적 창조를 묘사하는 창세기 본문

창조	A	1:2-5	낮과 밤	시간을 위한 토대
	B	1:6-8	아래의 물과 위의 물	기후를 위한 토대
	C	1:9-13	땅과 바다	식물을 위한 토대
파괴	D	6-8	노아의 홍수	혼돈
재창조	C'	8:22a	심음과 거둠	식물을 위한 토대
	B'	8:22b	추위와 더위와 여름과 겨울	기후를 위한 토대
	A'	8:22c	낮과 밤	시간을 위한 토대

근동 세계관에서 "신이 창조하다"라는 묘사는 일반적으로 물리적인 창조보다는 시간과 기후와 식물을 위한 기능적인 창조를 의미한 것이라고 주장한다.[185]

창세기 1:3-13 분석

창세기 1:1은 창조기사(1:3-2:3)의 요약표제 및 '7일 창조' 행위의 시작을 알리는 동사문으로 1:2은 그 창조의 초기상황을 설명한다. 실제적인 기능적 7일 창조 기사는 창세기 1:3-2:3 본문에 구성되었다. 구약에서 7은 3+3+1=7 구성으로 고대근동의 문해력과 수해력, 즉 수의 정량과 정성을 함축한 수비학적인 의미를 가진다. 바로와 그를 섬겼던 술 관원장과 떡 관원장(창 40-41)의 꿈은 모두 3이나 7의 상징(포도가지 3, 광주리 3, 암소 7, 이삭 단 7)으로 묘사된다. 욥의 이야기(아들 7, 딸 3, 양 7천, 낙타 3천, 3 친구와 7일), 십일조(민 14:27-29, 3년+3년+1년), 안식년(레 25; 민 15:1), 희년(레 25:8) 그리고 예수님의 계보(마 1:1-17, 14×3)에 이르기까

일주	수송아지	수양	어린양	
1	13	2	14	13×2×14=364 이례(안식년 52×7) (희년 7×7)
2	12	2	14	
3	11	2	14	
4	10	2	14	
5	9	2	14	
6	8	2	14	
7	7	2	14	
총	70	14	14	70+14+98=182 26(יהוה)×7=182
7비례	7×10	7×2	7×14	공통분모

185 John H. Walton, *The Lost World of Genesis One,* 58-59.

지 7은 성경에서 "비교할 수 없는 숫자"[186]로 온전을 함의한다. 이러한 숫자의 수비학적인 함의는 절기나 제의와 관련된 숫자에서 특별히 암시되는 것을 볼 수 있다. 예를 들어 민수기 29:12-34에 기술된 장막절 제의(제 7월 15-21일)에 드려지는 희생 동물의 숫자에서 7은 모든 숫자의 공통분모가 되는 것을 볼 수 있다.

א	ב	ג	ד	ה	ו	ז	ח	ט	י
1	2	3	4	5	6	7	8	9	10

구약의 히브리 숫자는 별도의 로마 숫자가 아니라 위의 도표와 같이 그 기수가 알파벳순으로 표기된다. 예를 들어 숫자 13은 10에 해당하는 י와 3에 해당하는 ג를 합해 י״ג로 표기된다. 이렇게 히브리 알파벳으로 구성된 숫자는 문맥에 따라 정량적인 수보다는 수비학적인 의미를 갖는다. 이를 구약의 신명(神名)을 의미하는 숫자에서 볼 수 있다. 숫자 15에 해당하는 יה와 16에 해당하는 יו는 26에 해당하는 יהוה 즉 '야훼' 의 약자다. 따라서 랍비들은 15는 9+6에 해당하는 טו로, 16은 9+7에 해당하는 טז로 기술한다. 창세기 1:3-2:3에서 우주만물의 창조는 제7일 안식(שׁבת)일로 완성된다.

창조의 7일은 정량적인 혹은 크로노스적인 시간대를 표기한 것보다는 창조의 궁극적인 목적과 완성을 3+3+1=7 구성으로 묘사한 것이라고 볼 수 있다. 이러한 수비학적인 패러다임을 기반으로 창세기 1:1-2:3 본문의 구문론적 구성과 구조를 다음의 도표와 같이 분해해 볼 수 있다.

---

186 E. W. Bullinger, 158.

창세기 1:1-2:3 본문의 구문론적 구성과 구조

בְּרֵאשִׁית	1:1-2	태초에 하나님이 천지의 [7일 창조]를 시작하셨을 때 땅이 혼돈하고 공허하고 어두움으로 가득한 상황이었다	7일 창조 시작	1:1-2 בָּרָא אֱלֹהִים Qatal וְהָאָרֶץ הָיְתָה W_X_Qatal
יוֹם אֶחָד	1:3-5	"하나님이 빛을 낮이라 부르시고 어둠을 밤으로 부르셨다."	시간을 위한 기능적 토대	1:3 וַיֹּאמֶר אֱלֹהִים Wayyiqtol
יוֹם שֵׁנִי	1:6-8	"하나님이 궁창을 만드셨는데 궁창 아래의 물과 궁창 위의 물로 나누셨다."	기후를 위한 기능적 토대	1:6 וַיֹּאמֶר אֱלֹהִים Wayyiqtol
יוֹם שְׁלִישִׁי	1:9-13	"하나님이 이르시되 천하의 물이 한 곳으로 모이고 물이 드러나라 하시니 그대로 되었다. 하나님이 물을 땅이라 부르시고 모인 물을 바다라 부르시니 하나님 보시기에 좋았다."	식물을 위한 기능적 토대	1:9 וַיֹּאמֶר אֱלֹהִים Wayyiqtol
יוֹם רְבִיעִי	1:14-19	해, 달, 별	기능의구성물	1:14 וַיֹּאמֶר אֱלֹהִים Wayyiqtol
יוֹם חֲמִישִׁי	1:20-23	새와 바다의 생물		1:20 וַיֹּאמֶר אֱלֹהִים Wayyiqtol
יוֹם הַשִּׁשִּׁי	1:24-31	동물, 식물, 사람		1:24 וַיֹּאמֶר אֱלֹהִים Wayyiqtol
בַּיּוֹם הַשְּׁבִיעִי	2:1-3	안식일	7일창조완성	2:1-2 וַיְכֻלּוּ .... וַיְכַל אֱלֹהִים Wayyiqtol

창세기 1:1-2:3은 7개의 욤(יוֹם) 구조로 구성되었다. 구약에서 히브리어 욤(יוֹם)은 문맥에 따라 다양한 시제적 의미를 가진다. 엘리의 눈이 점점 어두워져 잘 보지 못하는 특정한 상황의 한 때(삼상 3:2, בַּיּוֹם), 한 평생(신 16:3, יְמֵי), 사울의 죽을 날처럼 그 어떠한 사건이 일어날 시기(삼상 26:10, יוֹמוֹ יָבוֹא וָמֵת), 환자의 정결케 되는 날처럼 그 어떠한 사건이 종결되는 시간(레 14:1-2, בְּיוֹם טָהֳרָתוֹ), 낮 시간(창 1:5; יוֹם), 신음하는 종일(시 32:4, כָּל־הַיּוֹם) 등, 문맥에 따라 다양한 해석이 가능하다. 창세기 1장에서 낮과 밤을 주관하는 광명은 넷째 날에 창조되었다(창 1:14-19). 따라서 문자적으로 보자면 셋째 날까지 본문에서 묘사되고 있는 욤(יוֹם)은 24시간을 의미하지 않는다고 볼 수 있다. 제7일 창조 본문에서 욤(יוֹם)은 정량적보다는 수비학적이며 수사학적인 의미를 가진다. 6번 반복되는 "저녁이 되고 아침이 되니"(וַיְהִי־עֶרֶב וַיְהִי־בֹקֶר) 문구는 양단법(merism)으로서 욤(יוֹם) 창조의 시작과 끝을 암시한다. 창조 제6일에는 남자와 여자가 창조되었다(창 1:26-31). 그 날에 창조된 아담(창 2:7)은 얼마동안 에덴 동산에서 홀로 있었고, 또 그 동산을 얼마동안 다스리며 지키고 있었다(창 2:15). 그 때 동물들의 이름을 짓기도 했다(창

날	본문	물질적 창조	기능적 창조
1	1:3-5	빛	낮과 밤을 창조하다
2	1:6-8	없음	물과 물을 나누어 하늘을 창조하다
3	1:9-13	풀, 채소, 나무	물을 모아 바다와 땅을 창조하다
4	1:14-19	해, 달, 별	계절, 날, 해를 창조하다
5	1:20-23	바다의 생물과 하늘의 새들	생육하고 번성케 하다
6	1:24-31	땅의 동물과 식물과 인간	생육하고 번성케 하다
7	2:1-3	없음	안식일

2:19). 이후 하나님께서 아담의 갈빗대로 여자를 창조하셨다(창 2:21-23). 이 모든 일이 제 6일 욤(יוֹם)에 일어났다. 이 욤(יוֹם)은 분명히 24시간을 의미하지 않는다. 제7일 욤(יוֹם)에 하나님께서는 안식하셨는데 그 안식은 그리스도 안에서 오늘날까지 지속되고 있다.

창세기 1:1-2:3 본문은 '7 욤(יוֹם) 창조'를 통해 누가? 왜? 무엇을? 궁극적으로 완성(창 2:1-2, וַיְכַל) 하였는가를 밝힌다. 먼저 태초로부터 모든 존재의 창조주는 엘로힘(אֱלֹהִים) 하나님이심을 밝힌다. 하나님은 창조를 통해 자신을 계시하신다. 제1일부터 6일까지의 창조구절 도입문은 모두 "하나님이 이르시되"(וַיֹּאמֶר אֱלֹהִים)로 구성되었다.

시작부터 완성까지 우주만물을 말씀으로 창조하신 분은 하나님(אֱלֹהִים)이시다. 하나님은 7일동안 그 모든 피조물이 기능적으로 거룩한 그분과 안식하도록 창조 하셨다(2:1-3). 제7일 창조의 과정은 안식의 완성을 향해 전개되었다. 빛이 주관하는 시간, 사람들이 살 수 있는 공간과 적절한 강수량을 위한 기후, 초목의 주기, 수정의 원리와 생산을 위한 먹을거리의 토대, 이 모든 것은 인간의 생존을 위한 필요사항이다. 이는 고대근동의 전승적 창조기사에서도 유사하게 볼 수 있다.

그러나 창세기 1:1-2:3의 특징은 창조의 모든 기능이 궁극적으로는 엘로힘(אֱלֹהִים)과의 안식(창 2:1-3)에 있다는 점이다.

<table>
<tr><td colspan="4">혼돈과 공허와 흑암 (תֹהוּ וָבֹהוּ וְחֹשֶׁךְ)</td></tr>
<tr><td>1일</td><td>빛</td><td>4일</td><td>해, 달, 별</td></tr>
<tr><td>2일</td><td>하늘과 물</td><td>5일</td><td>새와 바다의 생물</td></tr>
<tr><td>3일</td><td>땅과 식물</td><td>6일</td><td>동물, 식물, 사람</td></tr>
<tr><td colspan="4">7일
안식 שׁבת
"안식일 중에 안식일" (שַׁבַּת שַׁבָּתוֹן, 레 16:31)</td></tr>
</table>

창세기 2:1-3 분석

창조기간 제7일 마지막 날에 물리적으로 만들어진 것은 아무것도 없다. 창세기 1장은 우주만물의 물리-과학적인 기원보다는 안식(שַׁבָּת)으로 묘사되고 있는 창조의 신학적 기능과 목적을 기술하고 있다. 이러한 창조적 안식은 하나님의 물리적인 쉼을 의미하지 않는다. 야훼 하나님은 영이시다(창 1:2, רוּחַ אֱלֹהִים). 창세기 1장 문맥에서 안식(שַׁבָּת)은 모든 피조물에 대한 하나님의 주권적 통치와 언약적 관계를 반영한다. 고대근동 세계관에서 신전은 우주를 상징했다. 고대근동 사람들은 그들의 다양한 수호 신들을 우주의 모형인 신전에 모셨다. 그러나 창세기 1장은 당시의 그러한 다신론적 신전 우상숭배 사상을 반박하는 유일신 야훼의 변증문이다. 우주만물의 진정한 창조주는 유일신 하나님이시며 그는 인간이 만든 신전이 아니라 그가 창조하신 모든 피조물과 안식하시는 절대주권자임을 명시한다. 따라서 창세기 1장에 이어지는 오경의 주요 주제들은 그 절정에 하나님의 임재와 안식으로 마무리된다.

창세기 2:1은 완전 동사절 수동형(pual)으로 구성되었다. 직설 진술법의 주격은 하늘과 땅(הַשָּׁמַיִם הָאָרֶץ)이다. 이는 1절에서 시작된 하늘과 땅(אֵת הַשָּׁמַיִם וְאֵת הָאָרֶץ)의 창조가 완성되었음을 강조하기 위함이다. 전치사 접미사(3남복)를 가진 "그것들의 만물"(כָּל־צְבָאָם, their host)은 선행되는 "하늘과 땅"의 만물이다. 이제 하늘과 땅의 창조는 모든 만물

	창세기	출애굽기	레위기	민수기
주제	우주만물 창조 (창 1:1-2:3)	성막 건축 규례 (출 25:1-31:11)	백성들의 성결 규례(레 18:1-24:23)	약속의 땅에서의 제의(민 15:1-31)
안식	거룩한 안식일 (창 2:3)	안식일 표징(출 31:12-17)	안식년-희년-안식일(레 25:1-26:2)	안식일 위법에 대한 처벌(민 15:32-36)

로 그 기능이 완성되었다. 창세기 2:2은 2개의 동격 동사절로 구성되었다.

2a וַיְכַל אֱלֹהִים בַּיּוֹם הַשְּׁבִיעִי מְלַאכְתּוֹ אֲשֶׁר עָשָׂה

2b וַיִּשְׁבֹּת בַּיּוֹם הַשְּׁבִיעִי מִכָּל־מְלַאכְתּוֹ אֲשֶׁר עָשָׂה׃

먼저 2a는 선행 절인 1절에서 언급된 하늘과 땅을 완성한 자가 하나님임을 밝힌다. 엘로힘은 제7일에 목적격인 그의 일(מְלַאכְתּוֹ)을 마치셨다. 본문은 그의 일이 그가 직접 하신 일임을 내포문(אֲשֶׁר עָשָׂה)과 그 아래 munah(֣)와 atnah(֑)를 통해 강조한다. 이어지는 2b는 상반절을 병행구조로 설명한다.

A	וַיְכַל אֱלֹהִים	하나님이 완성하셨다	
B	בַּיּוֹם הַשְּׁבִיעִי	제 칠 일에	
C	מְלַאכְתּוֹ	그의 작업을	
D	אֲשֶׁר עָשָׂה	그가 하시던	
A'	וַיִּשְׁבֹּת [אֱלֹהִים]	[하나님이] 쉬셨다	
B'	בַּיּוֹם הַשְּׁבִיעִי	제 칠 일에	
C'	מִכָּל־מְלַאכְתּוֹ	그의 모든 작업으로부터	
D'	אֲשֶׁר עָשָׂה׃	그가 하시던	

하나님은 창조의 일을 제7일(B)에 완성하셨다(A). 그리고 제7일(B')의 완성은 안식일(A')로 온전히 실현되었다. 본문의 2a와 2b는 Wayyiqtol + Wayyiqtol의 연계를 통해 창조적 완성의 목적이 안식일(שׁבת)임을 암시한다. 이러한 기능적 창조에서 안식의 중요성은 마지막 3절에서 절정을 이룬다.

3a וַיְבָ֤רֶךְ אֱלֹהִים֙ אֶת־י֣וֹם הַשְּׁבִיעִ֔י
3b וַיְקַדֵּ֖שׁ אֹת֑וֹ
3c כִּ֣י ב֤וֹ שָׁבַת֙ מִכָּל־מְלַאכְתּ֔וֹ
3d אֲשֶׁר־בָּרָ֥א אֱלֹהִ֖ים לַעֲשֽׂוֹת׃ פ

창세기 2:3은 Wayyiqtol 구성문으로 선행 절과 연계되며 동격 동사절인 3a와 종속관계로 연계된 3b, 3c, 3d로 구성되었다. 하나님은 2절에서 이미 두 번 반복적으로 언급된 제7일(הַשְּׁבִיעִי)을 3a에서 축복한다(וַיְבָרֶךְ). 여기서 축복의 대상은 zaqep(֔)으로 강조된 제7일(הַשְּׁבִיעִי)이고 이는 모든 피조물을 대표한다. 하나님은 사람만 축복하신 것(1:27-30)이 아니라 모든 피조물을 축복하셨다(1:20-21). 또한 그 축복은 생육하고 번성하는 것(פְּרוּ וּרְבוּ וּמִלְאוּ)에만 그치지 않는다. 하나님은 제7일(הַשְּׁבִיעִי)을 거룩하게 하셨다(וַיְקַדֵּשׁ). 여기서 "축복하다"(וַיְבָרֶךְ)와 "거룩하게 하다"(וַיְקַדֵּשׁ)는 동일한 피엘(piel)형으로 연관성이 부각된다. 분절 3c는 3b의 종속문으로 수식부호 כִּי를 통해 그 축복의 본질이 왜 거룩한가를 설명한다. 그것은 그가 그의 모든 일로부터 안식했기 때문이며(כִּי בוֹ שָׁבַת מִכָּל־מְלַאכְתּוֹ), 그 일은 "그가 창조하시며 만드신 일"(관계대명사 אֲשֶׁר로 구성된 내포문 3d, אֲשֶׁר־בָּרָא אֱלֹהִים לַעֲשׂוֹת)이다.

창세기 1:1-2:3은 우주만물이 고대근동 도시국가 수호신들의 혹은 신인(神人) 간의 전쟁터가 아님을 암묵적으로 명시하는 변증문이다. 우주만

A.	축복	3a	וַיְבָרֶךְ אֱלֹהִים אֶת־יוֹם הַשְּׁבִיעִי	Wayyiqtol
B.	거룩하다	3b	וַיְקַדֵּשׁ אֹתוֹ	Wayyiqtol
B'	안식하다	3c	כִּי בוֹ שָׁבַת מִכָּל־מְלַאכְתּוֹ	Qatal
A'	창조하다	3d	אֲשֶׁר־בָּרָא אֱלֹהִים לַעֲשׂוֹת	Qatal

물은 태초에 유일신이신 야훼 하나님이 창조하셨다. 하나님의 '7일 창조'가 없었다면 세상은 혼돈하고 공허하고 어두운 세상이었을 것이다. 하나님은 세상을 빛과 만물로 채우시고 하나님이 보시기에 아름다운 세상으로 창조하셨다. 특별히 모든 피조물 가운데 하나님은 사람을 그의 형상(창 1:27, בְּצַלְמוֹ בְּצֶלֶם אֱלֹהִים)대로 창조하셨고 그들을 하나님의 청지기로 축복하사 만물을 경영케 하셨다. 그러나 창조의 절정은 인간의 창조가 아니다. 창조의 궁극적인 목적은 신학적이다. 하나님은 그가 창조하신 우주만물 가운데 임재 하시고 삼위일체론적인 하나님과 인간과 자연과의 거룩한 안식의 언약을 세우셨다(창 2:1-3; 렘 33:20, 25). 인간은 우연히 존재하는 우주에 버려진 방랑자가 아니다. 창세기는 인간은 하나님과 이웃과 자연과의 관계 속에서 거룩한 안식을 누릴 수 있는 하나님의 귀한 영물임을 명시한다.

기원론	주요특성	논 쟁
진화론 Charles Darwin	돌연변이와 자연적 선택에 의한 우연의 일치	진화론은 최초의 물질이 어떻게 자생하게 되었으며 긴 진화에도 불구하고 염색체의 이탈(pseudogenesis)이 왜 교정되지 않고 유전되는지를 설명하지 못한다. 또한 인간의 고난을 과학적인 인과응보로 설명하지 못한다.
지적설계 William A. Dembski	자연세계의 미시적인 요소들과 체제는 우연의 진화론으로는 축소할 수 없는 복잡성(irreducible complexity)을 가졌다.	논증의 부재가 입증의 확진이 될 수는 없다. 자연의 치밀 된 복잡성은 지적설계를 암시하지만 설계자가 누구인가를 증명할 수 없다.
창조론 창세기	하나님은 모든 피조물의 궁극적인 제1원인이며 기능적 창조를 통해 존재적인 의미와 목적을 주관한다.	창조론은 형이상학적이며 신앙의 영역일 수밖에 없다.

삼위일체론적인 창조

만물의 기원과 관련된 논쟁은 가설에 기반한 것으로서 진화론으로부터 지적설계에 이르기까지 결론적인 것이 없다. 이에 창세기 1:1-2:3은 기원에 대한 신학적 담론이라고 말 할 수 있다. 이는 만물의 창조주는 하나님이시며 모든 피조물과의 거룩한 안식을 위해 창조되었음을 변증한다. 특별히 인간은 창조주 하나님의 형상으로서 무(無)에서 무(無)로 진화하는 우연적인 자율적 존재(autonomous being)가 아니라 피조물을 경영하는 신적 소명자임을 명시한다(창 1:27-28).

창세기 1:1-2:3 본문에서 사람은 하나님의 형상으로 창조되었다(1:27). 그 사람은 하나님과의 언약적인 신인(神人)관계, 남녀로 대표되는 이웃과의 관계, 그리고 자연과의 삼위일체론적인 관계적 존재(relational being)로 창조되었다. 하나님은 새와 바다의 모든 생물(창 1:22)과 인간(창 1:28)을 동일하게 축복하시고 창조의 삼위일체론적인 안식(שַׁבָּת)관계를 축복하고 거룩하게 하셨다(창 2:3). 따라서 "생육하고 번성하여 충만하라"는 복은 인간에게만 부여된 것이 아니다. 땅을 정복하고 모든 생물을 다스리는 인간의 문화적 사명(창 1:28)은 창조주 하나님을 대적하고 자연을 착취하며 생명체를 파괴하는 무차별적인 개발을 절대 허용치 않는다. 인간에게 위임된 통치를 의미하는 히브리어 동사 '라다' (רָדָה, 창 1:28)은 하나님의 통치를 지시하는 '라다' (רָדָה, 시 110:2) 동사와 같다. 만물을 향한 인간의 통치는 하나님의 통치를 반영해야 한다. 이는 하나님의 청지기로서 창조물의 거룩한 안식을 위한 이웃사랑과 지속가능한 친환경적인 사명을 의미한다.

창세기 1:1-2:3에서 하나님이 보시기에 좋았던 것은 단순히 피조물의 개별적이며 미학적인 부분이 아니었다. 하나님이 보시기에 좋았던 것은 하나님과 만물 간의 거룩한 안식 관계였다. 하나님은 피조물을 자신의 속성을 반영하는 상호 유기적인 삼위일체론적인 관계적 존재로 창조하셨다. 하나님은 하늘과 땅과 바다와 생물들이 그의 창조적 섭리를 따라 조화로운 관계를 형성해 나갈 때마다 이를 "보시기에 좋았다"(1:4, 10, 12, 18, 25, וַיַּרְא אֱלֹהִים כִּי־טוֹב)고 말씀하셨다. 그리고 인간을 포함한 모든 만물 간의 온전한 안식이 완성된 이후에는 보시기에 "특별히 심히 좋았다"(1:31, וְהִנֵּה־טוֹב מְאֹד)라고 말씀하셨다. 반대로 "사람이 혼자 있는 것이 좋지 않다"(2:18, לֹא־טוֹב הֱיוֹת הָאָדָם לְבַדּוֹ)는 부정적인 묘사로 창조에 있어 안식관계의 중요성을 재천명하셨다.

1:4	וַיַּרְא אֱלֹהִים אֶת־הָאוֹר כִּי־טוֹב	하나님이 보시기에 좋았더라.
1:10	וַיַּרְא אֱלֹהִים אֶת־הָאוֹר כִּי־טוֹב	하나님이 보시기에 좋았더라.
1:12	וַיַּרְא אֱלֹהִים אֶת־הָאוֹר כִּי־טוֹב	하나님이 보시기에 좋았더라.
1:18	וַיַּרְא אֱלֹהִים אֶת־הָאוֹר כִּי־טוֹב	하나님이 보시기에 좋았더라.
1:25	וַיַּרְא אֱלֹהִים אֶת־הָאוֹר כִּי־טוֹב	하나님이 보시기에 좋았더라.
1:31	וַיַּרְא אֱלֹהִים אֶת־כָּל־אֲשֶׁר עָשָׂה וְהִנֵּה־טוֹב מְאֹד	하나님이 지으신 그 모든 것을 보시니 보시기에 심히 좋았더라.
2:18	לֹא־טוֹב הֱיוֹת הָאָדָם לְבַדּוֹ	사람이 혼자 있는 것이 좋지 않다

사람의 창조

창조주와 피조물과의 안식관계를 가장 대표적으로 반영하는 것은 하나님의 형상(בְּצַלְמוֹ בְּצֶלֶם אֱלֹהִים)으로 창조된 남녀의 관계다. 하나님은 우주만물의 시간과 기후와 식물의 기능을 창조하시고 땅과 바다에 모든 생명과 식물을 그 종류대로 창조하신 후 제6일 절정에 사람을 창조하셨다(창 1:24-31).

26a וַיֹּאמֶר אֱלֹהִים
26b נַעֲשֶׂה אָדָם בְּצַלְמֵנוּ כִּדְמוּתֵנוּ
26c וְיִרְדּוּ בִדְגַת הַיָּם וּבְעוֹף הַשָּׁמַיִם וּבַבְּהֵמָה וּבְכָל־הָאָרֶץ׃
27a בְּצֶלֶם אֱלֹהִים בָּרָא אֹתוֹ
27b בְּצֶלֶם אֱלֹהִים בָּרָא אֹתוֹ
27c זָכָר וּנְקֵבָה בָּרָא אֹתָם׃

창세기 본문에서 '아담'(אָדָם)이라는 단어는 1:26b에서 최초로 언급된다. 이는 문맥상 한 개인이나 이름을 묘사한 것보다는 인류공동체를 묘사한 공동명사로 보인다. 첫째, 아담이 주격인 26b에 '라다' (וְיִרְדּוּ, Wayyiqtol) 동사는 간접명령 3인칭 복수로 구성되었다. 이는 한 개인이 아니라 복수인 공동체를 반영한다. 둘째, 27a에 두 번째로 언급되는 아담은 정관사를 갖고 있다(הָאָדָם). 고유대명사 이름은 그 자체로 정관사를 함축한 단어로 여겨진다. 따라서 아담은 문법상 혹은 문맥상 한 개인이나 이름이 아닐 수도 있다. 셋째, 27c에 암묵적인(ellipsis) 주격은 27a

A	주어	וַיִּבְרָא אֱלֹהִים	
B	목적	אֶת־הָאָדָם	단수
C	수식 - 속성	בְּצַלְמוֹ בְּצֶלֶם אֱלֹהִים	
A'	주어	בָּרָא [אֱלֹהִים]	
B'	목적	אֹתוֹ	단수
C'	수식-속성	זָכָר וּנְקֵבָה	
A''	주어	בָּרָא [אֱלֹהִים]	
B''	목적	אֹתָם	복수

에 하나님(אֱלֹהִים)이시다. 그런데 여기서 아담을 지시하는 목적격 대명사는 복수로 묘사되고 있다(אֹתָם). 하나님은 "그 아담"(הָאָדָם)을 만드셨다(27a). 하나님은 그(אֹתוֹ)를 그의 형상대로 창조하셨다(27b). 그리고 하나님은 그들(אֹתָם)을 남자와 여자(זָכָר וּנְקֵבָה)로 창조하셨다(27c).

창세기 2:7은 정관사를 가진 '그 아담' (הָאָדָם)이 한 개인이나 이름보다는 문맥상 인류공동체를 대표하고 있음을 암시한다.

> "야훼 하나님께서 그 땅(הָאֲדָמָה, 하아다마)의 먼지(흙)로부터 그 사람(הָאָדָם, 하아담)을 지으셨다. 그리고 그 코에 생명의 숨을 불어넣으셨다. 이에 그 사람(הָאָדָם, 하아담)은 생령(נֶפֶשׁ חַיָּה)이 되었다."

창세기 5:1-2 본문은 아담의 속성과 관련해 1:27과 2:7에서 아담이 암시하는 인류공동체성을 더 명확히 묘사한다. 본문 5:1-2에서 하나님은 아담(אָדָם)을 창조하실 때 그를 하나님의 형상으로 만드셨다(בִּדְמוּת אֱלֹהִים עָשָׂה אֹתוֹ). 그리고 그들(אֹתָם)을 남자와 여자(זָכָר וּנְקֵבָה)로 창조하시고(2a) 그들(אֹתָם)을 축복하셨다(2b). 여기서 '아담'을 복수 대명사인 '그들' 로 묘사하고 있다. 따라서 하나님은 그들을 창조하실 때(בְּיוֹם הִבָּרְאָם) 그들의 이름(אֶת־שְׁמָם)을 아담(אָדָם)이라고 불렀다(2c).

זֶה סֵפֶר תּוֹלְדֹת אָדָם 1a
בְּיוֹם בְּרֹא אֱלֹהִים אָדָם בִּדְמוּת אֱלֹהִים עָשָׂה אֹתוֹ׃ 1b
זָכָר וּנְקֵבָה בְּרָאָם 2a
וַיְבָרֶךְ אֹתָם 2b
וַיִּקְרָא אֶת־שְׁמָם אָדָם בְּיוֹם הִבָּרְאָם 2c

창세기 1:1-2:3 본문은 하나님과 인류와 자연과의 삼위일체론적인 안식을 목적으로 한 창조를 기술하고 있다. 만물의 주도권을 놓고 신들 간의 그리고 신과 인간들 간의 갈등과 전쟁을 묘사하는 고대근동의 일반적인 창조기사와는 달리 창세기에서 하나님은 혼돈과 공허와 어두움을 질서와 채움과 빛으로 창조하시고 모든 피조물과 생물을 축복하셨다. 특별히 인류를 대표하는 아담 즉 남녀 모두를 평등한 하나님의 형상으로 창조하시고 그를 만물을 잘 다스리는 통치자로 임명하셨다. 그 목적은 분명하다. 하나님과 백성과 땅이 모두 거룩한 안식을 누리기 위함이다(창 2:1-3).

2. 창세기 2:4-3:24

돌시(D. A. Dorsey)는 창세기 1:1-11:32 본문의 구문론 분석을 통해 본 단락은 14개의평행 주제로 구성되어 있으며 이들은 7개의 창조 내러티브(1:1-6:8)와 7개의 홍수 내러티브(6:9-11:32)로 구분될 수 있음을 다음 도표와 같이 제안한다.[187]

돌시가 제안한 구조 안에서 창세기 2:4-3:24은 '아담의 타락' 이야기를 담고 있다. 물론 이러한 창세기 본문의 구조 구성에 있어 게렛(Duane A. Garrett)은 두 가지를 주의해야 한다고 말한다. 첫째, 본문의 최종 문학형태에서의 구조적인 통일성은 본문이 단일 저자나 편집자로 완성되었다는 것을 의미하지 않는다. 최종 본문은 다양한 자료 사용과 많은 익명의 집필 작업의 결과물이다. 둘째, 학자들에 의해 제안되는 본문의 구조들은 편찬자가 의도한 원래의 플롯 분기점이나 구조를 완벽하게 재생하거나 반영할 수 없다. 따라서 게렛은 평행구조(parallelism: ABAB), 키아즘/교차구조(acrostic: ABBA), 동심구조(inclusio: ABCBA) 등, 일반적으로 제시되는 문학적 구조는 본문의 내용을 분석하는데 있어 절대적인 준

---

187 D. A. Dorsey, 류근상 역, 『구약의 문학적 구조』 (서울: 크리스챤 출판사, 1999), 72-73.

A.	1:1-2:3	창조기사: 처음 시작, 하나님의 축복	창조 내러티브
B.	2:4-3:24	아담의 죄: 벌거벗음, 벌거벗은 것을 보고 가림; 저주	
C.	4:1-16	의로운 동생: 아벨이 살해당함: 후손이 없음	
D.	4:17-26	범죄한 아들: 가인의 후손	
E.	5:1-32	선민: 셋의 후손	
F.	6:1-4	심판: 불법적 결혼에 대한 하나님의 심판	
G.	6:5-8	노아 소개: 하나님은 그를 통해 인류를 축복하신다	
A.'	6:9-9:19	홍수기사: 재창조; 새로운 시작, 하나님의 축복	홍수 내러티브
B.'	9:20-29	함의 죄: 벌거벗음, 벌거벗은 것을 보고 가림; 저주	
C.'	10:1-5	의로운 동생: 야벳	
D.'	10:6-20	범죄한 아들: 함의 후손	
E.'	10:21-32	선민: 셋의 후손	
F.'	11:1-9	심판: 한 곳에 함께 살려는 사람들에 대한 하나님의 심판	
G.'	11:27-32	아브라함 소개: 하나님은 그를 통해 인류를 축복할 것임	

거보다는 배경음악(background music)과 같은 역할을 한다고 주장한다.[188] 이는 구조의 기능과 역할을 저하시키고자 하는 주장이 아니라 구조가 본문의 객관적인 의미를 결정짓기 보다는 강화시키며 부각시키는 중요한 해석학적 도구임을 말한 것이다. 이를 염두에 두고 마소라 본문의 구문론, 문학구조, 그리고 내용의 종합적인 분석을 기반으로 돌시의

188 Duane A. Garret, 111-112.

구조와 "하늘과 땅의 톨레도트" 내러티브(2:4-4:26) 안에서 선택적으로 창세기 2:4-3:24 본문이 담고 있는 사람의 기원과 타락의 이야기를 논하고자 한다.

창세기 2:4-4:26 내러티브는 타락과 관련된 7개의 소담론으로 구성되어 있다. 그 중 본 섹션에서는 타락의 배경(2:4-25), 타락의 기원(3:1-6), 타락의 결과(3:7-13), 타락과 구속(3:14-15), 그리고 타락의 관계(3:22-24)를 주해하고자 한다.

	인류의 타락	본문	주요 문맥	서술 요약
A.	타락의 배경	2:4-25	아담의 창조	인간창조, 생명나무와 선악과
B.	타락의 원인	3:1-6	불만, 불순종	뱀의 존재와 역할
C.	타락의 결과	3:7-13	에덴 동산에서 숨다	그릇된 시각, 은폐, 저항, 원망, 죽음
D.	타락과 구속	3:14-15	원초복음	여자의 후손
C'	타락의 결과	3:16-24	에덴동산에서 추방	하나님의 심판
B'	타락의 원인	4:1-24	불만, 불순종	가인과 아벨
A'	타락의 배경	4:25-6:8	아담의 계보	세상의 죄악

타락의 배경(2:4-25)

먼저 창세기 2:4 본문에서 마소라는 "그것들[하늘과 땅]을 만드시던 날"(בְּהִבָּרְאָם, 니팔 부정사 연계형 + 3남.복)으로 마무리된 4a 내포문(주어+서술)을 첫 번째 atnah절로 표시했다.

4a אֵלֶּה תוֹלְדוֹת הַשָּׁמַיִם וְהָאָרֶץ בְּהִבָּרְאָם

4b בְּיוֹם עֲשׂוֹת יְהוָה אֱלֹהִים אֶרֶץ וְשָׁמָיִם׃

창세기 2:4a 상반절은 내포문으로서 "이것은 천지의 계보입니다" 보다는 "만물이 만들어졌을 때(בְּהִבָּֽרְאָם) 천지의 계략은 다음과 같았습니다"라고 번역될 수 있다. 이에 창세기 2:4a는 선행서술(1:1-2:3)의 결론보다는 선행서술을 연속적으로 확장해 설명하는 2:4b-4:26의 표제로 보는 것이 타당하다. 이는 4a절을 끝내는 בְּהִבָּרְאָם가 4b를 시작하는 בְּיוֹם과 동격관계를 갖고 있는 것에서 더 확실 해진다. "만물이 만들어졌을 때(בְּהִבָּֽרְאָם), 바로 그 때(בְּיוֹם)." 따라서 창세기 2:4은 두개(4a, 4b)의 내포문이 교차구조(ABBA)로 구성되었고 4b는 4a의 בְּהִבָּרְאָם 상황을 확장해 설명할 것을 암시한다.

표제	אֵלֶּה תוֹלְדוֹת	이는 계보다
A	הַשָּׁמַיִם וְהָאָרֶץ	하늘과 땅이
B	בְּהִבָּֽרְאָם	그것들이 만들어졌을 때
B	בְּיוֹם עֲשׂוֹת יְהוָה אֱלֹהִים	야훼 하나님이 만드신 그 때
A	אֶרֶץ וְשָׁמָיִם׃	땅과 하늘이

창세기 2:4에 이어지는 2:5은 상황배경문이다. 마소라는 5a וְכֹל을 munah pasiq(וְכֹל׀)로 표기했다. "그리고 모든 것"(וְכֹל)은 이어지는 초목과 채소를 대표한다. 즉 땅에 나무나 풀이 있기 전(טֶרֶם) 상황을 묘사한다(5a, 5b).

5a וְכֹ֣ל ׀ שִׂ֣יחַ הַשָּׂדֶ֗ה טֶ֚רֶם יִֽהְיֶ֣ה בָאָ֔רֶץ
5b וְכָל־עֵ֥שֶׂב הַשָּׂדֶ֖ה טֶ֣רֶם יִצְמָ֑ח
5c כִּי֩ לֹ֨א הִמְטִ֜יר יְהוָ֤ה אֱלֹהִים֙ עַל־הָאָ֔רֶץ
5d וְאָדָ֣ם אַ֔יִן לַֽעֲבֹ֖ד אֶת־הָֽאֲדָמָֽה׃

종속절 5c는 그 이유를 확장 수식어 כִּי로 설명한다. 땅에 나무나 풀이 없는 것은 하나님이 "아직 비를 내리지 아니하셨기 때문이다." 세일해머(John H. Sailhamer)는 이 문구가 앞으로 비가 내릴 노아의 홍수를 암시하기도 한다고 주장한다.[189] 창세기 2:4-25은 창세기 1:1-2:3의 7일 창조의 상황을 확장해 설명한다. 그 과정에는 비가 없고 식물이 없음으로 그 땅을 경작할 사람도 아직 없었던 상황이 있었다(5d). 그때 땅에서는 안개가 올라와 온 지면을 덮은 상황이었다(창 2:6).

창세기 2:4-6은 사람을 창조하기 전의 상황을 진술하는데 있어 땅을 네 번이나 에렛쯔(אֶרֶץ)로 반복해 묘사한다. 그러나 "땅을 경작할 사람(아담, אָדָם)이 없었다"고 진술할 때는 땅을 아다마(וְאָדָם אַיִן לַעֲבֹד אֶת־הָאֲדָמָה)로 묘사하고 있다. 이어 사람(아담, אָדָם)과 선악과를 창조하는 창세기 2:7-9 단락에서 땅은 모두 아다마(אֲדָמָה)로 기술된다. 이는 이 단락이 창조에 있어 특별히 사람(아담, אָדָם)의 창조와 타락의 정황을 설명하고자 함을 암시한다.

7a וַיִּיצֶר יְהוָה אֱלֹהִים אֶת־הָאָדָם עָפָר מִן־הָאֲדָמָה
7b וַיִּפַּח בְּאַפָּיו נִשְׁמַת חַיִּים
7c וַיְהִי הָאָדָם לְנֶפֶשׁ חַיָּה׃
8a וַיִּטַּע יְהוָה אֱלֹהִים גַּן־בְּעֵדֶן מִקֶּדֶם
8b וַיָּשֶׂם שָׁם אֶת־הָאָדָם אֲשֶׁר יָצָר׃
9a וַיַּצְמַח יְהוָה אֱלֹהִים מִן־הָאֲדָמָה
9b כָּל־עֵץ נֶחְמָד לְמַרְאֶה וְטוֹב לְמַאֲכָל
9c וְעֵץ הַחַיִּים בְּתוֹךְ הַגָּן
9d וְעֵץ הַדַּעַת טוֹב וָרָע׃

창세기 2:7-9은 아담(אָדָם)과 아다마(אֲדָמָה)의 밀접한 관계와 아담의

189 John H. Sailhamer, *The Pentateuch as Narrative* (Grand Rapids, MI: Zondervan, 1992), 97.

창조가 모든 피조물 가운데 특별히 하나님의 생명의 호흡(נִשְׁמַת חַיִּים)을 가진 고유한 생령(נֶפֶשׁ חַיָּה)임을 부각시킨다. 여기서 7a절의 목적격인 아담(אָדָם)에는 정관사(אֶת־הָאָדָם)가 접두되어 있다. 이는 아담(אָדָם)이 4:25에서 남자의 이름으로 명시되기 전까지 문맥상 인류공동체를 대표하는 사람으로 해석될 수 있음을 의미한다. 사람을 창조하신 이후 하나님은 에덴 동쪽에 동산을 세우시고(8a) 그곳에 그가 만드신 사람(אֶת־הָאָדָם)을 두셨다(8b). 하나님은 사람을 만드시고(7a) 만드신 그 사람을 에덴이라는 특별한 동산에 두셨다(8b). 따라서 창세기 2:7-8에서 하나님은 땅으로부터 특별한 두가지 피조물을 만드셨다. 땅으로부터 사람을 만드시고 그 사람의 사명이 실행될 에덴동산을 만드셨다.

A.	하나님이 만드셨다	וַיִּיצֶר יְהוָה אֱלֹהִים
B.	사람을	אֶת־הָאָדָם
C.	땅의 흙으로	עָפָר מִן־הָאֲדָמָה
D.	하나님이 사람을 생령으로 만드셨다	וַיִּפַּח בְּאַפָּיו נִשְׁמַת חַיִּים וַיְהִי הָאָדָם לְנֶפֶשׁ חַיָּה׃
D'	하나님이 에덴동산을 만드셨다	וַיִּטַּע יְהוָה אֱלֹהִים גַּן־בְּעֵדֶן מִקֶּדֶם
C'	에덴동산에 두셨다	וַיָּשֶׂם שָׁם
B'	사람을	אֶת־הָאָדָם
A'	[하나님이] 만드신	[יְהוָה אֱלֹהִים] יְהוָה אֱלֹהִים

창세기 2:9은 선행절과 접속된 동격절(conjunctive paratactic)로 2:4-8절의 진술을 최종적으로 확대한다. 창세기 2:5절은 땅의 모든 채소가 자라기 전(טֶרֶם יִצְמָח)의 상황이며 이제 2:9은 하나님께서 식물을 자라게 한(וַיַּצְמַח) 확대된 상황을 기술한다.

וַיַּצְמַח יְהוָה אֱלֹהִים מִן־הָאֲדָמָה 9a
כָּל־עֵץ נֶחְמָד לְמַרְאֶה וְטוֹב לְמַאֲכָל 9b
וְעֵץ הַחַיִּים בְּתוֹךְ הַגָּן 9c
וְעֵץ הַדַּעַת טוֹב וָרָע׃ 9d

창세기 2:4-9에서 땅은 에렛쯔(אֶרֶץ)에서 아다마(אֲדָמָה)로 전환되고, 그리고 아다마(אֲדָמָה)에서 동산(הַגָּן)으로 좁혀진다. 에렛쯔(אֶרֶץ)에는 초목과 채소, 아다마(אֲדָמָה)에는 "보기에 먹기 좋은 모든 나무"(2:9a, כָּל־עֵץ נֶחְמָד לְמַרְאֶה וְטוֹב לְמַאֲכָל), 그리고 그 "동산 한가운데" 에는 생명 나무와 선악과 나무(2:9c, וְעֵץ הַחַיִּים בְּתוֹךְ הַגָּן)가 있다. 마소라는 2:9c와 2:9d를 zaqep parvum(הַגָּן)과 zaqep magnum(וְעֵץ)로 분리해 공간적으로 2:9cd 절 가운데 위치한 "동산 한가운데"(בְּתוֹךְ הַגָּן)의 신학적 의미를 부각시킨 것으로 보인다.

선악을 아는 나무	동산 한가운데	생명 나무
וְעֵץ הַדַּעַת טוֹב וָרָע׃	בְּתוֹךְ הַגָּן	וְעֵץ הַחַיִּים

창세기 1:1-2:3은 천지창조의 총괄적인 진술을 통해 창조의 궁극적인 목적이 하나님과 사람과 환경 간의 삼위일체론적인 안식(שַׁבָּת)에 있음을 명시한다. 그러나 2:4-3:24은 아담의 타락으로 인해 안식(שַׁבָּת)의 창조가 파괴되는 상황을 설명한다. 창세기 2:4-9은 역설적으로 바로 이 타락의 전야를 진술하고 있다. 초점은 에렛쯔(אֶרֶץ)나 아다마(אֲדָמָה)가 아닌 먹기에 보기 좋은 나무들과 특별히 "동산 한가운데" 있는 생명나무와 선악과다. 이는 상징적인 묘사로서 본문이 의도하는 신학적 의미를 함축한 것이라고 말 할 수 있다. 오경 내러티브의 평행문맥에서 동산 한

가운데의 영역은 하나님의 임재와 주권을 암시한다. 이는 생명과 진리(선과 악)의 주권이 야훼 하나님께 있음을 의미한다.

에덴동산은 생명의 풍요로움을 상징하는 대표적인 4대강의 원천으로 묘사된다(2:10-14). 그곳 한 가운데 계신 하나님은 생명과 진리로 세상을 통치하신다. 그분의 형상으로 창조된 사람(1:26-27)은 그 동산을 경작할 사명을 부여받아(2:15) 그곳에서 생육하고 번성해 하나님의 대리자로 피조물을 통치할 거룩한 안식의 복을 받았다(1:28-2:3). 여기서 창세기 2:16-17은 이러한 신정통치는 사람이 하나님의 생명과 진리의 법도에 순종함으로만 실현될 수 있음을 암시한다(창 2:16-17).

16a וַיְצַו יְהוָה אֱלֹהִים
16b עַל־הָאָדָם לֵאמֹר
16c מִכֹּל עֵץ־הַגָּן אָכֹל תֹּאכֵל׃
17a וּמֵעֵץ הַדַּעַת טוֹב וָרָע
17b לֹא תֹאכַל מִמֶּנּוּ
17c כִּי בְּיוֹם אֲכָלְךָ מִמֶּנּוּ מוֹת תָּמוּת׃

전형적인 타동형 동격 동사절로 16절은 새로운 상황을 야기시킨다. 야훼 하나님께서 창조 이후 처음으로 "명령하셨다"(16a, וַיְצַו יְהוָה אֱלֹהִים). 창세기 1-4장에서 하나님은 늘 "말씀하셨다"(וַיֹּאמֶר יְהוָה אֱלֹהִים). 그러나 16a에서 하나님은 최초로 명령하신다. 이는 이어지는 말씀의 심각성을 암시한다. 그 명령의 대상은 인류를 대표하는 아담(16b, הָאָדָם)이다. 본문에서 하나님의 명령의 대상인 아담은 전치사가 접두된 간접목적격으로 묘사된다. 이는 하나님의 명령의 무개를 느끼게 한다. 여기서 기술되고 있는 히브리 전치사는 단순 לְ(to)혹은 אֶל(into)이 아닌 עַל(upon)으로서 아담 위에 내려진 지상명령의 무개를 부각시킨다. 하나님의 명령의 내용은 명백하다. 동산의 모든 과실을 먹되 동산 한가운데 있는 선악과는 먹지 말아야 한다. 본문은 이를 긍정적인 구문과 부정적인 구문의 대비로 명시한다.

A.	동산의 과실나무	מִכֹּל עֵץ־הַגָּן
B.	먹어라	אָכֹל תֹּאכֵל׃
A'	선악과 나무	וּמֵעֵץ הַדַּעַת טוֹב וָרָע
B'	먹지마라	לֹא תֹאכַל מִמֶּנּוּ

하나님이 명령하신 내용은 분명하다. 그 명을 범하는 날에 그 결과는 17c 종속절에서 수식어 כִּי로 분명히 명시되는 죽음이다(2:17, כִּי בְּיוֹם אֲכָלְךָ מִמֶּנּוּ מוֹת תָּמוּת). 히브리어 표현에 있어 적극적 묘사로 16c의 "먹어라"(אָכֹל תֹּאכֵל)와 17c의 "죽어라"(מוֹת תָּמוּת) 동사문은 절대부정사+칼미완료 형태로서 강한 의무성을 함축한다. 부정적 묘사인 17b의 "먹지마라"(לֹא תֹאכַל) 동사문도 일반부정사 אַל이 아닌 절대부정부사 לֹא로 강한 의무성을 동일하게 함축한다. 따라서 창세기 2:16c-17c에서 하나님의 최초 명령은 의무성이 요구되는 가장 강력한 구문법으로 묘사되고 있다. 선악과의 금지는 같은 동산 한가운데 있는 생명나무도 포함된 금지라고 볼 수 있다. 이는 "그가 그의 손을 들어 생명 나무 열매도 따먹게 놔두면 안 된다"(창 3:22)에서 암시된다. 선악과와 생명나무는 창

조주 하나님의 임재와 생명과 진리에 대한 그분의 주권과 통치를 상징한다. 따라서 인간은 그 하나님의 영역을 절대 침범해서는 안 된다. 창세기 2:16-17에 이어 2:18-25 본문은 하나님의 형상(1:27, צֶלֶם אֱלֹהִים)으로 창조된 사람의 본분이 무엇인지를 기술한다. 하나님의 형상으로 창조된 인간은 언약 관계적인 존재다. 야훼 하나님께서 "보기 좋지 않은 것"은 사람이 혼자 거하는 것이다(2:18).

창세기 1장에서와 같이 하나님이 보시기에 좋은 것은 단순히 외형적인 것 혹은 미학(Aesthetics)적인 것이 아니다. 하나님이 보시기에 좋은 것은 관계적인 것이며 이는 윤리적이며 신학적인 것으로서 궁극적으로는 하나님과 백성과 땅의 삼위일체론적인 언약적 안식을 암시한다. 엘로힘 하나님이 보시기에 좋았던 것들(1:4, 10, 12, 18, 25)은 그 "모든 것"을 함께 볼 때 "심히 좋았다"(1:31). 즉 모든 언약적 안식 속에서의 선(善)을 의미한다. 이 언약관계의 좋음은 "사람이 혼자 있는 것이 좋지 않다"(2:18)라는 부정문으로 더욱 강화된다.

인간은 하나님의 형상으로 창조되었다(창 1:27). 인간은 자율적 존재가 아니라 피조물로서 하나님과의 언약적 관계, 이웃과의 관계, 그리고

1:4	וַיַּרְא אֱלֹהִים כִּי־טוֹב	하나님이 보시기에 좋았더라.
1:10	וַיַּרְא אֱלֹהִים כִּי־טוֹב	하나님이 보시기에 좋았더라.
1:12	וַיַּרְא אֱלֹהִים כִּי־טוֹב	하나님이 보시기에 좋았더라.
1:18	וַיַּרְא אֱלֹהִים כִּי־טוֹב	하나님이 보시기에 좋았더라.
1:25	וַיַּרְא אֱלֹהִים כִּי־טוֹב	하나님이 보시기에 좋았더라.
1:31	וַיַּרְא אֱלֹהִים אֶת־כָּל־אֲשֶׁר עָשָׂה וְהִנֵּה־טוֹב מְאֹד	하나님이 지으신 그 모든 것을 보시니 보시기에 심히 좋았더라.
2:18	לֹא־טוֹב הֱיוֹת הָאָדָם לְבַדּוֹ	사람이 혼자 있는 것이 좋지 않다

자연과의 관계를 맺은 도덕적 존재다. 따라서 하나님께서는 새와 바다의 모든 생물(창 1:22), 인간(창 1:28) 그리고 안식일(창 2:3)을 동일하게 축복하셨다(בָּרֵךְ). 생육하고 번성하여 충만해지는 복은 인간에게만 주어진 것이 아니다. 따라서 보시기에 좋은 것(טוֹב)은 하나님과 모든 피조물과의 안식이다. 창세기 2:18-25에서 아담은 모든 피조물과의 친밀한 관계를 암시하는 그들의 이름을 짓고(2:19-20) 하나님께서 아담을 일인성이 아닌 이성적 남자와 여자로 창조하심으로(2:21-24) 관계적 존재의 창조가 완성된다. 안식을 반영한 창조의 절정은 온전과 일치를 암시하는 아담의 독백(2:23)과 화자의 마지막 진술(2:25)에서 명시된다. “아담이 이르되 이는 내 뼈 중의 뼈요 살 중의 살이라.” “아담과 그의 아내 두 사람이 벌거벗었으나 부끄러워하지 아니했다.”

25a וַיִּהְיוּ שְׁנֵיהֶם עֲרוּמִּים
25b הָאָדָם וְאִשְׁתּוֹ
25c וְלֹא יִתְבֹּשָׁשׁוּ׃

본문 25a(שְׁנֵיהֶם)은 25b(הָאָדָם וְאִשְׁתּוֹ)와 연결해 구절의 응집력을 강화한다. “그 둘, 곧 그 사람과 그의 여자는 벌거벗었다”(25ab). 그러나 부끄러워하지 않았다. 이를 “부끄러워하다”의 히브리어 재귀형 동사(יִתְבֹּשָׁשׁוּ, 히트폴렐, 미완료 3남.복)와 절대 부정 부사(לֹא)로 그들이 벌거벗었음에도 불구하고 서로 간 절대 부끄러워하지 않았음을 묘사한다. 이는 타락 이후 벗었음으로 홀로 숨고 두려워하는 모습과 상반된 대조를 이룬다(3:10 וָאִירָא כִּי־עֵירֹם אָנֹכִי וָאֵחָבֵא׃).

창세기 2:4-25 본문은 인류 타락의 배경을 기술한다. 동산 한 가운데 생명나무와 선악과 나무는 하나님의 임재와 주권적 통치를 반영한다. 이는 창조가 하나님 자신의 계시이며 거룩한 하나님과 피조물의 안식으로 성취됨을 암시한다. 이러한 하나님의 안식 창조는 그의 형상으로 지음

받은 사람에게서 반영된다. 하나님이 보시기에 좋은 것은 아담이 이성의 남자와 여자로 또한 안식하는 것이다. 둘이 하나가 된 것이 아니고 둘은 원래 하나인 것이다. 창세기 1:1-2:3과 2:4-25 본문은 하나님과 백성과 땅의 삼위일체론적인 안식을 통해 하나님의 창조가 아름답고 복되고 거룩함을 명시한다.

타락의 원인(3:1-6)

창세기 3:1은 We_X_Qatal 동격접속절로 선행 단락인 창세기 2:4-25 본문의 배경을 확대하는 진술문이다. 아담과 하와는 뱀의 유혹에 응한다. 그들은 에덴동산의 좋음(כִּי־טוֹב)과 동산의 모든 과실을 마음껏 먹을 수 있는(אָכֹל תֹּאכֵל) 복된 상황에 만족하지 못한다. 그리고 하나님이 금지하신 명령에 불순종한다. 아담의 '불만과 불순종'은 앞으로 이스라엘이 광야에서 범할 불행한 정황을 예고한다. 이러한 인류타락의 배경 중심에는 뱀으로 구현된 사탄이 있다. 그리고 사탄의 정체는 3:1에서 최초로 드러난다. 본문은 창세기 1:1-2:3과 2:4-25에 기술된 창조의 안식과 대조된 타락의 시작을 알린다. 이는 특별히 1:24-30과 2:7-3:24의 평행적인 대구에서 볼 수 있다.

창 1:24-30	창 2:7-3:24
동물 창조(1:24-25) 아담을 하나님의 형상으로 창조(26-27) 1- 사람(הָאָדָם) 창조 2- 사람을 여자와 남자로 창조	동물창조(2:19-20) 아담을 생령으로 창조(2:7) 1-사람(הָאָדָם) 창조(2:7) 2-사람을 여자와 남자로 창조(2:21-25)
문화명령(28) 1-생륙과 번성 2-정복과 통치	하나님과 동등하고자 함(3:5) 1-여인의 임신(3:16, 20) 2-땅을 갈다(3:23)
식물: 채소와 나무들(29-30)	식물: 채소와 나무들(2:9, 3:17-19)

3:1a וְהַנָּחָשׁ הָיָה עָרוּם מִכֹּל חַיַּת הַשָּׂדֶה
1b אֲשֶׁר עָשָׂה יְהוָה אֱלֹהִים
1c וַיֹּאמֶר אֶל־הָאִשָּׁה
1d אַף כִּי־אָמַר אֱלֹהִים
1e לֹא תֹאכְלוּ מִכֹּל עֵץ הַגָּן׃

에덴동산에 뱀은 모든 들짐승 중 가장 간교하다(3:1a, עָרוּם). 히브리어에서 간교를 의미하는 '아룸'(עָרוּם)과 벌거벗음을 의미하는 '에롬'(עֵירֹם)은 동음상이한 단어로 본문은 간교한 뱀과 벌거벗은 아담의 상태를 언어유희(onomatopoeia)적으로 묘사한다. 원래 아담과 하와는 벌거벗었으나 부끄러워하지 아니했다(2:25). 이는 창조원리에 있어 둘의 인격체가 한 몸이 된 것이 아니라 하나의 아담이 남자와 여자로 둘이 되었기 때문이다(2:23). 그러나 그들은 뱀의 간교함(עָרוּם, 아룸)에 넘어갔다(3:1-6). 이후로부터 벗음(עֵירֹם, 에롬)은 뱀의 간교함과 안식관계의 파괴를 암시하는 두려움과 수치의 의미로 변질되었다(3:7, 10, 11).

이는 두려움과 수치로 형성되어온 인류문화의 불행한 역사를 상기시킨다. 내포문 3:1b는 אֲשֶׁר 관계절로 뱀의 기원을 밝힌다. 그는 야훼 하나님이 만드신 것이다(אֲשֶׁר עָשָׂה יְהוָה אֱלֹהִים). 이는 이후 아담과 하와가 자신들의 잘못을 하나님께 전가하는 모티프가 된다(3:12-13). 뱀은 여자에게 동산의 모든 나무의 열매를 먹지말라고 "정말 하나님이 말씀하셨는가?"(3:1d, אַף כִּי־אָמַר אֱלֹהִים) 질문한다. 하나님에 대한 신뢰를 불신으로 유혹한다.창세기 1-3 안에서 "야훼 하나님께서 말씀하셨다"(וַיֹּאמֶר יְהוָה אֱלֹהִים)라는 문구는 하나님의 말씀을 여는 도입문이다. 그러나 3:1-6에서부터 "וַיֹּאמֶר"의 주격은 하나님이 아니라 뱀으로 전환된다. 하나님의 "진리와 생명의 말씀" 대 뱀의 "거짓과 죽음의 유혹"이다. 에덴 동산 한 가운데 있는 생명나무와 선악과는 하나님의 말씀이 생명과 진리임을 암시한다. 그러나 뱀은 죽음과 거짓을 말한다(3:4, וַיֹּאמֶר הַנָּחָשׁ אֶל־הָאִשָּׁה לֹא־מוֹת תְּמֻתוּן׃). 신약은 에덴동산의 뱀은 사탄이었으며, 그는 처음부터 살인자요 거짓말쟁이였음을 밝힌다(계 12:9; 요 8:44). 뱀과 여인과의 대화는 유혹의 계략이 어떠한 가를 보여준다. 창세기 3:1-6 본문은 그 과정을 면밀히 기술한다.

타락의 기원(3:1–6): 뱀의 계략

A	하나님 말씀에 대한 불신	3:1	אַף כִּי־אָמַר אֱלֹהִים לֹא תֹאכְלוּ מִכֹּל עֵץ הַגָּן׃
B	하나님 말씀에 대한 왜곡	3:2-4	וַיֹּאמֶר הַנָּחָשׁ אֶל־הָאִשָּׁה לֹא־מוֹת תְּמֻתוּן׃
C	하나님과 동등 해지려는 유혹	3:5	וִהְיִיתֶם כֵּאלֹהִים יֹדְעֵי טוֹב וָרָע׃
D	오감을 통한 유혹	3:6a	וַתֵּרֶא הָאִשָּׁה כִּי טוֹב הָעֵץ לְמַאֲכָל וְכִי תַאֲוָה־הוּא לָעֵינַיִם וְנֶחְמָד הָעֵץ לְהַשְׂכִּיל
E	타락의 보편성	3:6b	וַתִּקַּח מִפִּרְיוֹ וַתֹּאכַל וַתִּתֵּן גַּם־לְאִישָׁהּ עִמָּהּ וַיֹּאכַל׃

뱀은 말씀에 대한 불신과 왜곡을 조작한다(3:1-4). 아담은 진리와 생명의 영역을 점령하여 하나님의 주권에 도전한다. 이는 하나님을 왜곡하거나 부정함으로 하나님과 같이 되고자 하는(3:5, וִהְיִיתֶם כֵּאלֹהִים) 인간의 타락성과 육체의 오감(3:6a)을 통한 욕망을 반영한다. 하와는 선악과를 아담에게도 주어 먹게 한다(3:6b). 타락은 보편성을 갖는다. 아담은 남자와 여자로 창조되었다(1:27, 5:1-2). 아담의 타락은 인류전체의 타락을 대표한다. 한 개인의 타락은 모두의 타락인 것이다.

타락의 결과(3:7–13)

창세기 3:7-13 본문은 인간의 타락이 결과적으로 어떠한 모습으로 구현되었는가를 면밀히 묘사한다. 하나님의 명령에 불순종해 선악과를 따 먹은 후 그들은 하나님과 같이 선과 악 즉 진리를 스스로 알 수 있는 자율적 존재가 되지 못했다. 뱀의 거짓이 드러난 것이다. 이제 하나님과 이웃 간의 안식 관계가 파괴되었고 이는 벌거벗음에 대한 두려움과 수치로 전락했다(3:7). 타락은 그들의 시각과 세계관을 변질시켰다. 이제 그들은 하나님의 음성에 저항한다. 따라서 거짓이 드러난 뱀을 대항하기보다 오히려 하나님의 구속적인 소명에 귀를 막고(3:8) 자신들의 부끄러운 모습을 은폐한다(3:9-10). 두려움과 수치를 은폐하는 인류의 타락한 문명이 시작된 것이다. 회 칠한 무덤과 같이 겉으로는 화려하나 내부로는 썩고 냄새나는 현실이 구현된 것이다. 그럼에도 불구하고 회개보다는 원망과 책임회피로 자신들의 죄를 합리화시킨다(3:12-13).

A	그릇된 시각	7	וַתִּפָּקַחְנָה עֵינֵי שְׁנֵיהֶם וַיֵּדְעוּ כִּי עֵירֻמִּם הֵם
B	소명에 대한 저항	8	וַיִּשְׁמְעוּ אֶת־קוֹל יְהוָה אֱלֹהִים
C	죄의 은폐	9-10	וָאִירָא כִּי־עֵירֹם אָנֹכִי וָאֵחָבֵא
D	원망과 책임회피	12-13	הָאִשָּׁה אֲשֶׁר נָתַתָּה עִמָּדִי הִוא נָתְנָה־לִּי

타락과 구속(3:14-15)

창세기 3:14-15 본문은 타락 이후 하나님의 구속을 최초로 명시하는데 있어 간교한 뱀을 궁극적으로 파괴할 여자의 후손에 대한 신탁을 기술하고 있다. 창세기 3:14-15 본문은 기독교 전통에 '원초복음'으로 알려져 있다. 먼저 구조적으로 14-15절은 큰 문맥에서 3:14-19 신탁 안에 속한 단락이다. 창세기 14-15절 신탁은 "뱀에게" (אֶל־הַנָּחָשׁ) 선포된 저주로 마소라 본문은 이를 일단 Setuma(ס)절로 분리한다. 이어 16절은 "여인에게" (אֶל־הָאִשָּׁה) 그리고 17-19절은 "아담에게" (וּלְאָדָם) 선포된 신탁으로 구성되었다. 원초복음으로 알려진 단락은 뱀에게 선포된 신탁으로 14-15절로 구성되었다. 먼저 창세기 3:14에서 하나님은 뱀을 저주하신다. 모든 생명보다 더욱 저주를 받은 뱀은 살아 있는 동안 배로 다니며 흙을 먹고 살 것이다. 이는 타락한 인류문화가 땅에 종속되어 고통받을 것을 암시한 것으로 보인다. 이어지는 15절은 뱀(男)과 여자(女) 간에 일어날 신탁을 기술하고 있는데 본 절에서 뱀과 여자를 묘사한 대명사의 성(性, gender)에 있어 혼란스러운 점이 있다.

15a וְאֵיבָה אָשִׁית בֵּינְךָ וּבֵין הָאִשָּׁה
내가 너(男)와 그 여인(女) 사이에 원한을 두겠다

15b וּבֵין זַרְעֲךָ וּבֵין זַרְעָהּ
너(男)의 후손과 그녀(女)의 후손 사이에 [두겠다]

15c הוּא יְשׁוּפְךָ רֹאשׁ
그(男)는 너(男)의 머리를 칠 것이다

15d וְאַתָּה תְּשׁוּפֶנּוּ עָקֵב׃
너(男)는 그(男)의 발꿈치를 칠 것이다

창세기 3:14-15 본문의 주격은 야훼 하나님이다. 신탁의 대상은 남성(男)인 뱀이다. 따라서 15c-d절에 접미사 대명사 "너"(בֵּינְךָ)는 뱀을 지시하는 것으로서 남성이다. "너의 사이"(בֵּינְךָ)와 "그녀의 사이"(וּבֵין הָאִשָּׁה)는 원수로 맺어질 것이다. 따라서 문맥상 15c-d절 구문에서 주어의 대명사 그와 너, 너와 그의 성은 다음과 같이 구성되어야 한다.

15a	A.	내가 너(男)와 그 여인(女) 사이에 원한을 두겠다	남성 - 여성
15b	B.	그리고 너(男)의 씨와 그녀(女)의 씨 사이에 [두겠다]	남성 - 여성
15c	A'	그(女)는 너(男)의 머리를 칠 것이다	여성 - 남성
15d	B'	너(男)는 그(女)의 발꿈치를 칠 것이다	남성 - 여성

그러나 마소라 본문에서 15c-d절은 두개의 남성 대명사만 언급된다(הוּא와 אַתָּה). 이를 단순히 오타로 지적하기도 하지만 이는 마소라와 칠십인(LXX)역 사본 모두에서 일치하다. 먼저 마소라 MT 본문의 구조를 성(gender)의 관점에서 볼 때 뱀과 여인은 남성과 여성이며 그들의 대결은 교차구조로 묘사되고 있는 것을 볼 수 있다(AB). 그러나 문제는 마소라 본문에서 그 여인(女)의 대명사는 3인칭 남성(男)대명사로 묘사되고 있다. 따라서 한글 개역개정판은 혼란을 없애기 위해 15C 절에서 "그 남성"을 "그 여자의 후손"으로 해설해 번역했다. 그러나 칠십인(LXX) 헬라어 역도 MT와 같이 이를 남성(αὐτός와 σύ)으로 직역하고 있다.

(A')	αὐτός σου τηρήσει κεφαλήν	남성-남성
(B')	καὶ σὺ τηρήσεις αὐτοῦ πτέρναν	남성-남성

이러한 역설적인 구성은 수사학적으로 의도된 것이라고 해석할 수 있다. 창세기 3:14-15 본문은 메시아 신탁(messianic oracle)이며, 3인칭 남성대명사로 묘사된 "그녀의 후손"(זַרְעָהּ)인 그 남성(הוּא)은 '후손의 약속' (3:15)의 주격으로 셋의 계보(4:25)를 따라 아브라함의 후손(15:1-5)인 이스라엘에서 나올 별과 홀(민 24:17)로 암시된 메시아를 바라보게 한다. 본문의 저자는 뱀(男)이 여자의 후손(男)으로 인해 파멸될 것을 예고한다. 따라서 본문에서는 "뱀도 그 어떠한 인격체 혹은 그 어떤 것을 대표하는 후손(זַרְעֲךָ)으로 묘사된다. 그 후손의 머리가 상할 때 뱀의 머리도 상할 것이다."[190] 신약은 뱀을 대표하는 "너의 후손"(זַרְעֲךָ)에 대해 그는 "옛 뱀 곧 마귀라고도 하고 사단이라고도 하는 온 천하를 꾀는 자라"(롬 16:20; 계 12:9)고 명시한다. 이러한 뱀에 대한 하나님의 신탁은 여자와 남자에 대한 하나님의 저주와 축복(3:16-24)으로 마무리된다.

190 세일해머 (상), 208.

이제 하나님과 백성과 땅의 언약관계 속에서 남녀가 하나되어 생육의 축복과 풍요로운 에덴 동산으로 명시된 창조의 안식(1-2장)은 타락으로 인해 갈등의 관계로 또한 출산의 고통과 땅의 저주(3장)로 파괴된다.

타락 이후의 저주와 축복(3:16-24)

창세기 3:16-24 본문은 3:14-15 본문에 이어지는 신탁으로서 '여인의 축복과 저주' (3:16)와 '아담의 축복과 저주' (3:17-24)로 구성되어 있다. 본 신탁은 에덴동산에서 쫓겨난 결과(3:7-13)에 대한 확장문이다(3:16-24).

여인의 축복과 저주(3:16)

אֶל־הָאִשָּׁה אָמַר 16a

הַרְבָּה אַרְבֶּה עִצְּבוֹנֵךְ וְהֵרֹנֵךְ 16b

בְּעֶצֶב תֵּלְדִי בָנִים 16c

וְאֶל־אִישֵׁךְ תְּשׁוּקָתֵךְ 16d

וְהוּא יִמְשָׁל־בָּךְ 16e

창세기 3:16절은 여자(테마로서 목적격)에 대한 하나님의 말씀이다(3:16a). 본 절은 타락 이후의 생육과 번성(3:16b,c) 그리고 남녀의 관계(3:16d,e)를 기술하고 있다. 생육과 번성은 창조의 축복이었다(1:28). 이 축복은 교차구조로 구성된 3:16b절에서와 같이 반복되어 강조되고 있다(A.A'). 그러나 타락으로 인해 그 생육과 번성의 축복은 이제 고통의 저주를 받게 된다(B.B').

창세기 3:16b, c

A. הַרְבָּה אַרְבֶּה

B. עִצְּבוֹנֵךְ וְהֵרֹנֵךְ

B' בְּעֶצֶב

A' תֵּלְדִי בָנִים

본 절에서 "더하다"의 히브리어 동사 라바(רָבָה)의 히필.부정사절대+히필.미완료 결합형 하르바 아르베(הַרְבָּה אַרְבֶּה)는 절대 강조를 묘사하는 형식이다. 또한 본 절에서 고통을 묘사하는 히브리어 이짜본(עִצָּבוֹן)의 어근동사인 아짜브(עָצַב)는 해산의 고통만을 의미하기 보다는 생육과 번성이라는 전 과정에서의 수고(욥 10:8, toil) 즉 전생의 고난을 의미한다. 이는 출산에 한정된 고통이 아니라 자녀를 낳고 양육하는 전 과정에서의 고통을 은유적으로 묘사한 것이다.

창 3:16d, e

A. וְאֶל־אִישֵׁךְ

B. תְּשׁוּקָתֵךְ

A' וְהוּא

B' יִמְשָׁל־בָּךְ

인간의 타락 이후 남녀의 안식 관계도 큰 타격을 입는다. 창세기 1-2장에서 남녀의 관계는 사람 간의 관계를 대표한다. 그들은 모두 하나님의 형상으로 창조되었고(1:26) 이 둘은 원래 아담의 한 몸으로부터 나와 그들의 관계는 뼈 중의 뼈요 살 중의 살로 부모를 떠나 자유로운 한 몸이며, 벌거벗었으나 서로 감출 것이 없는 부끄러워하지 않는 관계였다(2:23-25). 이는 동격적이며 독립적인 투명한 인격적인 관계를 의미한다. 그러나 평행구절인 3:16d와 16e는 이러한 관계가 파괴되었음을 보여준다. 명사절 16d는 여인의 욕망(תְּשׁוּקָה)이 남자에게 종속될 것을 명시한다. 욕망의 히브리어 어근 슈크(שׁוּק)는 가인을 사로잡은 죄의 욕망을 묘사할 때 사용된다(창 4:7).

4:7a הֲלוֹא אִם־תֵּיטִיב שְׂאֵת וְאִם לֹא תֵיטִיבלַפֶּתַח חַטָּאת רֹבֵץ
4:7b וְאֵלֶיךָ תְּשׁוּקָתוֹ וְאַתָּה תִּמְשָׁל־בּוֹ׃

	창 3:16d, e	4:7b
A.	וְאֶל־אִישֵׁךְ	וְאֵלֶיךָ
B.	תְּשׁוּקָתֵךְ	תְּשׁוּקָתוֹ
A'	וְהוּא	וְאַתָּה
B'	יִמְשָׁל־בָּךְ	תִּמְשָׁל־בּוֹ

가인에게는 죄에 대한 욕망이 있는데 그는 그것을 다스려야 한다(창 4:7b). 죄의 욕망이 그를 다스리게 하면 안 된다. 등가적으로 타락으로 인해 이제 여인의 욕망은 남자에게 종속되었다. 따라서 그 욕망 된 남자가 여자를 다스리게 될 것(יִמְשָׁל־בָּךְ)이다. 이러한 묘사는 3:15d 절에 히브리어로 "상처를 주다" 인 슈프(שׁוּף)와 욕망인 슈크(שׁוּק)의 언어유희를 연상케 한다. 이는 단순히 여자가 남자를 바란다는 것을 넘어 죄와 욕망으로 인한 사람 간의 갈등과 상처의 관계를 암시한다. 이는 본 절에서 교차구조(BB') 형식으로 부각된다. 여자는 남자에 대한 욕망에 종속되었다(B). 그 욕망 된 남자는 그녀를 다스릴 것이다(B'). 이는 상호 경쟁적이며 종속적인 인간의 갈등을 함의한다. 서로 간의 "소유하고 조정하고 지배하려는 욕망" 이다.[191] 에덴동산에서 남녀의 사이란 원래 남녀 사이에 동산 가운데 계신 하나님의 중보가 있음을 의미했다. 그러나 하나님의 형상으로서 동격적이며 유기적이며 인격적이었던 남녀의 삼위일체론적인 안식관계는 타락으로 인해 파괴되었다. 본 절은 신탁의 대상을 '하와' 가 아닌 정관사가 접두된 '여자' (הָאִשָּׁה)로 묘사함으로 아담과

191 Palmer O. Robertson (1983), 110.

하와 각개인을 넘어 이 문제가 인류의 보편적인 문제임을 암묵적으로 명시한다. 따라서 아담에 대한(לְאָדָם) 하나님의 저주와 축복 신탁(3:17-19)은 여자의 고통(עִצָּבוֹן)이 그녀에게만 한정된 것이 아니라 사람(אֲרוּרָה הָאֲדָמָה) 모두에게 보편적인 고통이 될 것임을 명시한다. 아담에 대한 저주문에서 핵심 단어는 땅(הָאֲדָמָה)이다. 이는 땅 자체(הָאָרֶץ)보다는 아담과의 관계에서의 땅, 즉 “너[아담]로 인해 땅이 저주를 받는다”(3:17, אֲרוּרָה הָאֲדָמָה בַּעֲבוּרֶךָ). 본 절에서 반복되는 히브리어 כִּי는 그 이유를 설명하려는 수식부호이다. 아담은 하나님의 명령(אֲשֶׁר צִוִּיתִיךָ)을 듣기보다는 여자의 말을 듣고(כִּי־שָׁמַעְתָּ לְקוֹל אִשְׁתֶּךָ) 선악과를 따 먹었다(וַתֹּאכַל מִן־הָעֵץ). 따라서 이제 아담과 땅의 관계는 가시와 덩굴로 인해 고통(עִצָּבוֹן)의 관계가 될 것이다. 창조의 안식은 이제 다시 혼돈과 공허함과 어두움(1:2)의 위협을 받는다. 타락은 거룩하고 복된 에덴 동산에서의 생육과 번성을 저주받은 땅에서의 고통으로 전락시켰다. 이제 흙에서 온 아담은 일평생 고통가운데 땀 흘리며 수고하다 흙으로 돌아갈 것이다(3:19).

	창세기 1-2장	창세기 3장
땅	거룩하고 복된 에덴동산	가시덤불과 엉겅퀴
출산	생육과 번성의 축복	고통이 따르는 생육과 번성
남녀관계	동격, 일치, 인격	종속, 갈등, 파괴
생명	땅으로부터 창조되었다	땅으로 돌아간다

아담에 대한 신탁(3:17-19)의 주요 설명부문(Rheme)은 저주문으로 구성되었다(אֲרוּרָה). 그러나 이어 화자는 인간의 회복과 소망을 접속동격동사절(3:20-21)로 일관되게 진술한다.

20a וַיִּקְרָא הָאָדָם שֵׁם אִשְׁתּוֹ חַוָּה
20b כִּי הִוא הָיְתָה אֵם כָּל־חָי׃
21 וַיַּעַשׂ יְהוָה אֱלֹהִים לְאָדָם וּלְאִשְׁתּוֹ כָּתְנוֹת עוֹר וַיַּלְבִּשֵׁם׃ פ

먼저 화자는 3:20a에서 '아담'(אָדָם)에 정관사를 접두해 아담이 '인간' (הָאָדָם) 혹은 인류를 대표하고 있음을 수사학적으로 묘사한다. 인류는 아담의 거울상 혹은 반사체이다. 아담은 모든 생물에게 이름을 지어준다(2:19). 이는 아담이 모든 피조물과 인격적인 밀접한 관계를 갖고 있음을 의미한다. 이제 그의 여자에게 '하와' (חַוָּה)라는 이름을 지어준다. 그 이유를 수식부호(כִּי)+Qatal 과거시제문인 종속확장문(20b)으로 설명한다. 그것은 하와가 모든 "생명의 어머니"(אֵם כָּל־חָי)이기 때문이다(20b). 이는 하와 이전에는 생명이 없었음을 의미할 수도 있겠으나 창세기 1-3장의 총체적인 문맥과 3:14-19 신탁 문맥으로 비추어 볼 때 이는 하나님께서 두려움과 수치 가운데 있는 사람에게 가죽옷으로 덮어주심(3:21)같이 타락으로 인한 인간의 죽음이 하와를 통해 다시 생명으로 거듭나게 됨을 암시한다. 즉 "생명의 어머니"인 하와의 후손으로 인해(3:15) 타락에도 불구하고 생명이 회복될 것이다. 따라서 창세기 3:14-19 신탁은 저주와 축복, 즉 인류의 절망과 소망을 교차구조로 묘사한 것이라고 볼 수 있다.

יְהוָה אֱלֹהִים	אֶל־הַנָּחָשׁ	אֶל־הָאִשָּׁה	וּלְאָדָם
저주/절망	3:14	3:16	3:17-19
축복/소망	3:15	3:16(출산)	3:20-21

창세기 3:22-24

22 וַיֹּאמֶר יְהוָה אֱלֹהִים הֵן הָאָדָם הָיָה כְּאַחַד מִמֶּנּוּ לָדַעַת טוֹב וָרָע
וְעַתָּה פֶּן־יִשְׁלַח יָדוֹ וְלָקַח גַּם מֵעֵץ הַחַיִּים וְאָכַל וָחַי לְעֹלָם׃
23 וַיְשַׁלְּחֵהוּ יְהוָה אֱלֹהִים מִגַּן־עֵדֶן לַעֲבֹד אֶת־הָאֲדָמָהאֲשֶׁר
לֻקַּח מִשָּׁם׃
24 וַיְגָרֶשׁ אֶת־הָאָדָם וַיַּשְׁכֵּן מִקֶּדֶם לְגַן־עֵדֶן אֶת־הַכְּרֻבִים וְאֵת לַהַט
הַחֶרֶב הַמִּתְהַפֶּכֶת לִשְׁמֹר אֶת־דֶּרֶךְ עֵץ הַחַיִּים׃ ס

창세기 3:22-24 마소라 본문은 앞뒤로 פ(열린문단, Petuma)와 ס(닫힌문단, Setuma)로 표기되어 있다. 또한 22절은 오경의 3번째 연속문(3:22-4:26 sederim)을 시작하는 절이기도 하다. 본문은 타락의 절정을 묘사하고 있다. 아담은 죄를 범한 이후 에덴동산 숲에 숨었다(3:8, וַיִּתְחַבֵּא הָאָדָם). 그러나 에덴동산에서 아니 세상 어디에서도 그 가 숨을 곳은 없다. 화자는 인간의 미련한 타락상을 무소부재하신 하나님(시 139:7-8) 앞에서 자신을 무화가 잎으로 감추려는 어리석음으로 묘사한다. 하나님은 아담을 에덴동산에서 쫓아내신다(3:23, וַיְשַׁלְּחֵהוּ).

이러한 에덴동산에서의 숨음(3:7-13)과 추방(3:22-24)을 기술하고 있는 두 단락 모두에서 그 쫓겨남의 대상은 '아담'(אָדָם)이 아닌 정관사가 접두된 '인간' (הָאָדָם)으로 묘사되고 있다. 이는 추방의 대상이 인류임을 암시한다. 사람은 선악과로 상징된 진리에 대한 하나님의 주권에 도전하며 하나님이 되고자 했으나 에덴동산에서 추방되었다. 이제(וְעַתָּה) 손을 들어(יִשְׁלַח) 하나님의 생명주권을 상징하는 생명나무의 열매도 따먹고 하나님처럼 영생하고자 한다(3:22). 여기서 아담이 손을 "들다"(3:22)와 하나님이 아담을 "내보 내시다"(3:23) 동사는 동일한 히브리어 어근동사 샬라흐(שׁלח)를 사용해 동해적인 역설로 표현되었다. 그리고 샬라흐(שׁלח)의 절대적인 의미를 재확인하는 것으로서 24절은 "쫓아내다"를 명시적으로 묘사하는데 있어 히브리어 동사 가라쉬(גֵּרֵשׁ)를 사용한다. 이제 타락과 에덴동산에서의 추방으로 인해 창조주 하나님과 인간의 안식은 파탄되었다. 혼돈과 공허함과 어두움(1:2)이 다시 땅을 덮은 모습이 떠오르는 것이다.

3. 창세기 4:1-16

창세기 4:1-6:8은 홍수 내러티브(6:1-9:19)의 전야 모습을 담고 있다. 이는 타락의 배경(2:4-25)과 원인(3:1-6)의 확장된 담론으로서 가인과 아벨(4:1-24) 그리고 아담의 후손들의 죄악 된 모습(4:25-6:8)을 서술하고 있다.

	인류의 타락	본문	주요 문맥	서술요약
A.	타락의 배경	2:4-25	아담의 창조	인간창조, 생명나무와 선악과
B.	타락의 원인	3:1-6	불만, 불순종	뱀의 존재와 역할
C.	타락의 결과	3:7-13	에덴 동산에서 숨다	그릇된 시각, 은폐, 저항, 원망, 죽음
D.	타락과 구속	3:14-15	원초복음	여자의 후손
C'	타락의 결과	3:16-24	에덴동산에서 추방	하나님의 심판
B'	타락의 원인	4:1-24	불만, 불순종	가인과 아벨
A'	타락의 배경	4:25-6:8	아담의 계보	세상의 죄악

창세기 4:1-8, 가인과 아벨

1a וְהָאָדָם
1b יָדַע אֶת־חַוָּה אִשְׁתּוֹ
1c וַתַּהַר וַתֵּלֶד אֶת־קַיִן
1d וַתֹּאמֶר
1e קָנִיתִי אִישׁ אֶת־יְהוָה׃

창세기 4:1의 주제부문(theme)은 하-아담(הָאָדָם) 즉 사람이다. 본 절은 We_X_Qatal형으로 선행 절(3:24)의 사람(הָאָדָם) 이야기를 동격적으로 확대한다. 아담은 에덴동산에서 추방당했다(3:23-24). 본 절은 그 사건의 암시된 이유와 명시된 결과를 진술한다. 아담이 하와와 동침해 그녀는 가인을 임신하고 출산했다(4:1c). 그리고 그녀는 선포한다(4:1d), "내가 야훼로 인하여 득남했다"(קָנִיתִי אִישׁ אֶת־יְהוָה). 여기서 논쟁이 되는 것은 에트-아도나이(אֶת־יְהוָה)에 대한 번역과 해석이다. 이는 전통적으로 LXX역(διὰ τοῦ θεοῦ)에서와 같이 하와가 "야훼의 도움"으로 가인을 얻었다는 신앙고백으로 읽혔다. 핑커(Aaron Pinker)는 목적격부호 אֶת가 원래는 תת(to give, 주다) 동사였을 것이라고 주장한다. 사본역에서 히브리 고체 ת가 א로 잘못 필기 되었다는 주장이다.[192] 즉 "야훼가 주신 아들을 얻었다"로 번역될 수 있다는 것이다. 그러나 본 절의 전후 문맥을 고려할 때 에트-아도나이(אֶת־יְהוָה)는 긍정적인 신앙고백보다는 부정적인 표현으로 해석될 수 있다.

까쑤토(Umberto Cassuto)[193]의 주장처럼 아담의 에덴동산 추방(3:22-24)과 가인의 살인 이야기(4:2-8) 사이에 놓인 본문은 "내가 야훼 같은 가인을 얻었다"(קָנִיתִי אִישׁ אֶת־יְהוָה)로 번역될 수 있다. 이는 창세기 3:5에서 뱀이 "하나님 같이 될 것이다"(וִהְיִיתֶם כֵּאלֹהִים)라는 뉘앙스와 유사하다. 세일해머(John H. Sailhamer)에 따르면 창세기의 총체적인 문맥에서 자아(自我) 중심적인 바벨탑과 사라의 이야기처럼 하와는 하나님의 약속(3:15)을 자신의 노력으로 이루고 그의 아들이 야훼 같다고 표현한 것으로 보인다.[194] "내가 야훼 같은 가인을 얻었다." 그러나 훗날

192 Aaron Pinker, "Naming of Cain in Genesis 4:1 and Its Consequence," *Bulletin for Biblical Research* 27.2 (2017): 157-168.

193 Cassuto, *Genesis*, 201.

194 세일해머(상), 216.

하와는 "하나님이 내게 가인이 죽인 아벨 대신에 다른 씨를 주셨다" (4:25)라고 겸손히 고백한다. "내가 얻은 야훼 같은 가인"이 아니라 이제 셋은 "하나님이 주신 아들"임을 깨달은 것이다. 또한 "가인 대신"이 아니라 "아벨 대신"이라는 표현을 통해 화자는 아벨의 제사를 상기시킨다. 그렇다면 하나님은 왜 아벨의 제사를 받으신 것일까? 김의원은 가인과 아벨의 단락을 다음과 같은 구조로 구성한다.[195]

A. 가인의 제사: 땅의 소산 (4:3)

B. 아벨의 제사: 양의 첫 새끼와 그 기름 (4:4a)

B′ 아벨과 그 제물을 받으심 (4:4b)

A′ 가인과 그 제물을 열납하지 않으심 (4:5a)

본문에서 화자는 가인의 제사물과 아벨의 제사물에 대해 그 어떠한 다름이나 차이를 구별하지 않는다. 전통적으로 제사물에 있어 아벨의 희생물이 가인의 소산보다 우월했다는 해석은 본문내용과 적합하지 못하다. 가인과 아벨의 제사에서 드려진 제사물은 그것이 땅의 소산(מִפְּרִי הָאֲדָמָה)이든 양의 첫 새끼(מִבְּכֹרוֹת צֹאנוֹ)든 모두 그들의 삶의 터에서 얻어진 것이며 둘 다 '제바' (מִזְבֵּחַ, 희생물)가 아닌 일반적인 '민하' (מִנְחָה, 제사물)로 묘사되고 있다. 가인도 아벨도 민하(מִנְחָה, 제사물)를 드린 것이다. 대신 본문은 가인과 아벨의 서술에서 분명한 두 가지 사실을 밝히고 있다. 하나님께서 가인의 예배를 받지 아니하셨으나 (AA′) 아벨의 제사는 받으셨다는 것(BB′)과 하나님과 아벨에 대한 가인의 분노(4:5, 8)다. 이는 하와가 자력으로 가인을 낳고자 한 것과 상통한다. 문맥상 가인의 분노는 자신이 드린 제물이 아벨의 제물보다 낫다

---

195 김의원, 『창세기 연구』(서울: CLC, 2013), 141.

고 생각했기 때문인 것으로 추정된다. 그러나 예배의 주권은 예배자에게 있지 않다. 가인은 자신의 예배가 받아들여지지 않음에 분노해 동생 아벨을 살해했다(4:8-9). 이는 선악과를 범한 결과로 예상되었던 죽음(2:17)의 실제를 보여준다. 가인의 살인에 대한 하나님의 심판(창 4)은 아담의 타락에 대한 하나님의 심판(창 3)을 반영한다.

심판	창세기 3장	창세기 4장
질문	네가 어디 있느냐? (3:9) 왜 먹었느냐? (3:10)	네 아우 아벨이 어디 있느냐? (4:9) 네가 무엇을 하였느냐? (4:10)
대답	두려워 숨었나이다. (3:10) 하나님이 주셔서 나와 함께 있게 하신 여자가 주므로 내가 먹었나이다. (3:12)	내가 알지 못하나이다 (4:9) 내가 내 아우를 지키는 자이니까? (4:9)
선언	땅이 네게 가시덤불과 엉겅퀴를 낼 것이라 (3:14-19)	네가 땅에서 저주를 받으리라 (4:11-12)

창세기 6:1-8, 노아 홍수의 서막

노아의 계보(אֵלֶּה תּוֹלְדֹת נֹחַ, 6:9)로 서문을 여는 홍수 내러티브(6:9-9:10)에 앞서 창세기 6:1-8은 홍수의 배경을 기술한다. 이는 선행하고 있는 창세기 3-5장 본문에 기술된 인류의 타락한 모습을 반영한 단락이라고 말 할 수 있다. 첫 번째 모습은 하나님의 아들들(בְּנֵי הָאֱלֹהִים)이 사람들의 딸들(בְּנוֹת הָאָדָם)과 결혼한 모습이다(6:2). 본 절은 그동안 다양한 논쟁의 대상이 되어왔다.[196] 본문에 언급되는 하나님의 아들들(בְּנֵי־הָאֱלֹהִים)은 천사(Codex Alexandrinus) 혹은 신인(神人)격을 가진

196 Thomas A. Keiser, "The Sons of God in Genesis 6:14-: A Rhetorical Characterization," *TJ* 80 (2018): 103-20.

고대근동 왕의 지칭으로 이해하고 천사들과 고대인들의 결혼을 다룬 신화가 본문에 삽입된 것으로 해석되기도 한다. 올브라이트(W. F. Albright)는 히브리어 베네-하엘로힘(בְּנֵי־הָאֱלֹהִים)은 우가릿어 바누-일리미(*bn il'm*)에서 유래된 것으로 천사나 이스라엘을 시적으로 표현한 것이라고 주장한다.[197] 이는 우가릿 신화의 용어들이 구약의 유일신론 신학사상에 흡수되어 유사한 의미로 재해석되었다는 주장을 반영한다. 그러나 이러한 주장들은 창세기의 총체적인 문맥에서 성립되기 어렵고 정경적으로 대치된다(마 22:30). 신인(神人) 결혼설보다는 "신의 아들들" (בְּנֵי־הָאֱלֹהִים)을 고대근동의 왕들을 지칭하는 용어로 이해한다면 그들이 사람들의 딸들을 마음대로 농락했다는 것이며 이는 그 시대의 죄악상을 반영한다는 점에서 설득력이 있어 보인다. 문제는 노아 홍수 이전시대를 고대근동의 왕조시대와 동일시할 수 없다는 점이다. 베스터만(C. Westermann)은 창세기 6:1-4 본문은 기원이 다른 두 개의 설화가 혼합된 구성이라고 주장한다.[198] 하나는 거인들(네피림)의 기원과 관련된 계보학적 기록이고 또 하나는 신의 아들들과 인간의 타락한 관계를 기술한 신화이다. 그러나 6:1-4에는 그 어떠한 계보의 형식이나 명칭의 언급이 부재하다. 또한 신과 사람과의 성적관계는 토라에서 상상조차 할 수 없는 부정한 개념이다.

창세기 4장과 5장은 가인의 계보(4:16-24)와 셋의 계보(5:3-32)를 소개하고 있다. 이는 비언약 대 언약을 암시한 것으로 보인다. 따라서 본문은 셋의 자손과 가인의 자손들의 혼합결혼을 묘사한 것으로 유일신 야훼 신앙의 혼합주의를 경고한 것으로 보인다. 창조의 톨레도트에서 하나님이 사람을 자기 형상대로 지으신 것(1:26-27)과 아담의 톨레도트에서 아담

---

197 W. F. Albright, *From the Stone Age to Christianity: Monotheism and the Historical Process* (Baltimore: Johns Hopkins Press, 1957), 262.

198 C. Westermann, *Genesis: A Commentary*. Vol. 1 (Minneapolis: Augsburg, 1984), 367-369.

이 셋을 자기 형상대로 지었다는 평행문구(5:1-3)는 창세기 6:2의 하나님의 아들들을 셋의 계보로 이해하도록 한다.[199] 그런가하면 하나님의 아들들(בְנֵי־הָאֱלֹהִים)이란 에덴동산에서 사람이 하나님과 같이 되려 한 것(3:5, כֵּאלֹהִים)을 암시한 것일 수도 있다. 그럴 경우 "신의 아들들"(בְנֵי־הָאֱלֹהִים)은 부정적인 의미를 갖게 된다. 즉 신의 아들들은 가인의 자손들을 지시하는 것일 수도 있다. 이에 본문의 보다 더 총괄적이며 수사학적인 문맥을 살펴볼 필요가 있다.

로벗슨(Palmer Robertson)은 창세기 4-11장의 톨레도트(תּוֹלְדֹת) 계보문들을 인류의 두 계통으로 구분한다. "한 계열은 사단의 씨에 속한 것이며 다른 계열은 여인의 씨에 속한 것이다."[200] 이러한 이분법적인 계보는 하나님의 언약계보에 속한 아벨, 에녹, 노아, 셈, 벨렉 대 비언약 계보에 속한 가인, 노아 시대 사람들, 함, 그리고 욕단을 구분한다(4:4-5; 5:21-22; 6:7-8; 9:25-26; 10:25; 11:16). 이는 가인의 계보(창 4장)와 셋의 계보(창 5장)를 대비한다.

이러한 톨레도트 패턴의 연속선에서 6:1-4는 신의 아들들(בְנֵי־הָאֱלֹהִים)과 사람들의 딸들(בְּנוֹת הָאָדָם)의 관계를 평행적으로 묘사한 것이라고 볼 수 있다. 즉 고대근동에서 자칭적인 신의 아들들은 유일신 하나님과 같이 되려고 했던 인간의 타락상을 수사학적인 아이로니로 묘사한 것이며 이는 가인의 후손들을 상징한다고 볼 수 있다. 하-아담의 딸들(בְּנוֹת הָאָדָם) 즉 사람의 딸들은 일반적인 여인들을 지칭하는 것일 수 있지만 하-엘로힘(הָאֱלֹהִים)과 하-아담(הָאָדָם)의 한정적 정관사 형태를 통해 스스로를 하나님으로 여기려는 타락한 인류를 수사적으로 묘사한 것이라고 볼 수 있다. 창세기 1-3장과 6:1-4 텍스트의 비교분석은 이 둘

199 세일해머(상), 232-233.

200 O. Palmer Robertson, *The Christ of the Covenants* (Phillipsburg, NJ: Presbyterian and Reformed Publishing Co., 1980), 109.

의 관계와 신의 아들들을 이해하는데 있어 보다 더 자세한 배경을 다음 과 같이 조명해 줄 수 있다.

창세기 6:1

וַיְהִי כִּי־הֵחֵל הָאָדָם לָרֹב עַל־פְּנֵי הָאֲדָמָה וּבָנוֹת יֻלְּדוּ לָהֶם׃

본 절(6:1)은 선행하는 5:32절 "노아는 오백 세 된 후에 셈과 함과 야벳을 낳았다"라는 서문을 바예히-키(וַיְהִי כִּי)로 확장하는 선포형 동격절이다.

וַיְהִי 1a
כִּי־הֵחֵל הָאָדָם 1b
לָרֹב עַל־פְּנֵי הָאֲדָמָה 1c
וּבָנוֹת יֻלְּדוּ לָהֶם׃ 1d

창세기 6:1은 창세기 1-3장에서 예고된 하나님의 형상으로 창조된 사람들의 생육과 번성이 성취되고 있음을 보여준다. 사람(הָאָדָם)은 땅위에서 번성하기 시작했다(לָרֹב עַל־פְּנֵי הָאֲדָמָה). 이는 창세기 1:28을 연상케 한다(וּרְבוּ וּמִלְאוּ אֶת־הָאָרֶץ). 땅위에서 번성한 "그들에게서 딸들이 출생했다" (1d, וּבָנוֹת יֻלְּדוּ לָהֶם). 6:1d는 1c의 종속절(hypotactic)로서 6:1cd 히브리어 절을 "사람들이 땅에서 번성했고, 그 번성한 사람들이 딸들을 낳았다"라고 번역할 수 있다. 그러나 본 절에서 화자는 얄라드(낳았다, ילד)를 칼(Qal) 수동형으로 묘사하고 있다. 히브리 동사 얄라드(ילד)는 문법상 남성과 관련해서는 히필(Hiphil) 재귀형으로 쓰여진다. 즉 남자는 아이를 낳는 것(칼Qal형)이 아니라 아이를 낳게 하는 것이다(히필 재귀형, Hiphil reflexive). 따라서 창세기 6:1-2 화자는 아담을 인류를 대표하는 하-아담(הָאָדָם, 사람)으로 기술하고 얄라드(ילד)를 칼(Qal)형으로 묘사해 '하-아담의 딸들' (פְּנֵי הָאֲדָמָה)을 낳은 것은 여인들임을 암시한다.

이는 창세기 4:1(וְהָאָדָם יָדַע אֶת־חַוָּה אִשְׁתּוֹ וַתַּהַר וַתֵּלֶד אֶת־קַיִן)과 4:25(וַיֵּדַע אָדָם עוֹד אֶת־אִשְׁתּוֹ וַתֵּלֶד בֵּן)에서 아담의 여인이 가인과 셋을 낳았다는 묘사와 유사하다. 화자는 6:1에서 고대근동의 일반적인 표현으로서 여인이 "아들들을 낳았다" 대신 "딸들을 낳았다"라고 표현하고 있다. 이는 다음 절인 6:2의 사람의 딸들(בְּנוֹת הָאָדָם)을 강조하기 위함이다. 창세기 1-4장에서 '하나님과 아담'과의 관계는 타락이후 6:1-4에서 '신의 아들들과 아담의 딸들'이라는 수사학적인 아이로니로 묘사되고 있는 것이다.

2a וַיִּרְאוּ בְנֵי־הָאֱלֹהִים אֶת־בְּנוֹת הָאָדָם
2b כִּי טֹבֹת הֵנָּה
2c וַיִּקְחוּ לָהֶם נָשִׁים מִכֹּל אֲשֶׁר בָּחָרוּ׃

창세기 6:2은 3:6과 평행절을 구성한다. 신의 아들들이 사람의 딸들을 본 것(6:2a)과 같이 에덴동산의 여인은 선악과를 보았다(3:6, וַתֵּרֶא הָאִשָּׁה). 사람의 딸들이 보기에 좋았던 것(2b) 같이 그 선악과도 보기에 좋았다(כִּי טוֹב). 신의 아들들이 자신들이 선택한대로 여성들을 취했다(וַיִּקְחוּ)는 표현(2c)은 부정적인 뉘앙스를 함축한다. 이는 라멕으로부터 시작된 일부다처제의 암시를 넘어 다수의 여인을 취한 부정적 묘사로 보여 진다. 창세기 2:24의 일부일처제에서 남자가 여자를 아내로 취하는 히브리 동사는 다바크(דבק)로 표현되었다. 그러나 6:2에서 "취하다"를 의미하는 라콰(לקח, to take)는 부정적인 뉘앙스를 가진다. 평행 절인 창세기 3:6에서 여인은 그가 보기 좋은 선악과를 라콰(לקח, to take) 한다. 그 결과 야훼 하나님과 인간의 안식이 파괴된다. "나의 영이 영원히 사람과 함께 하지 않으리라"(6:3). 이는 하나님의 임재가 있는 곳, 에덴동산으로부터의 추방을 상기시킨다(3:24). 창세기 6:4은 그럼에도 불구하고 스스로를 신의 아들들이며 네피림(נְפִלִים, 거인 용사, 명성 있는 사람)이라고 자랑하는 인간의 미련함을 풍자한다. 이는 자신의 두 아내들에게 살인과 폭행을 부끄러워하기보다는 오히려 자랑하는 라멕의 오만함을 상기시킨다(4:23-24).

결론적으로 창세기 6:1-4 본문에서 첫째, 신의 아들들(בְנֵי־הָאֱלֹהִים)이라는 용어는 신화적 의미를 가지지 않는다. 둘째, 톨레도트 구조안에서 신의 아들들과 아담의 딸들은 각각 가인과 셋의 후손들을 암시하는 표현일 수 있다. 셋째, 창세기 6:1-4은 창세기 1-4장과 상호간 텍스트언어학적인 응집성을 공유한다. 넷째, 문맥상 6:1-2은 6:3절에서 풍유적으로 묘사된 인생의 한정된 시간 즉 왜 불멸성을 박탈당했는가를 사전 설명한다. 사람이 땅 위에서 스스로 번성하는 것 같지만 그들은 120년에 한정된 육신일 뿐이다.

3a וַיֹּאמֶר יְהוָה
3b לֹא־יָדוֹן רוּחִי בָאָדָם לְעֹלָם
3c בְּשַׁגַּם הוּא בָשָׂר
3d וְהָיוּ יָמָיו מֵאָה וְעֶשְׂרִים שָׁנָה׃

창세기 6:3은 또 하나의 논쟁 절이다. 120년이라는 인생의 시간이 타락으로 인해 한정된 것인지에 대한 논쟁이다. 먼저 본문은 자신을 신의 아들로 여기며 사람의 여인들을 취하여 크게 번성하나(6:2) 그들이 하나님과 영원히 대항할 수는 없음을 암시하는 것으로 보인다. 즉 하나님의 영은 인간과 영원히 함께하지 않는다(לֹא־יָדוֹן רוּחִי בָאָדָם לְעֹלָם). 구약에서 본문에만 언급된 히브리어 단발어구(hapax legomenon) 다반(3b, דון, 거하다)은 어근인 딘(דין, 재판하다)에서 파생된 것으로 보인다. 따라서 문맥적으로 단순히 거한다고 보다는 하나님이 인간과 갈등적인 관계로 거하는 것을 암시하는 것으로 보인다. 문제는 3b와 3c의 관계와 해석이다. 하나님의 영이 더 이상 사람과 함께 거하지 않아서 인간은 육신이 되고 그 생명의 시간이 120년으로 한정된 것인지, 아니면 원래부터 인간은 120년의 한정된 육신이기에 영원하신 하나님의 영과 다툴 수 없는 것인지, 보다 면밀한 구문분석이 요구된다. 이는 3c가 3b의 종속절인지, 아니면 3c가 3d의 종속절인지에 달려있다.

먼저, לֹא־יָדוֹן רוּחִי בָאָדָם לְעֹלָם (3b)는 동격원절(appositive paratactic)로서 하나의 완전절로 형성되어 있다. 그리고 이어지는 3c절은 의미가 불확실한 3개의 부분들(전치사 בְּ+관계부호 שַׁ+수식어 גַּם)로 구성된 베샤감(בְּשַׁגַּם)으로 구성되어 있다. 이 용어는 본 문맥에서 “그러므로” 아니면 “왜냐하면”으로 번역될 수 있다. 영어성경 NIV와 NRSV는 이를 “for”(왜냐하면)로 번역했다. 이를 “for he is just”(왜냐하면 그는 그저)로 직역할 수 있다.

לְעֹלָם	בָאָדָם	רוּחִי	יָדוֹן	לֹא־	**구성문**
레마(rheme)			테마(theme)		**텍스트성**
		주격	정형동사	수식어문	**법**
상황	상황	작인	과정		**타동성**

창세기 3b는 타동성(transitivity)을 가진 절로서 테마(theme)의 상황(rheme)을 확대해 진술할 것을 요구한다. 이어지는 3c는 3b를 확장하는 종속접속절(conjunctive hypotactic expansion)로 해석된다.[201] 따라서 6:1-4 본문을 다음과 같이 이해할 수 있다. 피조물인 사람들은 선악과를 따먹고 창조주 하나님과 같이 되고자 했다(3:5). 그리고 이제 자신들을 신의 아들들이라 하며 번성하였고 거대한 네피림이 되었다. 그러나 사람은 하나님과 영원히 대적할 수 있는 존재가 아니다. “왜냐하면 그는 그저”(בְּשַׁגַּם)

201 Barry Bandstra, 337.

신이 아닌 120년의 한정된 생명을 가진 육신이기 때문이다.

본 단락은 이어지는 홍수서술을 선행해 창조언약을 파괴한 인류의 타락성을 총체적으로 보여준다. 역사비평학적인 해석으로 클라인(M. Kline)은 본문은 평민들(사람의 딸들)에 대한 강자들(신의 아들들)의 학대를 묘사한 것이라고 말한다.[202] 이는 고대근동의 다산종교 의식에서 여신숭배와 농경의 풍요를 기리는 제의적 매춘과 신인간의 결혼을 비판한 것일 수 있다. 따라서 창세기 6:1-4은 바빌론의 타락상을 암시한 것이라고도 볼 수 있다. 왜냐하면 홍수 내러티브(6:9-9:10)는 이어지는 바벨탑 내러티브(11:1-9)와 함께 바빌론의 세계관을 전면으로 반박하고 있기 때문이다. 이제 창세기 6:5은 이러한 6:1-4의 타락상을 결론적으로 요약한다.

창세기 6:5

5a וַיַּרְא יְהוָה

5b כִּי רַבָּה רָעַת הָאָדָם בָּאָרֶץ

5c וְכָל־יֵצֶר מַחְשְׁבֹת לִבּוֹ

5d רַק רַע כָּל־הַיּוֹם׃

창세기 6:5은 왜 홍수의 심판이 있을 것인지에 대한 사전 설명으로 인류의 타락상을 기술한다. "야훼께서 사람의 죄악이 세상에 가득함과 그 마음으로 생각하는 모든 계획이 항상 악할 뿐임을 보시고." 보스(G. Vos)는 본문은 인류의 절대 타락상을 집약한다고 말한다. 본문에서 가득함(5b, רַבָּה)은 죄의 강도(intensity), 그 마음의 생각(5c, מַחְשְׁבֹת לִבּוֹ)은 죄의 내적 본질(inwardness), 모든 계획(5c, וְכָל־יֵצֶר)은 죄의 절대성(absoluteness), 그리고 항상 악할 뿐(5d, רַק רַע כָּל־הַיּוֹם)이란 죄의 지속성(continuous)을 암시한다.[203]

---

202 M. Kline, "Divine Kingship and Genesis 6:1-4," *Westminster Journal of Theology*, (May 1962).

창세기 6:6-8

6 וַיִּנָּחֶם יְהוָה כִּי־עָשָׂה אֶת־הָאָדָם בָּאָרֶץ וַיִּתְעַצֵּב אֶל־לִבּוֹ׃
וַיֹּאמֶר יְהוָה אֶמְחֶה אֶת־הָאָדָם אֲשֶׁר־בָּרָאתִי מֵעַל
7 פְּנֵי הָאֲדָמָה מֵאָדָם עַד־בְּהֵמָה עַד־רֶמֶשׂ וְעַד־עוֹף
הַשָּׁמָיִם כִּי נִחַמְתִּי כִּי עֲשִׂיתִם׃
8 וְנֹחַ מָצָא חֵן בְּעֵינֵי יְהוָה׃ פ

본 단락에는 두 번이나 "야훼께서 한탄하셨다"(6:6, יְהוָה וַיִּנָּחֶם; 6:7, נִחַמְתִּי)라는 신학적 난해가 기술되어 있다. 본문 6절과 7절은 히브리 어근동상 나함(נחם)의 니팔.미완료. 바브연계형.3남단(6:6, וַיִּנָּחֶם)으로 시작해 니팔.완료.1공단(6:7, נִחַמְתִּי)으로 끝나는 전형적인 Wayyiqtol+Qatal 서술형문이다. 세일해머는 본문의 나함(נחם) 동사는 문맥상 노아(נח)를 암시한 동사라고 주장한다.[204] 노아는 라멕의 아들이다(לֶמֶךְ, 5:28). 이는 가인의 후손 라멕과 동일한 이름으로서 땅의 저주를 상기시키는 이름이다(לֶמֶךְ, 4:19-26). 그러나 이러한 라멕 시대의 사람과는 달리 그의 아들 노아는 그들을 안위할것이다(יְנַחֲמֵנוּ, 5:29). 그러므로 6:6-7과 5:29 두 구절은 노아(נח)라는 이름과 안위를 의미하는 나함(נחם)이라는 히브리어 유희를 통해 저주받은 땅에 대한 노아의 안위를 부각시킨다.

이러한 구문론적 문맥에서 창세기 6:6-7은 야훼 하나님을 같은 동사인 나함(נחם)의 주격으로 구성하고 있다(וַיִּנָּחֶם יְהוָה). 따라서 "인간의 죄의 슬픔과 고통은 오직 인간만이 느끼는 것이 아님을 보여준다. 하나님 자신이 인간의 죄에 대하여 슬퍼하셨다."[205] 노아의 이야기를 통해 화자는 노아가 인간에게만 아니라 하나님에게도 위로가 됨을 말하고자

---

203 G. Vos, *Biblical Theology* (Grand Rapids, Mich.: Eerdmans, 1948), 50-51.

204 세일해머(상), 238.

205 *Ibid*., 238.

한다. 그러나 이는 노아의 의가 아니라 하나님의 은혜다(6:8, וְנֹחַ מָצָא חֵן בְּעֵינֵי יְהוָה). 구약에서 최초로 언급된 은혜를 의미하는 히브리어 헨(חן)은 히브리어 노아(נח)의 알파벳 자리를 바꾼 형태로 묘사된다. 본문은 이러한 문학적 장치를 통해 문맥상 노아의 위안과 은혜를 하나님의 아픔과 은혜로 연결한다. 하나님은 후해하신 것이 아니라 그가 창조하신 인간에 대한 연민(נחם)을 나타내신 것이다.

창세기 1:1-6:8, 창조에서 노아까지

A.	하나님의 창조	우주만물과 인간	1:1-2:3
B.	아담과 하와	최초의 가정, 범죄 및 인류의 수명에 관한 심판의 선언	2:4-3:24
C.	아담의 첫 번째 아들 출생	가인이 아벨을 죽임	4:1-16
D.	핵심부부: 가인의 후손들의 죄		4:17-24
C′	아담의 아들 셋의 출생	죽은 아벨을 대신함 아담에서 노아까지	4:25 5:1-32
B′	하나님의 아들들과 사람의 딸들의 결혼	인류의 수명에 관한 심판의 선언	6:1-4
A′	하나님의 심판 결정	인류와 피조물	6:5-8

돌시(David A. Dorsey)는 위의 구조와 같이 창세기 1:1-6:8 본문이 창조에서 노아까지의 내러티브를 병행구조로 구성하고 있다고 본다.[206] 창세기 6:1-8은 이 내러티브의 마지막 부분으로서 이어질 홍수 내러티브(6:9-9:10)의 배경 혹은 전야를 기술한다. 또한 인류의 타락상(6:1-5)을 노아의 은혜(6:8)와 대비시킨다. 이는 아담의 계보(5:1-6:8)에서 향수하고 죽은 모든 조상들과 죽지 아니한 에녹의 대비와 유사하다. 에녹은 "하나님

206 David A. Dorsey, 67.

과 동행했다"(5:22). 그리고 노아도 "하나님과 동행했다"(6:9). 여기서 우리는 6:8을 포함하고 있는 6:1-8을 좀 더 포괄적으로 조명해 볼 필요가 있다. 먼저 창세기 4장과 5장의 계보는 표면상 서로 단절된 단위로 보일 수 있으나 5장과 6장을 비교분석해 볼 때 그것은 잘못된 추정임을 알 수 있다.

웬함(G. J. Wenham)은 5장과 6장의 양식, 구조, 그리고 배경을 비교해 분석한다.[207] 그는 5장과 6장에서 사람, 야훼, 하나님, 아들들, 딸들, 만들다, 창조하다, 등 여러 공통적인 평행용어들을 지적한다. 그리고 평행절의 주요 내용들을 비교분석해 창세기 6:1-8은 명백히 5장을 배경으로 삼고 있음을 결론 짓는다. 그렇다면 인류의 타락에도 불구하고 하나님의 은혜를 강조한 6:8 "그러나 노아는 야훼께 은혜를 입었더라"(וְנֹחַ מָצָא חֵן בְּעֵינֵי יְהוָה׃ פ) 구절은 4-6장 안에서 가인의 계통과 셋의 계통, 언약의 계통과 심판의 계통을 구분하는 중요한 기점으로 지적될 수 있다. 창세기 6:7까지 창세기의 화자는 톨레도트 내러티브를 통해 타락의 보편성과 그 죄가 인류를 온전히 장악했음을 기술했다. 그러나 오히려 그것은 창세기 6:8에서 명백해지는 하나님의 은혜를 부각시키기 위한 서론에 불과하다. 화자는 "노아는 은혜를 입었다"라는 설명으로 죄와 심판의 보편성에도 불구하고 씨의 약속(3:15)이 성취되고 있음을 암시한다. 이제 가인과 라멕의 계통은 홍수의 심판으로 끊어지고, 은혜를 입은 셋의 계통과의 언약은 노아(5:28-29), 아브라함(11:26), 그리고 메시아를 통해 성취될 것이다(창 3:15; 9:26-27; 마 1:2-16; 누 3:23-38).

---

207 Gordon J. Wenham, *Genesis 1-15, Word Biblical Commentary 1* (Waco, TX: Word Books Pub, 1987), 135-147.

4. 창세기 9:18-29

창세기 6:9-9:10 본문에 구성된 노아의 홍수 서술(The Flood Narrative)은 J와 P문서의 혼합문으로 여겨진다. 이유는 본문의 모순된 텍스트(Incongruent Text)의 문제 때문이다. 물론 노아의 홍수 내러티브는 표면상 여러 모순된 텍스트로 구성되어 보인다. 창세기 6:20에서 하나님은 모든 동물들을 "그 종류대로 각기 둘씩" 가져오라고 명한다. 그러나 7:2에서는 "정결한 짐승은 암수 일곱씩, 부정한 것은 암수 둘씩" 가져오라고 명한다. 그런가하면 홍수의 총기간은 340일(창 7:6, 14; 8:3, 13)인 것으로 명시되고 있으나 창세기 7:17(40일), 7:24(150일), 8:3(150일), 8:6(40일)을 합하면 실제로는 380일인 것으로 집계된다. 따라서 창세기 6:10-21절은 P 문서로 그리고 7:1-5절은 J 문서로 추정된다.

노아의 홍수 이야기는 토라의 구전과 전승, 톨레도트와 단편 자료들에 의해 구성되었음을 알 수 있다. 그러나 다양한 자료가 꼭 모순된 텍스트를 구성하는 것은 아니다. 본문의 피상적인 문학적 모순점들은 오히려 수사학적으로 의도된 것일 수 있으며 면밀한 읽기를 통한 구조분석에서 구문론적이며 의미론적인 응집성을 나타내기도 한다. 창세기 6:19-20 본문은 임박한 홍수에 앞서 생물의 보전에 대한 일반적인 지시문이다. 즉 "그 종류대로 각기 둘씩"이라는 일반적인 언급이다. 이어 창세기 7:2은 방주로 들어가는 상황에서 실제로 정결과 부정 즉 제의적인 의미를 함축한 동물을 구체적으로 명시한다. 홍수의 총기간과 관련해 창세기 7:17에서 40일은 물이 차오르는 기간으로서 물이 땅 위에 넘쳐 있던 150일 기간 안에 포함된다. 따라서 본문의 피상적인 모순은 본문의 문학적인 통일성과 대치된다. 웬함(Gordon J. Wenham)은 창세기 6:1-9:19 본문은 문학적 통일성을 가진 동심원 구조(inclusio)로 구성된 것이라고 주장한다.[208] 노아의 홍수 이야기는 토라 텍스트의 총체적인 문맥안에서 통일적인 구성을 가진다. 특별히 창세기의 기능적 창조에 있어 하나님의 창조-파괴-재창조를 구성하는 부문이다. 이는 노아의 홍수 이후 전개되는 재창조 즉 언약갱신을 암시하고 또한 미래 아브라함의 언약을 바라보게 한다. 세일해머는 "노아를 부르신 것(8:15-20)과 아브라함을 부르신 것(12:1-7) 사이에는 그 주제에 있어 놀랄 만큼의 평행이 있다"고 주장한다."209

<table>
<tr><td></td><td>A</td><td>1:2-5</td><td>낮과 밤</td><td>시간을 위한 토대</td><td rowspan="3">언약체결</td></tr>
<tr><td rowspan="2">창조</td><td>B</td><td>1:6-8</td><td>아래의 물과 위의 물</td><td>기후를 위한 토대</td></tr>
<tr><td>C</td><td>1:9-13</td><td>땅과 바다</td><td>식물을 위한 토대</td></tr>
<tr><td>파괴</td><td>D</td><td>6-8</td><td>노아의 홍수</td><td></td><td>언약파괴</td></tr>
<tr><td rowspan="3">재창조</td><td>C'</td><td>8:22a</td><td>심음과 거둠</td><td>식물을 위한 토대</td><td rowspan="3">언약갱신</td></tr>
<tr><td>B'</td><td>8:22b</td><td>추위와 더위와 여름과 겨울</td><td>기후를 위한 토대</td></tr>
<tr><td>A'</td><td>8:22c</td><td>낮과 밤</td><td>시간을 위한 토대</td></tr>
</table>

창세기 8:15-20과 12:1-7의 평행구조 대비

창세기 8:15-20	**창세기 12:1-7**
A 하나님이 노아에게 말씀하여 가라사대 (8:15)	A 여호와께서 아브라함에게 이르시되 (12:1)
B 너는…방주에서 나오고 (8:16)	B 너는 너의 본토를…떠나 (12:1)
C 노아가…나왔고 (8:18)	C 아브람이…쫒아 갔고 (12:4)
E 하나님이 노아에게…복을 주시며 (9:1)	E "내가…네게 복을 주어" (12:2)
F "생육하고 번성하여" (9:1)	F "내가 너로 큰 민족을 이루고" (12:2)
G "내가 내 언약을 너희와 너희 후손에게" (9:9)	G "내가 이 땅을 네 자손에게 주리라" (12:7)

208 고든 웬함, (2015), 86-87.

209 세일해머(상), 245.

위와 같은 평행구조는 노아의 언약(9:1-17)과 창조언약(1:20-30)에서도 볼 수 있다.

<table>
<tr><th colspan="2">노아의 언약 (창 9:1-17)</th><th colspan="2">창조언약 (창 1:20-30)</th></tr>
<tr><td rowspan="2">9:1</td><td>노아의 축복</td><td rowspan="2">1:28a</td><td>아담의 축복</td></tr>
<tr><td>פְּרוּ וּרְבוּ וּמִלְאוּ אֶת־הָאָרֶץ׃</td><td>פְּרוּ וּרְבוּ וּמִלְאוּ אֶת־הָאָרֶץ׃</td></tr>
<tr><td rowspan="2">9:2b</td><td>모든 동물을 사람들의 손에 붙이셨다</td><td rowspan="2">1:28b</td><td>모든 동물을 다스리게 하셨다</td></tr>
<tr><td>הַיָּם בְּיֶדְכֶם נִתָּנוּ</td><td>וְכִבְשֻׁהָ וּרְדוּ</td></tr>
<tr><td rowspan="2">9:3</td><td>동물을 채소 같이 먹을 거리로 주셨다</td><td rowspan="2">1:29</td><td>채소와 열매를 먹을 거리로 주셨다</td></tr>
<tr><td>כָּל־רֶמֶשׂ אֲשֶׁר הוּא־חַי לָכֶם יִהְיֶה
לְאָכְלָה כְּיֶרֶק עֵשֶׂב נָתַתִּי לָכֶם
אֶת־כֹּל׃</td><td>נָתַתִּי לָכֶם אֶת־כָּל־עֵשֶׂב זֹרֵעַ זֶרַע
אֲשֶׁר עַל־פְּנֵי כָל־הָאָרֶץ
וְאֶת־כָּל־הָעֵץ אֲשֶׁר־בּוֹ פְרִי־עֵץ
זֹרֵעַ זָרַע לָכֶם יִהְיֶה לְאָכְלָה׃</td></tr>
<tr><td rowspan="2">9:9-10</td><td>노아의 가족과 그의 후손뿐만 아니라 동물과도 언약을 세우다</td><td rowspan="2">1:22</td><td>사람뿐만 아니라 동물도 축복하다</td></tr>
<tr><td>וַאֲנִי הִנְנִי מֵקִים אֶת־בְּרִיתִי אִתְּכֶם
וְאֶת־זַרְעֲכֶם אַחֲרֵיכֶם׃
וְאֵת כָּל־נֶפֶשׁ הַחַיָּה אֲשֶׁר אִתְּכֶם
בָּעוֹף בַּבְּהֵמָה וּבְכָל־חַיַּת הָאָרֶץ
אִתְּכֶם מִכֹּל יֹצְאֵי הַתֵּבָה לְכֹל חַיַּת
הָאָרֶץ׃</td><td>וַיְבָרֶךְ אֹתָם אֱלֹהִים לֵאמֹר פְּרוּ וּרְבוּ
וּמִלְאוּ אֶת־הַמַּיִם בַּיַּמִּים וְהָעוֹף
יִרֶב בָּאָרֶץ׃</td></tr>
</table>

노아의 언약(9:1-17)은 선행하는 아담의 언약(1:28, 3:15) 그리고 이어지는 아브라함의 언약(12:1-7)과 평행을 이룬다. 이는 홍수로 인한 인류의 파멸에도 불구하고 언약갱신을 통한 야훼 하나님의 구속사적인 주권을 암시한다. 언약성취는 점진적인 것으로서 타락의 상처와 잔해는 홍수 이후에도 남아있다. 노아의 번제는 회복의 징후를 알리나(8:20-22) 이어

지는 노아의 술 취함과 함의 죄악(9:22)은 타락의 잔해가 여전함을 보여준다. 그럼에도 불구하고 하나님의 구속적 은혜는 성취를 향해 전개된다. 이는 특별히 가나안에 대한 노아의 신탁(9:25-27)에서 볼 수 있다. 노아의 둘째 아들 함은 아버지의 "하체를 보았다"(9:22). 이는 눈이 밝아져 서로의 벌거벗음을 보고 두려움과 수치를 느끼게 된 아담과 하와의 상황을 상기시킨다(3:7).

토라에서 "벌거벗음을 보았다"(וַיַּרְא חָם אֲבִי כְנַעַן אֵת עֶרְוַת אָבִיו) 라는 문구는 부정적 의미를 함축한다. 레위기 18장에 금지된 가증한 성적행위들(18:1-23)은 가나안 종교의 음란성을 염두에 둔 조치로 보인다(18:24-30). "벌거벗음을 보았다"는 묘사는 부정을 함의한다(출 33:20; 사 13:22). 특별히 레위기 18장에서 반복되고 있는 "하체를 범치 말라"는 문구는 문자적으로는 "벌거벗음을 벗기지 말라"(do not uncover nakedness, לֹא תְגַלֶּה עֶרְוָתָהּ)로써 이는 셈과 야벳이 그의 아비의 "벌거벗음을 덮었다"(cover nakedness, וַיְכַסּוּ אֵת עֶרְוַת, 9:23)라는 묘사와 상반된 것임을 볼 수 있다. 따라서 "벌거벗음을 보았다"라는 용어는 토라에서 신학적 뉘앙스를 함축하며 부정을 함양한다. 이는 단순히 시각적으로 보는 것을 넘어 음행과 가나안의 우상숭배를 은유적으로 연관시키는 문구로 보인다. 레위기 20:17은 이 용어에 대한 의미를 명백히 밝혀준다, "누구든지 그 자매 곧 아비의 딸이나 어미의 딸을 취하여 그 여자의 **벌거벗음을 보고**(וְרָאָה אֶת־עֶרְוָתָהּ) 여자는 그 남자의 **벌거벗음을 보면**(וְהִיא־תִרְאֶה אֶת־עֶרְוָתוֹ) 부끄러운 일이라, 그 민족 앞에서 그들이 끊어질지니 그가 그 자매의 **벌거벗음을 벗겼으니**(עֶרְוַת אֲחֹתוֹ גִּלָּה) 그 죄를 당하리라."

토라 텍스트는 타락의 절정을 묘사하는 방식으로 음행사건을 반복적으로 기술한다. 예를 들어 소돔과 고모라 그리고 롯과 그의 딸들의 이야기를 지적해볼 수 있다(19:1-11, 32-36). 이러한 음행사건의 내러티브는 영적인 음행 즉 우상숭배를 예시한다. 따라서 노아의 서술에서 함의 음행은 훗날 가나안의 우상숭배를 암시한다. 또한 롯의 딸들의 근친상간은 모압과 암몬의 저주로 이어진다(19:37-38). 이러한 문맥에서 함이 아버지의 "하체를 보았다"는 사건은 미래 가나안의 저주(19:25-27)를 바라보게 한다. 먼저 노아의 아들들의 내러티브(9:18-29)는 마소라 본문에서 하나의 열린문단(Petuha, פ)으로 구성되었다. 그 안에서 노아의 신탁(9:25-27)은 노아의 두개의 선언(וַיֹּאמֶר)문을 Wayyiqtol형으로 구성한다.

25a וַיֹּאמֶר
25b אָרוּר כְּנָעַן
25c עֶבֶד עֲבָדִים יִהְיֶה לְאֶחָיו׃

26a וַיֹּאמֶר
26b בָּרוּךְ יְהוָה אֱלֹהֵי שֵׁם
26c וִיהִי כְנַעַן עֶבֶד לָמוֹ׃

27a יַפְתְּ אֱלֹהִים לְיֶפֶת
27b וְיִשְׁכֹּן בְּאָהֳלֵי־שֵׁם
27c וִיהִי כְנַעַן עֶבֶד לָמוֹ׃

첫번째 바요메르(9:25b, וַיֹּאמֶר)신탁에서 노아는 함의 악행에 대해 함이 아닌 함의 후손들 중 가나안을 저주한다(25b, אָרוּר כְּנָעַן). 이는 우연이 아니다. 본문의 화자는 의도적으로 이미 9:22에서 아버지의 하체를 본 함은 "가나안의 아버지"(חָם אֲבִי כְנַעַן)임을 강조한다. 이어 창세기 10:6에서 "함의 아들은 구스와 미스라임과 붓과 가나안이다"라고 밝힌다. 이는 함보다는 가나안을 부각시킨 것이며 함의 음행이 가나안의 종교적 음행을 암묵적으로 암시하는 환유어(metonym)로 작동하고 있음을 알 수 있다. 따라서 노아는 자신의 하체를 본 함이 아니라 함의 아들인 가나안을 저주한다(25b, אָרוּר כְּנָעַן). "가나안은 저주를 받아 그 형제의 종들의 종이 되기를 원하노라”(25b, c). 가나안에 대한 노아의 저주로 인해 이제 가나안은 함의 형제들(셈과 야벳)이 아닌 그의 형제들(10:6, 구스, 미스라임, 붓)의 종들의 종(25c, עֶבֶד עֲבָדִים)이 될 것이다. 이는 가나안의 저주(창 9:25-27)를 기반으로 인종차별과 노예제도를 합리화했던 서구 백인중심의 해석이 잘못된 것임을 분명히 보여준다. 그런가하면 노아의 두 번째 바요메르(9:26a, וַיֹּאמֶר) 신탁은 긍정적으로 씨의 언약(3:15)이 셈의 계통에서 성취될 것을 명시한다(9:26-27). 먼저 번역의 논쟁이 있는 창세기 9:27을 분석해볼 필요가 있다.

> 27a יַפְתְּ אֱלֹהִים לְיֶפֶת
> 엘로힘은 야벳에게 [복이] 창대케 할 것이며
> 27b וְיִשְׁכֹּן בְּאָהֳלֵי־שֵׁם
> 그는(야벳? 엘로힘?) 셈의 장막에 거할 것이다
> 27c וִיהִי כְנַעַן עֶבֶד לָמוֹ׃
> 그리고 가나안은 그(셈)에게 종이 될 것이다

창세기 9:27을 번역하는데 있어 가장 핵심적인 논점은 히브리 동사문 베이쉬콘(וְיִשְׁכֹּן, 27b)의 주격이 누구인가를 결정하는 것이다. 이는 칼 미완료 3인칭남성단수(QI3ms) 바브간접명령(vav jussive)동사문인 베이쉬콘(וְיִשְׁכֹּן, 27b)에 함축된 대명사 주격이 전치사가 접두된 야벳(לְיֶפֶת, 27b)인지 아니면 엘로힘(אֱלֹהִים, 27a)인지에 달려있다. 먼저 창세기 9:27은 Qatal+Wayyiqtol 절로 정형적인 동격절(appositive paratactic)이며 절을 시작하는 사역형 동사 야페트(יֶפֶת, 히필.미완료.간접명령.3남단)의 주격은 엘로힘(אֱלֹהִים)이다. 그리고 본 절에서 야벳(יֶפֶת)은 전치사(לְ)가 접두된 간접목적격(לְיֶפֶת, to Japhet)이다. 따라서 본 절의 직역은 “하나님은 야벳에게 [복을] 창대케 하시며” 다. 특별히 히브리 동사 야페트(יַפְתְּ)

와 노아의 아들 야벳(יֶפֶת)은 같은 어근을 가진 단어로 본 절은 동음상이한 언어유희로 야벳(יֶפֶת)에게 야페트(יַפְתְּ)하신 분은 엘로힘(אֱלֹהִים)이심을 부각시킨다. 그렇다면 이제 27b를 시작하는 베이쉬콘(וְיִשְׁכֹּן) 동사문의 주격은 누구인가? 영어성경 NIV역은 그 주격을 야벳으로 번역했다. 따라서 "엘로힘은 야벳을 창대케 할 것이며, 야벳은 셈의 장막에 거할 것이고, 가나안은 셈에게 종이 될 것이다."

그러나 이는 구문에 있어 두 가지 이유로 잘못된 문법적 번역이라고 지적할 수 있다. 첫째, 27a와 27b는 정형적인 Qatal+Wayyiqtol 절로 구성되어 있다. 27b는 접속동격절(conjunctive paratactic)로서 27a와 같은 주격을 갖는다. 둘째, 27a에서 야벳(יֶפֶת)은 직접목적격이 아닌 전치사가 접두된 간접목적격(לְיֶפֶת)으로서 부가적인 수식부호(אֲשֶׁר)가 부재한 상태에서 27b의 주격이 될 수 없다. 따라서 구문론적으로 27b 동사문(3인칭남성단수)에 함축된 주격은 선행 절인 27a의 엘로힘(אֱלֹהִים)이다.

월터 카이저(Walter C. Kaiser, Jr.)는 엘로힘(אֱלֹהִים)이 주격일 수밖에 없는 이유를 3가지로 주장한다.[210] (1) 27b절을 시작하는 3인칭남성단수 동사는 27a절 주어의 엘로힘과 자연스럽게 연결된다. (2) 27b절의 야벳(יֶפֶת)에는 간접목적격(indirect object)을 의미한 히브리 전치사 레(לְ)가 접두되어있다. 따라서 "야벳"이 아닌 "야벳에게"(to Japhet)로 번역해야 하며 이는 야벳(יֶפֶת)이 27b의 주격이 될 수 없음을 의미한다. (3) 노아의 총체적인 신탁 문맥에서 창세기 9:26-27은 셈의 중요성을 부각시키는 구조를 가지고 있다. 즉 노아의 두번째 신탁(9:26-27)은 본문의 수사학적인 평행구조를 통해 셈과 가나안과 야벳의 미래적 운명을 예시한다.

---

210 Walter C. Kaiser Jr., *Toward an Old Testament Theology* (Grand Rapids, Mich.: Zondervan, 1978). 온켈로스의 탈굼(Targum of Onkelos), Philo, Aben Ezra, Baumgarten, 그리고 Delitzsch도 두 번째 부분의 주어를 엘로힘으로 번역한다.

	25		그(노아)가 말했다. 가나안은 저주를 받아그의 형제(구스, 미스라임, 붓)의 종들의 종이 되리라
	26a		그(노아)가 말했다 וַיֹּאמֶר
A	26b	셈	셈의 야훼 엘로힘은 복이 있을지어다 בָּרוּךְ יְהוָה אֱלֹהֵי שֵׁם
B	26c	가나안	그리고 가나안은 그(셈)에게 종이 될 것이다 וִיהִי כְנַעַן עֶבֶד לָמוֹ
C	27a	야벳	엘로힘은 야벳에게 [복을] 창대케 하실지라 יַפְתְּ אֱלֹהִים לְיֶפֶת
A′	27b	셈	그리고 그(엘로힘)는 셈의 장막에 거할 것이다 וְיִשְׁכֹּן בְּאָהֳלֵי־שֵׁם
B′	27c	가나안	그리고 가나안은 그(셈)에게 종이 될 것이다 וִיהִי כְנַעַן עֶבֶד לָמוֹ׃

노아의 아들들의 내러티브(9:18-29) 안에서 노아의 신탁(9:25-27)은 씨의 약속(창 3:15)을 상기시키며 셈의 계보를 따라 메시아의 도래(사 11:1-9)를 예고한다. 그러나 가나안은 그의 형제들(구스, 미스라임, 붓)인 고대 근동 강대국들과 이집트의 빈번한 침략 그리고 셈(이스라엘)의 가나안 정복으로 종이 될 것이다(왕상 9:20).

5. 창세기 11:27-12:9

창세기 본문은 크게 태고 내러티브(1-11)와 선조들의 내러티브(12-50)로 구성되었다. 선조들의 내러티브 안에서 아브라함의 내러티브(11:27-25:11)는 야곱과 모세의 이야기로 구성된 토라의 이스라엘 기원을 소개하는 서술로 아브라함의 소명과 언약을 집중적으로 조명하고 있다.

1-2장	3-5장	6-9장	10-11장	12-24장	25-26장	27-36장	37-50장
창조	타락	홍수	민족들	아브라함	이삭	야곱	요셉
태고역사				선조들의 역사			

아브라함의 내러티브는 바벨탑의 반항(11:1-9)에도 불구하고 야훼 하나님의 창조언약이 주권적으로 유효함을 보여준다. 이는 스트롬(Mark Strom)이 지적한 창세기의 죄-심판-은혜의 구조를 다시금 상기시킨다.[211]

	창 1:1-11:26				
죄	아담의 죄	가인의 살인	인류의 악	함의 죄	바벨탑의 죄
심판	에덴동산의 추방	저주받은 가인	대홍수	저주받은 가인	인류의 분열
은혜	여인의 후손 약속	이마의 세기는 표	방주	셈의 축복	아브라함의 언약
본문	2:4-3:24	4:1-26	6:1-9:19	9:18-27	10:1-11:26

아브라함의 내러티브는 그의 소명과 언약을 핵심 주제로 구성하고 있다. 야훼 하나님은 아브라함을 일방적으로 부르시고 언약을 맺으신다(12:1-3). 아브라함을 향한 하나님의 주권적인 섭리는 성경전반에 기술

211 Mark Strom, *The Symphony of Scripture* (Grand Rapids, M.I.: Downers Grove: Intervarsity Press, 1991), 25.

되고 암시되는 아담으로부터 그리스도에 이르는 구언약과 신언약의 본질과 모든 과정과 성취를 함축하고 예고한다. 아브라함의 언약은 모든 언약의 패러다임인 것이다.

구언약 (בְּרִית)	아담과의 언약	창세기 1:28-30; 3:14:15
	노아와의 언약	창세기 6:18
	아브라함과의 언약	창세기 12장, 15장(18절), 17장
	이스라엘과의 언약	출애굽기 24:8
	다윗과의 언약	삼무엘상 7장; 시편 89:3
새언약 (בְּרִית חֲדָשָׁה)	새언약의 약속	예레미야 31:31
	새언약의 성취	누가복음 22:20; 고린도후서 3:6; 히브리서 8:8

아브라함의 소명과 언약 내러티브(창 12-22)는 창세기 본문에 구성된 다음과 같은 3명의 족장(아브라함, 이삭, 야곱) 내러티브로 엮여져 있다.

아브라함의 내러티브	데라의 톨레도트 계보문 아브라함의 소명과 언약(12-22장)	11:27-25:11
	막벨라 굴	25:9-10
	이스마엘의 톨레도트 계보문	25:12-18
이삭의 내러티브	이삭의 톨레도트 계보문	25:19-35:29
	막벨라 굴	35:27-29
야곱의 내러티브	에서의 톨레도트 계보문	36:1-37:1
	야곱의 톨레도트 계보문	37:2-50:26
	막벨라 굴	50:13-14

하나님과 아브라함의 언약은 점진적인 과정과 다양한 형태로 갱신되고 성취되어 간다. 그리고 그 절정에는 피의 의식인 할례가 있다. 이는 피로 맺어지는 하나님의 점진적인 언약 성취의 본질을 보여준다.

아브라함과 세워지는 하나님의 언약: 약속과 체결과 행위			
창세기	언약	증표	주요내용
12	구두적 언약	예배를 드림	하나님께서 땅과 자손을 약속하심
14	야훼의 현현(멜기세덱)	십일조를 드림	멜기세덱의 축복
15	제의적 언약	속죄제를 드림	땅(아모리)과 자손(엘리에셀)의 논쟁 아브라함의 믿음과 의(義) (15:6)
17	언약의 갱신	할례를 행함	하나님께서 사라에게 자손을 약속하심 아브람과 사래의 개명: 아브라함과 사라
18	야훼의 현현 (세 사람)	천사를 대접함	하나님의 공의와 심판 소돔과 고모라(18:16-33)
21	아비멜렉과의 언약	평화 언약	이웃과의 화해
22	언약적 행위	이삭을 드림	모리아 산에서 이삭의 제사

창세기 10:21-29은 노아의 아들들인 함과 야벳에 이어 셈의 후손을 기술하는데 있어 마지막으로 에벨의 두아들인 벨렉과 욕단을 대조시킨다. 본문의 화자는 이들 시대에 "세상이 나뉘었다"(10:25)고 밝힘으로 셈의 계보 내에서 다시금 언약계보와 비언약계보를 암묵적으로 명시하는 것으로 보인다. 특별히 예수님의 족보에 이름을 올린 히브리어 이름 벨렉-펠렉(창 10:25b, פֶּלֶג; 눅 3:35)의 어근동사인 팔락(10:25c, פלג, 나누다)의 언어유희를 통해 선택(elect)과 비선택(non-elect)을 구분한 것으로 보인다. 벨렉(25b)과 욕단(25d) 사이에 땅이 둘로 나눠졌다(25c).

וּלְעֵבֶר יֻלַּד שְׁנֵי בָנִים 25a
שֵׁם הָאֶחָד פֶּלֶג 25b
כִּי בְיָמָיו נִפְלְגָה הָאָרֶץ 25c
וְשֵׁם אָחִיו יָקְטָן׃ 25d

바벨탑 단락(11:1-9)은 두개의 계보명단 사이에 기술되었다. 벨렉과 욕단에 의해 사람들이 땅에서 나뉘어졌다는 설명(10:32)을 포함한 노아의 후손들의 계보(וְאֵלֶּה תּוֹלְדֹת בְּנֵי־נֹחַ, 10:1)와 셈의 계보(אֵלֶּה תּוֹלְדֹת שֵׁם, 11:10)다. 이 두개의 계보명단 사이에 기술된 것은 선택자와 비선택자에 있어 선택자인 아브라함의 소명을 부각시키기 위함이다. 에벨의 두 아들 중 욕단의 후손들은 "메사에서부터 스발로 가는 길의 동쪽"(10:30)에 거주하며 "동방으로 옮기다가 시날 평지를 만나 거기 거류하며"(11:2) 바벨탑을 쌓고 벨렉의 후손으로부터는 데라의 계보 (וְאֵלֶּה תּוֹלְדֹת תֶּרַח, 11:27)를 통해 아브라함이 등장한다(12:1).

욕단 ⇨ 바벨탑(11:1-9)
셈(10:22-32) ➡ 나누어짐
벨렉 ⇨ 셈의 계보(11:10-26) ⇨ 데라의 계보(11:27-31) ⇨ 아브라함(12:1)

돌시(David A. Dorsey)는 아브라함 내러티브의 내용분석(content analysis)을 기반으로 다음과 같은 본문의 원심구조(12:1-21:7)를 제안한다.[212]

A.	서론	가나안행과 후손 약속	12:1-9
B.	아브라함의 거짓말	하나님이 사라를 보호하심	12:10-20
C.	롯의 소돔 정착	헤브론 정착	13:1-18

212 David A. Dorsey, 75.

D.	아브라함이 개입함	롯을 위한 소돔과의 전쟁	14:1-24
E.	자손의 약속	아브라함에게서 날 것이다	15:1-21
F.	이스마엘 출생	이스마엘에 대한 약속	16:1-16
G.	야훼 하나님의 언약	개명, 할례, 자손의 약속 재확인	17:1-21
F'	이스마엘과 아브라함의 할례	이스마엘에 대한 약속	7:22-27
E'	자손의 약속	사라에게서 날 것이다	18:1-15
D'	아브라함의 개입	롯과 소돔을 위한 기도	18:16-33
C'	롯이 소돔 탈출	모압 정착	19:1-38
B'	아브라함의 거짓말	하나님이 사라를 보호하심	20:1-18
A'	결론	가나안에서 이삭이 출생함	21:1-7

브루게만(Walter Brueggemann)은 창세기 11:30-32과 12:1-3은 인류사와 이스라엘 역사의 구분점을 마크하는 것이며 이는 저주의 역사와 축복의 역사를 구분한 것이라고 말한다.[213] 생육하고 번성한 인류의 계보(10-11)는 창세기 11:30-32에서 갑자기 사라의 불임으로 멈춘다. 이는 아브라함에 대한 하나님의 특별한 소명과 중보가 필요한 시점이며 앞으로 구약에서 반복될 사건이다(창 25:21; 29:31; 삼상 1:2). 또한 불임으로 번역된 히브리어 아콰르(עָקָר)는 직역하면 메마름(dry)을 의미하며 이는 메마른 광야 한 가운데 놓인 이스라엘의 모습을 예시하기도 한다(사 54). 사라의 불임 혹은 메마름(עָקָר)은 하나님과 같이(like God) 되고자 했던 아담(3:5)과 라멕(4:23-24)과 네피림(6:4)과 바벨탑을 쌓은 인류(11:3-4)의 자랑과 야망이 파기되었고 무효함을 보여준다. 따라서 아브라함에 대한 야훼 하나님의 소명(12:1-9)은 인류의 가장 절망스러운 상황으로부터 시작된다.

---

213 Walter Brueggemann, *Genesis* (Louisville, KY: John Knox Press, 2010), 116-117.

창세기 12:1-9은 마소라 본문에서 닫힌문단(Setuma, ס)과 열린문단(Petuha, פ)으로 표기된 단락이다. 오경의 열 번째 연속단락(Sedarim, ס״) 을 시작하는 창세기 12:1은 하나님의 두 번째 소명을 시작하는 구절이기도 하다. 혼돈과 공허함과 어두움(1:2)으로부터 우주만물을 창조하시기 위한 하나님의 "첫번째 소명"(וַיֹּאמֶר אֱלֹהִים, 1:3)에 이어 창세기 12:1-9은 언어의 혼돈으로 인해 혼돈하고(11:1-8), 사라의 불임(עֲקָר, 11:30)으로 인해 공허하며 어두운 상황으로부터 재창조를 위한 "두번째 소명"(וַיֹּאמֶר יְהוָה אֶל־אַבְרָם, 12:1)을 담고 있다.

창세기 12:1, 아브라함의 소명

야훼 하나님의 소명은 그 무엇보다 먼저 떠남(לֶךְ־לְךָ)을 요구하는 소명이다. 인류는 에덴동산으로부터 떠나 긴 세월 동쪽으로 이동하며 마침내 시날 땅에 정착한다(11:2). 그러나 이제 아브라함은 "너의 땅으로부터"(מֵאַרְצְךָ) 다시 떠나 하나님이 지시하는 "그 땅으로"(אֶל־הָאָרֶץ) 가야한다(12:1). "너의 땅"(מֵאַרְצְךָ)은 인류가 에덴동산에서 쫓겨난 후 그동안 끊임없이 이동하며 어렵게 정착한 땅(11:2)이다. 그곳은 아브라함이 태어난 땅(וּמִמּוֹלַדְתְּךָ)이며 대대로 내려온 그의 조상들의 집(וּמִבֵּית אָבִיךָ)이 있는 땅이다. 그 곳으로부터의 무조건적인 떠남은 그동안 축적된 인류의 경험, 세계관, 계획, 안전, 풍습, 종교로부터의 떠남을 의미한다. 이는 예측할 수 없는 위험이 따르는 도전인 동시 하나님을 절대 신뢰하는 믿음 외에는 그 무엇으로도 결단할 수 없는 소명이다. 하나님은 말씀으로 무에서 유를 창조하셨듯이 이제 말씀을 믿는 자들로 인류의 메마름(עֲקָרָה, barrenness)으로부터 그의 백성을 재창조하신다.

창세기 12:2-3, 아브라함의 축복신탁

아브라함의 소명과 그를 향한 하나님의 축복은 인류를 향한 창조적 축복(1:28)이 아직 유효함을 의미한다. 왜냐하면 아브라함을 향한 야훼 하나님의 축복은 아브라함 개인의 복이 아닌 혼돈과 공허와 어두움 아래 흩어진 온 인류를 위한 축복이기 때문이다. 따라서 아브라함의 소명은 선교적인 소명이며 아브람의 축복은 그로 말미암아 땅의 모든 족속이 복 받게 하기위한 축복이다(12:3).

하나님은 첫번째 아담과도 같이 아브라함을 만드시고(עָשָׂה, 1:26; 5:1) 축복하신다(ברך, 1:28; 5:2). 하나님의 축복은 4번 모두 1인칭으로 묘사되며 이는 야훼 하나님의 주권적 복을 암시한다.

וְאֶעֶשְׂךָ	내가 너를 만들겠다
וַאֲבָרֶכְךָ	내가 너를 축복하겠다
וַאֲגַדְּלָה	내가 너를 크게 하겠다
וַאֲבָרְכָה	내가 [너를 축복하는 자에게] 복을 내리겠다
וּמְקַלֶּלְךָ*	내가 [너를 저주하는 자에게] 저주를 내리겠다

*분사.남.단.관계형으로 1인칭 וַאֲבָרְכָה 주동사의 종속된 동사이다.

이와 같은 1인칭 묘사는 약속의 시작과 끝이 모두 하나님의 주권에 있음을 의미한다. 인류는 스스로의 노력으로 바벨탑을 만들려 했다. 스스로 복이 되고 위대해지기를 원했으며 타인에 대한 축복과 저주의 주권을 가지고자 했다(11:1-9). 그러나 결과는 참혹한 메마름(עָקָר, 11:30)이다. 따라서 아브라함의 복은 오직 야훼 하나님으로부터 오는 것이며 그 분에 의해 성취될 복이다. 이는 진리와 생명의 주권(2:9)이 하나님께 있음을 다시 한번 상기시킨다. 인류의 헛된 노력과 타락한 인본주의 세계관에 대한 전면적인 경고다. 아브라함을 향한 하나님의 소명과 복(12:1-4)은 다음과 같은 명령과 순종의 구조로 구성되어 있다.

고향과 태어난 곳과 아버지의 집으로부터	12:1b	מֵאַרְצְךָ וּמִמּוֹלַדְתְּךָ וּמִבֵּית אָבִיךָ אֶל־הָאָרֶץ אֲשֶׁר אַרְאֶךָּ׃	
그러면 내가 너를 만들 것이다	12:2a	וְאֶעֶשְׂךָ	1인칭
큰 민족	12:2b	לְגוֹי גָּדוֹל	
축복	12:2c	וַאֲבָרֶכְךָ	
명예	12:2d	וַאֲגַדְּלָה שְׁמֶךָ	
복이 되어라!	12:2e	וֶהְיֵה בְּרָכָה	**명령**
내가 너를 축복하는 자를 축복할 것이다.	12:3a	וַאֲבָרֲכָה מְבָרְכֶיךָ	1인칭
너를 저주하는 자를 저주할 것이다.	12:3b	וּמְקַלֶּלְךָ אָאֹר	
땅의 모든 족속이 너로 인하여 복을 받게 될 것이다.	12:3c	וְנִבְרְכוּ בְךָ כֹּל מִשְׁפְּחֹת הָאֲדָמָה׃	
이에…떠났다	12:4a	וַיֵּלֶךְ אַבְרָם כַּאֲשֶׁר דִּבֶּר אֵלָיו יְהוָה	**순종**

첫째, 하나님은 아브라함의 이름을 궁극적으로 복되게 하실 것이다. 이는 두개의 명령문 "떠나라! 복이 되어라!"와 하나의 순종문 "이에 떠났다"에 따른 결과다. 또한 셈의 후손인 아브라함의 복은 창세기 9:26-27에서 이미 예시된 셈의 하나님(בָּרוּךְ יְהוָה אֱלֹהֵי שֵׁם)을 연상케 한다. 둘째, 아브라함의 복은 그 본질에 있어 물리적인 것(thing)을 넘어 존재론적 것(being)임을 알 수 있다. 하나님은 아브라함에게 복을 주신 것뿐만 아니라 아브라함이라는 그 존재를 복으로 삼으셨다(וֶהְיֵה בְּרָכָה). 셋째, 하나님은 아브라함을 통해 열방을 중보할 거룩한 백성과 제사장 나라를 세우실 것이다(출 19:1-6). 불임한 아내로 인해 자식이 없고 고향과 아비의 집을 떠난 나그네에게 하나님은 새로운 땅(창 12:7; 17:8)과 자

손(15:2-5)을 약속하신다. 따라서 창세기 12:6-9에서 언급되고 있는 세겜과 벧엘과 남방(헤브론)은 이러한 자손과 땅의 약속이 성취될 것을 암시한다. 그리고 더 나아가 훗날 야곱의 여정을 미리 바라보게 한다(창 34-35). 이렇게 아직 보이지 않는 약속에 대한 아브라함의 믿음을 야훼 하나님은 의로 여기셨다(창 15:6; 롬 4:1-12).

6. 창세기 12:10-20

하나님의 소명과 축복(12:1-9)에 대한 아브라함의 반응에는 두려워하는 불신(12:10-20)과 순종하는 믿음(13:1-18)이 공존한다. 본 단락(12:10-20)은 아브라함의 두려움과 불신이 부각된 담론으로 창세기 20:1-18과 26:1-17과 함께 "아내-자매 집성"(wife-sister cycle)으로 알려져 있다. 이 3개의 집성이 표면상 중복되는 것으로 보이는 문제는 후에 다루고 여기서는 본 단락(12:10-20)의 담론분석(discourse analysis)을 간략히 논하고자 한다.

애굽에서의 아브람(창 12:10-20)의 이야기는 하나의 완성된 에피소드로서 정형적인 서사텍스트(narrative text)의 문학양식을 갖고 있다. 서사텍스트는 담론분석(discourse analysis)을 통해 면밀히 읽힐 수 있다(*close reading*). "담론은 의미를 이야기(story)나 언술(speech)로 바꾸는 일이다."[214] 따라서 독자는 담론분석을 통해 담론에 함축된 의미를 보다 더 세밀히 함의할 수 있다. 담론(discourse)은 미키 발(Mieke Bal)이 서사구조에서 구분한 이야기의 파블라(요소), 스토리(양상), 서사텍스트(플롯) 중 서사텍스트와 교차되는 전문용어다.[215] 기호학에서 담론분석은 플롯

---

214 김경용, 『기호학이란 무엇인가?』(서울: 민음사, 1994), 5.

215 Mieke Bal, *Narratology: Introduction to the Theory of Narrative*, 3rd ed. (Toronto: University of Toronto Press, 2009), 5. Fabula, story, narrative text는 서사학의 전문용어로서 단순히 우화, 이야기, 본문을 의미하지 않는다. 한

을 가진 서사텍스트 의미에 대해 무엇?(*was*)보다는 어떻게?(*wie*)를 질문한다. 즉 이야기가 어떻게 구성되었는가에 대한 면밀한 분석을 통해 텍스트가 함의하는 것을 찾아가는 해석학적 작업이다. 이러한 담론분석의 기본은 텍스트언어학(text linguistics)적인 분석으로 텍스트-내(intra-textual) 언어체계(통상론)에서의 의미론과 텍스트-외(extra-textual) 의사소통행위(화용론)에서의 의미론을 종합하는 분석이다.[216] 이에 하나의 전형적인 담론형식을 가진 "애굽에서의 아브람"(창 12:10-20) 에피소드(서사텍스트)를 작은 단위의 장면(스토리)으로 나누어 텍스트의 의미를 분석해 보고자 한다.첫째, 창세기 12:10-20 에피소드를 구성하고 있는 5개의 장면들은 모두 구약 서사텍스트가 일관되게 갖고 있는 문제 – 갈등 – 해결 구조, 즉 갈등-플롯(tension plot) 모티프로 구성되어 있음을 볼 수 있다.

에피소드: 애굽에서의 아브람(12:10-20)

장면: 1. 가나안 기근과 이집트로의 여행(12:10)
2. 아브람의 거짓말과 바로와 갈등(12:11-15)
3. 야훼 하나님의 개입(12:16-17)
4. 바로와 아브람의 화해(12:18-19)
5. 이집트에서 부해진 아브람의 가나안행(12:20)

렐란드 라이켄(Leland Ryken)은 담론의 플롯과 모티프분류에 있어 구약 서사텍스트에서 가장 많이 발견되는 플롯은 비극(tragedy)과 희극(comedy)이라고 설명한다.[217] 일반적으로 희극은 스토리의 플롯이 악

용환과 강덕화는 미케 발 1980년 제1판에서 이들을 음표기하여 파블라, 스토리, 그리고 서사본문이라고 번역했다. 필자는 파블라, 스토리, 서사텍스트로 번역한다.

216 Werner G. Jeanrond, *Text and Interpretation as Categories of Theological Thinking*. Trans. Thomas J. Wilson (New York: Crossroad, 1988), 77-78.

217 Leland Ryken, *Words of Delight: A Literary Introduction to the Bible* (Grand Rapids: Baker, 1987), 49, 82-83.

화－개선－해결로 전개되고(이삭의 번제, 창 22:1-19; 유다와 다말, 창 38장; 에스더) 비극은 스토리의 플롯이 개선－악화－미해결로 전개된다(삼손, 삿 13-16; 사울, 삼상 8-31). 창세기 12:10-20 에피소드는 아브람의 불신 스토리에도 불구하고 구성장면들이 희극적인 플롯으로 전개되는 것을 볼 수 있다. 아브람과 바로의 불신과 갈등의 전환점에서 야훼 하나님의 주권적인 개입은 그들의 위기상황을 초월적으로 해결함으로 총체적인 갈등－해결의 희극적인 플롯을 반영한다.

A. 문제의 배경: 1. 가나안 기근과 이집트로의 여행(12:10)
B. 갈등 초기: 2. 아브람의 거짓말과 바로와 갈등(12:11-15)
C. 갈등의 전환점: 3. 야훼 하나님의 개입(12:16-17)
B' 갈등 후기: 4. 바로와 아브람의 화해(12:18-19)
A' 문제의 해결: 5. 이집트에서 부해진 아브람의 가나안행(12:20)

둘째, 장면들의 평행구조(parallelism) 분석을 통해 각 장면들이 서로간 어떠한 의미론적 관계를 형성하고 있는지 살펴볼 수 있다. 또한 대칭을 통해 어떻게 문제를 해결로 전환시키고 있는지를 탐지할 수 있다.

(1) 문제(A)와 해결(A') 평행문에서 아브람은 가나안 "땅의 심한 기근 때문에"(12:10, כִּי־כָבֵד הָרָעָב בָּאָרֶץ) 이집트로 내려갔다. 그러나 대조적으로 이집트에서 나올 때는 그곳에서 얻은 "그에게 속한 모든 부"(12:20, וְאֶת־כָּל־אֲשֶׁר־לוֹ)를 가지고 나온다. 기근과 풍요로움의 대칭을 볼 수 있다.

(2) 갈등상승(B) 절에서 "당신을 나의 누이라 말하라"(12:13, אִמְרִי־נָא אֲחֹתִי אָתְּ)와 갈등해소(B′) 절에서 "왜 당신은 그녀를 나의 누이라고 말했는가?"(12:19, לָמָה אָמַרְתְּ אֲחֹתִי הִוא)의 대칭을 통해 아브람의 불신과 두려움의 해소가 명백히 부각된다.

(3) 갈등전환 점(C)에서 아브람은 "그녀[사라] 때문에"(12:16, וּלְאַבְרָם הֵיטִיב בַּעֲבוּרָהּ) 후한대접을 받은 것에 비해 바로는 같은 그 "사라 때문에"(12:17, עַל־דְּבַר שָׂרַי) 하나님의 심판을 받는다. 축복과 심판의 주권이 궁극적으로는 사람이나 상황에 있는 것이 아니라 하나님께 있음을 명시한다.

(4) 갈등상승(B) 15절에서 히브리어로 왕자의 복수형인 사래이(שָׂרֵי) 들이 사라이(שָׂרַי)를 바로에게 데리고 간다. 갈등전환(C) 17절에서 언급된 아브람의 아내 사라이(שָׂרַי)는 히브리어로 공주를 의미한다. 본문은 이러한 사래이(שָׂרֵי)와 사라이(שָׂרַי)의 동음상이한 평행적인 언어유희를 통해 사건의 역설을 묘사한다. 훗날 아브람(אַבְרָם)과 사라이(שָׂרַי)는 아브라함(אַבְרָהָם)과 사라(שָׂרָה)가 될 것이다(17:5, 15). 이는 "열방의 아버지"와 "열방의 어머니" 즉 하나님이 위임한 열방의 왕과 여왕으로서 애굽의 바로(도시의 왕)와 사래이(왕자들)와는 비교가 될 수 없이 고귀하고 높은 지위이다.

그러나 이 시점에서 아브람과 사라이는 아직도 자신들의 진정한 정체성을 의식하지 못했다. 따라서 그들은 바로와 왕자들 앞에서 두려움과 불신으로 비겁할 수 밖에 없었다. 이렇게 본 담론의 화자는 문제-해결의 희극적인 플롯을 각 장면들의 면밀한 평행구조와 언어유희를 통해 풀어가며 땅의 기근과 아브람의 불신, 그로 인한 애굽에서의 위기상황, 그리고 하나님의 주권적 구속의 의미를 효과적으로 전달하고 있다.

셋째, 아브람 에피소드를 구성하는 장면들은 각기 텍스트-내의 작은 소주제들을 담고 있다. 타향살이, 거짓과 생존의 고난, 하나님의 사랑과 은혜, 자유, 하나님의 축복이라고 말 할 수 있다. 이러한 소주제들은 독립적이면서도 창세기 12:10-20의 플롯 안에서 상호관 연결되는 것을 볼 수 있다. 이는 텍스트의 의미가 언어학적으로 다가능성(polyvalence)과 전

체 유용성(full value)을 함축하기 때문이다.[218]

장면 1. 기근과 이집트로의 이주(12:10)	타향살이
장면 2. 아브람의 거짓말과 고난(12:11-15)	거짓과 생존의 고난
장면 3. 아브람의 축복과 바로의 저주(12:16-17)	하나님의 사랑과 은혜
장면 4. 바로가 아브람과 사라를 보냄(12:18-19)	자유
장면 5. 아브람이 부자가 되어 이집트를 떠남(12:20)	하나님의 축복

넷째, 담론분석에 있어 아주 중요한 작업은 텍스트-내의 인물묘사(*characterization*)를 살피는 것이다. 서사텍스트는 인물(character)과 사건(action)과 위기상황(plot)이라는 삼대요소를 가진다. 이중 인물은 가장 핵심적인 분석요소로서 화자는 인물묘사를 통해 텍스트의 특정한 메시지와 의미를 독자에게 설득한다. 예를 들어 출애굽기와 민수기는 모세의 리더십을 조명하는데 있어 그가 야훼 하나님의 중보자임을 부각시킨다. 그러나 상대적으로 신명기는 그가 선지자이며 법률교사라는 것을 강조함으로 그의 주요사역이 하나님의 말씀을 선포하고 가르치는 것에 있음을 전하고자 한다.[219] 본문 텍스트에는 5명의 행위자들이 등장한다. 야훼(יהוה), 아브람(אַבְרָם), 파르오(פַּרְעֹה), 사라이(שָׂרַי), 그리고 사래이(שָׂרֵי)다. 창세기의 화자는 인물들의 등장빈도, 사 언행, 사회적 직위, 인격, 외모, 관계 등의 묘사를 통해 의도된 의미를 전달한다. 애굽에서의 아브람 담론에는 5명의 인물들이 다음과 같은 관계로 묘사되고 있다.

---

218 Mark Allan Powell, *What Do They Hear*, 7. 언어는 자율적 의미를 함축하지 않는다. 단어는 다가능적인 문맥적 의미의 갖는다. Richard L. Pratt Jr., He Gave Us Stories, 114-115. 텍스트의 의미는 다양한 유용한 의미를 발산한다. 이를 전체적 유용성(full value)이라고 한다.

219 James W. Watts, "The Legal Characterization of Moses in the Rhetoric of the Pentateuch," *JBL* 117, 3 (Fall, 1998): 415-426.

인격화 된 초월적 존재	יהוה (야훼 하나님)	
주요 행위자	אַבְרָם (아브람: 주역)	פַּרְעֹה (파르오: 반주역)
기능 행위자	שָׂרַי (사라이: 보조역)	שָׂרֵי (사래이: 보조역)

본문의 인물분석은 주요 인물들의 등장 빈도와 사건을 작동시키는 그들의 행위를 분석한다. 이를 통해 주인공(*protagonist*)은 주역을 맡은 아브람이고 파르오는 그의 반주역자(*antagonist*)임을 알 수 있다. 본 스토리에서 아브람과 파르오의 대립은 갈등의 절정을 이룬다. 보조역인 사라이(שָׂרַי)와 사래이(שָׂרֵי)의 관계는 갈등의 기원과 심화과정을 대표한다.이러한 인물들의 대립과 갈등 관계는 결과적으로 문제의 원인을 제공하며 그 자체 안에서 해결점을 찾지 못한다. 따라서 문제갈등의 절정에서 야훼 하나님이 개입하신다. 창세기 내러티브에서 하나님은 늘 인간 행위자들이 야기시키는 미해결의 갈등과 문제를 최종적으로 해결하시는 초월적인 존재이시다. 인간의 문제-하나님의 해결, 이러한 인물묘사를 중심으로 한 플롯은 구약 내러티브의 고유한 패턴구조를 반영한다.

결론적으로 창세기 12:10-20에서 야훼 하나님을 제외한 모든 행위자들은 문제 발생과 갈등의 원인으로서 부정적 행위의 기능을 갖는다. 이는 주역인 아브람도 마찬가지다. 그는 지극히 세속적인 사람이다. 약속의 땅 가나안에서 기근을 피해 애굽으로 가 후손의 약속을 받은 아내를 자매라 속인다. 그는 오직 기근을 면하고 가시적인 생존을 위해 움직이지만 삶의 문제는 더욱 가중될 뿐이다. 이러한 "애굽에서의 아브람 담론"(12:10-20)은 아브라함의 "소명과 언약 담론"(12:1-9)과 대조를 이룬다. 생존을 위해 바로 앞에서 떨며 하나님의 약속을 잊어 비겁해진 그의 모습은 하란에서 하나님의 소명을 따라 믿음으로 순종하여 가나안으로 향했던 그의 모습과 역설적으로 대칭된다. 이는 인간의 의지가 얼마나 연약한 가를 보여준다. 그러나 야훼 하나님의 주권적 개입은 불변하다.

바로의 저주와 아브람의 축복은 이어지는 아브라함의 언약갱신(창 15-17)에서 볼 수 있듯이 하나님의 주권적인 언약성취를 예고한다. 야훼 하나님은 끝내 두려움과 불신 가운데 있던 아브람(אַבְרָם)을 열국의 아비로, 즉 아브라함(אַבְרָהָם)으로 승화시킨다(17:5).

마지막으로, 본 담론의 상호 텍스트성(intertextuality)을 고려함에 있어 본문의 유형과 메시지가 전후 장들과 플롯의 연속성을 가지고 있음을 볼 수 있다. 이는 특별히 출애굽과 밀접한 평행구조에서 아브라함과 이스라엘의 대구로 반영되고 있다. 창세기 12:10-20은 출애굽기 1:1-13:22의 플롯 모티프 구조와 다음과 같은 평행을 이루고 있음을 볼 수 있다.

창세기 12:10-20

A. 문제의 배경: 1. 가나안 기근과 이집트로의 여행(12:10)

B. 갈등 초기: 2. 아브람의 거짓말과 바로와 갈등(12:11-15)

C. 갈등의 전환점: 3. 야훼 하나님의 개입(12:16-17)

B' 갈등 후기: 4. 바로와 아브람의 화해(12:18-19)

A' 문제의 해결: 5. 이집트에서 부해진 아브람의 가나안행(12:20)

출애굽기 1:1-13:22

A. 문제의 배경: 가나안 기근과 이스라엘의 이집트행(1:1-2:10)

B. 갈등 초기: 모세의 살인 사건과 도피(2:11-7:7)

C. 갈등의 전환점: 야훼 하나님의 재앙(7:8-11:10)

B' 갈등 후기: 유월절 사건(12:1-30)

A' 문제의 해결: 이스라엘에서 부해진 이스라엘의 출애굽(12:31-13:22)

이스라엘은 아브람과 같이 기근으로 인해 애굽으로 내려갔다(창 45:6; 46:1-7; 민 20:15). 그리고 사라가 바로에게 끌려간 것 같이 훗날 이스라엘은 바로의 노예가 되었다. 그러나 하나님은 아브람과 사라를 축복하고 바로를 저주하셨듯이 유월절 재앙을 통해 이스라엘을 구원하셨다. 유월절에 바로의 장자는 죽고 이스라엘의 장자는 살았다. 이는 바로가 히브리 여인들의 아기들을 죽였던 사건(출 1:15-22)의 반전(출 11:1-12:36)이다. 마지막으로 아브람과 사라가 부자가 되어 출애굽한 것처럼 이스라엘도 애굽의 부를 가지고 홍해를 건너 애굽으로부터 나왔다. 이러한 아브람과 이스라엘의 출애굽 본문은 자손과 땅에 대한 언약이 하나님의 주권적인 개입으로 성취될 것을 암시하고 바라보게 한다. "애굽에서의 아브람"(12:10-20) 에피소드는 "땅과 후손"(12-50)이라는 대단위 주제를 유기적으로 축소하는 동시 세부화 하고 있음을 볼 수 있다.

창세기 12:10-20의 신학적 혹은 실천적 메시지는 무엇일까? 오늘을 살아가는 현대인은 고대근동 문화권 아래 유목민으로 살아갔던 아브람과는 분명히 다른 시대적 현실을 살고 있다. 그러나 둘은 인간이라는 본성에서뿐만 아니라 삶의 환경과 방식에 있어서도 심층적 구조를 공유한다. 풍요와 안정을 상징하는 현대도시는 외부의 모습과는 달리 난폭한 생존의 전쟁터다. 그 안에서 시민은 반복되는 기근을 피해 끊임없이 방랑하는 유목민이다. 사람들은 탐욕의 배고픔과 목마름을 채우고자 정처없이 길을 나서지만 세상은 애굽과 같은 타향이며 광야와 같은 메마른 곳이다. 에덴동산에서 쫓겨난 아담으로부터 현대인에 이르기까지, 인간은 기근을 피해 떠도는 유목민인 것이다.

오늘날 역사적 바로는 존재하지 않는다. 그러나 우리 곁에는 늘 우리를 억압하고 종속시키고자 하는 사회정치적 혹은 영적인 바로가 현존한다. 그리고 아브람이 그랬듯 우리는 후손의 약속인 사라를 버리고 바로의 자비를 비굴하게 구한다. 하나님의 약속을 소유한 왕 같은 제사장이 되었음에도 불구하고 두려워하고 비겁하고 속이며 생존을 위해 몸부림친다. 하나님은 복의 사라를 내 옆에 두셨 건만 우리는 기근에 눈이 멀어 그것을 보지 못해 바로에게 붙어 기생하는 세상의 왕자들에게 사라를 내어준다.

이러한 영적 기근과 지속되는 삶의 고난 속에서 진정한 구원이란 무엇일까? 애굽에서의 아브람(12:10-20)의 이야기는 이에 대한 답을 제공한다. 본문의 갈등구조는 바로와 아브람의 관계를 반영한다. 세상과 나 사이에는 거짓과 죽음으로 인한 갈등만이 존재할 뿐이다. 이 문제에 있어 인간에게는 궁극적인 답이 없다. 그러나 이러한 갈등은 하나님의 개입으로 전환점을 맞이한다. 하나님은 바로의 강퍅한 마음과 아브람과의 갈등 상황을 반전시킨다. 하나님은 사라를 보호하고 끝내 아브람을 다시 축복하신다. 해 아래 인생은 기근의 문제를 해결키 위해 풍요가 보이는 이집트로 향한다. 그러나 거기에는 참된 안식의 복이 없다. 구원은 오직 야훼 하나님께 있다. 하나님만이 사라를 지키시고 예수그리스도 안에서 후손의 약속을 성취시키신다. 아브람의 축소판인 오늘날의 우리 또한 오직 예수그리스도 안에서만 잃어버린 사라를 다시 회복할 수 있으며 전에 경험해보지 못했던 진정한 축복을 경험할 수 있을 것이다.

7. 창세기 15:1-21

돌시(David A. Dorsey)는 데라의 톨레도트(창 11:27) 도입문으로 시작되는 아브라함의 내러티브(창 11:27-25:11)를 다음과 같은 동심원 구조(12:1-21:7)로 설명한다.[220] 본 단락은 아브라함의 소명에 따른 하나님의 땅과 후손에 대한 약속(12:1-9)으로 전개되며 헤브론 정착(13:1-18)과 이삭의 출생(21:1-7)을 통한 약속의 점진적 성취를 기술한다.

220 David A. Dorsey (1999), 75.

A.	서론	가나안 여행과 후사에 관한 약속	12:1-9
B.	사라와 아브라함의 거짓말	하나님이 그녀를 이방 왕의 궁정에서 보호	12:10-20
C.	롯의 소돔 정착	헤브론 정착	13:1-18
D.	아브라함의 개입	롯과 소돔의 전쟁	14:1-24
E.	아들에 대한 약속	아브라함의 몸에서 날 것이다	15:1-21
F.	이스마엘의 출생	그에 대한 약속	16:1-16
G.	야훼의 언약	아브람과 사래의 새로운 이름, 할례, 아들 약속	17:1-21
F'	이스마엘과 아브라함의 할례	이스마엘에 대한 약속 (17:18, 20)	7:22-27
E'	아들에 대한 약속	사라의 몸에서 날 것이다	18:1-15
D'	아브라함의 개입	롯과 소돔을 위한 기도	18:16-33
C'	롯의 소돔 탈출	모압 정착	19:1-38
B'	사라와 아브라함의 거짓말	하나님이 그녀를 이방왕의 궁전에서 보호	20:1-18
A'	결론	이삭의 출생	21:1-7

	첫째 사이클 (13:1-18)		둘째 사이클 (14:1-24)		셋째 사이클 (18:1-19:38)	
A	초기 상황	1-4	A초기 상황	1-11	초기 상황	18:1-15
B	위기	5-7	위기	12	위기	18:16-21
C	아브람이 롯을 구함. 소돔의 죄악	8-13	아브람이 롯을 구함.	13-16	아브라함/하나님이 롯을 구함. 소돔의 죄악	18:22-19:29
D	하나님이 아브람을 축복함.	14-18	멜기세덱이 아브람을 축복함. 소돔의 죄악	17-24	저주받은 롯의 결말	19:30-38

아브라함의 내러티브(11:27-25:11)는 그 동심원 구조 안에 롯의 내러티브(13:1-19:38)를 내부적으로 구성하고 있다. 롯의 내러티브는 또 하나의 동심원 구조(CDEF - G - FEDC)로 구성되어 있는데 롯의 소돔 정착(13:1-18)으로부터 시작해 롯의 소돔 탈출(19:1-38) 이야기로 마무리된다. 게렛(Duane A. Garret)은 이러한 롯의 내러티브가 위와 같은 3개의 주기적인 사이클 담론을 담고 있다고 주장한다.[221]

창세기 13:1-18, 아브라함과 롯의 분리

본 단락에서 하나님의 담화(13:14-17)는 아브라함과 롯의 분리라는 문맥에서 기술되고 있다. 이는 땅에 대한 약속으로서 창세기 12:2-3의 약속을 반영한다.

서문	13:1-2	아브람이 가족과 많은 가축과 함께 애굽에서 나옴	וַיַּעַל אַבְרָם מִמִּצְרַיִם הוּא וְאִשְׁתּוֹ וְכָל־אֲשֶׁר־לוֹ וְלוֹט עִמּוֹ הַנֶּגְבָּה׃ וְאַבְרָם כָּבֵד מְאֹד בַּמִּקְנֶה בַּכֶּסֶף וּבַזָּהָב׃
A.	3-4	벧엘에서 아브라함과 롯의 예배	וַיִּקְרָא שָׁם אַבְרָם בְּשֵׁם יְהוָה׃
B.	5-7	땅에 대한 분쟁	וְלֹא־נָשָׂא אֹתָם הָאָרֶץ לָשֶׁבֶת יַחְדָּו וַיְהִי־רִיב בֵּין
C.	8-9	아브라함의 담화	וַיֹּאמֶר אַבְרָם אֶל־לוֹט
D.	10-13	롯의 소돔 선택	וַיִּבְחַר־לוֹ לוֹט אֵת כָּל־כִּכַּר הַיַּרְדֵּן
C'	14-17	하나님의 담화	וַיהוָה אָמַר אֶל־אַבְרָם
B'	18a	땅에 대한 해결	וַיֶּאֱהַל אַבְרָם וַיָּבֹא וַיֵּשֶׁב בְּאֵלֹנֵי מַמְרֵא אֲשֶׁר בְּחֶבְרוֹן
A'	18b	헤브론에서 아브라함의 예배	וַיִּבֶן־שָׁם מִזְבֵּחַ לַיהוָה

221 Duane A. Garrett (2013), 137.

이러한 "분리"(פרד)를 주제로 한 이야기는 창세기 본문에서 반복적으로 땅에 대한 "하나님의 약속"(12:2-3; 13:14-17)과 연관되어 구성된다. 아브라함을 향한 하나님의 축복과 약속은 '떠남과 분리' 라는 문맥에서 전개된다. 그의 아비와 고향으로부터(12:1), 애굽으로부터(12:20-13:1), 그의 친척인 롯으로부터(13:14), 이어 롯의 후손인 모압과 암몬으로부터(19:37-38), 그리고 친아들인 이삭으로부터까지(22:15-18), 하나님의 약속은 철저히 '떠남과 분리'라는 역설적인 정황에서 성취되어 간다. 아브라함은 이 분리의 원칙대로 벧엘에서는 롯과 함께 예배를 드리나(13:3-4) 헤브론에서는 홀로 예배를 드린다(13:18). 또한 이 분리의 정황에서 본인의 상속자로 여겼던 롯과 헤어져 헤브론에 홀로 정착한다(13:18). 아브라함의 여정은 자아로부터 타아로 그리고 하나님께로 나아가는 과정을 반영한다. 반대로 아브라함의 조카 롯은 이러한 분리로 인해 오히려 약속의 땅을 떠나 동쪽으로 향해간다(13:11). 이는 벨렉과 욕단의 분리(10:25), 그리고 분리되어 동쪽으로 향하는 홍수이후의 사람들을 상기시킨다(10:32; 11:2). 결론적으로 롯이 아브라함으로부터 분리되는 과정(13:9, 11, 12)에서 하나님의 약속은 아브라함이 상속자로 여겼던 "롯이 아브람을 떠난 후에"(13:14) 갱신된다.

분리 A 10:32	אֵלֶּה מִשְׁפְּחֹת בְּנֵי־נֹחַ לְתוֹלְדֹתָם בְּגוֹיֵהֶם וּמֵאֵלֶּה **נִפְרְדוּ** הַגּוֹיִם בָּאָרֶץ אַחַר הַמַּבּוּל׃ 이들은 그 백성들의 족보에 따르면 노아 자손의 족속들이요 홍수 후에 이들에게서 그 땅의 백성들이 **나뉘었다.**
분리 B 11:8-9	**וַיָּפֶץ** יְהוָה אֹתָם מִשָּׁם עַל־פְּנֵי כָל־הָאָרֶץ וַיַּחְדְּלוּ לִבְנֹת הָעִיר׃ עַל־כֵּן קָרָא שְׁמָהּ בָּבֶל כִּי־שָׁם בָּלַל יְהוָה שְׂפַת כָּל־הָאָרֶץ וּמִשָּׁם **הֱפִיצָם יְהוָה** עַל־פְּנֵי כָּל־הָאָרֶץ׃ 여호와께서 거기서 그들을 온 지면에 **흩으셨으므로** 그들이 그 도시를 건설하기를 그쳤다. 그러므로 그 이름을 바벨이라 하니 이는 여

	호와께서 거기서 온 땅의 언어를 혼잡하게 하셨다. 여호와께서 거기서 그들을 온 지면에 **흩으셨다.**
분리 C 12:1	וַיֹּאמֶר יְהוָה אֶל־אַבְרָם **לֶךְ־לְךָ** מֵאַרְצְךָ וּמִמּוֹלַדְתְּךָ וּמִבֵּית אָבִיךָ אֶל־הָאָרֶץ אֲשֶׁר אַרְאֶךָּ׃ 여호와께서 아브람에게 이르시되 너는 너의 고향과 친척과 아버지의 집을 떠나 내가 네게 보여 줄 땅으로 **가라**
12:1	**하나님의 약속**
분리 A' 13:9	הֲלֹא כָל־הָאָרֶץ לְפָנֶיךָ **הִפָּרֶד** נָא מֵעָלָי אִם־הַשְּׂמֹאל וְאֵימִנָה וְאִם־הַיָּמִין וְאַשְׂמְאִילָה׃ 네 앞에 온 땅이 있지 아니하냐 나를 **떠나가라** 네가 좌하면 나는 우하고 네가 우하면 나는 좌하리라
분리 B' 13:11	וַיִּבְחַר־לוֹ לוֹט אֵת כָּל־כִּכַּר הַיַּרְדֵּן וַיִּסַּע לוֹט מִקֶּדֶם **וַיִּפָּרְדוּ** אִישׁ מֵעַל אָחִיו 그러므로 롯이 요단 온 지역을 택하고 동으로 옮기니 그들이 서로 **떠났다**
분리 C' 13:14a	וַיהוָה אָמַר אֶל־אַבְרָם **אַחֲרֵי הִפָּרֶד**־לוֹט מֵעִמּוֹ 롯이 아브람을 **떠난 후에** 여호와께서 아브람에게 말씀하셨다
13:14-17	**하나님의 약속**

하나님의 소명과 약속 가운데 아브라함의 언약적 여정은 고통스러운 떠남과 분리 그리고 헌신적인 예배로 특징지어진다. 아브라함의 여정은 우리의 영적인 여정에서도 떠남과 분리가 필연적임을 암시하고 그것으로 인한 아픔이 궁극적으로는 합력해 선이 됨을 가르친다. 이러한 믿음의 여정은 끊임없이 정착하고자 하는 인류의 보편적인 역사를 역행하는 행위다. 둘째, 아브라함의 여정은 예배하는 여정이었음을 알 수 있다. 그의 믿음의 여정을 대표하는 세겜과 벧엘과 헤브론에서 아브라함은 제단

을 쌓고 야훼의 이름을 불렀다(וַיִּבֶן־שָׁם מִזְבֵּחַ לַיהוָה וַיִּקְרָא בְּשֵׁם יְהוָה 12:6-7; 12:8; 13:4; 13:18). 아브라함의 여정이 항상 믿음과 순종의 여정만은 아니었다. 그러나 본문의 화자는 결정적인 순간마다 아브라함이 예배를 통해 믿음의 자리로 돌아왔음을 명백히 부각시킨다. 떠남, 분리, 예배. 이 세 단어는 아브라함의 믿음의 여정을 정의하는 단어들이다.

창세기 14:1-24, 아브라함과 열방

역사비평학은 아브라함과 열방(14:1-24)의 이야기로 구성된 본 단락의 역사성을 부정한다.[222] 그러나 본문에 언급된 왕들의 이름은 기원전 2000-1750년경의 상황을 반영한다.[223] 또한 역사적으로 "매우 신뢰할 만한 왕들과 장소와 사건들에 대한 목록을 제공한다."[224] 텍스트-언어학적으로 본문은 아브라함 동맹군의 전쟁승리(14:1-16)와 아브라함과 두 왕들의 만남(14:17-24)을 다룬 두개의 이야기 구조로 구성되어 있다. 본 단락은 최초로 아브람이 히브리 사람(14:13, אַבְרָם הָעִבְרִי)임을, 그리고 이미 가나안에 정착하여 에스골과 아넬의 형제인 마므레와 동맹한 상황임을 밝힌다(14:13). 이는 땅에서의 정착을 암시한다. 아브라함은 "집에서 길리고 훈련된 자"(אֶת־חֲנִיכָיו יְלִידֵי בֵיתוֹ, 14:14) 318명을 이끌고 롯을 구하기 위해 사해지역 속국들의 동맹군을 정복한 메소포타미아의 봉건영주 동맹군들을 대상으로 전쟁을 치르고 승리한다(14:14-16). 본문은 아브라함이 이 작은 숫자의 집사람들(יְלִידֵי בֵיתוֹ)을 데리고 어떻게 그 엄청남 동방의 동맹군을 물리쳤는지 설명하고 있지 않다. 그 대신 단에서

222 Cf., Roland de Vaux, *The Early History of Israel* (London: Longman & Todd, 1978), 216-220.

223 Joyce G. Baldwin, *Genesis 12-50* (Downers Grove, IL: Inter-Varsity Press, 1986), 44-45.

224 Allen P. Ross, *Creation & Blessing* (Grand Rapids, MI: Baker Academic, 1998), 293.

다메섹 왼편 호바까지 가나안 땅 전체를 정복했음을 명시한다(14:14-15). 이는 기드온의 300명 용사(삿 7)와 다윗의 400명 용사(삼상 30)를 상기시킨다. 즉 전쟁의 대장은 아브라함이 아니라 야훼 하나님이며 이를 통해 땅의 약속이 성취되어가고 있음을 암묵적으로 명시한다. 볼드윈(Joyce G. Baldwin)은 이 전쟁을 공물을 납부하지 못했다는 이유로 영주로부터 침범을 당한 속국들을 대변해주는 정의로운 전쟁(A Just War)이라고 주장한다.[225]

그러나 본문에서 아브라함의 관심은 정의가 아니라 그의 조카 롯을 구하는데 있다(14:12, 14). 특별히 롯의 내러티브(13:1-19:38)에서 롯에 대한 아브라함의 집착은 절대적이다. 아브라함은 롯과 헤어지기 전까지 그를 자신의 유일한 후손이며 상속자로 생각했을 가능성이 크다. 이집트에 내려갔을 때도 아브라함은 롯과 함께 있었다(13:1). 이는 그때까지 만해도 롯을 상속자로 여겨 친 후손의 약속을 받은 아내를 쉽게 자매로 속이지 않았나 추측해볼 수 있다. 이렇게 후손의 성취가 늦어지는 것과는 별개로 아브라함이 진두지휘한 동맹군의 전쟁과 승리는 땅의 약속과 열방이 아브라함으로 말미암아 복을 받으리라는 하나님의 언약(12:2-3; 13:14-17) 성취가 반영된 것이라고 말 할 수 있다. 게렛(Duane A. Garrett)은 동방 왕들과의 전쟁 본문(14:1-16)은 다음과 같은 반복적인 평행구조를 통해 아브람과 함께한 민족들의 복을 부각시킨다고 설명한다.[226]

A.	14:1-4	사해의 왕들이 동방의 왕들을 반역함
B.	14:5-7	동방 동맹군들의 정복
A'	14:8-12	사해의 왕들이 동방의 왕들에 의해 약탈당함
B'	14:13-16	아브람 동맹군의 정복

225 Joyce G. Baldwin (1986), 43-46.

226 Duane A. Garrett (1991), 138.

아브라함이 이끈 사해 동맹군의 '전쟁승리' (14:1-16)와 아브라함과 소돔 및 살렘의 '두 왕들과의 만남' (14:17-24)은 구조와 내용상 상호 의존적인 내러티브다. 첫번째 이야기는 아브라함이 멜기세덱과 만나게 된 배경을 제공하고, 두번째 이야기는 상대적으로 열세한 숫자의 집사람들(יְלִידֵי בֵיתוֹ, 14:14)을 데리고도 승리한 근원이 무엇인지를 기술한다. 그것은 아브라함이 전쟁에서 승리한 후 소돔 왕이 제안한 전리품을 거절하고 승리와 복의 원천이 "지극히 높으신 야훼 하나님"(יְהוָה אֵל עֶלְיוֹן, 14:22)께 있음을 언급한 것으로 암시된다. 데복스(Roland de Vaux)는 창세기 14:18-20은 원래 가나안 만신전의 신 "엘-엘리온"(אֵל עֶלְיוֹן)을 위한 시문이 멜기세덱의 전승과 혼합되어 야훼신앙 공동체에 토착화된 텍스트라고 주장한다.[227] 그러나 창세기 14:18-20에서 일관되게 세번이나 반복되어 언급되고 있는 "엘-엘리온"(אֵל עֶלְיוֹן, 14:18, 19, 22)은 천지를 창조한 "야훼 엘-엘리온"(יְהוָה אֵל עֶלְיוֹן, 14:22)임을 본문은 분명히 밝히고 있다. 또한 소돔 왕(14:17, 21-24)과 살렘 왕 멜기세덱(18-20)의 이야기는 정형적인 Wayyiqtol + Qatal (וַיֵּצֵא...הוֹצִיא) 서술형과 수식어-주어(predicative-subject)의 교차구조(AB-B′ A′ chiasm)로 하나의 통일된 문단을 구성하고 아브라함의 내러티브 문맥에서 하나님의 약속을 일관된 메시지로 다시금 암시하고 있음을 볼 수 있다.

17a וַיֵּצֵא מֶלֶךְ־סְדֹם לִקְרָאתוֹ
17b אַחֲרֵי שׁוּבוֹ מֵהַכּוֹת אֶת־כְּדָר־לָעֹמֶר וְאֶת־הַמְּלָכִים אֲשֶׁר אִתּוֹ
17c אֶל־עֵמֶק שָׁוֵה הוּא עֵמֶק הַמֶּלֶךְ׃
18a וּמַלְכִּי־צֶדֶק מֶלֶךְ שָׁלֵם הוֹצִיא לֶחֶם וָיָיִן
18b וְהוּא כֹהֵן לְאֵל עֶלְיוֹן׃

227 Walter Brueggemann (1982), 135.

19a וַיְבָרְכֵהוּ וַיֹּאמַר
19b בָּרוּךְ אַבְרָם לְאֵל עֶלְיוֹן קֹנֵה שָׁמַיִם וָאָרֶץ
20a וּבָרוּךְ אֵל עֶלְיוֹן אֲשֶׁר־מִגֵּן צָרֶיךָ
20b בְּיָדֶךָ וַיִּתֶּן־לוֹ מַעֲשֵׂר מִכֹּל׃
21a וַיֹּאמֶר מֶלֶךְ־סְדֹם אֶל־אַבְרָם
21b תֶּן־לִי הַנֶּפֶשׁ וְהָרְכֻשׁ קַח־לָךְ׃

A.	소돔	וַיֵּצֵא מֶלֶךְ־סְדֹם	17a	Wayyiqtol	수식어-주어
B.	멜기세덱	וּמַלְכִּי־צֶדֶק מֶלֶךְ שָׁלֵם הוֹצִיא	17a	We-X-Qatal	주어-수식어
B'	멜기세덱	וַיְבָרְכֵהוּ וַיֹּאמַר	19a	Wayyqtol	주어-수식어
A'	소돔	וַיֹּאמֶר מֶלֶךְ־סְדֹם	21a	Wayyqtol	수식어-주어

소돔-멜기세덱 본문은 교차구조를 통해 소돔 왕(A.A')을 아브라함의 전쟁승리와 중보로 인해 복의 주체보다는 복의 수혜자로 암시한다. 그리고 구조 가운데(B.B') 본문에서 "지극히 높으신 하나님의 제사장" (וְהוּא כֹהֵן לְאֵל עֶלְיוֹן, 18b)인 "살렘의 왕 멜기세덱"(וּמַלְכִּי־צֶדֶק מֶלֶךְ שָׁלֵם הוֹצִיא, 18a)의 등장은 그러한 승리와 복의 진정한 근원이 무엇인지를 밝힌다(14:21-24). 살렘 왕 멜기세덱은 아브라함의 승리와 복이 "엘-엘리온" (אֵל עֶלְיוֹן)으로부터 왔음을 선포한다(14:19-20). 이어 아브라함은 소돔 왕의 전리품 제안을 거절함으로 자신의 승리와 복이 소돔의 왕으로부터 온 것이 아니요 "야훼 엘-엘리온" (יְהוָה אֵל עֶלְיוֹן, 14:22)으로부터 온 것임을 재삼 증언한다(14:21-24).

본 단락에 등장하는 지극히 높으신 하나님의 제사장인 살렘 왕 멜기세덱(14:18)은 많은 논쟁의 대상이다. 매튜스(Joshua G. Mathews)는 이와 관련된 논의들을 면밀하게 광범이 분석하고 히브리서 7장을 기반으로 한 전통적인 점진적계시나 예표론, 정경적 혹은 메시아적 해석을 거절한다.[228] 그는 오경과 구약본문의 편집분석(compositional analysis)을 통해 멜기세덱은 계보의 인격적인 혹은 지역적인 인물이 아니라고 주장한다. 멜기세덱은 가상의 인물로서 아론의 제사장직을 대체할 수 있는 반열로(alternative order) 이상적인 제사장직과 왕위(priestly and kingly)를 겸직한 편집인물(compositional person)이라고 주장한다.[229] 즉 오경(창 49; 출 15; 민 23-24; 신 32-33)을 포함한 구약(Tanach)의 최종편집에서 멜기세덱의 반열은 역사적 아론을 대체하는 가상 인물로서 모세의 장인 이드로(제사장)를 포함해 아브라함의 후손인 다윗(왕)의 예표적인 인물이며 이는 특별히 에스라-느헤미야 본문에서 반영되고 있다고 주장한다.[230] 그러나 마소라 구약본문은 아론의 반열을 대체할 제사장이 누구인지를 그 어디에서도 명시적으로 언급하고 있지 않다. 반면 히브리서 7장은 멜기세덱을 아브라함과 레위보다 높은 인물로 소개하고 이어 예수 그리스도를 그의 반차를 능가하는 영원한 제사장(히 7:17; 시 110:4)으로 밝히고 있다.

창세기 15:1-21, 아브라함의 언약

창세기 15:1-21 본문은 12장부터 계속되는 후손과 땅에 대한 하나님의 언약이 아브라함의 믿음(15:6)과 제의(15:9-10)를 통해 성취되어 감을 보여준다. 본 단락은 후손이 강조된 (A) 1-6절과 땅이 강조된 (B) 7-21절로 구성되어 있다. 이에 대해 후손과 땅의 두 단락이 통일된 단일 내러티브라는 주장과[231] 원래는 두개(P문서와 비P문서)의 독립된 전승으로

---

228 Joshua G. Mathews, *Melchizedek's Alternative Priestly Order: A Compositional Analysis of Genesis 14:18-20 and Its Echoes Throughout the Tanak*. BBR Sup 8 (Winona Lake, Ind.: Eisenbrauns, 2013), 34-49.

229 *Ibid.*, 3.

230 *Ibid.*, 72-73, 112, 134 참고.

부터 후기 편집된 것이라는 주장이 대립한다.[232] 창세기 15장이 두개(A와 B)의 개별적 전승 혹은 문서로 구성되었다는 주장에는 여러가지 이유가 있다. 그 중에는 A와 B이야기의 불연속성이 가장 많이 지적된다. 앞 단락의 배경은 별(15:5)이 있는 한밤중인데 이어지는 단락은 해 질 때(15:12)임을 언급한다. 또한 아브라함의 믿음(15:6)과 의심(15:8)이 충돌한다. 이미 15:1-5에서 하나님과 아브라함은 대화를 하고 있고 그의 믿음이 확인된 상태(15:6)였는데 갑자기 하나님의 자기 소개가 언급된다(15:7).

하나님의 계시와 관련해 15:1은 전형적인 선지자적 도입문구 "야훼의 말씀이 임했다"(הָיָה דְבַר־יְהוָה)로 시작하고 이어 2절과 3절은 일반적인 "아브람이 이르되"(וַיֹּאמֶר אַבְרָם)로 시작되는 유사한 내용을 반복한다. 그러나 15:9은 야훼의 말씀이 아니라 일반적인 "야훼께서 이르시되"(וַיֹּאמֶר)로 시작된다. 이 외에 15:13은 400년의 객생활을 예고하고 15:16은 사대만에 그 땅으로 돌아올 것을 예고한다.[233] 그러나 이러한 문제점에도 불구하고 창세기 15장 본문의 텍스트-언어학적인 분석은 A와 B 단락이 통일된 내러티브 요소들을 공유하고 있음을 보여준다. 먼저 김의원은 두 본문의 문학적 내용이 평행구조로 구성되어 있음을 지적한다.[234]

---

231 J. van Seter, *Prologue to History: The Yahwist as Historian in Genesis* (Louisville, Ky., 1992), 249.

232 Moshe Anbar, "Genesis 15: A Conflation of Two Deuteronomistic Narratives," *JBL* 101/1 (1982): 39-55. 이미 J. Wellhausen은 본문이 두개의 다른 문서로 구성되었음을 주장했고, Anbar는 본문의 통일된 문학적 일치성에 기반해 그 두개의 문서가 모두 D문서라고 주장한다.

233 Ruth Fidler, "Genesis XV: Sequence and Unity," *Vetus Testamentum* 57 (2007): 162-180.

234 김의원 (2013), 295.

<table>
<tr><td>A.</td><td>1</td><td>여호와께서 아브람과 약속을 하시다: 공식 (אָנֹכִי)</td><td rowspan="3">후손</td></tr>
<tr><td>B.</td><td>2-3</td><td>아브람이 여호와께 질문하다: 만군의 여호와</td></tr>
<tr><td>C.</td><td>4-6</td><td>여호와께서 아브람에게 상징적인 행위로 재보증하시다: 자손에 대한 약속</td></tr>
<tr><td>A'</td><td>7</td><td>여호와께서 아브람에게 약속하시다: 공식 (אָנֹכִי)</td><td rowspan="3">땅</td></tr>
<tr><td>B'</td><td>8</td><td>아브람이 여호와께 질문하다: 만군의 여호와</td></tr>
<tr><td>C'</td><td>9-21</td><td>여호와께서 아브람에게 상징적인 행위로 재보증하시다: 땅에 대한 약속</td></tr>
</table>

창세기 15장의 두 단락은 모두 하나님의 약속(AA'), 아브라함의 질문(BB'), 하나님의 응답(CC') 그리고 약속의 상징으로 별과 제사를 명시하고 있다. 또한 두 단락은 테마와 단어 선택에 있어 평행을 이루고 유사한 어휘를 공유한다.

A	Thematic-Lexical	B	Thematic-Lexical
2, 3	נתן	7, 8	נתן
3, 4	ירשׁ	7, 8	ירשׁ
3, 5	זֶרַע	13, 17	זֶרַע
2	אֲדֹנָי יֱהוִה	8	אֲדֹנָי יֱהוִה

이와 같은 두 단락의 비연속성과 통일성의 긴장에 대해 휘들러(Ruth Fidler)는 역사비평학적인 분석과 텍스트언어학적인 분석을 종합해 창세기 15장은 P 저자의 전치와 추가편집(transposition and addition)으로 통일된 서술이라고 주장한다.[235] 휘들러에 의하면 일반적으로 하나님의 약속을 기술한 담론에서 P는 문맥과 상관없이 "후손-땅"(A-B)의 어순으로

235 Ruth Fidler (2007), 162. Abstract.

본문을 구성한다. 이에 비해 非P 문서들은 문맥에 따라 다를 수 있으나 대체로 "땅-후손"(B-A)의 어순으로 본문을 구성한다. 창세기 15장 편집자는 "땅과 후손"(B-A) 본문에 15:1, 13-16, 19-20절을 추가해 최종본문을 "후손과 땅"(A-B)의 순위로 편집했다고 본다. 따라서 만약 본문을 B-A로 읽는다면 "해질 때"는 자연스럽게 "별"이 있는 밤으로 이어진다. 땅에 대한 약속은 그 땅을 상속할 후손의 약속으로 전개된다. 그리고 아브라함의 불신과 질문들은 믿음의 절정으로 자연스럽게 마무리된다(15:6).[236]

그러나 이러한 휘들러의 논지는 토라 본문에 독자의 근대적인 기준과 연대적 읽기(chronological reading) 즉 직계형 읽기를 투영한 것이다. 브루게만은 창세기 15장을 보다 더 큰 문맥에서 읽기를 제안한다. 창세기 11장부터 시작된 불임(barrenness, 11:30)과 하나님의 약속(promise, 12:1-4)이라는 주제는 창세기 15장으로 자연스럽게 이어진다.[237] 그 안에서 창세기 12장의 "후손과 땅"의 주제는 13장의 후손과 14장의 땅, 그리고 15:1-6의 후손과 15:7-21의 땅의 이야기로 교차적으로 기술된다. 아브라함은 하나님의 소명과 약속을 따라 가나안 땅에 정착했다(13:18; 14:13). 그러나 12장에서 이미 약속된 후손은 사라의 계속되는 불임으로 15장에서도 지체되며 아직 성취되지 않는다. 아브라함의 언약(12-22)은 긴 성화의 여정을 통해 성취된다(아래 도표).

본문은 이렇게 지속되는 부정적인 현실속에서도 약속과 믿음으로 성취되어 가는 언약 신학을 담고 있다. 아브라함은 가시적인 실재가 부재함에도 불구하고 오직 믿음으로 하나님의 약속의 말씀을 따름으로 "야훼께서 이를 그의 의로 여기셨다"(15:6). 브루게만은 창세기 15장은 아

236 Ibid., 180.

237 Walter Brueggemann (1982), 140.

브라함의 "믿음의 위기"가 아브라함의 "믿음의 의"(1-6절)로 성화되어 땅의 언약(7-21절)이 성취되어 가고 있음을 기술하고 있다고 주장한다.[238] 하나님의 약속을 따라 갔던 믿음의 선조들에게 위기는 늘 의(義)를 향한 디딤돌이었다.

아브라함의 언약: 약속과 체결에서 행위까지				
창세기	언약	아브라함의 응답	주요내용	후손과 땅
12	**구두 언약**	예배	후손과 자손의 약속	A
13-14	현현 (멜기세덱)	십일조	13장: 후손	B
			14장: 땅	B'
15	**제의 언약**	속죄 제사	후손과 땅의 약속	A'
17	**언약 갱신**	할례 (피)	후손(사라) 아브라함–사래/아브라함과–사라	후손과 땅의 약속 비준 완료
18	현현 (세 사람)	대접함	후손의 약속 재확인 소돔의 멸망(18:16-33)	
21	**브엘세바의 언약**	이웃과의 언약	아비멜렉과의 화해	
22	**행위 언약**	아들 제사	모리아 산에서의 제사	

창세기 15:1-6, 아브라함의 비전과 믿음: 후손의 약속

"야훼의 말씀이 아브람에게 환상 중에 임했다"
(הָיָה דְבַר־יְהוָה אֶל־אַבְרָם בַּמַּחֲזֶה, 15:1, 4).

이 문구(הָיָה דְבַר־יְהוָה)는 선지서의 공식문으로서(렘 34:12) 아브라함을 선지자(הָאִישׁ כִּי־נָבִיא הוּא, 20:7)로 명시한 것과 상통한다. 본문에서 아브라함은 하나님의 약속(12, 14장)에도 불구하고 그에게 아직도 후손이 없음을 항의한다. 이는 파괴된 조국에 대한 예레미야 선지자의 항의와 유사하다(렘 2장). 그러나 하나님은 이러한 의심과 항의를 약속의 말씀으로 응답하신다. 아브라함은 그 말씀을 믿고 야훼 하나님은 이를 그의 의로 여기신다(15:6). 이는 언약비준(15:7-21)을 선행하는 신학을 암시한다. 즉 믿음으로 실현되는 이신칭의(以信稱義, justification by faith) 신학이다. 이 짧은 한절에서 독자는 아브라함이 언약으로 인해 의로워지는 것이 아니라 그 언약을 믿음으로 야훼 하나님의 의로움을 얻게 되었음을 알 수 있다. 아브라함의 의는 자신 안에 있는 것이 아니라 하나님으로부터 전가된 것이다(15:6). 이에 대해 레머(Thomas Römer)는 "이삭의 희생" 본문(창 22)과 다른 본문들(레 18:2; 호 13:2; 겔 20:25-26)의 역사비교비평학 분석을 통해 창세기 15:6의 의(義)는 아브라함에게 전가된 것이 아니라 아브라함이 "야훼의 의"를 대표하는 것이라고 주장한다. 창세기 20-22장은 엘로힘(E) 문서다. 엘로힘 문서에 기술된 원래 "야훼의 제의"에는 인신희생(human sacrifice)이 가능하다(이삭의 희생, 22:1-19). 그러나 후기 P편집자는 야훼의 의로움을 부각시키기 위해 엘로힘 본문에 있었던 인신희생 요소들을 제거했다.[239] 그러므로 제사장(P) 문서로 추정되는 창세기 15:6은 아브라함의 의로움 보다는 야훼의 의로움을 부각시키는 본문으로 해석되어야 한다고 주장한다.

또한 창세기 15:1-6은 아브라함을 왕으로 묘사하고 있다. 이는 본문이 후기왕정기에 기록되었음을 의미한다. 방패(מָגֵן, 15:1)는 왕과 관련된 무기이며, 야훼 하나님의 무조건적인 축복은 다윗의 언약을 암시한다. 아브라함의 상속자가 "네 창자에서 나올 것이다"(אֲשֶׁר יֵצֵא מִמֵּעֶיךָ, 창 15:4; 삼하 7:12)라는 표현도 왕정시대를 반영한다.[240] 순종하는 아브라함

238 *Ibid.*, 150.

239 Thomas Römer, "Abraham' s Righteousness and Sacrifice: How to Understand (and translate) Genesis 15 and 22," *Communio viatorum* 54 No1 (2012): 3-15.

240 *Ibid.*, 11-12.

은 불순종하는 아하스 왕(사 7:9)과 비교된다. 따라서 레머는 창세기 15:6-7과 느헤미야 9:7-8의 비교분석에서 창세기 15:6은 "아브라함이 야훼의 신실함을 믿고, 그[야훼]를 의롭다고 말한 것"이라고 결론 짓는다.[241]

그러나 이러한 레머의 주장이 확진 될 수 없는 몇 가지 문제점이 있다. 먼저, 창세기 15:1-6은 아브라함을 왕보다는 히브리어 도입문 "야훼의 말씀이 임했다"(הָיָה דְבַר־יְהוָה)를 통해 그를 선지자로 묘사하고 있다. 둘째, 칠십인역(LXX)은 15:6 본문의 칼미완료형 능동형 동사(וַיַּחְשְׁבֶהָ)를 수동형으로 번역했다(ἐλογίσθη). 셋째, 본 절의 구문론 분석에서 히브리 동사 하샤브(חשׁב)의 주격은 야훼라고 주해하는 것이 타당하다. 창세기 15:4은 선지서 도입문으로서 "야훼의 말씀"(דְבַר־יְהוָה)은 본 절의 주격이 야훼임을 암묵적으로 명시한다. 이어 하위절(hypotactic)인 5절에 언급된 3개의 동사 "וַיּוֹצֵא... וַיֹּאמֶר ... וַיֹּאמֶר..."의 주격은 모두 4절에 명시된 야훼(יְהוָה)다. 이어지는 6절은 5절의 Wayyiqtol 연계형과는 달리 We_Qatal_X형으로 시작한다. 세일해머는 이를 5절과 7절 사이에 삽입된 화자의 의도된 문구라고 설명한다.[242] 따라서 본문의 텍스트-언어학적인 구문을 다음과 같이 정리해 볼 수 있다.

---

241 Ibid., 13. 느 9:7-8, "주는 하나님 여호와시라 옛적에 아브람을 택하시고 갈대아 우르에서 인도하여 내시고 아브라함이라는 이름을 주시고, 그의 마음이 주 앞에서 충성됨을 보시고 그와 더불어 언약을 세우사 가나안 족속과 여부스 족속과 기르기스 족속의 땅을 그의 씨에게 주는 의로우심이로소이다."

242 "[아브람이] 야훼를 믿었다"(W + Qatal + X; cf. 2: 6b, 10b, 24 [2x]; 15: 6a; 21: 25a; 29: 3 [4x]; 30: 41a [2x], 42b; 34: 5b; 37: 3b; 38: 5b, 9b; 47: 22b)라는 문구는 화자의 설명구로 여겨진다. John H. Sailhamer, *Genesis: The Expositor's Bible Commentary* (Zondervan Academic. Kindle Edition), locations 5981-5985.

참여자 (함축된 주격)	등위절/상위절//하위절/// (appositive/paratactic//hypotactic///) 어법-타동성-텍스트성	vs	문법 절 구성형	등위
확장문	/אַחַר ׀ הַדְּבָרִים הָאֵלֶּה	1a	명사절	등위절
YHWH	//הָיָה דְבַר־יְהוָה אֶל־אַבְרָם	1b	Qatal-X	상위절
YHWH	///בַּמַּחֲזֶה לֵאמֹר	1c	부정사	하위절
YHWH	///אַל־תִּירָא אַבְרָם	1d	명령형	하위절
YHWH	///אָנֹכִי מָגֵן לָךְ שְׂכָרְךָ הַרְבֵּה [a] מְאֹד׃	1e	명사절	하위절
아브람	// וַיֹּאמֶר אַבְרָם	2a	Wayyiqtol	상위절
아브람	///אֲדֹנָי יְהוִה מַה־תִּתֶּן־לִי	2b	Qal Imperf	하위절
아브람	///וְאָנֹכִי הוֹלֵךְ עֲרִירִי	2c	We-X-Qatal	하위절
아브람	///וּבֶן־מֶשֶׁק בֵּיתִי הוּא דַּמֶּשֶׂק אֱלִיעֶזֶר׃	2d	We-NC	하위절
아브람	// וַיֹּאמֶר אַבְרָם	3a	Wayyqtol	상위절
아브람	///הֵן לִי לֹא נָתַתָּה זָרַע	3b	Qal Perf	상위절
아브람	///וְהִנֵּה בֶן־בֵּיתִי יוֹרֵשׁ אֹתִי׃	3c	We-NC	하위절
YHWH	//וְהִנֵּה דְבַר־יְהוָה אֵלָיו לֵאמֹר	4a	We-X	상위절
YHWH	///לֹא יִירָשְׁךָ זֶה	4b	Qal 미완료	하위절
YHWH	///כִּי־אִם אֲשֶׁר יֵצֵא מִמֵּעֶיךָ	4c	Qal 미완료	하위절
YHWH	///הוּא יִירָשֶׁךָ׃	4d	Qal 미완료	하위절
YHWH	//וַיּוֹצֵא אֹתוֹ הַחוּצָה	5a	Wayyiqtol	상위절
YHWH	//וַיֹּאמֶר	5b	Wayyiqtol	상위절
YHWH	///הַבֶּט־נָא הַשָּׁמַיְמָה	5c	명령형	하위절
YHWH	///וּסְפֹר הַכּוֹכָבִים	5d	명령형	하위절
YHWH	///אִם־תּוּכַל לִסְפֹּר אֹתָם	5e	조건부	하위절
YHWH	//וַיֹּאמֶר לוֹ	5f	Wayyiqtol	상위절

YHWH	///כֹּה יִהְיֶה זַרְעֶךָ׃	5g	결과	하위절
아브람	//וְהֶאֱמִן בַּיהוָה	6a	We-Qatal-X	상위절
YHWH	//וַיַּחְשְׁבֶהָ לּוֹ צְדָקָה׃	6b	Wayyiqtol- 접미사 3여단 +전치사 접미사 3남단 상위절	상위절

창세기 15:1-6 본문에서 하위절(hypotactic)의 주격은 모두 선행하는 등위절(appositive)이나 상위절(paratactic)에서 명시되는 주격과 동일하다. 문제는 6a와 6b은 둘 다 상위절(paratactic)이며 둘 다 주격을 명시하지 않는다. 그러나 6a-b는 창세기 15:1-6 안에서 유일하게 We_Qatal_X + Wayyqtol형으로 구성되어 있다. 그리고 6a와 6b은 모두 상위절(paratactic)이다. 따라서 의미론적으로 6a절(We_Qatal_X, וְהֶאֱמִן בַּיהוָה)을 "이에 그[아브람]가 야훼를 믿었다"로 번역하는 것에는 문제가 없다. 문제는 6b의 번역이다.첫째, 6a와 6b는 둘 다 같은 등위인 상위절(paratactic)이다. 이는 선행하는 구절들이 같은 주격을 가졌을 때 상위절-하위절로 구분되는 패턴과는 다르다. 둘째, 6a는 비연계형 접속 문으로 We_Qatal_X 형으로 구성되었고 6b는 연계형 Wayyiqtol형으로 전형적으로 동일한 주격을 갖는 Qatal +Wayyiqtol과는 다른 구성을 갖고 있다. 셋째, 6b절의 분해에서 6b의 주격은 아브람이 아님을 알 수 있다.

וַיַּחְשְׁבֶהָ לּוֹ צְדָקָה

וַיַּחְשְׁבֶהָ　바브연계형+칼미완료3남단 + 전치사대명사 3여단

לּוֹ　전치사대명사 3남단

צְדָקָה　여성 절대명사

먼저 6b절 동사(וַיַּחְשְׁבֶה)의 주격을 아브람으로 고려한다면 다음과 같은 문자번역이 된다.

6a 아브람이 야훼를 믿었다
6b 그리고 그는(아브람) 그것을(믿음의 행위: 전치사대명사3여단)을 그에게(야훼: 전치사 대명사3남단) 의로움(여성절대명사)으로 여겼다.

여기서 히브리어 대명사-접미사인 하(הָ)에 함축된 '믿음의 행위' 와 명사인 의로움(צְדָקָה)은 둘 다 여성(女)으로 묘사되고 있다. 그러나 아브람의 믿음의 행위가 아무 설명없이 야훼의 의로움을 대표한다는 해석은 모순이다. 야훼가 의롭다는 것이 아니라 아브람의 행위(여성)가 야훼에게(לוֹ, 간접목적격) 의로움이 되었다는 번역은 역설이 아닐 수 없다. 그러나 만약 6b절 동사(וַיַּחְשְׁבֶהָ)의 주격을 야훼(יְהוָה)로 고려한다면 다음과 같은 자연스러운 번역이 된다.

6a 아브람이 야훼를 믿었다
6b 그리고 그는(야훼 하나님) 그것을(아브람의 믿음의 행위: 전치사대명사3여단) 그(아브람: 전치사대명사3남단)의 의로움(여성절대명사)으로 여겼다.

또한 6절을 선행하는 5절에서 3개의 Wayyiqtol동사와 이어지는 7절의 Wayyiqtol(וַיֹּאמֶר)의 주격이 모두 야훼(יְהוָה)인 것을 고려할 때 6b절의 Wayyiqtol 주격을 야훼 하나님으로 해석하는 것은 자연스럽다. 그리고 이러한 문법적 번역과 해석은 신약저자들의 언급과도 일치하다(갈 3:5-7; 약 2:21-23).

본문	동사절 구성형	주격	등위
15:4	וְהִנֵּה דְבַר־יְהוָה אֵלָיו לֵאמֹר	YHWH	선지서 도입문
15:5	"וַיּוֹצֵא...וַיֹּאמֶר...וַיֹּאמֶר..."	YHWH	Wayyiqtol
15:6a	וְהֶאֱמִן בַּיהוָה	아브람	We_Qatal_X
15:6b	וַיַּחְשְׁבֶהָ לּוֹ צְדָקָה׃	YHWH	Wayyiqtol
15:7	וַיֹּאמֶר אֵלָיו אֲנִי יְהוָה	YHWH	Wayyiqtol

창세기 15:7-21, 아브람의 언약과 땅의 약속

창세기 15:7-17은 땅의 약속으로 시작된다. "그 날에 야훼께서 아브람과 더불어 언약을 세워 이르시되 내가 이 땅을 애굽 강에서부터 그 큰 강 유브라데까지 네 자손에게 주노니...족속의 땅이니라"(15:18-21). 땅의 구두적 약속은 하나님께서 아브람에게 명하신 고유한 언약제의(15:9)를 통해 비준된다. 즉 이 언약은 땅의 약속을 비준하는 언약으로 보인다. 물론 그 땅의 언약은 여러 면에서 시내산 언약을 상기시킨다.

먼저 야훼 하나님 자신의 소개다. "나는...너를 갈대아인의 우르에서 이끌어 낸 야훼라"(창 15:7). 이는 시내산에 "나는 너를 애굽 땅에서 인도하여 낸 네 하나님 야훼라"(출 20:2)와 평행을 이룬다. 또한 야훼 하나님의 임재를 암시하는 횃불(창 15:17)과 시내산의 연기와 불(출 19:18)의 유사성을 볼 수 있다. 특별히 이 땅의 약속이 훗날 아브람의 후손들이 타국에서 종으로 살다 해방된 이후에 성취될 것이라는 예고(창 15:13-16)는 아직 체결되지 않은 시내산 언약을 바라보게 한다. 그러나 본 단락에 기술된 독특한 언약제의(15:9-11, 17)는 시내산 언약의 희생제의와 다른 점이 있다.

구약에서 땅의 약속 비준을 위한 아브람의 언약제의와 유사한 형태의 제의는 예레미야 34:18-20에서 찾아볼 수 있다.

> "송아지를 둘로 쪼개고 그 두 조각 사이로 지나매 내 앞에 언약을 맺었으나 그 말을 실행하지 아니하여 내 계약을 어긴 그들을 곧 송아지 두 조각 사이로 지난 유다 고관들과 예루살렘 고관들과 내시들과 제사장들과 이 땅 모든 백성을 내가 그들의 원수의 손과 그들의 생명을 찾는 자의 손에 넘기리니 그들의 시체가 공중의 새와 땅의 짐승의 먹이가 될 것이며."

예레미야 본문은 송아지를 조각 내어 그 사이로 지나간 사람들이 언약을 깬 결과 그 송아지와 같이 죽고 멸하게 될 것을 명시한다. 이러한 언약제의는 기원전 8세기 아시리아의 아슈르미라리 왕(Ashurmirari V)과 아르파드 국의 마티일루 왕(Mati' ilu)의 언약제의와 유사하다는 주장이 있다.

> "이 봄에 [태어난] 어린양은 희생제를 위해 그 무리때로부터 가져온 것이 아니다. 이는 Ashurmirari와 Mati' ilu간의 조약을 제재[비준]하기 위한 것이다. 이 머리통은 양의 머리통이 아니다. 이것은 Mati' ilu의 머리통이다. 이는 그의 아들들의, 고관들의, 그리고 그의 땅의 백성들의 머리통이다. 그러므로 만약 Mati' ilu가 이 조약을 어긴다면, 이 봄에 [태어난] 어린양의 머리통이 쪼개진 것 같이, 그리고 그 무릎 도가니가 입에 놓인 것처럼...Mati' ilu의 머리통도 쪼개질 것이며, 그의 아들들의..."[243]

예레미야 34:18-20의 희생제의와 아시리아의 조약제의가 유사한 모티프를 가졌다면 이는 언약 당사자들이 의식에서 그 동물 사이를 지나간 것처럼 만약 그 언약을 어길 경우 희생제물의 쪼개진 모습과 같이 죽어야 함을 의미한다. 이와 같이 창세기 15장도 쪼개진 희생물 사이를 지나

243 ANET, 532.

는 야훼 하나님을 언약을 어긴자의 죄를 대신해 심판 받는 표상으로 묘사한 것일 수도 있다. 그러나 창세기 15장에 기술된 아브람의 언약제의 형태는 세밀한 면에서 예레미야나 아시리아의 제의와는 명백히 다른 점들이 있다. 첫째, 아시리아 제의에서는 언약을 깬 당사자만 아니라 그의 무리들도 함께 형벌에 처한다. 그러나 창세기 15장에서는 언약을 세운 야훼 하나님만이 홀로 그 쪼개진 사이를 지난다. 이어 그 행위가 형벌로 이어진다는 그 어떠한 언급도 없다. 둘째, 시대적으로 아브람의 희생제의는 아시리아(8 BCE)의 시대를 훨씬 더 선행한다(20 BCE). 아브람의 시대로 여겨지는 하젤(G. F. Hasel)이 지적한 마리 토판문(Mari Text)에 기록된 기원전 18-17세기의 언약제의도 아브람의 언약제의와는 일치하지 않는다.[244]

> "나는 하누(Hanu)와 이다마라스(Idamaras) 사이에서 당나귀를 죽이려고 아슬라카(Aslakka)로 갔다. 그들은 강아지와 염소를 가지고 왔다. 그러나 나는 강아지와 염소를 허락하지 않는 나의 주인의 말에 순종했다. 그래서 나는 당나귀의 암놈 새끼를 죽여 서약을 했다...하누(Hanu)와 이다마라스(Idamaras) 사이에서."[245]

결론적으로 창세기 15:9-11 본문에 기술된 땅의 약속을 비준하는 아브람의 언약제의는 고대근동에서 그 유사한 형태를 찾아볼 수 없다. 공통점이 하나 있다면 마리 토판문(Mari Text)과 아시리아 조약제의 모두에서 명시된 동물을 쪼개는 것과 그 행위가 언약을 비준하거나 혹은 그것을 어길 경유 형벌이 따른다는 것이다. 이에 창세기(15:9-11, 17)의 언약제의는 형벌보다는 언약을 비준하는 제의임을 알 수 있다. 특별히

---

244 Gerhard F. Hasel, "The Meaning of the Animal Rite in Genesis 15," *JSOT* 19 (1981): 61-78.

245 *Ibid.*, 64-65.

17절을 이어 18절에 "그날에 야훼께서 언약을 세워"(בַּיּוֹם הַהוּא כָּרַת יְהוָה אֶת־אַבְרָם)라는 표현에서 "쪼개다" 혹은 "자르다"를 의미하는 히브리어 카라트(כָּרַת) 동사는 이 언약이 비준되었음을 강조하는 것으로 보인다. 따라서 본문에 한정된 문맥에 충실한다면 아브람의 언약제의는 땅의 약속을 비준하는 제의로서 대속적 희생을 상징하는 시내산 율법의 속죄제와는 본질적으로 다른 축소된 의미를 가진다. 아브람은 동물을 쪼개고 야훼 하나님은 그 사이를 지남으로 땅의 약속이 비준되었다는 것 외에 본문에서 더 이상의 의미를 찾는 것은 문맥을 벗어나는 것이라고 지적할 수 있다. 그럼에도 불구하고 본문의 정경적인 문맥(canonical context)을 고려해 볼 때 기독론으로 비춰지는 아브람의 언약제의는 대속신학과 분리될 수 없다. 삼년 된 암소와 암염소와 숫양의 쪼개짐과 그 사이를 지나는 횃불은 메시아 예수의 공생애와 대속을 바라보게 한다.

창세기 16:1-16, 하갈과 이스마엘

"아브람이 가나안 땅에 거주한 지 십 년 후였더라"(16:3b). 후손에 대한 하나님의 약속의 성취가 지연됨에 따라 아브람과 사래의 인간적인 노력은 하나님의 섭리를 벗어나 위기를 자처한다. 하갈과 이스마엘의 이야기(16:1-16)는 "아브람의 아내 사래가 [아직도] 출산하지 못하였다"(16:1)는 정황으로 시작된다. 사라는 약속을 기다리지 못하고 그의 여종 하갈을 아브람에게 들인다(16:2).

세일해머는 이러한 사라의 행위(16:2-3)가 하와의 행위(3장)와 평행을 이룬다고 주장한다.[246] 둘은 하나님의 말씀을 떠나 자신들의 바램과 계획대로 행한다. 자손의 약속(15:14)은 사람의 계획과 방법이 아닌 하나님

246 John H. Sailhamer, *Genesis* (The Expositor's Bible Commentary) (Zondervan Academic. Kindle Edition), location 6090.

의 약속의 말씀을 믿고 순종하고 인내로 기다릴 때 성취될 것이다. 그러나 하와가 선악과를 아담에게 준 것 같이 사라는 하갈을 아브람에게 주

3:2	וַתֹּאמֶר הָאִשָּׁה אֶל־הַנָּחָשׁ	16:2a	וַתֹּאמֶר הָאִשָּׁה אֶל־הַנָּחָשׁ
3:17	כִּי־שָׁמַעְתָּ לְקוֹל אִשְׁתֶּךָ	16:2b	כִּי־שָׁמַעְתָּ לְקוֹל אִשְׁתֶּךָ
16:3a	וַתִּקַּח מִפִּרְיוֹ	16:3a	וַתִּקַּח מִפִּרְיוֹ
3:6b	וַתִּתֵּן גַּם־לְאִישָׁהּ	16:3b	וַתִּתֵּן גַּם־לְאִישָׁהּ
3:9	אַיֶּכָּה	16:8	אַיֶּכָּה
3:15	축복	16:10-12	축복

었고 그렇게 얻게 된 이스마엘은 하나님이 약속하신 자식이 아니었다(17:17-19). 하와와 하갈의 평행담론 간에 상통하는 문구들은 다음과 같다.

하갈과 이스마엘은 애굽을 암시하는 광야로 나가 우물가에서 야훼의 사자를 만난다(16:7). 거기서 야훼의 사자가 선포한 축복은 아브라함과 인류에게 약속한 하나님의 축복과 동일하다(1:28; 12:3; 16:10; 17:20).

וַיֹּאמֶר לָהּ מַלְאַךְ יְהוָה הַרְבָּה אַרְבֶּה אֶת־זַרְעֵךְ וְלֹא יִסָּפֵר מֵרֹב׃

> "야훼의 사자가 또 그에게 이르되 내가 네 씨를 크게 번성하여 그 수가 많아 셀 수 없게 하리라."(16:10)

하갈과 이스마엘에 대한 축복은 창세기의 톨레도트 구조를 선택과 비선택 혹은 축복과 저주의 이분법적인 구조로 읽고 해석하는데 문제가 있음을 보여준다. 실제로 창세기에서 계보에 의한 언약과 비언약은 절대적이지 않다. 가인의 축복(4:5), 노아의 후손들 중에서 오직 가나안만 저주를 받은 사실(9:25-27), 언약계보로 알려진 셈의 족보에서 벨렉과 욕단

의 분리(10:25), 그리고 이스마엘의 축복(16:10, 20)은 이분법적 읽기가 적합하지 않음을 보여준다. 또한 출애굽해 광야로 나간 "그들 중에 섞여 사는 다른 인종들"(민 11:4)은 언약백성이 혈통에 의해 이분법적으로 구분될 수 없고 토라에서 그 구분이 절대적이거나 보편적으로 명시되고 있지 않음을 보여준다. 물론 구약에서 야훼 하나님의 주권적인 선택 모티프는 부정할 수 없는 신학적 플롯으로 작용된다. 그러나 카민스키(Joel S. Kaminsky)가 지적한 것과 같이 아브라함의 소명 내러티브는 이분법적인 선택과 비선택보다는 선택(elect), 비선택(non-elect) 그리고 반선택(anti-elect)이라는 보다 더 입체적인 모티프를 담고 있다.[247]

오경은 땅과 관련해 가나안과 아말렉을 이스라엘의 반선택적인 적으로 명시하나 창세기에서 비선택은 꼭 선택과 상반된 공동체로 구분되고 있지 않다. 멕도날드(Nathan MacDonald)는 창세기의 비선택공동체는 오히려 선택공동체, 즉 아브라함의 계보를 통한 복의 수요자로 이해될 수 있다고 역설한다(12:2-3).[248] 하나님의 선택은 비선택을 중보하기 위한 것이다. 창세기 내러티브에서 전개되는 야훼 하나님의 주권적인 선택은 한 개인의 무조건적인 구속이나 형통 혹은 이분법적인 대속과 이신칭의의 신학을 뒷받침하지 않는다. 하나님의 소명은 한 개인의 구원이 아니라 인류의 구원을 위한 소명이다. 하나님은 아브람을 열방의 복으로 삼으시려고 부르셨다(12:2-4). "야훼의 도를 지켜 의와 공도를 행하게 하려고 그를 택하였다"(18:19). 야훼 하나님의 선택과 소명은 아브라함과 야

247 Joel S. Kaminsky, *Yet Jacob Loved: Reclaiming the Biblical Concept of Election* (Nashville, TN: Abingdon, 2007), 29. 카민스키는 창세기로부터 신명기로의 전개에서 선택(elect)과 비선택(non-elect)의 구분은 점진적으로 묘사되고 있으며, 특별히 신명기에서 땅과 관련해 비선택과 반선택(anti-elect)이 구분된다고 주장한다.

248 Nathan MacDonald and Mark W. Elliott and Grant Macaskill, eds., *Genesis and Christian Theology* (Grand Rapids, MI: Eerdmans Pub., 2012), 252-254.

곱과 요셉의 파란만장한 이야기에서 진술되는 것과 같이 구속적 축복과 타락의 저주 혹은 은혜와 율법이라는 이분법적인 선택 대비 비선택이 아닌 열방의 구속을 바라시는 하나님의 영원무궁한 섭리를 함축한다. 야훼 하나님의 선택과 소명은 열방의 구속을 위한 것이다.

창세기 17:1-27, 아브라함의 언약갱신

아브라함 내러티브에서 히브리어 베리트(בְּרִית)는 창세기 17장에서 최초로 언급된다. "나의 언약' ' (בְּרִיתִי)은 9번, "언약" (בְּרִית)은 1번 언급된다(17:11). 창세기 17:1-27은 아브라함의 언약 내러티브에 있어 창세기 22장과 함께 언약을 가장 명시적으로 기술한 서술이다. 특별히 창세기 17장과 18장에서 하나님은 아브라함에게 단순히 말씀하시기보다는 "나타나시고 말씀하신다" (וַיֵּרָא יְהוָה אֶל־אַבְרָם וַיֹּאמֶר, 17:1; 18:1). 이는 아브라함과의 더욱 밀접하고 인격적인 관계를 묘사한다. 왜냐하면 후손의 약속 성취가 지연되는 상황에서 아브라함은 롯과 헤어진 후(13:14)에도 롯을 계속 보호하고(14장) 자신의 집 종 엘리에셀(15:2) 그리고 첩 하갈을 통해 난 이스마엘을 후손 혹은 상속자로 계속 고려하고 있기 때문이다(16:1-2). 후손의 약속에 대한 아브라함의 불신한 태도는 이스마엘을 집에서 내쫓은 후에도 지속된다. "아브라함이 엎드려 웃으며 마음속으로 이르되 백 세 된 사람이 어찌 자식을 낳을까 사라는 구십 세니 어찌 출산하리요 하고, 아브라함이 이에 하나님께 아뢰되 이스마엘이나 하나님 앞에 살기를 원하나이다" (17:17-18).

여기서 이스마엘(יִשְׁמָעֵאל) 인칭에 히브리 불변화 전치사 루(לוּ)를 접두해 "이스마엘이나" 라는 아브람의 표현은 불신과 비꼼을 암시한다. 따라서 창세기 17장의 언약 내러티브는 아브라함의 불신에도 불구하고 12장과 15장의 약속을 강화하고 재확인시키는 중요한 기능을 갖는다. 특별히 땅의 약속이 강조된 15:18-21에 비해 17장은 후손의 약속을 부각시켜 강조한다(17:2). 그리고 이를 보장하는 3가지 표를 명시한다. 첫째, 하나님은 아브라함에게 전능한 하나님으로 나타나신다(אֵל שַׁדַּי, 17:1). 엘 샤다이(אֵל שַׁדַּי)는 토라에 기술된 신명(神名) 논쟁의 중심에 있다. 문서 가설에 의하면 E와 P는 하나님을 엘로힘(אֱלֹהִים)으로 불렀다. 출애굽기 3:13-15(E)와 6:2-3(P)에서 언급되는 야훼(יהוה)라는 신명은 광야진군 서술에서 최초로 언급된 것이며 고대 히브리인들은 그 이름을 몰랐던 것으로 전제한다. 그러나 출애굽기 3:13-15에서 하나님은 모세에게 자신을 "나는 곧 나다"(אֶהְיֶה אֲשֶׁר אֶהְיֶה, I am who I am)라고 밝힌 후 "너희 아비들의 야훼 엘로힘"(יְהוָה אֱלֹהֵי אֲבֹתֵיכֶם, 출 3:15)이 그를 보냈음을 말하라고 명하신다. 왜냐하면 야훼는 이스라엘 자손이 대대로 기억해야하는 엘로힘의 영원한 칭호이기 때문이다(זֶה־שְּׁמִי לְעֹלָם וְזֶה זִכְרִי לְדֹר דֹּר, 출 3:15b).

	וַיְדַבֵּר אֱלֹהִים אֶל־מֹשֶׁה וַיֹּאמֶר אֵלָיו 엘로힘이 모세에게 말씀하여 이르시되		출 6:2a
A	אֲנִי יְהוָה	**나는 야훼다!** (I' m Yahweh)	출 6:2b
B	וָאֵרָא אֶל־אַבְרָהָם אֶל־יִצְחָק וְאֶל־יַעֲקֹב בְּאֵל שַׁדָּי	나는 아브라함과 이삭과 야곱에게 나를 전능한 하나님(엘샤다이)으로 알게 하였다.(And I made myself known to Abraham, to Isaac, and to Jacob as El-Shaddai) (6:3)	출 6:3a
A′	וּשְׁמִי יְהוָה	**나의 이름은 야훼다!** (And my name is YHWH)	출 6:3b
B′	לֹא נוֹדַעְתִּי לָהֶם׃	내가 나를 그들에게 이미 알리지 아니하였느냐?(Did I not make myself known to them?)	출 6:3c

오경본문 그 어디에도 엘로힘의 칭호인 야훼(יְהוָה)를 이스라엘의 선조들이 몰랐다는 언급은 없다. 그럼에도 불구하고 역사비평학자들은 창세기 17:1과 출애굽기 6:2-3 본문을 기반으로 족장들은 후기 시내산 전승으로부터 유래된 야훼(יְהוָה)라는 신명을 몰랐다고 주장한다. 그러나 출애굽기 6:2-3 본문의 수사학적인 히브리 병행구조를 분석해보면 이 본문은 오히려 이스라엘의 선조들은 야훼 하나님을 전능하신 하나님(אֵל שַׁדָּי, 엘샤다이)으로 알고 있었음을 상기시키며 야훼 하나님을 향한 이스라엘의 신앙을 장려하고 강화시키는 본문임을 알 수 있다.

창세기 17장은 후손에 대한 약속을 가장 명시적으로 밝히고 있는 담론으로 구성되어 있다. 하나님은 아브라함의 부인 사라가 아들을 낳을 것이며 그 이름은 이삭(יִצְחָק)이 될 것임을 밝히신다(17:19). 그럼에도 불구하고 아브라함은 이스마엘과 롯에 대한 미련을 버리지 못한다. 자신의 경험과 상식에 기반하여 늙은 아내 사라가 임신한다는 것은 상상할 수 없었기 때문일 것이다. 따라서 하나님은 아브라함에게 자신을 전능한 하나님(אֵל שַׁדָּי, 창 17:1)으로 알게 하신다. 이는 아브라함을 방문한 야훼 하나님이 그의 아내가 아기를 가질 것이라는 말을 사라가 뒤에서 듣고 웃을 때 "[나] 야훼께 능하지 못한 일이 있겠느냐?"(18:14)라는 하나님의 질문과 상통한다.

둘째, 후손의 약속이 성취될 것은 하나님이 아브람(אַבְרָם)과 그의 아내 사래(שָׂרָי)의 이름을 아브라함(אַבְרָהָם)과 사라(שָׂרָה)로 개명하신 사건에서 재확인된다(17:5; 15).

17:5 וְלֹא־יִקָּרֵא עוֹד אֶת־שִׁמְךָ אַבְרָם וְהָיָה שִׁמְךָ אַבְרָהָם
כִּי אַב־הֲמוֹן גּוֹיִם נְתַתִּיךָ
17:15 וַיֹּאמֶר אֱלֹהִים אֶל־אַבְרָהָם שָׂרַי אִשְׁתְּךָ לֹא־תִקְרָא אֶת־שְׁמָהּ
שָׂרָי כִּי שָׂרָה שְׁמָהּ׃

이름을 개명하는 것은 새로운 정체성을 부여한 것이다. 그동안 아브라함은 후손의 약속에 상응하지 못하는 부정한 행위를 지속해왔다. 그러나 하나님은 약속을 지키시는 전능하신 하나님이시다. 따라서 아브라함에게 온전한 믿음을 요구하신다(창 17:1). 본절에서 아브라함의 "온전함"으로 번역된 히브리어 타밈(תָּמִים)은 노아의 타밈(תָּמִים, 6:9)과 같고 이는 레위기의 정결과 부정 개념에서의 "흠 없는" 타밈(תָּמִים, 레 21:19)을 암시한다. 그러나 그 온전함의 원천은 아브라함에게 있는 것이 아니라 하나님의 전능하심에 있으며 아브라함과 사라의 "흠 없는" 후손을 통해 성취될 것이다. 이는 윤리적인 온전함을 넘어 구속적인 언약성취를 함축한 온전함이다.셋째, 후손의 약속이 성취될 것을 할례(17:23-27)의 표증으로 명시한다. 할례는 하나님의 약속과 명령에 대한 순종의 표증이다(17:9-10). "너는 내 앞에서 온전하게 행하라"(17:1)는 명령에 대한 순종이며 이는 구약에서 유일하게 노아와 관련된 문구와 평행을 이룬다.

창 6:9	נֹחַ אִישׁ צַדִּיק תָּמִים הָיָה בְּדֹרֹתָיו אֶת־הָאֱלֹהִים הִתְהַלֶּךְ־נֹחַ׃ 노아는 의롭고 당시 온전한 사람이다. 노아는 엘로힘과 동행한 자다.
창 17:1	וַיֵּרָא יְהוָה אֶל־אַבְרָם וַיֹּאמֶר אֵלָיו אֲנִי־אֵל שַׁדַּי הִתְהַלֵּךְ לְפָנַי וֶהְיֵה תָמִים׃ 야훼께서 아브람에게 나타나 그에게 말하였다. 나는 전능한 하나님이다. 너는 내 앞에서 행하고 온전하라.

창세기 6:9과 17:1은 유사한 뉘앙스와 단어들을 공유한다. 전능한 하나님(אֵל שַׁדַּי) 앞에서 온전함(תָּמִים)은 그와 동행함(הִתְהַלֵּךְ)에 있다. 이러한 하나님과의 동행은 에녹(5:22, 24), 노아(6:9), 아브라함(17:1; 24:40), 그리고 이삭(48:15)에서 동일하게 암시된다. 따라서 할례(מוּל)는 하나님의 말씀에 순종해 그와 동행하는 온전한 삶의 표증이다. 창세기 17장은

다음과 같은 교차구조(chiasm)를 통해 할례가 온전히 집행되었음을 묘사한다.

	17:26a	בְּעֶ֨צֶם֙ הַיּ֣וֹם הַזֶּ֔ה	당일에
A.	17:26b	נִמּ֖וֹל אַבְרָהָ֑ם	아브라함이 할례를 받았다.
B.	17:26c	וְיִשְׁמָעֵ֖אל בְּנֽוֹ׃	그의 아들 이스마엘과
B′	17:27a	וְכָל־אַנְשֵׁ֤י בֵיתוֹ֙ יְלִ֣יד בָּ֔יִת וּמִקְנַת־כֶּ֖סֶף מֵאֵ֣ת בֶּן־נֵכָ֑ר	그 집의 모든 남자 곧 잡에서 태어난 자와 돈으로 이방인에게서 사온 자가
A′	17:27b	נִמֹּ֖לוּ אִתּֽוֹ׃	그[아브라함]와 함께 할례를 받았다

창세기 17장은 아브라함의 언약비준보다는 아브라함이 야훼 하나님의 명령에 순종하여 할례를 집행한 사건을 기술하고 있다. 따라서 알렉산더(T. Desmond Alexander)는 창세기 17장의 언약은 아브라함의 언약이 아직 최종적으로 비준이 되지 않았음을 암시한다고 주장한다.[249] 이에 창세기 17:1-2 본문을 다음과 같이 번역하고 구문론적으로 분석해 볼 수 있다.

בְּעֶ֨צֶם֙ הַיּ֣וֹם הַזֶּ֔ה 1a
נִמּ֖וֹל אַבְרָהָ֑ם 1b
1c
וְיִשְׁמָעֵ֖אל בְּנֽוֹ׃
1d
וְכָל־אַנְשֵׁ֤י בֵיתוֹ֙ יְלִ֣יד בָּ֔יִת וּמִקְנַת־כֶּ֖סֶף 1e
מֵאֵ֣ת בֶּן־נֵכָ֑ר
2a
נִמֹּ֖לוּ אִתּֽוֹ׃ 2b

249 T. Desmond Alexander, "Genesis and the Covenant of Circumcision," *JSOT* 25 (1983): 17-22.

첫째, 창세기 17:1d(הִתְהַלֵּךְ)와 1e(וֶהְיֵה) 동사는 둘 다 명령형이며 Wayyiqtol 권고형인 17:2a(וְאֶתְּנָה)로 이어진다. 히브리 서술 절에서 명령+권고형은 그 어떠한 목적이나 결과를 의도한다. 따라서 17:1cde-2a는 다음과 같이 번역될 수 있다.

> "그[야훼]가 그[아브람]에게 말씀하셨다, 나는 전능한 하나님이다. 내가 내 언약을 나와 너 사이에 두도록 너는 내 앞에서 행하고 온전하라"

창세기 17장에 기술된 할례의 언약에서, 노아의 언약이 체결(6-9장)되기 전 노아가 방주를 준비한 것과 같이, 아브람은 언약비준에 앞서 하나님 앞에서 온전히 행해야 된다. 방주를 짓는 것과 할례에서의 온전한 행위는 언약이 윤리를 배제하고 있지 않음을 의미한다.둘째, 창세기 17장, 22장 그리고 26장은 텍스트-언어학적인 평행성을 공유한다. 먼저 26:2-5에서 이삭과의 언약은 22:15-18(아브라함의 언약 비준)에 기반한다. 하나님은 이삭과 언약을 맺으시는데 있어 창세기 22장의 사건을 상기시킨다.

이삭과의 약속(26:3; 22:16), 별과 같은 번성(26:4; 22:17) 그리고 순종(26:5-6; 22:18)은 모두 아브라함의 언약이 최종적으로는 이삭의 결박(Akedah, וַיַּעֲקֹד אֶת־יִצְחָק, 22:9)에서 비준되었음을 암시한다. 창세기 17장의 아브라함의 언약은 노아의 언약에 비춰 최종적인 언약비준에 앞선 준비과정으로 이해될 수 있다. 따라서 창세기 17장의 주제는 언약비준이 아니라 언약과 관련된 윤리적 요구(17:1-2)와 이에 따른 이스마엘을 포함한 아브라함의 모든 남자들의 할례 준행이라고 말할 수 있다(17:23-27). 할례는 언약공동체의 외적 구분인 동시 온전한 행위의 요구를 상기시키는 표징인 것이다.

8. 창세기 18:16-33

창세기 18-19장은 아브라함을 찾아온 "세명의 방문객"을 중심으로 이삭의 출생에 대한 예고(18:1-15)와 롯과 소돔의 내러티브(18:16-19:58)로 구성되어 있다.

창세기 18:1-15, 이삭의 출생에 대한 예고

본 단락 도입문에서 화자는 "야훼께서 마므레의 상수리나무들이 있는 곳에서 아브라함에게 나타나셨다"(18:1)라고 밝히고 있다. 이는 후손을 약속하신 창세기 17장의 "야훼께서 아브람에게 나타나셨다"(וַיֵּרָא יְהוָה אֶל־אַבְרָם, 17:1)라는 도입문을 상기시킨다. 아브라함은 마므레의 상수리 수풀 근처에 정착했고 롯은 이미 소돔으로 옮긴 상황(13:12-18)이다. 따라서 본 도입문은 눈으로 본 소돔을 선택한 롯(창 13장)과 믿음으로 본 땅을 선택한 아브라함(창 17장)을 연관시키고 소돔의 심판(18장)에 대한 타당성을 암시한다(13:13).

마므레에서 아브라함이 맞이한 세명의 방문객을 화자는 도입문에서 "야훼의 나타나심"으로 묘사한다. 그리고 그 세명 중 두 명을 "소돔으로 간 두 천사"(19:1)로 진술한다. 이를 통해 화자는 본 기사의 플롯과 방문객들의 정체를 설정한다. 세명의 방문객 중 1명은 야훼(יהוה, 18:1, 10, 13, 14, 17, 20, 21, 26, 33)이고 다른 두 명은 천사들(הַמַּלְאָכִים, 19:1)이다. 야훼 하나님은 이삭의 출생(18:10-15)과 소돔의 멸망(18:17-33)을 예고하고, 두 천사들은 소돔과 고모라에 심판이 이르기 전 롯을 구하러 간다(19:1-29). 그러나 이러한 단순한 문자적 해석은 창세기 18-19장의 아주 복잡한 텍스트구성을 설명할 수 없다. 마소라 본문에서 이 세명의 방문객과 관련된 대명사와 동사들은 일관되지 못한 불규칙적인 단수 혹은 복수로 혼합되어 묘사되고 있다. 예를 들어 복수의 인물들이 말을 하다(18:9) 불시에 단수의 인물이 말을 이어간다(18:10). 아브라함은 세명의 방문객(18:2-8, 16)을 맞이했지만 그에게 말씀하는 자는 야훼(יהוה, 18:9-15)다. 분명히 두 천사만 소돔으로 갔는데(וַיָּבֹאוּ שְׁנֵי הַמַּלְאָכִים סְדֹמָה, 19:1) 야훼(יהוה)도 그곳으로 갔다(אֵרֲדָה־נָּא וְאֶרְאֶה, 18:20-21). 이러한 불규칙한 형태는 본문이 다양한 문서나 전승들로 혼합되어 편집되었음을 추측케 한다. 그러나 세일해머는 이러한 현상은 본문에서 오히려 일관된 불규칙성으로 묘사되고 있으며 이는 의도된 양식을 반영한 것이라고 주장한다.[250] 또한 브루게만(W. Brueggemann)도 본문의 피상적인 불규칙성은 현형태로도 충분히 독자에게 명시적인 메시지를 전한다고 주장한다.[251] 이에 세일해머는 창세기 18장과 19장은 상반된 평행구조로 읽도록 기술되었으며 이를 통해 야훼 하나님에 대한 아브라함의 영적인 민감성과 롯의 영적인 무감각성을 묘사한다고 말한다.[252]

창세기 18 (아브라함)	창세기 19 (롯)
שְׁלֹשָׁה אֲנָשִׁים (18:1-3)	שְׁנֵי הַמַּלְאָכִים (19:1-2)
וְהוּא יֹשֵׁב פֶּתַח־הָאֹהֶל (18:1)	וְלוֹט יֹשֵׁב בְּשַׁעַר־סְדֹם (19:1)
וַיַּרְא וַיָּרָץ לִקְרָאתָם מִפֶּתַח הָאֹהֶל וַיִּשְׁתַּחוּ אָרְצָה׃ (18:2)	וַיַּרְא־לוֹט וַיָּקָם לִקְרָאתָם וַיִּשְׁתַּחוּ אַפַּיִם אָרְצָה (19:1)
וַיֹּאמַר אֲדֹנָי (18:3)	וַיֹּאמֶר הִנֶּה נָּא־אֲדֹנַי (19:2)
אִם־נָא מָצָאתִי חֵן בְּעֵינֶיךָ (18:3)	נֵּה־נָא מָצָא עַבְדְּךָ חֵן בְּעֵינֶיךָ (19:19)
וַיַּשְׁקִפוּ עַל־פְּנֵי סְדֹם (18:16)	וַיַּשְׁקֵף עַל־פְּנֵי סְדֹם (19:28)

250 세일해머(상), 306.

251 W. Brueggemann (2010), 158.

252 세일해머(상), 307.

아브라함과 롯의 평행서술은 아브라함과 롯의 근본적인 차이점을 부각시킨다. 그것은 세명의 사람을 단수인 "나의 주님"(אֲדֹנָי, my Lord, 18:3)으로 부르고 있는 아브라함과 두명의 천사를 복수인 "나의 주님들"(אֲדֹנַי, my Lords, 19:2)로 부르고 있는 롯의 차이점이다. 롯은 심판이 이미 소돔에 임박한 그제서야 그 두천가사 야훼(19:2)인 것을 깨닫게 된다. 화자는 도입문에 "야훼께서 아브라함에게 나타나셨다"(19:1)라는 설명을 통해 야훼의 나타나심이 세 사람의 방문과 동일한 것임을 미리 알린다. 세일해머는 이 같은 서술은 창세기에서 하나님께서 말씀(1:3)과 이상(15:1)과 천사(16:7)를 통해 자신을 나타내시는 것과 유사하다고 주장한다.[253]

아브라함과 세 방문객의 만남은 야훼 하나님의 신실하신 속성과 반대로 그것에 대한 아브라함의 불신앙적인 반응을 조명한다. 먼저 아브라함은 세 방문객을 친절히 맞이한다(18:1-8). 그러나 그 내용을 살펴보면 사라와 아브라함의 반응은 부정적이다(9-15). 아브라함은 세 방문객을 환대하고 그들에게 식사를 제공한다(18:3-8). 본문의 식사는 하나님과의 언약체결로 이어진다. 고대 세계에서 언약은 종종 식사와 함께 체결되었다.[254] 이는 아비멜렉과의 언약(창 26:28-30), 시내산 언약(출 24:11), 화목제 언약(레 7:11-21), 그리고 주님의 만찬(요 6:54-58; 마 26:26-30)과 종말론적 만찬(계 3:20)에서도 볼 수 있다. 아브라함이 나그네를 대접한 사건은 나그네를 강간 하려했던 소돔과 고모라의 비도덕적 행위와 비교된다. 그러나 아직도 아브라함은 후손에 대한 약속을 온전히 신뢰하지 못했다. 로스(Allen P. Ross)는 창세기 18:9-15 본문을 다음과 같이 설명한다.

---

253 Ibid., 308.

254 Allen P. Ross, *Creation & Blessing* (Grand Rapids, MI: Baker Academic, 1996), 342.

> "여호와 하나님은 아브라함에게 약속 성취의 때를 알리기 위해 사람으로 오셨다. 그러나 그분의 말씀은 사람[사라]에게 웃음거리가 되었다. 왜냐하면 그 말씀은 인간적으로 불가능한 것을 약속했기 때문이다. 그럼에도 불구하고 여호와께서는 초자연적인 출생의 시간을 정하셨다. 왜냐하면 여호와께 불가능이란 없기 때문이다."[255]

A.	18:9-10	사라가 출생의 예고를 들음
B.	18:11	아브라함과 사라의 불능
C.	18:12	사라의 웃음
C'	18:13	사라의 웃음에 대한 야훼의 책망
B'	18:14	하나님의 능력
A'	18:15	사라가 출생의 예고를 부인함

창세기 18장 본문에서 묘사되고 있는 "사라의 웃음"과 "세 방문객"의 혼돈에도 불구하고 본문의 메시지는 분명하다. 창세기 12장에서부터 시작된 후손의 약속을 야훼 하나님은 잊지 아니하셨다. 창세기 18장에서 세 방문객으로 나타나신 야훼 하나님은 약속하신대로 아브라함에게 후손을 주실 것이다. 여기서 아브라함과 사라의 불신과 불능은 하나님의 신실함과 능력으로 대비된다. 먼저 아브라함에게 야훼 하나님은 나타나 말씀하신다(17:1; 18:1). 그리고 그 야훼 하나님은 전능한 하나님(אֵל שַׁדַּי, 17:1)으로 나타나신다. 따라서 "야훼께 능하지 못한 일이 있겠느냐?"(הֲיִפָּלֵא מֵיְהוָה דָּבָר, 18:14a). 이는 신약에서 예수님께서 하신 말씀과 상통한다. "사람으로는 할 수 없으나 하나님으로는 그렇지 아니하니 하나님으로서는 다 하실 수 있느니라"(막 10:27). 아브라함의 언약 성취는 인간으로서는 불가능한 것이다. 그것은 오직 야훼 하나님의 주권으로만 성취될 것이다.

---

255 *Ibid.*, 345.

창세기 18:16-33, 아브라함의 간청

롯과 소돔의 내러티브(18:16-19:58)는 아브라함의 불신(18:9-15)에도 불구하고 전능한 하나님(אֵל שַׁדַּי, 17:1)에게는 능치 못할 일이 없음(הֲיִפָּלֵא מֵיְהוָה דָּבָר, 18:14a)을 최종적으로 변증하는 기능을 가진다. 첫째, 소돔의 심판은 역사적인 하나님의 전능과 주권을 반영한다. 이를 통해 아브라함은 열방의 복이 되며 "강대한 나라"(לְגוֹי גָּדוֹל, 18:18) 즉 후손과 땅의 약속이 성취될 것이다(18:16-18). 둘째, 아브라함이 그동안 버리지 못했던 롯에 대한 미련이 최종 제거된다. 소돔의 멸망 이후 롯은 이스라엘의 적이 될 모압과 암몬의 조상이 된다(19:30-38).

아브라함은 임박한 소돔의 심판 소식을 듣고 하나님께 소돔의 구원을 위해 호소한다(18:16-33). 아브라함은 소돔의 심판을 거두게 해달라고 간청한다. 이에 피상적으로는 하나님의 정의를 내세운다. "세상을 심판하시는 이가 정의를 행하실 것 아니니까?"(הֲשֹׁפֵט כָּל־הָאָרֶץ לֹא יַעֲשֶׂה מִשְׁפָּט, 18:25). 그러나 실제로 그것은 소돔을 위한 공의로운 간청이기보다는 그의 조카 롯을 살리기 위한 것이었음을 알 수 있다(19:1-29). 그럼에도 불구하고 훗날 롯은 이스라엘의 적이 될 모압과 암몬의 조상이 된다(19:30-38). 따라서 브릿지(Edward Bridge)는 창세기 18:16-33에 기술된 아브라함의 간청은 무례한 간청(audacious request)을 부재(off-record)의 기법으로 묘사한 문학적인 예절양식(polite form)을 반영한다고 주장한다. 아브라함은 그의 조카 롯의 구원을 롯을 언급하지 않는 방법으로 간청한 것이다.[256] 이는 하나님의 반복적인 후손의 약속(12:2; 15:4; 17:16; 18:10)에도 불구하고 사라의 불신(18:12-13)과 함께 아브라함은 롯을 아직도 후손으로 고려하고 있음을 암시한다. 따라서 얼바인(Stuart A. Irvine)은 창세

---

256 Edward Bridge, "An Audacious Request: Abraham' s Dialogue with God in Genesis 18," *JSOT* Vol 40.3 (2016): 281-296.

기 18장과 19장은 아브라함과 롯의 상반된 평행 서술인 동시 엘샤다이 하나님의 전능한 심판으로 아브라함의 불신을 불식시키는 기능을 갖는다고 주장한다.[257] 아브라함을 방문한 세 사람의 "마므레로부터 소돔까지의 여정"(18:16-32; 19:1-29)은 엘샤다이(אֵל שַׁדַּי, 17:1) 즉 "야훼께 능하지 못한 일이 있겠느냐?"(הֲיִפָּלֵא מֵיְהוָה דָּבָר, 18:14a)에 대한 변증적 답변이다.

마므레로부터 (18)		소돔까지 (19)	
신적 방문에 대한 환대	1-18	신적 방문에 대한 박대	1-11
신탁: 사라와 아브라함에게 아들이 있을 것을 약속하다.	9-10	신탁: 도시의 파멸이 선포되다.	12-13
하나님의 약속에 대한 인간의 불신: 사라가 웃었다. (צחק)	11-15	하나님의 선포에 대한 인간의 불신: 롯의 사위들이 이를 농담으로 여겼다. (מְצַחֵק)	14
"야훼께 능하지 못한 일이 있겠느냐?"	14	신적 선포의 성취	15-28

마지막으로 소돔과 고모라의 멸망과는 달리 롯이 소돔으로부터 도주하여 거주하게 된 소알 성읍은 구원을 받았다(19:20-30). 이는 롯과 소알이 소돔사람들보다 선해서가 아니다. 본문은 하나님께서 그의 약속을 지키시고 아브라함의 간청을 들으셨음을 보여준다. 아브라함은 복의 통로(12:2-4; 18:18)로서 롯과 소알은 아브라함으로 인해 구속된 것이다. 이는 이스라엘이 열방을 향한 "거룩한 백성과 제사장 나라"(출 19:1-6)가 되기를 원하시는 하나님의 언약적 비전을 암시한다.

257 Stuart A. Irvine, "Is Anything Too Hard for Yahweh? Fulfillment of Threat and Promise in Genesis 18-19," *JSOT* Vol 42.3 (2018): 285-302.

9. 창세기 21:8-21

아브라함의 언약은 그가 자신의 고향 땅을 떠나고 또한 자신의 상속자로 여겼던 자들로부터 분리되는 반복적인 사건들을 통해 점진적으로 성취되어간다. 야훼 하나님이 약속하신 땅과 열방의 복이 될 후손은 아브라함이 당장 눈으로 볼 수 있는 가시적인 땅과 상속자들이 아니었다. 오히려 그것들을 버리고 포기해야 했다. 이는 눈 앞에 보이는 것들을 추구하며 우상을 숭배하던 아브람이 이후 보이지 않는 약속의 말씀을 따라 야훼 하나님을 예배하는 아브라함으로 성화되어가는 믿음의 여정이다. 그러나 그러한 언약성취와 성화의 과정은 순조로운 것이 아니다. 아브라함은, 후손에 대한 하나님의 약속(12:2; 13:4; 17:16)이 있었음에도 불구하고, 이삭을 얻기 전까지 그의 조카 롯(12:4-14:16)과 종 엘리에셀(15:2-3) 그리고 아들 이스마엘(17:18)을 상속자로 여겼다. 이는 믿음과 현실 사이에서 갈등했던 그의 실존적 모습을 보여준다. 아브라함의 믿음의 여정은 그의 불신의 여정과 팽팽한 긴장관계로 전개된다. 그러나 고비마다 야훼 하나님의 주권적인 개입이 있었다. 하나님은 사라를 바로(12:10-20)와 아비멜렉(20:1-18)으로부터 보호하셨고, 아브라함이 그의 상속자로 여겼던 롯(13:10-11)과 엘리에셀(15:4)과 이스마엘(21:8-21)을 그로부터 분리시키셨다. 그리고 노후로 인한 사라의 생리학적인 불임을 치유하시고 이삭을 출생케 하셨다(21:1-7). 이는 아브라함의 언약이 오직 하나님의 주권으로 성취됨을 암시한다.

롯과 엘리에셀과 이스마엘은 아브라함의 가장 현실적인 상속자로 보인다. 그러나 아브라함의 내러티브 본문은 그들이 언약공동체에 속하지 않으며 야훼 하나님의 약속된 후손이 아님을 분명히 명시하고 있다. 그렇다고 해서 그들이 야훼 하나님의 저주를 받은 것도 아니다. 그러한 해석과 단정은 문맥을 떠난 주관적 편견에 불과하다. 그들은 '약속의 후손' 이 아닐 뿐 하나님의 구속계획과 은혜로부터 제외된 자들은 아니다. 이는 특별히 이스마엘에 대한 신탁과 축복 문을 통해 알 수 있다(17:20; 21:17-20). 하나님은 아브라함과 이삭과도 같이 이스마엘에게도 생육하고 번성하여 큰 나라를 이루도록 축복하신다(21:17-20). 이는 생육하고 번성하라는 창조의 축복(창 1:28)이 이스마엘을 배제시키고 있지 않음을 반영한다. 물론 아브라함과 이삭에 대한 축복은 이스마엘의 축복과 근본적으로 다른 점이 하나 있다. 아브라함과 이삭의 축복은 그들의 자손이 큰 나라로 창대케 되는 것을 넘어 그들의 자손으로 말미암아 천하 만민이 복을 받는 메시아적 후손의 약속을 포함하고 있다(창 22:18; 26:4). 아브라함과 이삭의 후손은 열방의 복이 될 것이다.

축복 대상	축복 내용
아브라함	"내가 너로 큰 민족을 이루고 네게 복을 주어 네 이름을 창대하게 하리니 너는 복이 될지라. 너를 축복하는 자에게는 내가 복을 내리고 너를 저주하는 자에게는 내가 저주하리니 땅의 모든 족속이 너로 말미암아 복을 얻을 것이라." (창 12:2-3) "내가 네게 큰 복을 주고 네 씨가 크게 번성하여..또 **네 씨로 말미암아 천하 만민이 복을 받으리니..**" (창 22:17-18)
이스마엘	"내가 그에게 복을 주어 그를 매우 크게 생육하고 번성하게 할지라, 그가 열두 두령을 낳으리니 내가 그를 큰 나라가 되게 하리라." (창 17:20) "…그가 큰 민족을 이루게 하리라." (창 21:17-20)
이삭	"네 자손을 하늘의 별과 같이 번성하게 하며 이 모든 땅을 네 자손에게 주리니 **네 자손으로 말미암아 천하 만민이 복을 받으리라.**" (창 26:4)

이러한 열방의 구속적이며 중보적인 후손의 약속은 창세기 21-22장에서 더한층 부각되어 명시된다. 사라는 노년에 하나님의 약속대로 이삭을 출산(21:1-7)하고 그러한 정황에서 하갈을 통해 얻은 이스마엘은 아브라함으로부터 분리된다(21:8-21). 이 시점에서 후손의 약속은 성취된 것으로 보인다. 그러나 후손의 이야기는 여기서 끝나지 않는다. 이어 아브라함은 브엘세바에서 아비멜렉과 평화조약을 맺고(21:22-34), 약속으로 얻은 이삭을 모리아 산에서 제물로 받치라는 하나님의 명령에 순종한다(22:1-19).

이는 '후손 약속' 의 온전한 성취와 관련해 (I) 아브라함은 하나님과의 종적인 언약뿐만 아니라 약속의 땅에 사는 이방인들과의 횡적인 평화언약을 맺어야 하고, (II) 모리아 산에서의 제사는 이삭보다 더 궁극적인 미래의 후손을 예시한다. 아브라함이 모리아 산에서 브엘세바로 돌아갈 때 그의 종들 외에는 이삭과 함께 갔다는 언급이 부재하다(22:19). 이는 수사학적인 그 무엇을 암묵적으로 명시하고자 하는 것으로 느껴진다. 즉 아브라함의 반복되는 떠남(12:1, הלך)과 분리(13:14, פרד)는 그가 가장 사모했던 고향, 부모 친척, 롯, 엘리에셀, 이스마엘 뿐 아니라 약속의 땅에서도 계속 떠나야 하는 또한 약속의 아들 이삭과도 분리되어야 하는 '떠남과 분리' 였다. 이삭은 분명히 성취된 약속의 후손이다. 그러나 그도 하나님으로부터 그의 "자손으로 말미암아 천하 만민이 복을 받으리라"(26:4)는 약속을 받았다. 이는 아브라함의 언약에서의 땅과 후손의 약속이 궁극적으로는 가나안 지역과 이삭이라는 인물을 넘어 더 먼 미래의 세계와 인물 속에서 성취될 것을 암시한다.

이러한 아브라함의 언약 내러티브에서 핵심 주제를 담은 창세기 21장은 크게 두 단위의 내러티브로 구성되었다. 이삭의 출생(21:1-7)과 이스마엘의 분리(21:8-21)에 관한 담론이다. 이어 창세기 22장은 이삭의 번제를 통해 후손 약속의 성취인 이삭도 아브라함으로부터 분리됨을 보여준다(창 22:2). 후손 약속의 궁극적인 성취는 아직 온전히 이루어지지 않았기 때문이다.

창세기 21:1-21, 이삭과 이스마엘

창세기 21:1-7은 아브라함과 사라의 불신에도 불구하고 "야훼께서 말씀하신 대로"(21:1, כַּאֲשֶׁר אָמָר....כַּאֲשֶׁר דִּבֵּר) "야훼가 말씀하신 시기가 되어"(21:2, לַמּוֹעֵד אֲשֶׁר־דִּבֶּר אֹת) 이삭이 태어났고, 아브라함은 "엘로힘이 명하신 대로"(21:4, כַּאֲשֶׁר צִוָּה אֹתוֹ אֱלֹהִים) 이삭에게 할례를 행하였음을 밝힌다. 이는 후손 약속이 하나님의 절대주권과 아브라함의 온전한 순종으로 성취됨을 암시한다. 이어 창세기 21:8-21은 이스마엘의 추방을 통해 이삭의 상속권이 확정됨을 보여준다. 이러한 이삭과 이스마엘의 관계는 이분법적인 축복과 저주의 관계가 아니다. 이미 논한 바와 같이 이스마엘도 앞으로 이삭과 같이 큰 민족을 이루게 될 것이다(21:13, 18). 따라서 이스마엘은 저주의 대상이 아니다. 이스마엘은 "거룩한 백성과 제사장 나라"(출 19:6)가 중보할 열방의 표징이며 구원의 대상이다. 창세기 21:1-21은 언약후손인 이삭(21:1-7)과 비언약후손인 이스마엘(21:8-21)의 분리를 통해 메시아적 후손과 복의 대상인 열방을 암묵적으로 구분한다.

창세기 21:22-34, 브엘세바에서 아비멜렉과의 언약

브엘세바(בְּאֵר שָׁבַע)는 아브라함-이삭 내러티브의 사건과 문맥에서 히브리어 단어 세바(שֶׁבַע)를 어떻게 해석하는가에 따라 일곱(שֶׁבַע) 혹은 약속(שֶׁבַע)의 우물(בְּאֵר)로 번역될 수 있다. 그러나 아브라함-이삭 내러티브 안에서 브엘세바(בְּאֵר שָׁבַע)는 모든 정황에서 "후손의 보존"을 의미하는 수사학적 명사로 일관되게 묘사되고 있음을 알 수 있다. 먼저 하갈이 쫓겨난 곳이 브엘세바다. 이는 후손을 보전하기 위한 이삭과 이스마엘의 분리 사건의 배경이 된다(창 21:14). 그런가하면 아브라함이 아비멜렉(אֲבִימֶלֶךְ)에게 그의 아내 사라를 누이라 속였으나 하나님께서 그의 후손을 보존하고(창 20:1-18) 아비멜렉과 언약을 세운 곳도 브엘세바다(창 21:22-34). 이삭도 그의 아내 리브가를 아비멜렉에게 누이라 속였으나 하나님께서 그의 후손을 보존하였고 이삭과 언약을 세우신 곳이 브엘세바다(창 26:23-25). 따라서 "나의 아비는 왕이다"라는 뜻을 가진 히브리어 아비멜렉(אֲבִימֶלֶךְ)과 "약속의 우물"로 번역될 수 있는 브엘세바(בְּאֵר שָׁבַע)는 야훼 하나님의 언약에 있어 이를 반대하는 모든 세력으로부터 아브라함의 후손을 보전하는 수사학적 용어로 해석될 수 있다.[258] 따라서 브엘세바에서 아비멜렉과의 언약(창 21:22-34)은 사라를 둘러싼 아브라함과 아비멜렉의 담론(창 20:1-18)과 함께 하나님의 주권적인 후손의 보존과 언약성취를 밝히는 이야기라고 말 할 수 있다.

A	그랄에서 아비멜렉과 아브라함의 갈등	창 20:1-18	아브라함의 후손 보존
B	이삭의 출생	창 21:1-7	이삭과 이스마엘의 분리
B′	이스마엘의 추방	창 21:8-21	
A′	브엘세바에서 아비멜렉과 아브라함의 언약	창 21:22-34	아브라함의 후손 보존

258 창세기 본문은 아비멜렉(אֲבִימֶלֶךְ)을 역사적 인물로 묘사하고 있다. '아비멜렉'은 사람의 이름이기보다는 이집트의 '바로'와 같이 가나안의 왕을 지칭하는 용어로 해석될 수 있다. 그러나 아브라함 내러티브 문맥에서 아비멜렉의 수사학적인 기능을 배제할 수 없다. Cf. Tzvi Novick, "Almost, at times, the fool: Abimelech and Genesis 20," *Prooftexts*, 24-3 (Fall, 2004): 277-290; Gesila Nnka Uzukwu, "Like Father, Like Son?: The Woman as a Bargaining Object in Gen 20:1-18 and Gen 26:1-11," *Old Testament Essays*, 34-1 (2021): 89-113.

로스(Allen P. Ross)는 브엘세바에서 아비멜렉과 아브라함의 평화 언약은 하나님의 축복을 받은 아브라함의 사역이 약속의 땅에서 이웃을 섬기는 사역으로 반영되어야 함을 암시한다고 주장한다.[259] 하나님은 이삭만 축복하신 것이 아니라 이스마엘도 축복하셨다. 진정한 하나님과의 종적인 언약은 이웃과의 횡적인 언약에서 반영되어야 한다. 고대근동에서 우물은 생사를 결정하는 가장 핵심적인 요소다. 이는 생명과 죽음을 좌우하는 것으로서 아비멜렉의 종들이 아브라함의 우물을 빼앗은 사건은 두 족속의 파괴적이며 치명적인 결과를 초래할 수 있었던 위험한 사건이었다. 그러나 아브라함과 아비멜렉은 갈등과 전쟁 대신 평화의 언약을 맺는다. 이것이 상징하는 것은 생명이며 곧 후손의 보존과 직결된다. 아브라함은 가는 곳마다 평화를 추구했다. 하나님의 구속적이며 메시아적인 후손의 약속은 생명의 존엄성을 기반한 이웃과의 평화로운 관계와 사회적 안녕에서 실현되어 간다. 이러한 브엘세바의 평화 언약을 로스는 다음과 같은 과정으로 설명한다.[260]

첫째, 아비멜렉이 평화 언약을 요청하고 아브라함이 이에 동의한다(창 21:22-24). 여기서 의아한 점은 하나님과 언약을 맺은 아브라함이 아니라 가나안의 왕 아비멜렉과 그 군대 장관 비골이 먼저 평화의 언약을 제의했다는 점이다. 이는 본문의 역설이 아닐 수 없다. 그러나 다른 한편으로는 적나라한 현실을 반영한다. 오늘날 오히려 세상이 먼저 손을 내밀임에도 불구하고 그리스도인들은 마음을 닫는 것을 볼 수 있다. 본문에서 아브라함은 평화로운 관계 요청에 응할 것을 맹세했다. "וַיֹּאמֶר אַבְרָהָם אָנֹכִי אִשָּׁבֵעַ׃" (창 21:24).

둘째, 아브라함은 아비멜렉의 종들이 그의 우물을 빼앗은 일에 관해

---

259 Allen P. Ross, 386.

260 *Ibid.*, 387-389.

구체적으로 항의하고 아비멜렉은 이에 대해 적절히 항변한다. 이후 평화 언약을 체결한다(창 21:25-27). 평화의 언약은 문제의 구체적인 분석과 상호적 이해의 노력이 선행될 때에만 올바로 세워질 수 있다. 아브라함의 항의는 직설적이며 솔직했고 이에 아비멜렉은 자신이 몰랐던 일이었음을 밝히고 사과함으로 오해의 요지가 제거되었다. 이어 아브라함이 양과 소를 가져다가 언약을 체결한다. 양과 소(창 21:27, צֹאן וּבָקָר)가 언급된 언약은 아마도 소와 양(레 3:1, בָּקָר; 3:6, צֹאן)을 드린 화목제(레 3:1, 6)를 암시한 것으로 보인다. 진정한 화목의 예배는 이웃과의 참된 화평에서 완성됨을 볼 수 있다.

셋째, 아브라함은 브엘세바의 우물이 원래부터 자기의 것임에도 불구하고 값 비싼 암양 새끼 일곱을 아비멜렉에게 증거로 주어 그 우물을 판 자가 자신임을 재확인시키며 맹세케 한다(창 21:28-30). 따라서 본문에서 히브리어 브엘세바(בְּאֵר שָׁבַע)는 '일곱 암양'의 값을 치룬 약속의 우물을 의미할 수 있다. 이는 이 언약이 아브라함과 그 동시대를 너머 미래에 지속되도록 아브라함이 치룬 특별한 값이다. 지속적인 평화와 생명을 위해서는 적합을 넘어 희생적인 값이 치러져야 함을 보여준다.

넷째, 이후 그들은 그곳에서 평화의 언약을 체결하는 예배를 드렸다(창 21:31-34). "두 사람이 거기서 서로 맹세하였으므로 그곳을 브엘세바라 이름하였더라"(창 21:31). 이후 아비멜렉은 블레셋 사람의 땅으로 돌아갔고, 아브라함은 브엘세바에 에셀(위성류) 나무를 심고 "영원하신 야훼의 이름을 불렀다"(창 21:33, וַיִּטַּע אֶשֶׁל בִּבְאֵר שָׁבַע וַיִּקְרָא־שָׁם בְּשֵׁם יְהוָה אֵל עוֹלָם). 에셀 나무를 메마른 브엘세바 지역에 심고 야훼의 이름을 부르며 예배를 드렸던 것은 그 우물의 진정한 원천이 지하가 아니라 하나님이심을 고백하는 행위였다. 브엘세바 광야에 심어진 에셀(אֶשֶׁל)은 그 나무에 물을 공급해주실 분은 하나님이심을 묘사하는 표상이다. 아브라함은 이렇게 평화를 원하는 요청에 응하며 많은 값을 치르고도 모든 것을 하나님의 은혜로 돌림으로 그가 이방인인 블레셋 사람의 땅에서 많은 날을 그들과 함께 평화롭게 지낼 수 있게 되었다(창 21:34). 이는 후손의 생명을 보존하고 지속하는 것이며 이 땅에서의 언약 백성들이 어떻게 야훼 하나님의 "거룩한 백성과 제사장 나라"로 살아갈 수 있는 가를 보여준다. 히브리서는 이를 이렇게 설명한다, "모든 사람과 더불어 화평함과 거룩함을 따르라 이것이 없이는 아무도 주를 보지 못하리라"(히 12:14).

창세기 22장: 최종적 후손

창세기 22장은 "땅과 후손의 언약"(창 12-22)에서 아브라함이 이삭을 번제로 바치라는 하나님의 명령에 순종했음을 기술한다. 이는 그 언약이 이미(already) 성취되었음을 보여주는 동시 하나님이 준비하신 번제물은 따로 있음을 통해 그 언약이 아직(not yet) 궁극적으로는 완성되지 않았음을 암시한다.

<table>
<tr><th colspan="5">아브라함의 땅과 후손의 언약: 약속과 체결에서 행위까지</th></tr>
<tr><th>창세기</th><th>언약</th><th>아브라함의 응답</th><th>주요내용</th><th>후손과 땅</th></tr>
<tr><td>12</td><td>구두 언약</td><td>예배</td><td>후손과 땅의 약속</td><td>A</td></tr>
<tr><td rowspan="2">13-14</td><td rowspan="2">현현 (멜기세덱)</td><td rowspan="2">십일조</td><td>13장 : 후손</td><td>B</td></tr>
<tr><td>14장 : 땅</td><td>B'</td></tr>
<tr><td>15</td><td>제의 언약</td><td>속죄 제사</td><td>후손과 땅의 약속</td><td>A'</td></tr>
<tr><td>17</td><td>언약 갱신</td><td>할례(피)</td><td>후손(사라)
아브람-사래/아브라함-사라</td><td rowspan="4">후손과
땅의 약속
비준 완료</td></tr>
<tr><td>18</td><td>현현 (세 사람)</td><td>대접함</td><td>후손의 약속 재확인
소돔의 멸망(18:16-33)</td></tr>
<tr><td>21</td><td>브엘세바의 언약</td><td>이웃과의 언약</td><td>아비멜렉과의 화해</td></tr>
<tr><td>22</td><td>행위 언약</td><td>순종</td><td>모리아 산에서의 제사</td></tr>
</table>

창세기 22장의 도입문은 "하나님이 아브라함을 시험하시려고 그를 부르셨다"(21:1a)로 시작된다. 하나님의 시험(נסה)은[261] 초기 아브라함의 소명과 순종(창 12:1-4)을 상기시킨다. 하나님은 아브라함의 소명과 순종을 재확인하는 시험을 명하신다(22:1). 그것은 이삭을 번제로 드리라는 시험이다(22:2). 이는 초기 소명에서 고향을 떠나라는 명과는 비교할 수 없는 최대의 희생과 온전한 순종을 요구하는 시험이다. 그럼에도 불구하고 아브라함은 순종하여 이삭의 희생을 준비하고 모리아로 간다(22:3-10). 이 상황은 아브라함의 믿음이 하나님의 "여호와 이레"(22:14, יְהוָה יִרְאֶה) 섭리를 온전히 신뢰하는데까지 성숙해졌음을 보여준다. 아브라함은 그를 소명하신 하나님이 대속하시고 공급하시는 분이며 모든 문제를 궁극적으로 해결하시는 "여호와 이레"(22:14, יְהוָה יִרְאֶה), 즉 모든 것을 준비하시며 합력하여 선을 이루시는 하나님이심을 깨닫게 된다(22:11-14).

마지막으로 하나님의 축복은 땅과 후손의 약속이 아직 온전히 성취되지 않았음을 암시한다(22:15-19). 하나님의 첫번째 소명에 이어 "야훼의 사자가 하늘에서부터 두 번째 아브라함을 불렀다"(22:15). 이 두 번째 부름(창 22:15, שֵׁנִית...וַיִּקְרָא)은 첫번째 부름(창 12:2-3)에서의 소명의 내용을 반복하고 있다. 이미 이삭을 얻었음에도 불구하고 약속은 반복되고 있는 것이다.

창 12:3	"땅의 모든 족속이 너로 말미암아 복을 얻을 것이라"
창 22:18	"네 씨로 말미암아 천하 만민이 복을 받으리라"

아브라함의 언약 내러티브는 이 "두 번째 소명"이 앞으로 미래의 모

261 영어성경 본문에서는 다음과 같이 번역이 되었다. KJV (to tempt), NIV (to test), ASV (to prove).

리아 산에서 "여호와 이레"(22:14, יְהוָה יִרְאֶה)로 준비된 어린양의 희생으로 완성될 것을 암시하는 것으로 보인다. 훗날 바울사도는 이 두 번째 소명을 다음과 같이 설명한다. "이 약속들은 아브라함과 그 자손에게 말씀하신 것인데 여럿을 가리켜 그 자손들이라 하지 아니하시고 오직 한 사람을 가리켜 네 자손이라 하셨으니 곧 그리스도라"(갈 3:16).

10. 창세기 24:1-67

창세기 24:1-67은 사라의 죽음(창 23:1-20)과 아브라함의 죽음(창 25:1-11) 이야기 사이에 기술되었다. 이는 이삭의 톨레도트(창 25:19, וְאֵלֶּה תּוֹלְדֹת יִצְחָק) 내러티브의 전문으로서 야훼 하나님께서 아브라함과 세운 언약이 이삭에게도 유효하며 연속될 것을 암시한다. 특별히 아브라함의 언약에 두 핵심 주제인 '후손의 약속'과 '땅의 약속'에 있어 본문은 후손의 약속이 하나님의 섭리 가운데 지속적으로 진행되고 있음을 부각시킨다. 후손의 약속은 아브라함과 사라의 죽음 후에도 이삭과 리브가의 결혼을 통해 계속 전개될 것이다. 이는 야훼 하나님의 언약이 선조들의 파란만장한 생애와 불안한 상황들을 초월해 궁극적으로는 그의 영원한 섭리 가운데 주권적으로 성취될 것을 예시한다. 이삭이 리브가를 아내로 삼는 본문은 이러한 신적 섭리를 보다 더 암묵적으로 명시한다.

이삭이 리브가를 만나는 이야기에서 특별한 점은 이 사건의 실제 당사자인 이삭과 아브라함의 역할이 주연보다는 조연으로 묘사되는 점이다. 대신 상대적으로 "어린 여인"(24:57, נַעֲרָה)으로 소개된 리브가의 역할이 부각되었고(24:57-65) 익명으로 소개된 아브라함의 모든 소유를 맡은 "늙은 종"(24:2, עַבְדּוֹ)이 모든 장면에서 빠짐없이 등장하고 적극적인 주연으로 역할을 한다. 행각읽기와 문맥 상 "아브라함의 집 모든 소유를 맡은"(24:2) 이 늙은 종은 당연히 엘리에셀(창 15:2, אֱלִיעֶזֶר)일 가능성이 높다. 그러나 본문은 의도적으로 이를 익명으로 묘사하는 것으로 보인다. 이 익명의 인물은 본문에서 열세 번이나 종(הָעֶבֶד)으로 언급될 뿐만 아니라 "주인"(24:18, אָדוֹן) 그리고 "야훼께 복을 받은 자"(24:31, בְּרוּךְ יְהוָה)로도 언급된다. 그는 아브라함의 종(24:2, עַבְדּוֹ זְקַן)이며, 물 대접을 부탁받은 리브가에게는 "내 주여"(24:18)로 불리며, 과대한 선물을 받은 라반은 그를 "야훼께 복을 받은 자여"(24:31)라고 부른다. 이는 이 익명의 종이 "야훼께서 그에게 범사에 복을 주셨다"(24:1, וַיהוָה בֵּרַךְ אֶת־אַבְרָהָם בַּכֹּל׃)라고 소개되는 그의 주인(24:12, אֲדֹנִי אַבְרָהָם) 아브라함을 전적으로 대표하고 있음을 의미한다.[262] 그러나 이러한 수사학적인 익명성은 독자로 하여금 이 중대한 사건의 더 궁극적인 실제 주체가 누구인가를 질문케 한다. 아브라함과 이삭의 역할이 최소화되고 익명의 늙은 종을 앞세운 이 이야기를 주도하는 실제 주연은 모든 장면 뒤에 무소부재한 인물로 존재한다. 그는 요셉의 이야기나 룻기서처럼 표면상 직접적으로 행동하거나 직접화법으로 계시되지 않으나 24장 안에서만 간접적으로 열 일곱 번이나 언급되고 있는 야훼 하나님(יהוה)이다.[263]

이삭이 리브가를 아내로 삼는 본문에서 야훼는 범사에 아브라함을 축복하고(24:1), 아브라함은 종에게 야훼 하나님을 가리켜 맹세케 한다(24:3). 아브라함은 종에게 야훼 하나님께서 땅과 후손을 약속하셨음을 알리고(24:7) 이에 종은 아브라함의 하나님 야훼께 이삭의 아내를 순조롭게 만나게 해달라고 기도한다(24:12). 주인의 며느리를 찾는 과정에서

262 Lieve M. Teugels, "The Anonymous Matchmaker: An Enquiry into the Characterization of the Servant of Abraham in Genesis 24," *Journal for the Study of the Old Testament*, 20:65 (Mar 1995): 13-23.

263 창세기 24: 1, 3, 7, 12, 21, 26, 27, 31, 35, 40, 42, 44, 48, 50, 51, 52, 56.

는 야훼 하나님께서 응답하셨는지를 확인한다(24:21). 그리고 임무의 절정에서 리브가를 만나게 해주심에 야훼 하나님께 감사하며 경배한다(24:26). 본문은 모든 기도문과 구성 장면에서 야훼 하나님의 개입을 직간접적으로 명시하며 그 여정에서 궁극적으로는 "야훼께서 형통한 길을 주셨다"(54:56)라는 종의 고백으로 신적 섭리를 암시한다. 본문의 화자는 아브라함의 늙은 종이 이삭의 아내를 찾아가는 사건 전반과 그 과정 속에 등장하는 여러 장면, 인물과의 대화 혹은 종의 기도문을 통해 시종 하나님의 주권적인 개입을 묘사한다. 이는 언약백성의 역사를 통치하시는 야훼 하나님의 무소부재하신 주권에 대한 이스라엘의 신앙을 반영한다고 말할 수 있다.

창세기 24:1-67 본문의 내용은 크게 네가지 사건의 담론으로 구성되었음을 볼 수 있다. 첫째, 늙은 종을 향한 아브라함의 소명(24:1-9). 둘째, 늙은 종이 아브라함의 명을 따라 사명을 이행하는데 있어 전적으로 하나님을 신뢰하는 행위(24:10-27). 셋째, 아브라함의 종이 이삭의 아내 될 여인과 그의 가족을 만난 사명의 성취(24:28-60). 넷째, 마지막으로 리브가의 적극적인 언행으로 성사된 이삭과의 만남이다(24:61-67). 이 4개의 담론은 각 상황에서 고유한 사건의 문제와 해결을 다음 페이지 도표와 같은 구조로 구성하고 있다.

창세기 24장의 이야기를 통해 본문의 화자는 하나님의 언약이 당시의 세대를 넘어 대대로 유효하며 성취될 것을 암시한다. 본문은 하나님의 약속을 종에게 상기시키는 아브라함의 적극적인 믿음과 행위를 명시한다(24:1-9). 또한 종의 기도문(24:12-14)을 통해 만사에 하나님을 신뢰하며 그의 인도하심을 바라는 신앙의 여정을 교훈 한다. 그리고 자신의 안락보다는 하나님의 사명을 우선시한 종의 신실함을 종용한다(24:28-60). 궁극적으로 화자는 아브라함과 이삭의 조연과 익명의 종을 통해, 또한 여정 가운데 일어난 혼란스러운 문제의 초월적인 해결을 통해 하나님의

상황	문제	해결
아브라함이 종에게 그의 고향 족속에게로 가서 이삭의 아내를 택하라고 명함 (24:2-4)	종이 여자가 따라오지 않을 수 있음을 우려함 (24:5)	하나님께서 도우실 것이며, 절대 이삭을 그 땅으로 가지 말게 할 것을 맹세함 (24:6-9)
종이 아브라함의 고향 땅, 한 우물가에 도착함 (24:10-11)	아무도 모르는 그곳에서 그와 낙타에게 물을 주는 여인을 만나게 해달라고 기도함 (24:12-14)	하나님께서 리브가를 보내시고 응답하심에 종이 야훼 하나님을 경배함 (24:15-27)
리브가와 그의 오빠 라반이 종을 집으로 초청함 (24:28-31)	리브가의 오빠 라반과 어머니는 종이 그의 집에서 열흘동안 머물기를 간청함 (24:32-55)	종이 머물기를 거절하고 리브가는 적극적으로 종을따라 가겠다고 함 (24:56-60)
리브가가 여종들과 함께 아브라함의 종을 따라 이삭의 땅으로 감 (24:61)	이삭이 브엘라해로이(בְּאֵר לַחַי רֹאִי) 들에 나가 해가 저물 때 묵상하고 있었음 (24:62-65)	브엘라해로이(살아계신 분이 나를 돌보신다) 하나님의 섭리로 이삭이 리브가를 아내로 맞이함 (24:66-67)

언약이 이 모든 사건 뒤에 현존하는 하나님의 영원한 섭리와 절대주권으로 성취되어가고 있음을 기술한다(24:61-67).

11. 창세기 25:19-34

창세기 25:19-35:29은 이삭의 톨레도트로 구분되어 있으나 그 안의 내용은 "야곱의 생애"(25:19-35:29)와 관련된 다양한 담론들로 구성되어 있다. 그럼에도 불구하고 그 중 창세기 25:19-34은 이삭의 쌍둥이 아들 "에서와 야곱의 갈등" 이야기를 통해 토라 신학의 핵심적이고 고유한 야훼 하나님의 절대주권을 암시하는 선택의 신탁(25:23, The Oracle of Election)을 담고 있다. 이는 유사한 아브라함의 아들 "이스마엘과 이삭의 갈등"(21:1-21) 이야기를 상기시킨다. 창세기 12장부터 시작해 총 삼십 팔장으로 구성된 족장들의 내러티브 중 아브라함은 열세 장, 야곱은 열 다섯 장, 그리고 족장도 아닌 요셉은 열 네 장을 차지하고 있으나 이삭의 이야기는 창세기 25장과 26장 단 두장으로 구성되어 있다. 그러나 이 두 장에 기술된 이삭의 내러티브는 아브라함의 내러티브와 동일한 전형장면(type scene)으로 구성되어 언약의 지속성 즉 아브라함의 언약이 이삭의 언약으로 이어짐을 부각시킨다. 아브라함과 이삭은 땅과 후손을 야훼 하나님으로부터 약속 받는다. 하나님은 불임인 사라와 리브가에게 아들을 잉태하고 출산케 하신다. 아브라함과 이삭은 둘 다 아비멜렉에게 아내를 누이라 속이고 하나님은 사라와 리브가를 보호하신다. 아브라함과 이삭 모두 아비멜렉과 우물로 인하여 다투나 마지막에는 아비멜렉과 평화의 언약을 맺는다. 이러한 플롯의 유사성으로 인해 이삭의 내러티브는 이스라엘 남부로부터 전승된 아브라함의 이야기가 북부로 파생되고 재편찬된 것으로 해설되기도 한다.[264] 리쉬터(David Richter)는 아브라함과 이삭의 전형장면의 주요 구성을 다음과 같이 비교한다.[265]

창세기 12-13 아브람과 사래	**창세기 20-21 아브라함과 사라**	**창세기 26 이삭과 리브가**
애굽	**그랄**	**그랄**
신현 (12:7-9)		
기근 (12:10)	기근 (20:1)	기근 (26:1)
		신현 (26:2-6)

264 James K. Hoffmeier, "The wives' tales of Genesis 12, 20 and 26 and the covenants at Beer-Sheba," *Tyndale Bulletin,* 43:1 (May 1992): 81.

265 David Richter, "Patriarch without a Narrative: Deconstructing / Reconstructing the Saga of Isaac in Genesis 25-26," *Jewish Bible Quarterly* (Jan 2020): 83-87.

아내-자매 속임 (12:11-15)	아내-자매 속임 (20:2)	아내-자매 속임 (26:7)
	신현 (20:3-8)	
부를 더하다 (12:1617)		
"네가 어찌하여 내게 이렇게 행하였느냐?" (12:18-13:1)	"네가 어찌하여 내게 이렇게 행하였느냐?" (20:9-13)	"네가 어찌하여 내게 이렇게 행하였느냐?" (26:8-11)
부를 더하다 (13:2-4)	부를 더하다 (20:14-16)	부를 더하다 (26:12-14)
	불임과 초월적 출산 (20:17-18)	불임과 초월적 출산 (26:15-19)
우물 싸움 (13:5-7)		우물 싸움 (26:20-23)
		신현 (26:24-25)
협상 (13:8-12)	협상 (21:22-24)	협상 (26:26-30)
	우물 싸움 (21:25-26)	
	아비멜렉과 언약 (21:27-34)	아비멜렉과 언약 (26:31-33)

아브라함-이삭과 관련된 3개의 전형장면은 내용에 있어 다음과 같은 유사한 피상적 사건들을 중복하고 있는 것으로 보인다.

서술내용	아브라함	이삭
아내가 잉태하지 못했다	11:30; 18:11	25:21a
하나님께서 자녀를 주셨다	18:14; 21:1-7	25:21b
그랄에 머물렀다	20:1	26:6
그 땅에 기근이 들었다	12:10	26:1
애굽으로...	내려갔다(12:11-20)	안 내려갔다(26:1-3)

아내를 누이라 속였다	20:2	26:7
아비멜렉과 갈등	20:9	26:10
아내가 보호를 받았다	하나님의 개입(20:7)	아비멜렉의 개입(26:11)
우물로 인한 블레셋 사람들과 마찰	21:25	25:12-25
아비멜렉과의 언약	21:22-34	26:26-33
그곳을 "브엘세바"라고 했다	언약(21:31)	일곱 개의 우물(26:33)
땅과 자손의 약속	12:1-3; 15:5-20; 17:1-8	26:3-4

그러나 아브라함-이삭의 서술을 면밀히 분석해보면 이러한 유사한 전형장면 구조에도 불구하고 다음과 같은 사건내용과 수사학적인 의미론의 다름을 알 수 있다. (1) 첫째, 이삭의 이야기는 아브라함이 죽은 후에 전개된다(25:11; 26:1, 15, 18). (2) 둘째, 두 이야기는 서로 다른 지리적 이동노선을 가지고 있다. 아브라함은 벧엘과 아이 사이에서 남방으로 옮겨가다 기근으로 인해 애굽으로 내려갔다가(12:8-13:10) 다시 올라와 헤브론에 머물렀다(13:18). 그러나 아브라함이 죽은 후 이삭은 브엘라해로이(16:14, 24:62; 25:11)에서 살았고 거기서 아브라함의 때와 같이 흉년이 들어 이삭도 아브라함과 같이 애굽으로 내려가려 했으나 하나님의 명령으로 인해 그랄에 머물렀다(26:1-2). (3) 셋째, 이 둘의 이야기는 연속성과 불연속성(변이)을 통해 독립적인 두개의 사건을 유사한 장면으로 기술함으로 아브라함과 약속하신 땅에 대한 성취가 이삭을 통해 계속 유효함을 부각시킨다(26:1-6). 아브라함의 애굽행과 이삭의 그랄정착은 애굽으로 내려갔다 돌아올 이스라엘의 출애굽을 예시한다. (4) 넷째, 아비멜렉(26:26, אֲבִימֶלֶךְ)은 부(父)나 장(長)을 뜻하는 히브리어 아브(אָב)와 왕을 뜻하는 말라크(מֶלֶךְ)의 복합어로 왕의 명칭일 수도 있으나(대상

18:16) 이집트의 바로(Pharaoh, 궐의 대왕)와 같이 지역적인 족장이나 가나안 왕의 직함(삼상 21:10-15; 시 34)을 의미할 수 도 있다. (5) 다섯째, 우물은 생존과 땅의 소유를 보장하는 중요한 상징성을 가진다. 고대근동에서 우물을 흙으로 메우고 이름을 변경하는 것은 땅의 경계를 두고 다투는 당시대의 흔한 보편적 사건이었다. (6) 마지막으로 여섯 번째, 창세기 25:18과 26:33b의 관계다. "그 아비 아브라함 때에 팠던 우물들을 다시 팠으니 이는 아브라함이 죽은 후에 블레셋 사람이 그 우물들을 매웠음이라, 이삭이 그 우물들의 이름을 그 아비의 부르던 이름으로 불렀더라"(25:18). "그 성읍 이름이 오늘까지 브엘세바더라"(26:33b). 이는 중복이 아니라 이삭이 소유하게 된 우물이 아브라함으로부터 상속받은 우물(브엘세바)이었음을 재확인해 주는 언급이다. 따라서 창세기에 기술된 전형장면들의 중복은 다양한 사건들을 통합해 유사한 메시지를 부각시키고자 하는 본문의 수사학적인 장치임을 알 수 있다. 창세기의 화자는 이삭과 리브가의 이야기를 아브라함과 사라의 전형장면으로 구성해 하나님의 주권적 언약, 후손과 땅의 약속, 신적 섭리와 성취, 그리고 약속의 땅에서의 평화를 일관되게 반복하여 강조한 것으로 보인다.

첫째, 이삭과 리브가의 내러티브는 후손의 약속에 있어 두 형제 간의 갈등(창 21:8-28:4) 사건을 통해 하나님의 주권적 선택을 부각시킨다. 이는 토라의 고유한 선택신학을 반영한다.

	וַיֹּאמֶר יְהוָה לָהּ	야훼께서 그녀에게 이르시되
A	שְׁנֵי גֹייִם בְּבִטְנֵךְ	두 민족이 네 태중에 있다
A′	וּשְׁנֵי לְאֻמִּים מִמֵּעַיִךְ יִפָּרֵדוּ	두 족속이 네 복중에서 나누일 것이다
B	וּלְאֹם מִלְאֹם יֶאֱמָץ	이 족속이 저 족속보다 강하고
B′	וְרַב יַעֲבֹד צָעִיר	큰 자가 어린 자를 섬길 것이다

이 선택 신탁(창 25:23)은 토라의 언약이 자연적인 혹은 사회정치적인 질서나 인간의 의지가 아닌 야훼 하나님의 주권에 의한 것임을 암묵적으로 명시한다. 본문에 암시된 하나님의 주권에 대한 신학적 이해는 바울의 창세기 25:23과 말라기 1:2의 주해에서도 찾아볼 수 있다. "여호와께서 가라사대 내가 너희를 사랑하였노라 하나 너희는 이르기를 주께서 어떻게 우리를 사랑하셨나이까? 나 여호와가 말하노라 에서는 야곱의 형이 아니냐? 그러나 내가 야곱을 사랑하였다"(롬 9:13). 그러나 이미 재삼 언급된 것처럼 창세기에서 하나님의 선택과 관련한 본문을 이분법적이며 제외적인 담론만으로 해석하는 것에는 문제가 있다. 토라에서 아브라함과 이삭과 야곱의 선택(elect)은 비선택자(non-elect)의 제외와 저주보다는 그들의 축복을 위한 선택이었음을 알 수 있다(창 20:17; 26:26-31, 아비멜렉의 축복).[266] 이삭과 리브가는 쌍둥이의 이름에 본 신탁을 반영시킨다(25:25-26). 이는 하나님의 주권을 인정하는 행위를 암시한다. 돌시(David A. Dorsey)는 이러한 이삭과 리브가의 이야기에 담겨있는 주권적 선택의 신학이 크게는 창세기 21:8-28:4 A-G-A′ 구조 속에 핵심적으로 구성되어 있음을 보여준다.[267]

둘째, 이삭과 리브가의 내러티브에서 아비멜렉과의 언약(26:26-33)은 땅의 약속을 암묵적으로 명시한다. 아비멜렉은 우물로 인해 이삭과 다투었던 그랄로부터 브엘세바로 간 이삭을 찾아왔다(26:26). 본문은 아비멜렉이 "그 친구 아훗삿과 군대 장관 비골"(26:26a, וַאֲחֻזַּת מֵרֵעֵהוּ וּפִיכֹל שַׂר־צְבָאוֹ׃)과 함께 왔음을 기술하고 있다. 그러나 리쉬터(David Richter)는 히브리어 아훗삿(אֲחֻזַּת)은 아브라함이 막벨라 굴의 소유지 혹은 땅의 소유권, 즉 아훗사(23:4, 9, 20, אֲחֻזַּת)를 400세겔에 산 것과

266 Nathan Mac Donald and Mark W. Elliot and Grant Macaskill, eds., *Genesis and Christian Theology* (Grand Rapids, MI: Eerdmans, 2012), 267-286.

267 David A. Dorsey (1999), 77.

A.	작은 아들을 선택하신 하나님 (이스마엘과 이삭)	21:18-19
B.	선택받지 못한 큰 아들 이스마엘의 이방 여인과의 결혼	21:20-21
C.	아브라함의 우물과 관련하여 그랄왕 아비멜렉과 싸움	21:22-34
D.	언약을 위해 모든 것을 희생함 (이삭의 희생)	22:1-19
E.	선택받지 못한 계보: 나홀의 가문	22:20-24
F.	사라의 죽음: 막벨라 굴	23:1-20
G	**이삭과 리브가**	24:1-67
F′	아브라함의 죽음: 막벨라 굴	25:1-10
E′	선택받지 못한 계보: 이스마엘의 가문	25:11-18
D′	언약을 무시함 (팥죽과 바꾼 장자권)	25:19-34
C′	아브라함의 우물과 관련하여 그랄왕 아비멜렉과 싸움	26:1-33
B′	선택받지 못한 큰 아들 에서의 이방 여인과의 결혼	26:34-35
A′	작은 아들을 선택하신 하나님 (에서와 야곱)	27:1-28:4

유비해 아비멜렉은 이삭에게 그의 지인들로부터 르호봇(26:22)의 소유권(אֲחֻזַּת)을 이삭에게 준 것으로 해석한다.[268] 따라서 이삭의 르호봇 아훗삿(אֲחֻזַּת)은 아브라함의 자손들에게 약속된 아훗삿-올람(창 17:8, אֲחֻזַּת עוֹלָם) 즉 "영원한 기업"을 상징한 것으로 해석된다. 그리고 아브라함과 이삭과 야곱의 내러티브는 이 미래의 "영원한 기업"을 이스라엘의 영원한 소유지로 예표 된 "막벨라 굴"로 함축시킨다.

아브라함과 이삭과 야곱의 내러티브를 독립된 단일 서술 단위로 구분하는 것은 분석을 위한 것으로서 이들의 이야기는 보다 더 복합적인 전형장면들로 상호 면밀하게 엮어져 있다. 우물-혼인 혹은 아내-자매와 같은 전형장면(Type-Scene)의 반복은 이들의 다양한 이야기들이 언약 주제 안에 통합되어 있음을 의미한다.

268 David Richter, 77-78.

아브라함 (11:27-25:18)	데라의 톨레도트	11:27-25:11
	막벨라 굴에 장사됨	25:9-10
	이스마엘의 톨레도트	25:12-18
이삭 (25:19-35:29)	이삭의 톨레도트	25:19-35:29
	막벨라 굴에 장사됨	35:27-29
야곱 (36:1-50:13-14)	에서의 톨레도트	36:1-37:1
	야곱의 톨레도트(요셉의 내러티브)	37:2-50:26
	막벨라 굴에 장사됨	50:13-14

12. 창세기 27:1-45

창세기 족장들의 내러티브(12-50) 안에서 창세기 27:1-45은 야곱의 이야기(25:19-35:29)의 주요 플롯인 "야곱의 축복"을 기술하고 있다. 야곱의 이야기 구성은 브엘세바에서 시작되어 하란과 귀향으로 이어지는 그의 여정을 따라 다음과 같이 구분될 수 있다.

브엘세바에서의 삶	타국에서의 삶	귀향의 삶
25:19-27:45	28-30	31-35

브엘세바에서의 삶 (창 25:19-27:45)

야곱의 이야기는 그의 어머니 리브가의 불임 전형(barrenness type) 이야기로 시작된다. 이는 족장들의 이야기에서 반복되는 전형장면(type scene)을 반영한다. 아브라함의 아내 사라와 야곱의 아내 라헬도 동일한 불임으로 고통을 겪는다. 그러나 불임은 기도의 응답으로 해결된다. 족장들의 서술에서 불임은 반복되는 주제로서 언약성취의 주권이 야훼 하나님께 있음을 암시한다. 고대근동에서 다자녀와 대가족은 종족의 지속적인 존재와 부강을 의미하고 그것은 지극히 자연적이며 생리적인 과정이었다고 말 할 수 있다. 그러나 토라는 불임의 전형장면들을 통해 생육하고 번성하는 것이 하나님의 창조적 언약이요 그의 주권 아래 있음을 명시한다(창 1:28). 야훼는 생사화복을 주관하시는 하나님이다(창 2:7; 대상 29:11-12; 삼상 2:6-7; 사 45:5-7). 창세기 서술에서 반복되는 장자의 비선택(가인, 이스마엘, 에서, 르우벤), 언약 담지자들의 취약성, 그리고 족장 아내들의 혼인과 불임은 하나님의 언약이 자연적인 혈통이나 사회문화적 요소들에 의해 성취되는 것이 아님을 뜻한다. 따라서 언약의 담지자들은 하나님의 약속과 섭리를 바라는 적극적인 기도와 행위로 반응함으로 그 언약의 응답을 경험한다. 그러나 역설적으로 토라는 족장들의 언행이 하나님의 뜻을 벗어날 때도 하나님의 주권적 섭리가 일관되게 작용함을 지시한다. 따라서 창세 27:1-28:5은 리브가와 야곱이 이삭을 속인 부정적인 행위(27:1-25)에도 불구하고 윤리적인 판단보다는 야곱과 에서를 향한 하나님의 주권적인 축복을 부각시킨다.

야곱(יַעֲקֹב)이라는 이름은 부정적으로 형제의 '발꿈치를 잡는 자' 혹은 '속이는 자' (27:36)를 의미한다. 이러한 거짓은 에덴동산의 뱀(창 3:4-5; 요 8:44; 계 12:9)에 기원한다. 이후 모든 족장들의 공통적인 패턴으로 나타난다. 창세기는 아브라함과 이삭의 아내-자매, 야곱의 속임수, 야곱의 장인 라반과 야곱의 아들들의 이야기 속에서 그들이 서로 속이고 속는 사건들을 일관되게 기술한다. 이는 언약의 담지자들이 결코 타락의 영향에서 자유롭지 못함을 보여준다. 거짓말하는 야곱은 형 에서와 경쟁하고 대적하는 자가 된다. 이는 뱀과 여인의 거짓으로 창조언약에서의 진리와 생명의 안식(창 2:1-3)이 깨지고 가인이 아벨을 죽인 타락의 상태(4:1-16)를 반영한다. 따라서 야곱 또한 거짓으로 인해 에서에게 증오와 살인의 마음을 품게 한다(창 27:41). 거짓의 악순환은 이삭의 가족을 파탄으로 몰고간다. 리브가는 에서가 야곱을 섬길 것이라는 하나님의 말씀을 마음에 새기고 있었을 것이다(창 25:26). 그러나 그는 하나님의 주권적인 때를 기다리지 못한다. 리브가는 남편 이삭을 속임으로 사랑했던 아들 야곱과 이별하게 되었으며, 야곱은 타향으로 도주하는 고난의 삶을 살게 되었다. 야곱의 서술은 하나님의 약속이 성취됨에 있어 목적뿐만 아니라 모든 과정이 선해야 함을 암시한다. 이러한 족장들의 실패에도 불구하고 토라는 절대적인 신적 섭리의 전개를 기술한다. 이는 야곱과 에서의 축복(27:1-28:5)에서 분명히 명시된다. 창세기는 이삭이 야곱을 축복한 것은 그가 눈이 멀었기 때문이라고 설명한다. "그(야곱)의 손이 형 에서의 손과 같이 털이 있으므로 분별하지 못하고 축복하였더라"(27:23). 그러나 히브리서 기자는 이삭이 야훼의 선택 신탁(25:23)을 의식하고 있었음을 밝힌다. "믿음으로 이삭은 장차 오는 일에 대하여 야곱과 에서에게 축복하였으며"(히 11:20).

포켈만(J. P. Fokkelman)은 야곱과 에서의 축복 내러티브가 동심구조인 여섯 개의 장면으로 구성되었음을 주장한다.[269] 이 구조는 이삭이 야곱과 에서를 축복하는데 있어 상반된 내용을 뚜렷이 대조시키고 있음을 보여준다. 본문의 화자는 이를 통해 선택과 축복에 대한 야훼 하나님의 주권을 암시한다고 말 할 수 있다.

A.	이삭과 축복의 아들(에서)	27:1-5
B.	리브가의 개입	27:6-17
C.	야곱이 이삭의 축복을 받음	27:18-29
C′	에서가 이삭의 축복을 받지 못함	27:30-40
B′	리브가의 개입	27:41-45
A′	이삭과 축복의 아들(야곱)	27:46-28:5

269 J. P. Fokkelman, *Narrative Art in Genesis* (Sheffield: JSOT, 1991), 98.

야곱의 축복은 그가 약속의 땅인 그의 고향 브엘세바로부터 하란으로 도주하는 모습에 비해 역설이 아닐 수 없다. 축복받은 자가 도망하는 것이다. 돌시(David A. Dorsey)는 창세기 28:5-37:1에서 야곱의 도주와 축복이 통일된 동심구조로 구성되었음을 보여준다.[270] 이는 토라에서 일관되게 반복되는 족장들의 실패에도 불구한 하나님의 축복의 주권적인 역설을 반영한다.

A.	야곱의 도망이 시작됨	28:5
B.	에서의 집안	28:6-9
C.	벧엘에 머묾	28:10-22
D.	가나안을 떠나 밧단아람에 도착함	29:1-30
E.	야곱의 가족이 많아짐	29:31-30:24
F.	야곱의 계략	30:25-43
G	야훼 하나님께서 야곱을 떠나게 하심 (귀향)	31:1-55
F′	야곱의 계략	32:1-32
E′	야곱이 에서에게 많은 가족을 소개함	33:1-17
D′	밧단아람을 떠나 가나안으로 돌아옴	33:18-34:31
C′	벧엘에 머묾	35:1-29
B′	에서의 집안	36:1-43
A′	야곱의 도망이 끝남	37:1

이삭은 야곱을 축복한다(27:27-29). 히브리서에 의하면 "믿음으로 이삭은 장차 오는 일에 대하여 야곱과 에서에게 축복하였다"(히 11:20). 그러나 야곱은 교활한 방법으로 형의 장자권을 빼앗고 아버지 이삭을 속였다. 그 결과 야곱은 평생 그의 외삼촌 라반과 자식들에게 속임을 당하는 파란만장한 인생을 살게 된다. 속이고 속는 악순환의 삶이다. 그럼에도 불

270 David A. Dorsey (1999), 79.

구하고 벧엘(28:10-22)과 브니엘(32:13-32)에서 하나님은 야곱을 찾으셨고 야곱은 목숨을 걸고 그 하나님과의 만남과 약속을 붙잡음으로 복을 받는다. 하나님은 늘 자신의 욕망을 위해 싸우던 야곱을 이제는 브니엘에서 하나님과 씨름하는 영적인 이스라엘(32:29, יִשְׂרָאֵל)로 성화시켜 주셨다.

족장들의 내러티브 안에 등장하는 인물 분석에 있어 조연들의 기능은 주연들만큼 중요하다. 주연인 야곱만큼 조연인 에서를 비례 있게 해석할 필요가 있다. 형 에서에 대한 창세기의 진술은 부정과 긍정 모두를 포함한다. 실제로 구약에서 하나님이 내리시는 이방국가들에 대한 벌은 이스라엘을 제외하지 않는다(암 1:3-3:3). 물론 야곱의 축복(창 27:27-29)과 이스라엘의 회복(암 9:11-15)은 에서와 이방국들을 포함하지 않는다. 그러나 족장들의 내러티브에서 인물들에 대한 이분법적인 분석은 해석학적 오류를 범할 수 있다. 이삭의 저주(27:39-40)와 에서의 이방 여인들과의 분풀이 결혼(28:6-9)에도 불구하고 훗날 에서는 군사 400명을 거느리는 강한 주인이 되었고(32:6) 소유가 풍부한 복을 받았다(33:9). 또한 동생인 야곱의 비겁함에도 불구하고 그를 만나 용서하는 에서의 모습(33:1-20)은 에서가 장자권을 포기함으로 동생 야곱을 섬기게 될 것이지만 선택적으로 저주를 받았다고 판단하기에는 어렵다. 이는 다시 한번 선택신탁을 이분법적인 저주와 제거로 해석해서는 아니됨을 보여준다.

로스(Allen P. Ross)는 선택-비선택의 신학과는 별개로 야곱 내러티브에 구성된 인물 비교분석에서 세속적인 인간의 여러 모습들을 볼 수 있다고 말한다.[271] 먼저 야곱은 교활하나 장막에 거하는 "절제된 사람"(25:27b, אִישׁ תָּם)으로 묘사된다. 그러나 에서는 들로 돌아다니는 "교활한 사냥꾼"(25:27a, אִישׁ יֹדֵעַ צַיִד)이다. 들의 사람(אִישׁ שָׂדֶה) 혹은 교활한 사냥꾼은 제멋대로 살아가는 세속적인 사람의 속성을 반영한다. 이삭

271 Allen P. Ross (1996), 448-452.

은 고기 맛을 흠모한다. 이는 그의 본능적인 감각을 반영하고 이로 인해 에서를 편애하게 되었다(25:28). "이삭이 에서를 사랑했다" (25:28a, וַיֶּאֱהַב יִצְחָק אֶת־עֵשָׂו)라는 문구는 진술형으로 이는 분사동사(25:28b, וְרִבְקָה אֹהֶבֶת אֶת־יַעֲקֹב)형으로 묘사되고 있는 리브가의 사랑에 비해 충동적이며 감각적인 뉘앙스를 함의한다.

에서는 자신의 욕구를 따라 살며 그 욕구의 희생양이 된다(25:29-30). 에서를 가리키는 '사냥꾼' 의 히브리어 '짜이드' (25:27, צַיִד)와 야곱이 죽을 '쑤었다' 의 '자이드' (25:29, זיד)는 동음상의한 단어다. 이는 죽을 끓이는 야곱의 행위가 사냥꾼 에서를 사냥하는 풍자적 언어유희로 볼 수 있다. 들에서 돌아온 에서는 단지 배고픈 욕구를 따라 충동적으로 먹을 것을 요구한다. "그 붉은 것을 내가 먹게 하라" (25:30a)의 히브리어를 직역하면 "나로 삼키게 하라" (הַלְעִיטֵנִי נָא)다. 히브리어 동사 "먹다" (창 2:16, אכל)에 비해 "삼키다" (לעט)는 욕구를 따라 행동하는 에서의 급하고 충동적인 본성을 반영한다. 그는 급한 나머지 붉은 팥죽을 "붉은 것의 붉은 것" (25:30b, הָאָדֹם הָאָדֹם)이라고 표현한다. 이후 장자권을 빼앗긴 그의 종족은 붉음을 의미하는 에돔(25:30b, אֱדוֹם)으로 알려지게 된다.

이러한 세속적인 본능은 순간적인 욕구로 가치 있는 것을 포기한다. "내가 죽게 되었으니 이 장자의 명분이 내게 무엇이 유익하리요?" (25:32). 그리고 하나님의 율법을 경시한다. "에서가 장자의 명분을 가볍게 여겼다" (25:34b, וַיִּבֶז עֵשָׂו אֶת־הַבְּכֹרָה). 이러한 에돔의 후손들은 훗날 요르단 동편에 살게 된다. 다윗과 솔로몬, 이후 이스라엘의 왕들은 에돔 사람들을 계속 속박했다. 그리고 신구약중간기 400년 동안 그들은 마카베 유다에게 점령당해 멸망했다. 창세기 27:27-29의 선택 신탁은 이스라엘로 승화될 야곱과 에돔으로 전락될 에서를 예시할 뿐 아니라 독자로 하여금 하나님의 말씀을 따라 시름할 것인지 아니면 세속적인 욕망을 따라 싸울 것인지를 암묵적으로 도전한다.

타국에서의 삶 (창 28-30)

A	10	브엘세바를 떠나 하란으로 도주했다
B	11a	한 곳에 이르렀다
C	11b	돌을 머리에 베고 누웠다
D	12a	וְהִנֵּה 사닥다리(סֻלָּם)가 땅 위에 서있다
E	12b	וְהִנֵּה 엘로힘(אֱלֹהִים)의 사자들
F	13a	וְהִנֵּה 야훼(יהוה)께서 그 곁에 계셔
G	**13b-15**	**하나님께서 야곱을 축복하시다**
F′	16a	야훼(יהוה)께서 여기 계시니
E′	17b	이것은 엘로힘(אֱלֹהִים)의 집이다
D′	17c	이는 하늘의 문(שַׁעַר הַשָּׁמָיִם)이다.
C′	18	일어나 돌 베게로 기둥을 세웠다
B′	19	그 곳에 이름을 벧엘이라 하였다
A′	20-22	브엘세바를 떠난 길에서 하나님과 언약을 세웠다

야곱은 형 에서와 아버지 이삭을 속이고 하란으로 도주하는 길에 벧엘에서 하나님과 만난다(28:10-22). 이는 땅의 사건을 하늘의 사건으로 연계한다. 그리고 야곱의 횡적인 서술을 종적인 신학담론으로 전환시킨다. 벧엘에서 야곱은 그의 삶의 주인공이 자신이 아니라 야훼 하나님 곧 그의 선조들과 언약을 세우신 하나님임을 알게 된다(28:13). 이제 하란을 향한 그의 여정은 더 이상 욕망을 채우는 것이 아니라 땅의 모든 족속에게 복이 되는 여정이 될 것이다(28:14). 그러므로 벧엘에서 야곱의 개인사는 열방의 구속사로 전환된다. 이러한 이야기를 담고 있는 창세기 28:10-22 본문은 다양한 역사적 층들로 엮어져 있으나[272] 최종적 문학 형태에서 다음과 같은 내용구조로 살펴볼 수 있다.

창세기 28:10-11

야곱은 그의 선조들에게 "약속된 땅" 브엘세바(בְּאֵר שָׁבַע)를 떠나 하란으로 도주한다. 브엘세바를 떠난 야곱은 장자권을 손에 쥐고 모든 것을 얻은 것 같았지만 사실은 고향과 부모 형제와 모든 것을 잃고 이후 늘 도주하며 쫓기는 삶을 살아간다.

야곱의 도주

브엘세바에서 하란으로	창 27-30
하란에서 세겜으로	창 31-34
세겜에서 벧엘로	창 35

브엘세바를 떠나 하란으로 가는 길에 밤이 되어 한 곳에 이르렀는데 그곳은 그의 조부 아브라함이 하란에서 브엘세바로 내려올 때 머물었던 동일한 장소다. 그곳에서 아브라함은 돌로 제단을 쌓고 "야훼의 이름을 불렀다"(창 12:8). 그러나 역설적으로 그곳에서 야곱은 돌을 베게로 삼고 지쳐 스러졌다. 같은 길, 같은 장소, 같은 돌이었지만 아브라함과 야곱의 여정은 상반된 반향이었다. 하나님의 말씀을 따라 떠난 아브라함은 그 돌로 예배를 드렸고, 자신의 욕망을 따라 도주한 야곱은 그 돌을 베고 쓰러졌다.

창세기 28:12-15

야곱은 돌을 머리에 두고 잠이 들었고 곧 꿈을 꾼다. 그 꿈은 창세기 본문에서 언급된 최초의 꿈이다. "꿈에 본즉 사닥다리가 땅 위에 서 있

---

272 Sean E. McEvenue, "A Return to Sources in Genesis 28, 10-22," *ZAW* 106:3 (1994): 375-389. 본 소고에서 McEvenue는 E. Blum의 조각이론(fragmentary theory)을 반박한다. 대신 본문에 대한 벨하우젠의 문서가설을 주장한다.

고 그 꼭대기는 하늘에 닿았고 또 본즉 하나님의 사자들이 그 위에서 오르락내리락 하고, 또 본즉 야훼께서 그 위에 서서 말씀하셨다" (28:12-13a). 본문의 독자는 야곱의 꿈을 형상화하는데 있어 사닥다리를 올랐다 내렸다 하는 천사들과 맨 꼭대기에 서있는 하나님을 상상해 볼 수 있다. 그러나 "사닥다리"로 번역된 히브리어 *쑬람*(סֻלָּם)과 "그 위에"로 번역된 *알라브*(עָלָיו)는 구문론적으로 다르게 번역될 수 있다. 오블라트(Michael Oblath)에 의하면 구약본문에서 사닥다리나 계단을 뜻하는 히브리어 단어로는 *마알라*(출 20:26; 왕상 10:19; 느 3:15, מַעֲלָה), 타워나 망대를 의미하는 단어로는 *믹돌*(창 11:4, מִגְדָּל), 그리고 일반 입구(entrance)나 문(door)을 의미하는 단어로는 *페타흐*(창 18:10, פֶּתַח)나 *델레트*(창 19:6, דֶּלֶת)가 있다.[273] 따라서 *쑬람*(סֻלָּם)의 의미는 구문론적으로 본문의 문맥 안에서 해석되는 것이 적절하다.

D	12a	וְהִנֵּה 사닥다리(סֻלָּם)가 땅 위에 서있다
E	12b	וְהִנֵּה 엘로힘(אֱלֹהִים)의 사자들
F	13a	וְהִנֵּה 야훼(יהוה)께서 그 곁에 서서
G	13b-15	하나님께서 야곱을 축복하시다
F′	16a	야훼(יהוה)께서 여기 계시니
E′	17b	이것은 엘로힘(אֱלֹהִים)의 집이다
D′	17c	이는 하늘의 문(שַׁעַר הַשָּׁמָיִם)이다.

창세기 28:12a와 17c(D-D′)의 구조는 상호 평행을 이룬다. 이러한 구조는 독자로 하여금 *쑬람*(סֻלָּם)을 "하늘의 문" (שַׁעַר הַשָּׁמָיִם)으로 이해하도록 인도한다. 이 문은 *페타흐*(창 18:10, פֶּתַח)나 *델레트*(창 19:6,

273 Michael Oblath, "To SLEEP, PERCHANCE TO DREAM: WHAT JACOB SAW AT BETHEL (GENESIS 28.10-22)," *JSOT* 95 (2001): 117.

דֶּלֶת)가 아니라 *샤아르*(28:17c, שַׁעַר)로서 고대근동 성으로 들어가는 큰 공간이 있는 성곽입구를 상상케 한다. 이 하늘의 성은 위에 있음으로 땅에서 바라볼 때 천사들은 그 하늘의 성문을 통해 수직으로 움직인다. 이제 창세기 28:13a은 야훼 하나님이 야곱에게 말씀하시는 새로운 상황을 묘사한다. "[이제] 또 본즉 야훼께서 *알라브*(עָלָיו)에 서서 이르시되, 나는 야훼니 너의 조부 아브라함의 엘로힘이요 이삭의 엘로힘이라."(28:13a, וְהִנֵּה יְהוָה נִצָּב עָלָיו וַיֹּאמַר אֲנִי יְהוָה אֱלֹהֵי אַבְרָהָם אָבִיךָ וֵאלֹהֵי יִצְחָק׃). 이는 야훼 하나님의 위치가 사닥다리 위나 성문 위가 아니라 야곱 곁에 서서 말씀하시는 것으로 보인다. 따라서 랍비전통 주석은 본문의 *알라브*(עָלָיו)를 그 위(upon it)가 아닌 그의 곁(beside him)으로 해설한다.[274] 꿈 혹은 환상에서 야곱은 먼저 하늘의 성문을 보게 된다. 또 보니 그 곁에 야훼 하나님께서 그를 축복하시는 소리를 듣게 된다. 도주 외에는 다른 방법이 없는, 사방이 막힌 그 상황에서 하늘의 문이 열리고 하나님이 그를 찾아와 선조들의 언약을 상기시키시고 그를 축복하신 것이다(28:13-15). 타락으로 인해 막혔던(창 3:22-24) 하늘의 문이 다시 열린 것이다. 예수님은 이를 "하늘이 열리고 사자들이 인자 위에 오르락내리락 하는 것을 보리라"(요 1:51) 말씀하심으로 그 자신이 바로 하늘의 문(요 10:7-9)임을 밝히신다.

벧엘에서 하나님의 주권적인 임재와 축복(28:13b-15)으로 야곱은 혼자 외로이 도주하는 자가 아니요 이제 하나님이 그의 곁에 계심을 깨닫게 된다(28:16a). 따라서 하나님이 함께 계신 그곳을 엘로힘(אֱלֹהִים)의 집이요(28:17b), 하늘의 문(שַׁעַר הַשָּׁמָיִם)이라고 고백한다(28:17c). 그리고 그의 조부 아브라함과 같이 그 돌 베게로 기둥을 세워 예배를 드리며 그곳 이름을 벧엘(בֵּית־אֵל)로 부른다(28:18-19).

274 The Midrash Rabbah, *Genesis II*, 629.

창세기 28:20-22

야곱의 돌기둥 예배는 그의 구체적인 헌신 고백으로 이어진다. "야훼께서 나의 하나님이 되실 것이요, 내가 기둥으로 세운 이 돌이 하나님의 집이 될 것이요, 하나님께서 내게 주신 모든 것에서 십분의 일을 내가 반드시 하나님께 드리겠나이다"(28:21b-22). 야곱의 십일조(28:22, עַשֵּׂר אֲעַשְּׂרֶנּוּ)는 멜기세덱에게 드린 아브라함의 십일조(14:20, מַעֲשֵׂר)를 상기시킨다. 이 십일조의 신학적 의미는 텍스트상호간 신명기로 조명될 수 있다. 신명기는 매년 드리는 토지 소산의 십일조(신 14:22-27)와 매 삼년 드리는 십일조(신 14:28-29)를 규정한다.

매년 드리는 토지 소산의 십일조(신 14:22-27)

택하신 곳	택하신 곳이 멀고 행로가 어려운 곳
곡식과 포도주와 기름, 소와 양의 처음 난 것	돈으로 바꾸어 택하신 곳으로 가서 제물을 구함
야훼 앞에서 네가 먹고(14:23)	야훼 앞에서 너와 네 권속이 함께 먹고(14:26)
"네 성읍에 거주하는 레위인은 너희 중에 분깃이나 기업이 없는 자이니 또한 저버리지 말지니라."(14:27)	

십일조는 복의 조건이 아니라 복이 하나님께로부터 왔음을 고백하며 하나님 앞에서 인류 공동체가 그 복을 평등히 누릴 수 있도록 한 제도다. 십일조는 하나님께 드리는 것이지만 하나님을 위한 것이 아니라 "야훼 앞에서 네가 먹고"(신 14:23), "너와 네 권속이 함께 먹고"(신 14:26), 분깃이나 기업이 없는 레위인을 포함한 모든 이들의 안녕을 위한 것이다(신 14:27-29). 즉 십일조는 헌제자가 그의 복을 그의 권속, 땅의 소산이 없는 레위인, 이방인, 고아와 과부 등 어려운 이웃들과 나눠 함께 누

매 삼년 토지 소산의 십일조(신 14:28-29)

7년 주기	매년 십일조 (신 14:22-27)	매3년 십일조 (신 14:28-29)	안식년 (신 15:1-6)
1	주인과 레위인		땅의 안식년으로 곡물의 스스로 난 것을 거두지 않고 육축과 들짐승과 가난한 자들과 함께 나눠 먹어야 한다.
2	주인과 레위인		
3		레위인, 객, 고아, 과부	
4	주인과 레위인		
5	주인과 레위인		
6		레위인, 객, 고아, 과부	
7	휴경	휴경	1. 히브리노예의 해방(출 21:2-6) 2. 농경지 휴경(출 23:10-11) 3. 땅의 안식(레 25:1-7, 18-22) 4. 채무자의 면제(신 15:1-6)

릴 수 있도록 하나님께서 정하신 사회복지 제도다. 토라에서 십일조의 본질은 하나님과의 언약관계에 있는 예배공동체의 거룩한 안식과 복지, 그리고 열방의 복을 위해 제정되었다. 열방의 복을 위해 제정되었다. 이는 매년 십일조(신 14:22-27)와 매3년 십일조(신 14:28-29)를 두 번 드리고 안식년(신 15:1-6)을 누림으로 십일조의 진정한 의미가 나눔을 통한 땅과 백성의 안식에 있음을 암시한다. 십일조를 단 한 번도 언급하지 않은 바울서신에서 모든 헌금의 종류는 예루살렘의 가난한 교우들을 돕기 위한 것이었다(행 11:29-30; 갈 2:9-10; 고전 16:1-4; 롬 15:25-29; 행 24:17-18). 이는 십일조의 신명기적인 기능을 반영한다. 교회 공동체는 왕 같은 제사장이요 거룩한 나라(벧전 2:9)로서 하나님의 진정한 분깃이며 영적 레위인으로서 십일조의 혜택권리를 가진다. 따라서 신약에서 헌금은 *디아코*

니아(διακονια, 섬김), *율로기아*(ευλογια, 축복), *하플로테스*(ἁπλοτης, 관대함), 혹은 *코이노니아*(κοινωνια, 교제)로 묘사된다. 예수님께서는 헌금을 드리는 자들의 중심과 마음을 보셨다. 즉 헌금의 본질을 말하셨다. 가난한 과부가 헌금으로 드린 두개의 동전이 다른 모든 사람보다 많다고 하셨다(눅 21:1-4). 그런 가하면 외식하는 바리새인들의 십일조에는 "정의와 긍휼과 믿음"(미 6:8)의 본질이 상실되어 있음을 책망하셨다(마 23:23). 아브라함과 야곱의 십일조는 신명기에서 규정된 십일조의 역사적 기원을 이스라엘의 선조로 귀속시킴으로 그 법률적 권위를 더 강화시키는 것으로 보인다.

창세기 29-30

야곱은 자매인 리브가와 라헬을 둘 다 자신의 아내로 삼았다. 이는 시내산 언약을 범한행위라고 말 할 수 있다. "너는 아내가 생존할 동안에 그 형제를 취하여 하체를 범하여 그로 투기케 하지 말지니라"(레 18:18). 이러한 상황은 불행한 미래를 암묵적으로 예시한다. 물론 야곱은 라헬을 사랑했고 레아와의 결혼은 그의 외삼촌 라반의 속임수에 의한 것이었다. 그러나 결과적으로는 그가 형과 아버지를 속임으로 이제 속임을 당해 두 자매를 아내로 맞이하는 불행을 겪게 된다. 야곱이 레아보다 라헬을 왜 더 사랑했는지 그 이유는 불분명하다. 본문은 "레아는 안력이 부족하고 라헬은 곱고 아리따웠다"(창 29:17)라고 묘사하고 있다. 여기서 "레아는 안력이 **부족하다**"로 번역된 히브리어 단어 *라코트*(וְעֵינֵי לֵאָה רַכּוֹת)는 눈이 곱다(NRS: lovely)라는 은유적인 의미를 가진다. 이는 고운 레아와 신체가 아름다운 라헬을 묘사한 것으로 보인다. 그러나 여전히 분명한 것은 "그가 레아보다 라헬을 더 사랑했고"(29:30) 그로 인해 야곱은 레아와 라헬의 시기와 그녀들과 하인들을 통해 얻은 자식들로 인해 평생 역기능적인 가족의 불행을 겪게 된다.

귀향의 삶 (창 31-35)

창세기 31-35장은 야곱이 고향으로 귀향하는 과정에서 생긴 일들을 기술하고 있다. 야곱은 라반을 떠나 밧단아람에서 가나안으로 돌아 간다. 가나안에 도착한 야곱은 옛날 브엘세바를 떠나 하란으로 도주하던 중 하나님을 만난 벧엘로 올라가 약속대로 하나님을 예배한다. 그리고 거기서 하나님은 야곱과 언약을 갱신하신다. 이러한 야곱의 귀향 이야기 속에서 브니엘(32:30, פְּנִיאֵל)의 사건은 벧엘 사건과 함께 야곱을 변화시킨 가장 결정적인 사건으로 해설된다.

야곱의 귀향에 있어 가장 큰 장애물은 그의 형 에서의 분노였다. 야곱은 이에 대해 나름대로의 전략을 세우나 그것은 모두 무력한 것이었다. 야곱은 먼저 종들을 보내 형의 은혜를 사려 한다(32:3-5). 그러나 형 에서가 400명의 군대를 이끌고 온다는 소식을 듣게 된다. 이에 야곱은 그의 소유를 두 때로 나눈다(32:6-8). 형이 한 때를 치면 남은 한 때는 피할 수 있다는 계산이었다. 이러한 야곱의 치밀하고도 교활한 행동은 그가 마하나임(מַחֲנָיִם, 하나님의 진영)에서 하나님의 사자들을 만나고(32:1-3) 언약 기도(32:10-13)를 드렸음에도 불구한 행동이었다. 이는 야곱의 기도와 행동이 엇박자 였음을 보여준다. 야곱은 그가 고향을 떠났을 때(28:12)나 그리고 이제 돌아올 때(32:1-2)나 하나님의 사자들이 그와 늘 함께 있음을 경험했음에도 그의 행동은 지극히 세속적이었음을 보여준다. 시편기자는 마하나임에서의 보호를 암시한 고백을 다음과 같이 기술하고 있다.

> "네가 말하기를 여호와는 나의 피난처시라 하고 지존자로 거처를 삼았으므로, 화가 네게 미치지 못하며 재앙이 네 장막에 가까이 오지 못하리니, 저가 너를 위하여 그 사자들을 명하사 네 모든 길에 너를 지키게 하심이라." (시 91:9-11)

야곱은 자신의 전략이 무력함을 인지한 후 하나님의 언약을 붙잡는 기도를 드린다. "내 조부 아브라함의 하나님, 내 아버지 이삭의 하나님 여호와여 주께서 전에 내게 명하시기를 네 고향, 네 족속에게로 돌아가라 내가 네게 은혜를 베풀리라 하셨나이다" (32:9). 그러나 그의 행동은 그 기도의 내용과는 동떨어진 인간의 방법을 벗어나지 못한다. 곧 가축의 때를 여덟 때로 나누어 형에게 차례로 보낸다(32:13-21). 야곱은 마하나임 하나님의 보호와 약속에도 불구하고 그의 교활함을 버리지 못한다. 그는 아직도 자신의 의지와 힘으로 상황을 극복하려 한다. 급기야는 그의 두 아내와 두 여종과 열한 아들과 나머지 소유를 앞서 보낸다(32:22-23). 이는 야곱의 세속적인 전략이 한계에 이르렀음을 의미한다. 또한 자신을 위해 가족을 희생시키는 극적인 이기주의를 반영한다. 그는 자신의 욕망을 따라 끊임없이 싸워왔다. 그러나 그 싸움을 통해 그동안 그가 얻은 가족과 모든 것을 궁극적으로는 잃어버릴 처지에 놓인 것이다.

창세기 32:22-32

야곱은 태아 때부터 그의 본능적인 욕망을 따라 싸운 사람이다. 그런데 이제 홀몸이 된 얍복 강가에서 가장 큰 최종의 싸움이 벌어진다. 그동안 싸워 얻은 자신의 종과 가족과 소유를 모두 앞으로 보낸 후 야곱은 요르단 강 동편 줄기인 얍복 강가에 홀로 남아 어떤 사람과 관절에 치명적인 장애를 입기까지 밤새 씨름한다(32:24-25). 랍비 문헌(Midrash Genesis 77:3)은 이를 야곱과 천사와의 실제 싸움으로 주석한다.[275] 본문의 기사가 사실적 묘사인지 아니면 격렬한 기도의 은유적 묘사인지를 떠나 야곱 내러티브의 총체적인 문맥에서 핵심 주제는 분명 "야곱의 씨름" 이다. 창세기 25:26과 32:25는 이러한 싸움을 야곱의 이름과 동음상의한 단어들

275 로스는 이에 대해 다음과 같은 주장들을 소개한다. 고대신화(H. Gunkel), 꿈 내러티브(Josephus), 간절한 기도의 묘사(Jerome, Schmidt), 실제 싸움(Midrash Genesis 77.3), E 문서(Knobel, Delitzsch), J 문서(DeWette, Wellhausen, Driver, Eichrodt). Allen P. Ross (1996), 546-558 참고.

야아코브 (야곱)	야케브 (발꿈치)	해아브크 (씨름하다)	예아베크 (씨름하다)	야보크 (얍복 강)
יַעֲקֹב	יָקֵב	הֵאָבְק	יֵאָבֵק	יַבֹּק
BHS 창 25:26b	BHS 창 25:26a	BHS 창 32:26	BHS 창 32:25	BHS 창 32:23

로 묘사해 구성하고 있다. 얍복 강가에서 야곱은 더 이상 자신의 욕심을 위한 싸움이 아니라 삶의 진정한 의미를 위한 하나님과의 씨름을 한 것이다. 바르테스(R. Barthes)는 하나님과 야곱의 씨름이 끝난 후 결론 본문인 창세기 32:27-31(BHS)의 하나님과 야곱과의 담론을 다음과 같이 분석한다.[276]

	하나님이 야곱에게		**야곱이 하나님에게**
A	מַה־שְּׁמֶךָ 너의 이름이 무엇이냐?	**A'**	וַיֹּאמֶר יַעֲקֹב 그가 말하기를 야곱입니다
B	לֹא יַעֲקֹב יֵאָמֵר עוֹד שִׁמְךָ כִּי אִם־יִשְׂרָאֵל כִּי־שָׂרִיתָ עִם־אֱלֹהִים וְעִם־אֲנָשִׁים וַתּוּכָל׃	**B'**	הַגִּידָה־נָּא שְׁמֶךָ
	네 이름을 더 이상 야곱이라 부를 것이 아니요 이스라엘이라 부를 것이니라		당신의 이름을 알려주십시오
C	לָמָּה זֶּה תִּשְׁאַל לִשְׁמִי וַיְבָרֶךְ אֹתוֹ שָׁם׃	**C'**	וַיִּקְרָא יַעֲקֹב שֵׁם הַמָּקוֹם פְּנִיאֵל כִּי־רָאִיתִי אֱלֹהִים פָּנִים אֶל־פָּנִים וַתִּנָּצֵל נַפְשִׁי׃
	어찌하여 내 이름을 묻느냐		야곱이 그곳 이름을 브니엘이라 하였으니, 내가 하나님의 얼굴을 보았으나 내 생명이 보전되었다

276 Roland Barthes, *The Struggle with the Angel: Textual Analysis of Genesis 32:22-32* (New York, NY: Hill & Wang, 1977), 23.

하나님은 복을 주시기 위해 때로는 야곱의 관절을 치신 것과 같이 그의 사람을 절개하신다.[277] 그리고 회개를 요구하신다. 따라서 야곱의 관절을 치신 후 이름을 물으시는 하나님에게 야곱은 자신의 이름이 야곱(יַעֲקֹב)이라고, 즉 그동안 형제의 '발꿈치를 잡는 자' 로 혹은 '속이는 자' (27:36)로 살아온 자라고 자백한다. 하나님은 그러한 야곱의 이름을 이스라엘(יִשְׂרָאֵל)로 바꿔 주신다. 더 이상 자신의 욕망을 따라 싸우는 자가 아니라 하나님과 싸워 이긴 자, 하나님의 나라를 위해 싸울 자로 성화시켜 주신다. 새로운 이름을 받게 된 야곱은 이제 하나님의 이름을 물어본다. 그러나 곧 이 세상의 그 어떠한 이름도 영원하신 야훼 하나님의 속성을 대표할 수 없음을 알게 된다.

하나님은 스스로 존재하시는(출 3:14, אֶהְיֶה אֲשֶׁר אֶהְיֶה) 영원하신 분이시다. 야곱은 존재의 모든 것을 초월하신, 그 어떠한 이름으로도 담을 수 없는 거룩하신 하나님을 보게 되었다(פְּנִיאֵל, 브니엘). 그러한 하나님을 보는 자는 살아남을 수 없다(창 48:16; 출 19:21; 삿 6:11). 그러나 벧엘에서 또한 브니엘에서 하나님은 야곱에게 가까이 오셨다. 그리고 모든 것을 잃고 오직 목숨만을 구해달라는 야곱의 절실한 기도와 자신은 속이는 자라는 그의 회개에 응답하셨다(창 32:10-13). 이러한 하나님과의 만남은 이제 에서와의 만남으로 연결된다. 브니엘에서 하나님과의 종적인 화해(32:18-32)는 에서와의 횡적인 화해(33:1-17)로 이어진다.

A	브니엘에서 하나님의 화해 언약	야곱 – 이스라엘	32:19-32
B	에서와의 화해 언약	야곱 – 에서	33:1-17
A′	벧엘에서 하나님의 화해 언약	야곱 – 이스라엘	35:1-15

277 Allen P. Ross (1996), 552.

야곱은 브니엘에서 라헬의 우상을 버리고 벧엘로 올라가 하나님께 예배를 드린다(35:1-8). 하나님께서는 그곳에서 그의 이름을 다시금 이스라엘로 재확인시켜 주신다(35:9-15). 야곱은 더 이상 자신의 욕망을 따라 에서와 싸우는 자가 아니라 자신의 욕망을 버리고 선한 하나님과의 씨름을 통해 에서와 화해하는 의로운 이스라엘이 된 것이다.

13. 창세기 37:2-50:26

토라 본문은 톨레도트(תּוֹלְדֹת) 계보문을 방계형(segmented) 구조로 기술한 것으로 보인다. 이미 서문에서 언급한 것과 같이 창세기는 5개의 주요 톨레도트와 6개의 하위 톨레도트 내러티브로 구성되어 있다. 이중 야곱의 톨레도트는 가장 긴 이야기를 담고 있다(창 37:2-50:26).

창세기 서문	창 1:1-2:3
1. 천지의 톨레도트	창 2:4
2. 아담의 톨레도트	창 5:1
3. 노아의 톨레도트	창 6:9
셈 함 야벳의 톨레도트	창 10:1
4. 셈의 톨레도트	창 11:10
데라의 톨레도트	창 11:27
이스마엘의 톨레도트	창 25:12
이삭의 톨레도트	창 25:19
에서의 톨레도트(a)	창 36:1
에서의 톨레도트(b)	창 36:9
5. 야곱의 톨레도트	창 37:2

다수의 학자들은 야곱의 톨레도트(창 37-50)가 문학적 통일성을 가진 요셉의 내러티브로 구성되어 있다고 본다. 폰라드(von Rad)는 창세기의

마지막 부분인 이 요셉의 내러티브는 선행하는 다른 모든 족장들의 이야기와는 구분되어야 하는 후기에 편찬된 독립적 서술(EP 복합문서)이라고 주장한다.[278] 이는 논쟁적 이슈지만 분명한 것은 이 단락의 최종적 문학적 형태는 통일된 구조와 플롯을 함축한다. 먼저, 요셉의 내러티브는 그 자체로서 하나의 통일된 구조를 구성하고 있다. 김의원은 웬함(Wenham), 코우츠(Coats), 렌즈버그(Rendersburg), 게렛(Garrett), 그리고 돌시(Dorsey)가 제시한 여러 구조들을 종합적으로 참고해 창세기 37:1-50:26의 본문을 다음과 같은 동심원 구조로 설명한다.[279]

A. 서론: 야곱 가족 기사의 시작 (37:1-11)
B. 요셉의 표면적인 죽음, 야곱의 슬픔 (37:12-36)
C. 자손의 위기: 유다와 다말 (38:1-28)
D. 불공평한 역전들 (39:1-23)
E. 요셉의 지혜 (40:1-41:57)
F. 이집트로의 이동 (42:1-46:7)
X. 야곱의 계보 (46:8-27)
F' 이집트에 정착 (46:28-47:12)
E' 요셉의 지혜 (47:13-26)
D' 불공평한 역전들 (48:1-22)
C' 자손들에 대한 축복: 유다에 대한 축복 (49:1-28)
B' 야곱의 죽음, 요셉의 슬픔 (49:29-50:14)
A' 결론: 야곱 가족 기사의 끝 (50:15-26)

위와 같은 문학적 구조의 통일성을 함축한 요셉의 내러티브는 다른

278 Gerhard von Rad, "The Joseph Narrative and Ancient Wisdom," in *The Problem of the Hexateuch and Other Essays* (New York: McGraw-Hill, 1966), 292-299.

279 김의원 (2013), 564.

족장들의 내러티브와는 구분되어야 한다는 폰라드의 주장과는 달리 선행하는 창조-족장 내러티브와 밀접한 텍스트언어학적인 연관성을 갖고 있다. 요셉의 내러티브는 창세기 2장부터 시작된 톨레도트 이야기들의 자연스러운 결론 부분이라고 말 할 수 있다. 그러나 37장부터 시작하는 요셉의 내러티브에서 38장에 삽입된 유다와 다말의 이야기는 통일성에 대한 부정적인 논쟁을 일으키기에 충분하며 이에 대한 다양한 견해들이 있다.

와이브레이(R. N. Whybray)는 유다와 다말의 이야기는 "가장 일관성 없는 부분으로서 비교적 잘 구성된 요셉 이야기(37-50장)의 맥락을 방해한다"고 주장한다.[280] 따라서 이러한 불일치는 일반적으로 문서가설(J문서)이나 신명기사가의 후기편집으로 설명된다.[281] 월프(Herbert Wolf)는 이 본문은 요셉의 이야기 속에서 유다의 도덕적 회의를 묘사함으로 왜 유다가 아닌 요셉이 장자의 명분을 가지게 되었는지를 설명하고(대상5:1-2) 이어지는 서술에서 보디발의 아내의 유혹을 물리치는 요셉의 도덕성을 대비시키는 서술적 전략을 반영한 것이라고 주장한다(창39:1-23).[282]

세일해머는 38장이 요셉의 이야기와는 연결시킬 근거가 거의 없다고 인정한다. 그러나 창세기의 중심 주제의 총체적인 전개에 있어 유다와 다말의 이야기는 씨의 약속에 대한 성취 과정을 재확인시켜준다고 주장한다.[283] 로스(Allen P. Ross)도 이 본문을 크게는 야곱의 톨레도트(תֹּלְדוֹת)에 속한 자체적으로 완성된 하나의 가족 내러티브로 보았다. 그는 "그러나 요셉이 자기 가족을 애굽으로 인도했을 때(46:12), 그 안에는

280 R. N. 와이브레이, 『오경입문』 (2005), 93.

281 Von Rad (1972), 357.

282 Herbert Wolf, *An Introduction to the Old Testament Pentateuch* (Chicago: Moody Press, 1991), 122.

283 세일해머, 모세오경(상), 393-395.

다말의 아들들이 포함되어 있었다. 이 이야기가 알맞게 들어갈 자리는 이곳 외에는 없다. 더구나 이장은 요셉 이야기와 일반적인 유사점을 보이는데, 야곱과 유다가 속임을 당하고, 이어서 증거물을 인정하게 되며, 요셉 이야기와 일정한 어휘들을 공유한다"고 말한다.[284] 그 어떠한 견해이든지 분명한 것은 본문의 화자는 유다의 중요성을 이 지점에서 강조하고 있다는 사실이다. 야곱은 레아보다 라헬을 더 사랑했다(29:30). 이는 라헬의 두 아들인 요셉과 베냐민을 특별히 사랑하고 요셉의 두 아들인 므낫세와 에브라임을 야곱의 아들로 입양해 그의 지분을 준 행위에서 명백히 드러난다(48:5-7). 또한 야곱에게는 열두명의 아들이 있었고 그의 장자는 레아를 통해 난 르우벤이다(아래 도표).

레아	라헬	빌하(라헬의 시녀)	실바(레아의 시녀)
1) 르우벤 2) 시므온 29:33 3) 레위 29:34 4) 유다 29:35 9) 잇사갈 30:18 10) 스블론 30:20 (딸) 디나 30:21	11) 요셉 30:23 12) 베냐민 35:18	5) 단 30:6 6) 납달리 30:8	7) 갓 30:11 8) 아셀 30:13

그럼에도 불구하고 씨의 약속은 그의 넷째 아들인 유다의 계보를 따라 성취된다. 이는 "혈과 육으로는 하나님의 나라를 유업으로 받을 수 없다"(고전 15:50)라는 신약의 신학적 설명의 기반이 된다. 이러한 족장 내러티브의 구성은 독자의 모든 보편적인 상식과 예상을 깨고 언약 계보의 전개가 오직 야훼 하나님께 있음을 암시한다. 유다를 통한 씨의 약속의

284 앨런 로스, 『창조와 축복』. 김창동 역 (서울: 도서출판 디모데, 2005), 911.

예고와 성취는 족장 내러티브 전반에 있어 점차적인 형식으로 구성되어 있다. 레아는 그가 마지막으로 난 네 번째 아들의 이름을 유다라 하였고 이는 "야훼를 찬송하리라"는 뜻을 가졌다. 본문의 화자는 이에 "그[레아]의 생산이 멈추었다"(29:35)라고 기록하고 있는데 이는 나중에 하나님께서 레아의 기도를 들으시고 두 아들을 더 주셨으나(잇사갈과 스블론, 30:18) 유다의 출생과 그의 이름은 그 어떠한 절정을 이룬 것으로 묘사되고 있다. 요셉의 이야기가 시작되면서 유다는 요셉의 생명을 건지고자 하는 사람으로 등장한다(37:27).

이어 38장에서 요셉의 이야기를 전폭적으로 전개하기 직전, 요셉이 보디발에게 팔렸을 "그 때에"(וַיְהִי בָּעֵת הַהִוא, 38:1) 유다에게 일어난 다말과의 사건을 언급한다. 이러한 삽입은 분명 자연스럽지 않지만 평행적이며 점차적으로 피력되는 유다에 대한 관심을 놓치지 못하게 한다. 유다는 아들들의 합법적인 수혼법(신 25:5-10, Levirate Law) 관례 밖에서 며느리 다말과의 음행을 통해 씨를 연장하게 된다. 이는 레위기 18:15에서 금하고 있는 "너는 자부의 하체를 금하지 말라, 그는 네 아들의 아내니 그 하체를 범치 말지니라"를 범한 것이다. 또한 다말의 두 아들 중 베레스는 형인 세라와 겨루어 장자의 권한을 획득한다(38:27-30; 민26:20). 그럼에도 불구하고 씨의 약속은 유다와 베레스 그리고 다윗을 통해 예수 그리스도 안에서 성취된다(마 1:1-17). 유다는 계속 요셉의 이야기 속에서 중요한 역할을 담당한다. 자기의 몸을 담보로 베냐민을 애굽으로 데리고 갈 수 있는 허락을 야곱으로부터 받아낸다(43:8-10). 그리고 44장에서는 이제 루으벤이 아닌 유다가 형제들의 리더역할을 한다, "유다와 그 형제들이 요셉의 집에 이르니"(44:14a). 그리고 베냐민 대신 자신을 종으로 잡아 둘 것을 간청한다(44:33).

이 일 후에 야곱이 애굽으로 이전하는 과정에서도 유다는 계속 중보자의 역할을 담당하고 야곱의 신임을 얻는다, "야곱이 유다를 요셉에게 미리 보내어 자기를 고센으로 인도하게 하고 다 고센 땅에 이르렀다"(46:28). 요셉 이야기 속에서 유다의 편입은 49:8-12에서 그 절정을 이룬다. 유다를 향한 야곱의 유언은 독자의 모든 상식과 기대를 깨고 유다가 씨의 약속을 성취할 중요한 인물이 될 것을 예고한다.

> 창세기 49:10
> "홀(שֵׁבֶט)이 유다를 떠나지 아니하며 치리자의 지팡이가 그 발 사이에서 떠나지 아니하시기를 실로(שִׁילֹה)가 오시기까지 미치리니 그에게 모든 백성이 복종하리로다."

왕권을 상징하는 홀(שֵׁבֶט)이 유다의 계통을 떠나지 않을 것이나 그것은 실로(שִׁילֹה)가 오기까지만 유효하다. 실로(שִׁילֹה)라는 용어의 의미에 대해 델리취(Keil & Delitzch)는 온켈로스 탈굼역(Targum of Onkelos)을 따라 기독론적인 관점에서 이를 메시아로 해석했다.[285] 왜냐하면 3인칭 대명사 접미사(ה)가 이 용어를 한 인물로 암시하기 때문이다. 문제는 앞부분에 실(שִׁיל)이라는 용어의 의미가 불분명한데 있다. 그럼에도 불구하고 대체로 이 단어는 "그에게 속한" 혹은 "그것이 속한" 것으로 번역된다. 그 주요근거는 칠십인 역을 참조한데 있다. "그것이 속한 자가 올 때까지"(ἕως ἂν ἔλθῃ τὰ ἀποκείμενα αὐτῷ).[286]

히브리어 사전 BDB는 "실로가 오시기까지"(עַד כִּי־יָבֹא שִׁילֹה)를 "마땅히 그러한 자"(he who it is)로 번역하기도 한다. NIV 성경은 "마땅히 그것[홀]이 속한 자가 이르면"(to whom it belongs)이라고 번역하고 있다. 그러나 여기서 가장 중요한 것은 본 단락의 전체적인 문맥이다. 유다는 이미 형제의 찬송이 될 것이며(49:8) 왕권을 상징하는 사자가 될

---

285 Keil & Delitzch, *Pentateuch, Commentary on the Old Testament*, updated ed. vol. 1 (Peabody: Hendrickson Publishers, 2006), 34.

286 Cf. G. Vos (1972), 425.

것이다(49:9). 그러므로 “실로가 오기까지”에서 실로(שִׁילֹה)는 다윗의 통치 시대를 넘어선 그 누구인 것이다. 이는 궁극적으로 그 홀을 가지고 계신 분이 오시기까지 통치권이 유다를 떠나지 않을 것이라는 메시아적인 해석을 가능케 한다, “마땅히 얻을 자가 이르면 그에게 주리라”(겔 21:27). 유다와 다말의 내러티브는 유다의 미래적 통치권을 예고하는데 있어 그의 후손을 보장하는 중요한 메시지를 담고 있다. 이러한 통일된 구조의 연관과 가능성은 이미 베스터만(Claus Westermann)과 스톤(Timothy J. Stone)에 의해 주장된 바 있다.[287] 따라서 요셉의 내러티브는 그 자체적으로 통일성을 넘어 나머지 창세기의 담론들과 다음과 같은 총체적인 신학-서술적인 연속성과 연관성을 구축한다.

요셉과 에덴의 내러티브

요셉과 보디발의 아내 이야기는 창세기 3장의 타락 이야기와 비교해 동일한 문제와 해결 모티프를 상호 반영한다. 보디발은 그의 소유를 요셉의 손에 다 위탁했으나 음식만은 제외시켰다(창 39:6). 이는 에덴 동산에서 제외된 선악과를 떠오르게 한다. 아담은 선악과를 취했고 요셉은 보디발의 아내를 취하지 않았다. 여기서 보디발의 아내는 하와와 평행적으로 비교될 수 있다. 하와는 보기에 좋은 선악과에 유혹되었고 보디발의 아내는 “용모가 빼어나고 아름다운”(창 39:6) 요셉에게 유혹되었다. 요셉은 보디발의 아내의 소리를 듣지 아니하고 그녀와 함께 있지 아니했다(39:10 וַיְהִי כְּדַבְּרָהּ אֶל־יוֹסֵף יוֹם יוֹם וְלֹא־שָׁמַע אֵלֶיהָ לִשְׁכַּב אֶצְלָהּ לִהְיוֹת עִמָּהּ׃).

그러나 아담은 하와와 함께 있었으며 그녀의 소리를 들었다. 아담과

287 Claus Westermann, Genesis 37-50 (Minneapolis: Augsburg, 1986), 27. Cf. “Joseph in the Likeness of Adam: Narrative Echoes of the Fall,” in *Genesis and Christian Theology* (Grand Rapids, MI: Eerdmans, 2012), 62-73.

하와는 벌거벗었었으나 죄로 인해 가죽 옷을 입게 되었고, 요셉은 죄를 범하지 않기 위해 자신의 옷을 벗어버렸다(창 39:12-13; 출 20:14).

요셉과 노아의 내러티브

요셉 시대의 기근은 노아 시대의 홍수 상황을 반영한다. 둘의 상황은 하나님께서 사전에 알려주신 것이며 노아와 요셉은 이에 모두 대처했다(6:21; 41:48-49). 결론적으로 땅의 사람과 동물들의 생명을 보존하게 되었다(6:19-20; 47:4, 17). 방주는 노아의 가족을 살렸고, 요셉은 그의 가족과 세상을 살렸다(41:54-57).

불화와 화해

타락 이후로 전개되는 가족들의 불화 이야기는 요셉과 그의 형제들의 화해 이야기로 마무리된다. 가인과 아벨, 이스마엘과 이삭, 야곱과 에서로 이어지는 갈등은 요셉의 이야기에서 해결된다. 가인은 아벨을 죽였으나 요셉의 형제들의 살인 시도는 실패로 돌아가고 요셉은 그의 형제들과 가족을 용서하고 구원한다(50:20-21).

요셉과 아브라함의 축복

아브라함은 열방의 축복이 될 것이라는 약속을 받았다(12:1-3). 롯은 아브라함으로 인해 축복을 받았고, 라반은 야곱을 통해 축복을 받았다. 야곱이 어디를 가나 복을 받은 것(28:15)과 같이 하나님은 요셉을 형통케 하셨다(39:2). 그러나 땅의 모든 자들의 복이 된 사람은 요셉이다. 그로 인해 보디발의 집만이 복을 받은 것이 아니라 온 지면의 기근(창 41:56, וְהָרָעָב הָיָה עַל כָּל־פְּנֵי הָאָרֶץ)이 해결됨으로 열방이 복을 받게 되었다(41:53-57).

요셉과 언약적 통치

하나님은 아담과 하와를 창조하시고 그들에게 생육하고 번성하여 땅을 정복하고 다스리게 하셨다(창 1:28). 그러나 죄로 인해 그들의 정복과 다스림은 실패로 돌아간다. 그러나 아담과의 언약은 노아와 아브라함에게서 갱신되고 요셉을 통해 생육과 번성과 다스림의 통치가 성취되고 있음을 암시한다. 요셉은 창세기 결론에서 가장 이상적인 통치자로 묘사되고 있다(41:16, 25, 28, 32). 이렇게 요셉의 내러티브는 통일된 독립적 서술인 동시 선행하는 창세기 톨레도트 이야기들의 결론 문이기도 함을 알 수 있다. 창세기를 넘어 토라를 구성하는 모든 담론들과 다양한 형태의 단편들은 본문의 최종적 문학 형태에서 총체적인 서술-신학적인 통일성을 구성하고 있다고 말할 수 있다. 이는 후드(Jared C. Hood)가 출애굽기의 십계명 본문(출 20:1-17)을 창세기 1-3장의 문맥과 면밀히 연결해 설명한 것과 같이[288] 오경을 구성하고 있는 다양한 단락들이 창세기 본문으로부터 자유롭지 못함을 의미한다. 따라서 토라의 총체적인 문맥 안에서 요셉의 내러티브는 요셉을 넘어 야곱 이야기의 결말인 동시 미래를 담고 있다고 말 할 수 있다. 세일헤머가 지적한 것과 같이, 요셉의 형제들이 그에게 절하는 꿈(창 37:2-11)은 유다의 형제들이 그에게 절하는(창 49:8) 미래를 바라보게 한다.[289]

요셉 내러티브의 주요 줄거리

고전적 문서가설에 따르면 요셉의 내러티브는 JE 문서의 복합적인 편집으로 기술되었다. 그 특징으로는 열두아들의 아버지를 야곱으로 부르

---

288 Jared C. Hood, "The Decalogue of Genesis 1-3," *The Reformed Theological Review* 75:1 (April 2016): 35-59.

289 세일해머(상), 389.sp

기보다는 이스라엘로 부른다는데 있다. 그럼에도 불구하고 다수의 학자들은 요셉의 내러티브를 37-50장 안에서 38장과 48-49장을 제외하고는 통일된 서술로 평가한다. 본문의 공시적인 관점에서 볼 때 요셉의 내러티브는 오경전체 이야기 속에서 중요한 전환점을 이룬다. 먼저 지리적 배경이 가나안에서 애굽으로 전환된다. 호프마이어(J. K. Hoffmeier)는 이러한 지리적인 전환에 있어 요셉 내러티브는 메소포타미아와 가나안이 아닌 애굽과 관련된 관습들과 용어들을 사용하고 있다고 지적한다.[290] 또한 애굽에서 광야로의 전환을 예고한다. 두 번째는 주요인물의 전환이다. 요셉의 내러티브는 개인 야곱을 공동체인 이스라엘로 전환시키고 족장들이 중심이 된 서술의 구성을 모세중심으로 전환시키는데 중요한 배경이 된다. 마지막으로 언약의 성취가 한 개인에서(아브라함, 이삭, 야곱) 민족(이스라엘)으로 확장되는 전환과정을 기술하고 있다.

요셉의 내러티브가 독자에게 전하고자 하는 가장 중요한 메시지는 다음과 같은 두 구절을 통해 밝혀진다고 볼 수 있다. 첫 번째는 요셉이 감옥에 갇혀 있을 때의 상황을 설명한 것이고, "야훼께서 요셉과 함께 하시고 그에게 인자를 더 하사 전옥에게 은혜를 받게 하셨다"(39:21), 이는 요셉이 보디발의 가정총무가 되었을 때도 설명된 것이다, "야훼께서 요셉과 함께하시므로 그가 형통한 자가 되어 그 주인 애굽 사람의 집에 있으니, 그 주인이 야훼께서 그와 함께 하심을 보며 또 야훼께서 그의 범사에 형통케 하심을 보았더라"(39:2-3). 두 번째는 요셉이 그 형제들에게 화해를 다시 서약하며 그동안의 일어난 모든 일을 요약한 말이다, "당신들은 나를 해하려 하였으나 하나님은 그것을 선으로 바꾸어 오늘과 같이

290 J. K. Hoffmeier, *Israel in Egypt* (Oxford: Oxford University Press, 1996), 77-106. 보디발(Potiphar), 아스낫(Assenath), 사브낫바네(Zaphenath-Paneah)는 전형적인 이집트 이름들이다. 셈족이 고위직에 오르는 것, 미라를 만드는 것, 꿈의 중요성, 전지를 파는 것, 등. 이들은 고대 이집트에 보편적인 관습들이다.

만민의 생명을 구원하게 하시려 하셨습니다"(50:20).

이 두 에피소드는 족장 내러티브의 가장 핵심적인 주요 신학메시지를 집약적으로 함축시킨다. 요셉이 고통스러운 전옥 한 가운데 있음에도 불구하고 야훼께서 함께하셨다는 사건과 요셉을 해치려던 형제들의 행위가 오히려 하나님의 선을 이루었다는 요셉의 고백은 족장들의 내러티브 속에서 언약 대상의 그 어떠한 상황에서도 변함없이 함께 하셨던 야훼 하나님의 신실하심과 그의 절대주권을 다시 한번 재확인시켜준다. 또한 출애굽기 서술에서 시내산과 성막에 임하심으로 메마른 광야로 나아간 이스라엘에게 때를 따라 도우시는 하나님의 함께하심을 미리 예상케 한다. 이러한 요셉의 내러티브는 다음과 같은 구조로 요약될 수 있다.

<table>
<tr><th>주요인물</th><th>주요 에피소드</th><th>요셉의 옷과 관련된 에피소드</th><th>장 절</th></tr>
<tr><td rowspan="2">요셉</td><td>요셉의 꿈</td><td>채색 옷</td><td>37:2-11</td></tr>
<tr><td>요셉이 애굽으로 팔려가다</td><td>노예의 옷</td><td>37:12-36</td></tr>
<tr><td>유다</td><td>유다와 다말</td><td></td><td>38:1-30</td></tr>
<tr><td rowspan="4">요셉</td><td>요셉과 보디발의 아내</td><td>가정총무의 옷</td><td>39:1-20</td></tr>
<tr><td>감옥에서의 꿈 해석</td><td>죄수의 옷</td><td>39:21-40:23</td></tr>
<tr><td>바로의 꿈 해석</td><td>갈아입은 옷</td><td>41:1-36</td></tr>
<tr><td>애굽의 총리가 된 요셉</td><td rowspan="5">바로의 세마포</td><td>41:37-57</td></tr>
<tr><td rowspan="2">요셉의 형제들</td><td>형제들의 첫 번째 애굽 방문</td><td>42:1-38</td></tr>
<tr><td>형제들의 두 번째 애굽 방문</td><td>43:1-45:28</td></tr>
<tr><td rowspan="2">야곱과 유다</td><td>야곱가족의 애굽 정착</td><td>46:1-47:31</td></tr>
<tr><td>야곱의 말년</td><td>48:1-50:14</td></tr>
<tr><td>요셉</td><td>요셉의 말년</td><td>미라 장례예복</td><td>50:15-26</td></tr>
</table>

요셉의 옷

창세기에서 요셉의 내러티브는 하나의 통일된 이야기로서 가장 장편인 것으로 특정 지어진다. 그러한 긴 이야기를 구성하고 있는 여러 사건에 관한 삽화들(episode) 속에서 일관되게 순환되고 있는 옷과 관련된 장면들(scene)을 주목해볼 필요가 있다.[291] 요셉이 입은 다양한 옷들을 집중하여 그의 이야기를 따라가면 우리는 요셉의 신분의 변화가 그가 입게 되는 다양한 옷에서 반영되고 있음을 볼 수 있다. 그리고 그와 관련된 사건에서 중요한 메시지를 포착하게 된다. 야곱은 요셉을 노년에 얻은 아들이므로 "여러 아들보다 그를 깊이 사랑하여 위하여 채색 옷(פַּסִּים כְּתֹנֶת) 을 지었다"(37:3). "채색 옷"으로 번역된 히브리어 *케토네트 파씸* (כְּתֹנֶת פַּסִּים)의 문자적 의미는 "곧은 튜닉/두루마기"(flat tunic)로서 오늘날 통상적인 용어로는 "잘 빠진 옷"이라 말 할 수 있겠다. 킹 제임스(KJV)의 "coat of many colors"(채색 옷)는 아마도 칠십인 역(LXX, χιτῶνα ποικίλον)을 따른 것 같다. 중요한 것은 이 옷이 야곱의 특별한 사랑을 반영하고 형제들의 시기를 사기에 충분한 아주 귀한 것이었음을 알 수 있다. 이러한 야곱의 행동은 에덴동산에서 아담과 하와에게 "가죽 옷"(כָּתְנוֹת עוֹר, *카트노트 오르*)을 입히신 하나님의 특별하신 사랑을 상기시킨다(3:21). 사도 요한은 이상 중에 하나님께서 성도들에게 "흰 두루마기"를 입히시는 것을 보게 된다(계 6:11; 7:9, 13). 성경에서 옷을 입히는 행위는 중요한 상징성을 가지고 있다. 그러므로 요셉의 파란만장한 삶을 결정적으로 좌우한 것이 바로 이 채색 옷이었다는 사실로부터 이 옷에 함축된 의미들을 조명해 볼 수 있다. 먼저 본문은 이 옷이 야곱의 일방적인 사랑으로 요셉에게 입혀 졌음을 말하고 있다(37:3). 이는 에

291 Episode와 Scene에 관한 내러티브 구성에 대해 이한영, 『패러다임 맥락에서 본 성경해석학』 (서울: 나눔사, 2003), 319-322 참고.

서가 아닌 야곱을 일방적으로 사랑하신 하나님(시 47:4; 말 1:2-3; 롬 9:13)과 두 아들 중 에서가 아닌 야곱을 사랑한 리브가(25:28)의 행위에서 사랑은 선택과 직결된다. 그리고 이러한 선택의 이유는 거의 불가사의로 남게 된다. 독자는 오경에서 왜 야곱이 레아가 아닌 라헬을 사랑했는지, 왜 하나님께서는 에서가 아닌 야곱을 사랑하셨는지, 왜 야곱이 베냐민이 아닌 요셉을 사랑했는지, 그 이유를 정확히 알 수 없다. 요셉은 노년에 얻은 아들이었지만 실제로 더 노년에 얻은 아들은 베냐민이었다. 사랑은 불가사의적인 선택을 전제한다. 이러한 요셉의 옷을 벗긴 사람들은 요셉의 형제들이다(37:23, 31-33). 그리고 요셉의 고난은 이 옷이 벗겨진 이후로 시작된다. 야곱은 피가 묻은 요셉의 옷을 보고 "자기 옷을 찢고" 애통한다(37:34). 그의 애통함은 남은 모든 자녀들의 위로로도 누그러질 수 없는 비극적인 것이었다(37:36). 오경 내러티브 안에서 이러한 입힘과 벗김의 대조는 행복과 비극의 일관적인 표기로 묘사된다(2:25; 3:21; 9:21, 23).

이어 요셉은 미디안 상고들에게 노예로 팔린다, 그러므로 이제 요셉은 아마도 노예가 걸치는 그 무엇을 입었을 것이다. 그리고 바로의 시위대장 보디발에게 팔린다(37:36). 그러나 요셉은 곧바로 그 보디발의 가정총무로 신임을 얻게 된다. 그의 옷은 이제 총무의 옷으로 바뀐 것이다. 그 이유는 "야훼께서 요셉과 함께 하셨다" 때문이다(39:2-3). 그러나 요셉은 보디발의 아내의 유혹을 물리치기 위해 그 총무의 옷을 보디발의 아내의 손에 버리고 억울한 누명으로 감옥에 갇힌다(39:12-20). 여기서 중요한 것은 이제 그 명예로운 총무의 옷을 벗어버리고 감옥에 갇혀 죄수의 옷을 입은 것도 "야훼께서 요셉과 함께 하셨다"(39:21)는 설명이다. 이는 요셉의 옷이 입히고 벗기는 것이 하나님의 선하신 주권 아래 행해졌음을 암시한다. 또한 요셉은 자신이 그동안 입었던 채색 옷, 노예의 옷, 총무의 옷, 그리고 죄수의 옷에 의해 좌우되지 않았음을 볼 수 있다. 그는 어렸을 때 하나님께서 그에게 주신 꿈을 마음에 간직했고 훗날 그 성취를 보게 된다(42:6). 이는 그가 세상의 권력과 흥망을 상징하는 외부적인 옷에 집착하기보다는 궁극적인 준거를 하나님께 두었음을 보여준다. 보디발의 아내에게 "이 큰 악을 행하여 하나님께 득죄 하리이까?" (39:9b) 라고 말한 후 과감하게 총무의 명예로운 옷을 벗어 버리고 수치스러운 죄수의 의복을 입은 그의 행동은 이를 잘 검증해준다. 후에 형제들이 애굽의 총무가 요셉임을 알게 되어 두려워할 때도 요셉은 그를 애굽에 보낸 자는 그의 형제들이 아니라 하나님이셨음을 고백한다(46:8). 이는 그가 "만민의 생명을 구원하시기 위해 악을 끝내 선으로 바꾸시는 하나님" (50:20)의 주권을 최종적으로 신뢰했음을 보여준다. 감옥에 갇혀 있던 요셉에게 만전을 기하는 상황이 왔다. 그것은 바로의 꿈을 해석하는 기회였다.

여기서 저자는 요셉이 한 구덩이(הַבּוֹר)에 갇혀 있음을 암시한다(41:14). 이는 그의 형제들이 전에 그의 옷을 벗기고 그를 한 구덩이(הַבּוֹר)에 가두었던 사건을 상기시킨다(37:23-24). 그러나 이제 바로의 종들은 그 구덩이(הַבּוֹר)에서 요셉을 이끌어내고 그에게 옷을 갈아 입힌다(41:14). 그리고 바로는 요셉에게 꿈을 해석할 수 있는 유일한 사람이라고 신뢰를 표현한다(41:15) 이에 대한 요셉의 대답은 다시 한번 그의 초점이 하나님께로부터 떠나 있지 않음을 보여준다, "요셉이 바로에게 대답하여 가로되 이는 내게 있는 것이 아니라 하나님이 바로에게 평안한 대답을 하실 것입니다" (41:16).

요셉을 구덩이에 집어넣고 또한 거기서 끓어낸 것은 요셉의 형제들도 혹은 바로의 종들도 아닌 야훼 하나님이신 것이다(45:8; 50:20). 요셉은 끝내 애굽의 총리가 되었고 그리고 바로가 준 인장 반지와 세마포 옷(בִּגְדֵי־שֵׁשׁ)을 입게 되었다(41:42). 바로의 인장과 세마포는 천하의 최대 권력과 성공을 상징한다. 그러나 우리는 요셉의 총리가 된 모습에서 그 어떠한 자만함과 그릇된 행위를 찾아볼 수 없다. 그의 어렸을 때의 꿈

(37:5-11)은 총리가 된 요셉의 삶 속에서 성취되지만(42:2) 요셉은 그 모든 공로를 하나님께로 돌린다(50:20). 더 중요한 것은 요셉의 옷에 대한 이야기가 여기서 끝나지 않는다는 것이다. 만약 총리의 옷이 요셉 내러티브의 절정이었다면 그동안 본문이 일관적으로 조명했던 하나님의 인도하심은 한 사람의 성공이야기로 마감되었을 것이다. 요셉의 마지막 옷에 대한 암시는 그가 "몸에 향 재료를 넣고 애굽에서 입관되었다"(50:26b)라는 언급에서 찾아볼 수 있다. 이는 이집트의 관습상 요셉이 마지막으로 입었을 애굽의 미라 장례 예복을 상상케 한다. 채색 옷을 입는 것으로 시작한 요셉 내러티브는 장례 예복으로 마무리된다. 그러나 여기서도 요셉은 이집트의 장례 예복과는 상관없는 먼 미래를 바라본다, "하나님이 정녕 너희를 권고하시리니 너희는 여기서 내 해골을 메고 올라가겠다 하라"(50:25b). 이는 그가 현재 다스리고 있는 땅과 입고 있는 옷이 반영하는 현실세계를 넘어 하나님의 시각으로 미래를 바보는 그의 신앙심을 반영한다. 본문은 이를 통해 앞으로 성취될 땅과 씨의 약속을 독자들로 하여금 바라보게 한다. 훗날 모세는 애굽에서 요셉의 해골을 취하여 나오고(출 13:19) 이스라엘 자손은 가나안에 정착하여 요셉의 뼈를 세겜에 장사한다(창 33:19; 수 24:32).

언약성취에 있어 요셉 내러티브의 기능

요셉의 내러티브는 하나님의 언약이 야곱의 후손들을 통해 이스라엘 민족으로 확대되는 전환 기사를 서술하고 있다. 그리고 그 안에서 불가결의 한 요셉의 역할을 피력하고 있다. 이는 거의 완전함에 가까운 요셉의 온유하고 신실한 인격 그리고 신앙의 모습으로 묘사된다. 물론 고센 땅에서의 이스라엘의 고립을 통한 열두지파의 집합은 이스라엘 민족을 형성하는데 있어 가장 중요한 역할을 했다. 그러나 더 중요한 것은 그들이 고센에 정착할 수 있도록 하나님의 섭리를 따라 그 형제들을 용서한 요셉의 인격적인 역할이다(45:5-8; 50:20-21). 그럼에도 불구하고 씨의 약속은 상대적으로 의로운 그의 삶과는 상반 대조되는 유다의 후손으로 이어진다. 유다의 세 아들(엘, 오난, 셀라)과 다말의 사건이야기(38장)는 율법적으로 그의 도덕적 회의를 잘 보여준다(레 18:15). 유다는 가나안 여인이 아닌 그의 자부 다말을 통해 베레스와 세라를 낳고 베레스는 다윗의 조상이 된다(룻 4:18). 이는 훗날 새언약(렘 31:31; 눅 22:20)이 유다와 다윗의 계통을 통해 예수 그리스도 안에서 성취되는 중요한 근거가 된다. 요셉의 내러티브는 아브라함과 야곱의 내러티브와 같이[292] 야훼 하나님의 언약성취가 궁극적으로는 그 어떠한 인간의 의로움이나 고귀함을 통함이 아니라 생사화복을 주관하시는 야훼 하나님의 영원한 섭리와 절대주권으로 성취됨을 다시 한번 부각시킨다. 그러나 요셉의 성화된 삶은 하나님께서 언약백성들에게 요구하시는 삶의 모습이 어떠해야 하는지 성도들의 윤리적 책임과 준거를 지시한다.

요셉과 이집트

본문에 묘사된 요셉의 이집트 행에 대한 역사적인 가능성에 있어 다수의 학자들은 회의적이다. 초기구전과 편찬시기에 대해서도 많은 논쟁의 여지를 남기고 있다. 또한 본문에서 결정적으로 연대를 측정할 수 있는 바로의 역사적인 이름은 밝혀지지 않는다(39:1). 나아가 고고학적으로 재구성된 이집트 연대에 대해서도 학자들의 동의는 결론적이지 못하다. 그러나 이미 아브라함의 연대를 소개할 때 논의한 바 마소라 텍스트(MT)는 족장들의 출생 년도를 중심으로 요셉의 애굽 행 원년에 대해 다음과 같은 몇 가지 힌트를 남기고 있다.[293]

292 세일해머는 아브라함과 요셉의 내러티브가 평행구조를 이루고 있음을 지적한다. 세일해머(상), 270-271

293 칠십인 역(LXX) 사본에 기록된 연대는 MT와 다르다. 본서의 모든 논의는 MT를 근거로 한다.

왕상 6:1	솔로몬 왕정 4년, 출애굽한지 480년 (966 BC)	출애굽	c. 1446 BC
출 12:40	애굽에 430년 머물렀다.	야곱의 이집트 행	c. 1876 BC
창 47:9	야곱이 애굽에 갔을 때 그의 나이는 130세	야곱의 출생년도	c. 2006 BC
창 25:26	이삭이 60세에 야곱과 에서를 낳았다	이삭의 출생년도	c. 2066 BC
창 21:15	아브라함이 이삭을 낳을 때 100세	아브라함의 출생년도	c. 2166 BC

야곱이 애굽에 들어간 년도는 약 기원전 1876으로서 요셉이 애굽으로 팔려간 해는 약 십여 년 전이었을 가능성이 크다. 요셉은 17세 때 애굽으로 갔다(37:2). 보디발의 집과 감옥에서의 기간은 알 수 없으나 서술의 템포는 빠르게 흐르고 41:1은 그 이후 만 이년이 되었음을 알린다. 요셉이 바로를 섬길 때 그의 나이는 30세였다(41:46). 애굽으로 간지 13년이 지났다. 7년의 풍년(41:47)을 이어 흉년이 시작했을 무렵 요셉의 형제들이 애굽으로 올라갔다(42:1-6). 이어 몇 번 반복된 형제들의 애굽 행 이후 야곱은 온 가족을 데리고 고센 땅에 정착한다(46:1-7).

열왕기상 6:1과 출애굽기 12:40에 의하면 그 때는 약 기원전 1876년이었다. 그러므로 MT에 의하면 요셉이 30세(41:46)에 애굽의 총리가 된 해는 야곱이 애굽으로 들어가기 약 십여 년 전인 1886년이었고, 요셉이 37세(7년 풍년)에 아버지 야곱을 만나 73년 장수하다 110세에 죽은 해는 약 기원전 1803년(1876 minus 73)인 것으로 추정된다(50:26). 이는 이집트 고등연대기(W. C. Hayes, High Chronology)를 근거할 때 이집트 중기왕국(Middle Kingdom, c. 2050-1800 BC)에 속한다.[294] 이러한 중기왕국시기 때 이집트의 바로 센워스레트 II세(Senwosret III, 기원전 19세기 중반)

294 W. C. Hayes, "Chronological Tables (A) Egypt," *Cambridge Ancient History*, Vol. II, Part 2 (1975): 1038.

의 시위를 맡고 가나안 종군에서 공로를 세워 신임을 얻게 된 쿠세벡(Khu-Sebek)은 이집트 아비도스(Abydos)에 있는 오시리스 신전(Osiris shrine)에 자신의 업적에 관한 하나의 비문(Khu-Sebek Inscription)을 남겼다. 그 비문에는 요셉과 관련될 수 있는 중요한 두 가지 정보가 기록되어 있다. 첫째, 한 사람이 탁월한 업적으로 인해 바로의 눈에 띄어 이집트의 고위 관리직을 얻게 되었다는 것. 두 번째, 어떤 사람이 바로의 은혜를 입어 특별한 장례절차를 밟게 되었다는 언급이다. 이는 요셉의 총리위임과 창세기 50장의 야곱이나 요셉의 장례를 암시한 것일 수 있다.[295] 물론 이 비문의 주인공이 요셉이 아닌 다른 사람일수도 있다. 그러나 호프마이어(J. K. Hoffmeier)는 요셉 이야기 속에 기술된 공직과 관한 풍습(41:41-44), 명칭(41:45), 미라 의식(50:26) 등이 적어도 본문의 저자가 애굽을 잘 알고 있으며 그곳에서 일어난 일을 서술하고 있을 가능성을 제시했다.[296] 우드(Bryant G. Wood)는 요셉 내러티브 안에 있는 이집트 문화와 관련해 수염을 깎는 것(41:14), 왕의 인장반지를 부여하는 것(42:42), "바로의 생명으로 맹세 한다"라는 용어(42:15), 죽음을 70일 동안 애도하는 것(50:3) 등을 지적한다.[297]

요셉은 이집트의 역사적인 인물이었다고 말 할 수 있다. 그러나 토라는 그를 하나님과 족장들의 언약이라는 창세기의 신문학적인 문맥으로 조명하여 요셉의 내러티브를 구성한다. 이를 통해 본문의 화자는 아브라함과 이삭과 야곱의 하나님께서 그의 거룩한 백성과 제사장 나라를 세우시고 그 언약적 계보를 따라 열방을 구속할 것이라는 소망의 메시지를 명시한다. 창세기는 우주만물과 이스라엘의 기원과 존재적 의미를 기술

---

295 *Archaeological Study Bible* (Grand Rapids: Zondervan, 2005), 82.

296 J. K. Hoffmeier, *Israel in Egypt* (Oxford: Oxford University Press, 1996) 참고.

297 Bryant G. Wood, "The Archaeological Ages and Old Testament History," 1980 *lecture notes at Biblical Theological Seminary* (Lansdale, Pennsylvania).

하고 있다. 우연이 아닌 창조주 하나님과 모든 피조물 간의 안식을 바라보는 창조의 섭리는 아담의 타락으로 인해 파괴된 것처럼 보인다. 창세기에 서술된 인류와 족장들의 모습은 혼돈하고 공허하며 어두울 뿐이다(창 1:2). 그러나 하나님은 이스라엘을 세우시고 그의 주권적인 언약을 통해 열방의 구원을 집행하신다. 그러한 구속사는 예수 그리스도의 새언약을 통해 오늘날까지 이어지고 있으며 궁극적인 새 하늘과 새 땅에서의 안식을 향해 지속되고 있다(계 21:1-8). 창세기는 오늘날 우리가 어디로부터 왔으며 왜 현재 존재하며 어디로 가고 있는가를 밝혀주는 길잡이요, 곧 하나님의 말씀이다.

색인 및 참고문헌

색 인

S

T

U

V

W

Y

ㄱ

ㅇ

참고문헌

Albright, W. F. *From the Stone Age to Christianity: Monotheism and the Historical Process*. Baltimore: Johns Hopkins Press, 1957.

Alexander, T. Desmond. "Genesis and the Covenant of Circumcision." *JSOT* 25 (1983): 17-22.

Alter, Robert. *The Art of Biblical Narrative*. Berkeley, CA: Basic Books, 1981.

Anbar, Moshe. "Genesis 15: A Conflation of Two Deuteronomistic Narratives." *JBL* 101.1 (1982): 39-55.

Austin, J. L. *How to Do with Words*. Oxford, UK: Oxford University Press, 1975.

Baker, David W. *Genesis 37-50: A Handbook on the Hebrew Text*. Waco, TX: Baylor University Press, 2014

Bal, Mieke Bal. *Narratology: Introduction to the Theory of Narrative*, 3rd ed. Toronto: University of Toronto Press, 2009.

Baldwin, Joyce G. *Genesis 12-50*. Downers Grove, IL: Inter-Varsity Press, 1986.

Bandstra, Barry. *Genesis 1-11: A Handbook on the Hebrew Text*. Waco, TX: Baylor University Press, 2008.

Barthes, Roland. *The pleasure of the text.* London, UK: Cape Press, 1975.

____ *The Struggle with the Angel: Textual Analysis of Genesis 32:22-32*. New York, NY: Hill & Wang, 1977.

Beaugrande, Robert de and Dressler, Wolfgang. *Introduction to Text Linguistics*. New York, NY: Longman, 1981.

Belk, Akiva Gamaliel. *Gematria and Mysticism in Genesis*. Cedar Hill, MO: B' nai Noach Institute, 2012.

Bellah, Robert N. *Religion in Human Evolution: From the Paleolithic to the Axial Age*. Cambridge: Harvard University Press, 2017.

Berman, Joshua A. "CTH 133 and the Hittite provenance of Deuteronomy 13." *JBL* 130 (2011): 25-44.

_____ "Histories Twice Told: Deuteronomy 1-3 and the Hittite Treaty Prologue Tradition." *JBL* 132 (2013): 229-250.

Blum, Erhard. *Studien zur Komposition des Pentateuch*. Berlin: Walter de Gruyter, 1990.

Bridge, Edward. "An Audacious Request: Abraham' s Dialogue with God in Genesis 18." *JSOT* Vol 40.3 (2016): 281-296.

Brueggemann, Walter. *Theology of the Old Testament: Testimony, Dispute, Advocacy*. Minneapolis: Fortress Press, 199.

Carroll, Sean. *The Particle at the End of the Universe*. New York, NY: A Plume Book, 2012.

Cassuto, Umberto. "The Prophet Hosea and the Books of the Pentateuch" in Cassuto, Umberto. *Biblical and Oriental Studies*. Jerusalem: Magnes, 1973.

_____ *The Documentary Hypothesis and the Composition of the Pentateuch.* Jerusalem: Magnes, 1941.

Chandler, Daniel. Chandler, *Semiotics: the basics*. Abingdon, OX: Routledge, 2017.

Cioccolanti, Steve. *The Divine code*. Vol I, II. Black Rock: Discover Media, 2019.

Clines, D. J. A. "Theme in Genesis 1-11." *Catholic Biblical Quarterly* 38-04 (Oct 1976): 487.

De Saussure, Ferdinand. *Course in General Linguistics*. London, UK: Owen, 1959.

De Vaux, Roland. *The Early History of Israel.* London: Longman & Todd, 1978.

DeRouchie, Jason. *How to Understand and Apply the Old Testament*. Phillipsburg, NJ: P&R Publishing, 2017.

Dorsey, D. A. 류근상 역, 『구약의 문학적 구조』 (서울: 크리스찬 출판사, 1999).

Engelbrite, Eve. *Genesis Solves Summerian King List*. Flower Mound, TX: Eve Engelbrite, 2016.

Evans, Craig A. and Lohr, Joel N. and Petersen, David L., eds., *The Book of Genesis: Composition, Reception, and Interpretation*. Leiden: Brill, 2012.

Fidler, Ruth. "Genesis XV: Sequence and Unity." *Vetus Testamentum* 57 (2007): 162-180.

Fishbane, Michael. *Biblical Text and Texture*. Oxford: One World Pub., 1998.

Fokkelman, J. P. *Reading Biblical Narrative*. Louisville, Kentucky: Westminster John Knox Press, 1999.

Funk, Anna O. "From Scroll to Codex: New Technology and New Opportunities" in *History of Book: Disrupting Society from Tablet to Tablet*. OR: Western Oregon University Digital Commons, 2015, 17-25.

Garret, Duane. *Rethinking Genesis*. Grand Rapids, MI: Baker Book House, 1991.

George, Andrew. *The Epic of Gilgamesh*. London, UK: Penguin Classics, 2016.

Halton, C. et al, *Genesis: History, Fiction, or Neither?* Grand Rapids, MI: Zondervan,

2015.

Harold, Victor Mathews. *Old Testament parallels: laws and stories from the ancient Near East*. New York, NY: Paulist Press, 2006.

Harrison, R. K. *Introduction to the Old Testament*. Grand Rapids: Eerdmans, 1969.

Hasel, Gerhard F. *Old Testament Theology: Basic Issues in the Current Debate.* Grand Rapids, Mich.: Eerdmans Publishing Company, 1972.

_____ "The Meaning of the Animal Rite in Genesis 15." *JSOT* 19 (1981): 61-78.

Hayes, W. C. "Chronological Tables (A) Egypt." *Cambridge Ancient History*. Vol. II, Part 2 (1975): 1038.

Heidel, Alexander. *The Babylonian Genesis: The Story of Creation*. Chicago, IL: University of Chicago, 2009.

Hesse, Mary B. *Revolutions and Reconstructions in the Philosophy of Science*. Brighton, Sussex: Harvester, 1980.

Hoffman, Y. and Reventlow, H. *The Decalogue in Jewish and Christian Tradition*. New York: T&T Clark, 2010.

Hoffmeier, James K. *Israel in Egypt*. Oxford: Oxford University Press, 1996.

_____ "The wives' tales of Genesis 12, 20 and 26 and the covenants at Beer-Sheba." *Tyndale Bulletin.* 43:1 (May 1992): 81.

Hood, Jared C. "The Decalogue of Genesis 1-3." *The Reformed Theological Review*. 75:1 (April 2016): 35-59.

Irvine, Stuart A. "Is Anything Too Hard for Yahweh? Fulfillment of Threat and Promise in Genesis 18-19." *JSOT* Vol 42.3 (2018): 285-302.

Jacobson, R. *Metalanguage as a linguistic problem: The framework of language*. Michigan: Univ. of Michigan, 1980).

Jeanrond, Werner G. *Text and Interpretation as Categories of Theological Thinking.* Trans. Thomas J. Wilson. New York: Crossroad, 1988.

Johnston, Robert D. *Numbers in the Bible*. Grand Rapids, MI: Kregel Pub., 1999.

Kaiser Jr., Walter C. *The Use of the Old Testament in the New*. Chicago, IL: Moody Press, 1985.

Kaminsky, Joel S. *Yet Jacob Loved: Reclaiming the Biblical Concept of Election*. Nashville, TN: Abingdon, 2007.

Kang, Hwagu. *Reading the Wife-Sister Narratives in Genesis*. Eugene, OR: Pickwick Pub., 2018.

Keiser, Thomas A. "The Sons of God in Genesis 6:14?: A Rhetorical Characterization." *TJ* 80 (2018): 103-20.

Kelley, Page H. *The Masorah of BHS.* Grand Rapids: Eerdmans, 1998.

Kikawada, Isaac M. "The Double Creation of Mankind in Enki and Ninmah: ATRAHASIS I 1-351 and Genesis 1-2." *IRAQ* Vol XLV (Spring, 1983): 43-45.

Kline, Moshe. "Divine Kingship and Genesis 6:1-4." *Westminster Journal of Theology*, (May 1962).

______"The Editor Was Nodding: A Reading of Leviticus 19 in Memory of Mary Douglas." *Journal of Hebrew Scriptures*, Vol 8 (2008): Article 17.

Kuhn, Thomas. *The Structure of Scientific Revolutions*. Chicago: Univ. of Chicago Press, 1970.

Lee, Han Young. *From History to Narrative*, SBL Vol. 64. New York, NY: Peter Lang Pub., 2004).

Lévi-Strauss, C. *Structural Anthropology*. London, UK: Lane, 1963.

Lohfink, Norbert. *Theology of the Pentateuch: Themes of the Priestly Narrative and Deuteronomy*. Edinburgh: T&T Clark, 1994.

Longman III, Tremper. *Foundations of Contemporary Interpretation*. Grand Rapids, Mich.: Zondervan, 1987.

_____ *How to Read Genesis*. Downers Grove, IL: InterVarsity Press, 2005.

Macdonald, Nathan and Elliott, Mark W. and Macaskill, Grant., eds. *Genesis and Christian Theology*. Grand Rapids, MI: Eerdmans Pub., 2012.

Mackenzie, John L. "The Task of Biblical Theology." *The Voice of St. Mary's Seminary*, 36(1959): 26-27.

Mathews, Joshua G. *Melchizedek's Alternative Priestly Order: A Compositional Analysis of Genesis 14:18-20 and Its Echoes Throughout the Tanak*. BBR Sup 8. Winona Lake, Ind.: Eisenbrauns, 2013.

McCarter Jr., P. Kyle. *Ancient Inscriptions*. Washington: Biblical Archaeology Society: 1996.

McCarthy, John M. "Script to Scripture: Multivalent Textuality." *ASE* 30/2 (2012): 347-367.

McEvenue, Sean E. "A Return to Sources in Genesis 28, 10-22." *ZAW*. 106:3 (1994): 375-389.

Mikawada, So I. M. "The Double Creation of Mankind in Enki and Ninmah, Atrahasis I 1-351, and Genesis 1-2." *Iraq* 45 (1983): 43-45.

Miller, Stephen M. and Hube, Robert V. *The Bible: A History*. Oxford: Lion Books, 2015.

Mootz, Francis J. and Taylor, George H. eds. *Gadamer and Ricoeur: Critical Horizon for Contemporary Hermeneutics*. New York: Bloomsbury Pub., 2011)

Niccacci, Alviero. "Analysis of Biblical Narrative" in Bergen, Robert D. ed. *Biblical Hebrew and Discourse Linguistics*. Winona Lake, IN: Eisenbrauns, 1994.

Nigosian, S. A. "Moses as they saw him," *Vetus Testamentum* XLIII, 3 (1993): 339-350.

Novick, Tzvi. "Almost, at times, the fool: Abimelech and Genesis 20." *Prooftexts*, 24-3 (Fall, 2004): 277-290

O' Neil, J. C. *The Bible's authority: A portrait gallery of Thinkers from Lessing to Bultmann*. Edinburgh: T & T Clark, 1991.

Oblath, Michael. "To SLEEP, PERCHANCE TO DREAM: WHAT JACOB SAW AT BETHEL (GENESIS 28.10-22)." *JSOT*. 95 (2001): 117.

Ogden, C. K. and Richard, I. A. *Meaning of Meaning*. Orlando, Fl: Harcourt Brace Jovanovich, Pub., 1989.

Ore, Oystein. *Number Theory and its History*. Mineola, NY: Dover Pub., 1988.

Paton, Lewis Bayles. "The Case for the Post-Exilic Origin of Deuteronomy." *JBL* 47 (1928): 325-326.

Pinker, Aaron. "Naming of Cain in Genesis 4:1 and Its Consequence." *Bulletin for Biblical Research* 27.2 (2017): 157-168.

Powell, Mark Allan. *What Do They Hear?* Nashville: Abingdon Press, 2007.

Poythress, Vern S. "Genesis 1:1 is the First Event, not a Summary." *WTJ* 79 (2017): 97-121.

Pratt, Carl J. *Quantum Physics for Beginners*. Kindle Version, Ippoceronte Pub., 2021.

Redntorff, Rolf. "Das Überlieferungsgeschichtliche Problem des Pentateuch." *BZAW* 147 (Berlin, 1977).

Rendsburg, Gary A. *The Redaction of Genesis*. Winona Lake, Ind.: Eisenbrauns, 1986.

Richter, David. "Patriarch without a Narrative: Deconstructing / Reconstructing the Saga of Isaac in Genesis 25-26." *Jewish Bible Quarterly* (Jan 2020): 83-87.

Ricoeur, Paul. "Life in Quest of Narrative" in D. Wood, ed., *On Paul Ricoeur*. London:

Routledge, 1991.

____ *Time and Narrative* Vol. 1 and 2. Chicago: The University of Chicago Press, 1983.

Robertson, O. Palmer. *The Christ of the Covenants*. Phillipsburg, NJ: Presbyterian and Reformed Publishing Co., 1980.

R?mer, Thomas. "Abraham' s Righteousness and Sacrifice: How to Understand (and translate) Genesis 15 and 22." *Communio viatorum* 54 No1 (2012): 3-15.

Ross, Allen P. *Creation & Blessing*. Grand Rapids, MI: Baker Academic, 1998.

Ryken, Leland. *Words of Delight: A Literary Introduction to the Bible*. Grand Rapids: Baker, 1987.

Sacks, Jonathan. *Covenant & Conversation*. Jerusalem: Koren Publisher, 2009.

Sadka, Saul. *Torah The Eighty Steps: The Innate Structure Revealed*. Brooklyn, NY: KTAV Publishing House, 2019.

Sailhamer, John H. *The Meaning of the Pentateuc*h. Downers Grove, IL: IVP Academic, 2009.

____ *The Meaning of the Pentateuch: Revelation, Composition, and Interpretation*. Grand Rapids, MI: InterVarsity Press, 2009.

Scott, William R. *A Simplified Guide to BHS*. Berkeley, CA: BIBAL Press, 1987.

Smith, George. *The Chaldean Account of Genesis*. Scribner Armstrong, 1876, 2015 edition.

Stephany, Timothy J. *Enum Elish: The Babylonian Creation Epic*. USA: Create Space, 2013.

Sternberg, Meir. *The Poetics of Biblical narrative: Ideological literature and the drama of reading*. Bloomington, Ind.: Indiana Univ. Press, 1985.

____ *The Poetics of Biblical Narrative*. Bloomington, Ind.: Indiana University Press, 1987.

Strom, Mark. *The Symphony of Scripture*. Downers Grove, IL: IVP, 1991.

____ *The Symphony of Scripture*. Grand Rapids, M.I.: Intervarsity Press, 1991.

Teugels, Lieve M. "The Anonymous Matchmaker: An Enquiry into the Characterization of the Servant of Abraham in Genesis 24." *Journal for the Study of the Old Testament*. 20:65 (Mar 1995): 13-23.

Uzukwu, Gesila Nnka. "Like Father, Like Son? The Woman as a Bargaining Object in Gen 20:1-18 and Gen 26:1-11." *Old Testament Essays*. 34-1 (2021): 89-113.

Van Ruler, A. A. *The Christian Church and the Old Testament*. Grand Rapids, MI:

1971.

Van Seter, John. *Prologue to History: The Yahwist as Historian in Genesis*. Louisville, Ky., 1992.

____ *In search of history*. New Haven: Yale University Press, 1983.

Vanhoozer, Kevin J. *Is There a Meaning in This Text?* Grand Rapids, Mich.: Zondervan, 1998).

Von Rad, Gehard. "Der Anfang der Geschichtsschreibung im Alten Israel." *Gesammelte Studien zum AT*, TB 8 (München, 1958): 149.

____ "The Joseph Narrative and Ancient Wisdom." in *The Problem of the Hexateuch and Other Essays*. New York: McGraw-Hill, 1966, 292-299.

Vos, Gerhard. *Biblical Theology: Old and New Testaments*. Grand Rapids, MI: Eerdmans Pub. Company, 1948.

Waltke, Bruce K. and O' Connor M. *Biblical Hebrew Syntax*. Winona Lake, IN: Eisenbrauns, 1990.

Walton, John H. *Ancient Israelite Literature in its Cultural Context*. Grand Rapids, MI: Zondervan, 1989.

____ "The Book of Genesis: Composition, Reception, and Interpretation." *Bulletin of Biblical Research*. 23 No4 (2013): 580-584.

____ *Chronological and Background Charts of the Old Testament*. Grand Rapids: Zondervan, 1978.

____ *Genesis*. Grand Rapids, MI: Zondervan Pub., 2013.

Watt, James W. "The Legal Characterization of God in the Pentateuch." *Hebrew Union College Annual* (1997:67): 1-14.

____ "The Legal Characterization of Moses in the Rhetoric of the Pentateuch." *JBL* 117, 3 (Fall, 1998): 415-426.

Weeks, Noel. *Admonition and Curse: The Ancient Near Eastern Treat*. JSOT Sup 407. Edinburgh: T & T Clark, 2004.

Weil, Gerard E., *Massorah Gedolah* (Pontificium Institutum Biblicum, 1971.

Weinfeld, Moshe. "Traces of Assyrian Treaty Formulae in Deuteronomy." *Biblica* 46 (1965): 417-427.

Wellhausen, Julius. *Prologomena to the History of Ancient Israel*. Canton, OH: Pinnacle Press, 2017.

Wenham, Gordon J. *Rethinking Genesis 1-11*. Eugene, Oregon: Cascade Books, 2015.

____ "Genesis 1-11 as Protohistory." in *Genesis: History, Fiction, or Neither?* Grand Rapids, MI: Zondervan, 2015, 72-97.

____ *Exploring the Old Testament*. Vol. 1 The Pentateuch. London: SPCK, 2003.

Westermann, Claus. *Genesis: A Commentary*. Vol. 1. Minneapolis: Augsburg, 1984.

____ Claus. *Genesis 37-50*. Minneapolis: Augsburg, 1986.

Whybray, R. N. *The Making of the Pentateuch* . Sheffield: JSOT, 1987.

Wolf, Herbert. *An Introduction to the Old Testament Pentateuch*. Chicago, IL: Moody Press, 1991.

김경용, 『기호학이란 무엇인가?』(서울: 믿음사, 1994).

김상욱, 『김상욱의 양자공부』(서울: 사이언스북스, 2018).

김의원, 『창세기 연구』(서울: 기독교문서선교회).

민경구, 『다시 읽는 창세기』(서울: 이레서원, 2019).

이한영, 『구약텍스트에서 윤리까지』(경기도: 양평, 2017).

_____ 『역사와 서술에서의 오경메시지』 (서울: 크리스챤 출판사, 2008).

_____ 『패러다임 맥락에서 본 성경해석학』 (서울: 나눔사, 2003).

장흥길, 『서사로 성경읽기와 수사로 성경읽기』(서울: 한국성서학연구소, 2008).

현우식, "칸토르의 수학속에 신학," 한국수학사학회지, The Korean Journal for History of Mathematics 제24권 제3호 (2011년 8월), 13?21.

Memo

Memo